档案文献·乙

董必武与抗战大后方
——思想资料辑录（上）

编委会名单

主　　　编：俞荣根

副　主　编：袁春兰　丁宇飞

编　　　委：俞荣根　袁春兰　张　渝　丁宇飞
　　　　　　张楠楠

主要编纂成员：（按姓氏笔画排列）
　　　　　　丁宇飞　王明辉　李　杰　刘岸兰
　　　　　　肖清彬　张林杰　张　渝　张恒静
　　　　　　张楠楠　张　燕　张　然　俞荣根
　　　　　　袁春兰　高晓丽　周奇仕　雷　佳
　　　　　　葛晓库　戴杰伟

图书在版编目(CIP)数据

董必武与抗战大后方：思想资料辑录 / 余荣根主编. —重庆：重庆出版社，2016.7
ISBN 978-7-229-11348-3

Ⅰ.①董… Ⅱ.①余… Ⅲ.①董必武(1886-1975)—文集 Ⅳ.①K827=7

中国版本图书馆CIP数据核字(2016)第143530号

董必武与抗战大后方——思想资料辑录
DONG BIWU YU KANGZHAN DAHOUFANG—SIXIANG ZILIAO JILU
主编 俞荣根　副主编 袁春兰　丁宇飞

责任编辑：曾海龙　林　郁
责任校对：何建云
装帧设计：重庆出版集团艺术设计有限公司·陈　永　吴庆渝

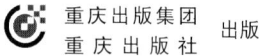
重庆出版集团
重庆出版社 出版

重庆市南岸区南滨路162号1幢　邮编：400061　http://www.cqph.com
重庆出版集团艺术设计有限公司制版
自贡兴华印务有限公司印刷
重庆出版集团图书发行有限公司发行
E-MAIL:fxchu@cqph.com　邮购电话：023-61520646
全国新华书店经销

开本：740mm×1030mm　1/16　印张：48.75　字数：772千
2016年7月第1版　2016年7月第1次印刷
ISBN 978-7-229-11348-3
定价：97.50元

如有印装质量问题，请向本集团图书发行有限公司调换：023-61520678

版权所有　侵权必究

《中国抗战大后方历史文化丛书》

编纂委员会

总 主 编：章开沅
副总主编：周　勇

编　　委：（以姓氏笔画为序）
山田辰雄　日本庆应义塾大学教授
马振犊　中国第二历史档案馆副馆长、研究馆员
王川平　重庆中国三峡博物馆名誉馆长、研究员
王建朗　中国社科院近代史研究所副所长、研究员
方德万　英国剑桥大学东亚研究中心主任、教授
巴斯蒂　法国国家科学研究中心教授
西村成雄　日本放送大学教授
朱汉国　北京师范大学历史学院教授
任　竞　重庆图书馆馆长、研究馆员
任贵祥　中共中央党史研究室研究员、《中共党史研究》主编
齐世荣　首都师范大学历史学院教授
刘庭华　中国人民解放军军事科学院研究员
汤重南　中国社科院世界历史研究所研究员
步　平　中国社科院近代史研究所所长、研究员
何　理　中国抗日战争史学会会长、国防大学教授
麦金农　美国亚利桑那州立大学教授
玛玛耶娃　俄罗斯科学院东方研究所教授

陆大钺	重庆市档案馆原馆长、中国档案学会常务理事
李红岩	中国社会科学杂志社研究员、《历史研究》副主编
李忠杰	中共中央党史研究室副主任、研究员
李学通	中国社会科学院近代史研究所研究员、《近代史资料》主编
杨天石	中国社科院学部委员、近代史研究所研究员
杨天宏	四川大学历史文化学院教授
杨奎松	华东师范大学历史系教授
杨瑞广	中共中央文献研究室研究员
吴景平	复旦大学历史系教授
汪朝光	中国社科院近代史研究所副所长、研究员
张国祚	国家社科基金规划办公室原主任、教授
张宪文	南京大学中华民国史研究中心主任、教授
张海鹏	中国史学会会长，中国社科院学部委员、近代史研究所研究员
陈　晋	中共中央文献研究室副主任、研究员
陈廷湘	四川大学历史文化学院教授
陈兴芜	重庆出版集团总编辑、编审
陈谦平	南京大学中华民国史研究中心副主任、教授
陈鹏仁	台湾中正文教基金会董事长、中国文化大学教授
邵铭煌	中国国民党文化传播委员会党史馆主任
罗小卫	重庆出版集团董事长、编审
周永林	重庆市政协原副秘书长、重庆市地方史研究会名誉会长
金冲及	中共中央文献研究室原常务副主任、研究员
荣维木	《抗日战争研究》主编、中国社科院近代史研究所研究员
徐　勇	北京大学历史系教授
徐秀丽	《近代史研究》主编、中国社科院近代史研究所研究员
郭德宏	中国现代史学会会长、中共中央党校教授
章百家	中共中央党史研究室副主任、研究员
彭南生	华中师范大学历史文化学院教授
傅高义	美国哈佛大学费正清东亚研究中心前主任、教授

温贤美　四川省社科院研究员
谢本书　云南民族大学人文学院教授
简笙簧　台湾国史馆纂修
廖心文　中共中央文献研究室研究员
熊宗仁　贵州省社科院研究员
潘　洵　西南大学历史文化学院教授
魏宏运　南开大学历史学院教授

编辑部成员(按姓氏笔画为序)

朱高建　刘志平　吴　畏　别必亮　何　林　黄晓东　曾海龙　曾维伦

总 序

章开沅

我对四川、对重庆常怀感恩之心,那里是我的第二故乡。因为从1937年冬到1946年夏前后将近9年的时间里,我在重庆江津国立九中学习5年,在铜梁201师603团当兵一年半,其间曾在川江木船上打工,最远到过今天四川的泸州,而起程与陆上栖息地则是重庆的朝天门码头。

回想在那国破家亡之际,是当地老百姓满腔热情接纳了我们这批流离失所的小难民,他们把最尊贵的宗祠建筑提供给我们作为校舍,他们从来没有与沦陷区学生争夺升学机会,并且把最优秀的教学骨干稳定在国立中学。这是多么宽阔的胸怀,多么真挚的爱心!2006年暮春,我在57年后重访江津德感坝国立九中旧址,附近居民闻风聚集,纷纷前来看望我这个"安徽学生"(当年民间昵称),执手畅叙半个世纪以前往事情缘。我也是在川江的水、巴蜀的粮和四川、重庆老百姓大爱的哺育下长大的啊!这是我终生难忘的回忆。

当然,这八九年更为重要的回忆是抗战,抗战是这个历史时期出现频率最高的词语。抗战涵盖一切,渗透到社会生活的各个层面。记得在重庆大轰炸最频繁的那些岁月,连许多餐馆都不失"川味幽默",推出一道"炸弹汤",即榨菜鸡蛋汤。……历史是记忆组成的,个人的记忆会聚成为群体的记忆,群体的记忆会聚成为民族的乃至人类的记忆。记忆不仅由文字语言承载,也保存于各种有形的与无形的、物质的与非物质的文化遗产之中。历史学者应该是文化遗产的守望者,但这绝非是历史学者单独承担的责任,而应是全社会的共同责任。因此,我对《中国抗战大后方历史文化丛书》编纂出版寄予厚望。

抗日战争是整个中华民族(包括海外侨胞与华人)反抗日本侵略的正义战争。自从19世纪30年代以来，中国历次反侵略战争都是政府主导的片面战争，由于反动统治者的软弱媚外，不敢也不能充分发动广大人民群众，所以每次都惨遭失败的结局。只有1937年到1945年的抗日战争，由于在抗日民族统一战线的旗帜下，长期内战的国共两大政党终于经由反复协商达成第二次合作，这才能够实现史无前例的全民抗战，既有正面战场的坚守严拒，又有敌后抗日根据地的英勇杀敌，经过长达8年艰苦卓绝的壮烈抗争，终于赢得近代中国第一次胜利的民族解放战争。我完全同意《中国抗战大后方历史文化丛书》的评价："抗日战争的胜利成为了中华民族由衰败走向振兴的重大转折点，为国家的独立、民族的解放奠定了基础。"

中国的抗战，不仅是反抗日本侵华战争，而且还是世界反法西斯战争的重要组成部分。

日本明治维新以后，在"脱亚入欧"方针的误导下，逐步走上军国主义侵略道路，而首当其冲的便是中国。经过甲午战争，日本首先占领中国的台湾省，随后又于1931年根据其既定国策，侵占中国东北三省，野心勃勃地以"满蒙"为政治军事基地妄图灭亡中国，独霸亚洲，并且与德、意法西斯共同征服世界。日本是法西斯国家中最早在亚洲发起大规模侵略战争的国家，而中国则是最早投入反法西斯战争的先驱。及至1935年日本军国主义者通过政变使日本正式成为法西斯国家，两年以后更疯狂发动全面侵华战争。由于日本已经与德、意法西斯建立"柏林—罗马—东京"轴心，所以中国的全面抗战实际上揭开了世界反法西斯战争(第二次世界大战)的序幕，并且曾经是亚洲主战场的唯一主力军。正如1938年7月中共中央《致西班牙人民电》所说："我们与你们都是站在全世界反法西斯的最前线上。"即使在"二战"全面爆发以后，反法西斯战争延展形成东西两大战场，中国依然是亚洲的主要战场，依然是长期有效抗击日本侵略的主力军之一，并且为世界反法西斯战争的胜利作出了极其重要的贡献。2002年夏天，我在巴黎凯旋门正好碰见"二战"老兵举行盛大游行庆祝法国光复。经过接待人员介绍，他们知道我也曾在1944年志愿从军，便热情邀请我与他们合影，因为大家都曾是反法西斯的战士。我虽感光荣，但却受之有愧,因为作为现役军人,未能决胜于疆场,日本就宣布投降了。但是法国老兵非常尊重中国,这是由于他们曾经投降并且亡国,而中国则始终坚持英勇抗战,并主要依靠自己的力量赢得最后胜利。尽管都是"二战"的主要战胜国,毕竟分量与地位有所区别,我们千万不可低估自己的抗战。

重庆在抗战期间是中国的战时首都,也是中共中央南方局与第二次国共合作的所在地,"二战"全面爆发以后更成为世界反法西斯战争远东指挥中心,因而具有多方面的重要贡献与历史地位。然而由于大家都能理解的原因,对于抗战期间重庆与大后方的历史研究长期存在许多不足之处,至少是难以客观公正地反映当时完整的社会历史原貌。现在经由重庆学术界倡议,全国各地学者密切合作,同时还有日本、美国、英国、法国、俄罗斯等外国学者的关怀与支持,共同编辑出版《中国抗战大后方历史文化丛书》,这堪称学术研究与图书出版的盛事壮举。我为此感到极大欣慰,并且期望有更多中外学者投入此项大型文化工程,以求无愧于当年的历史辉煌,也无愧于后世对于我们这代人的期盼。

在民族自卫战争期间,作为现役军人而未能亲赴战场,是我的终生遗憾,因此一直不好意思说曾经是抗战老兵。然而,我毕竟是这段历史的参与者、亲历者、见证者,仍愿追随众多中外才俊之士,为《中国抗战大后方历史文化丛书》的编纂略尽绵薄并乐观其成。如果说当年守土有责未能如愿,而晚年却能躬逢抗战修史大成,岂非塞翁失马,未必非福?

2010年已经是抗战胜利65周年,我仍然难忘1945年8月15日山城狂欢之夜,数十万人涌上街头,那鞭炮焰火,那欢声笑语,还有许多人心头默诵的杜老夫子那首著名的诗:"剑外忽传收蓟北,初闻涕泪满衣裳!却看妻子愁何在?漫卷诗书喜欲狂。白日放歌须纵酒,青春作伴好还乡。即从巴峡穿巫峡,便下襄阳向洛阳。"

即以此为序。

庚寅盛暑于实斋

(章开沅,著名历史学家、教育家,现任华中师范大学东西方文化交流研究中心主任)

编辑说明

1938年至1946年，董必武在抗战首都重庆工作战斗近8个年头，为神圣抗日战争的伟大胜利，为中国人民的独立、民主、自由、解放事业立下丰功伟绩！为培育红岩精神作出了卓越贡献！

《董必武与抗战大后方——思想资料辑录》（以下简称《辑录》）选编董必武在抗日战争时期的著作、诗词、题词、言论等文献。为完整展现这一时期董必武的思想资料，《辑录》的选编以董必武在中共中央南方局工作期间为主体，上溯及抗日战争开始之时，即他任职于中共中央长江沿岸委员会和中共中央长江局的两个阶段，下延至与周恩来一起组建中共中央南京局并奉命最后撤离南京为止。时间跨度长达10年，即从1937年3月至1947年3月。《辑录》还收入了此后董必武有关回忆、缅怀、纪念抗战的两篇文献和10首诗。

《辑录》与《董必武与抗战大后方——工作全程实录》（以下简称《实录》）在资料方面是同时、同步搜集的，均来自公开发行的报刊和公开出版的著作、论文。为保证资料的完整性、客观性、广泛性，采取竭泽而渔、应收尽收的方法，逐日逐版查阅全部《新华日报》、相关时段的《解放日报》和《群众》周刊等，检索并阅读直接或间接的相关著作370多种、论文540多篇。

《辑录》共收文献334件，均来自公开发行的报刊和公开出版的著作。文献分四大类：

第一类为文选，共87篇，包括董必武撰写的文章、电文、信件，以及他的演讲、发言、谈话、声明、答记者问等。这些文献是本资料选集的主体。其来源如下：《董必武选集》（人民出版社1985年版）19篇，《董必武文集（第一卷）》（征求意见本）33篇，《抗战初期中共中央长江局》（湖北人民出版社1991年版）2篇，《南方局党史资料——文化工作》（重庆出版社1990年版）1篇，《国民参政会纪实（上卷）》（重庆出版社1985年版）1篇。另有辑自《群众》周刊、《新华日报》、《解放日报》原载文稿后又参照《董必武文集（第一卷）》（征求意见本）作文字和注释校订的23篇。此外，有7篇直接选自《新华日报》，有1篇直接选自《群众》周刊。

第二类是诗选，共148首。其出处为：《董必武诗选》（人民文学出版社1977年版）17首，《董必武诗稿》（文物出版社1979年版）2首，《董必武诗选》（中央文献出版社2011年版）78首，《董必武诗稿手迹选》（中央文献出版社2006年版）17首，《当代名家书董必武诗作品集》（中国文联出版公司1996年版）10首，《怀安诗社诗选》（陕西人民出版社1980年版）1首。另有选自《董必武诗选》（人民文学出版社1977年版）7首、《董必武诗选》（中央文献出版社2011年版）8首、《董必武诗稿》3首、《当代名家书董必武诗作品集》4首、《董必武年谱》1首，共23首诗，在写作发表时间、个别文字上各本有所不同，为求至当，查阅了《新华日报》、《董必武诗稿手迹选》、《怀安诗社诗选》、《吴玉章诗选》等所载版本，经反复互校后选录。凡此均在"本辑录编者注"中一一作出说明。

第三类为题词与挽词选，计20幅。其来源：《董必武年谱》（中央文献出版社2007年版）4幅，《中共中央南方局的统一战线工作》（中共党史出版社2009年版）1幅，《抗战时期重庆工人运动刍论》（载《抗日战争中的重庆》，西南师范大学出版社1986年版）1幅，《柳亚子传》（社会科学文献出版社1997年版）1幅，《梦醒：回忆我的母亲廖梦醒》（中国工人出版社2004年版）1幅。其余12幅直接来自《新华日报》。

第四类是附录，共编录董必武抗战时期的其他文献79篇。所谓"其他文献"，指董必武所主持、所参与，也可能是他亲自拟稿，但系两人以上署名，或以组织名义发表与签发的电文、信件、文稿、声明、谈话、议案等等。附录是反映董必武抗战时期思想和活动不可或缺的文献，也是编者用心搜寻和编录的一个重要部分。它们的出处如下：直接录自《新华日报》36篇，《国民参政会纪实（上、下卷）》（重庆出版社1985年版）和《国民参政会纪实（续编）》（重庆出版社1987年版）14篇，《抗战初期中共中央长江局》（湖北人民出版社1991年版）9篇，《南方党局史资料——统一战线工作》（重庆出版社1990年版）4篇，《董必武文集（第一卷）》（征求意见本）5篇，《抗战时期国共合作纪实（下卷）》（重庆出版社1992年版）1篇，《陈独秀之死》（青岛出版社2005年版）1篇，《我的情报与外交生涯》（中共党史出版社2006年版）1篇，《叶挺将军传》（解放军出版社1989年版）1篇，《陶行知全集（第四卷）》（四川教育出版社1991年版）1篇，《中国共产党抗战图志》（中共党史出版社2005年版）1篇，《中共党史资料（第十一辑）》（中共党史资料出版社1984年版）1篇，《乔冠华传：从清华才子到外交部长》（江苏文艺出版社2007年版）1篇，《毛泽东生平实录》（吉林人民出版社1998年版）1篇，《郭沫若传》（北京十月文艺出版社1988年版）1篇，《董必武年谱》（中央文献出版社2007年版）1篇。以上各篇内容，凡辑自《新华日报》者，均按《新华日报》原文作了校订。

综上所述，《辑录》选自《董必武选集》、《董必武文集（第一卷）》（征求意见本）、《董必武诗选》、《董必武诗稿》、《董必武诗稿手迹选》等董必武著作203件，选自《董必武年谱》、《抗战初期中共中央长江局》、《国民参政会纪实》等各种公开出版的文献、资料、著作、文集52件，再加上前文所说的23篇从《群众》周刊、《新华日报》、《解放日报》辑录后再参照《董必武文集（第一卷）》（征求意见本）进行校订的文稿，共计278件，都来自经过整理编辑并公开出版的图书。剩下56件是从《新华日报》和《群众》周刊两种抗战时期由中国共产党主办的报刊中直接选录的。其中，有文稿8篇、题词12件，还有附录中的36篇珍贵文献，都是本《辑录》编者第一次从原载报刊中发现的。

鉴于各种图书的注释格式各有特色，为避免混淆不清，我们在编辑时一概加了题注，所有注释改为脚注。题注和脚注中冠以"本辑录编者注"、某书"作者原注"或某书"编者原注"加以区分，一为尊重原作者和编者的知识产权，二为方便读者。本书选自公开出版图书的不少文献，可以从《新华日报》、《群众》周刊、《解放日报》中查到初次发表的版本。遇到这种情况，也以"本辑录编者注"的方式说明该文献原载何处，当时的标题是什么等。如有所校勘也一并作注。同一篇文献，在《新华日报》等报刊上初版文本与《董必武选集》、《董必武文集（第一卷）》（征求意见本）、《国民参政会纪实》等著作中的版本往往会有不同，遇到这种情况，原则上以著作中的版本为准，不再复原初版文本，初版文本也不作为异文收入。

凡选自公开出版图书的 278 件文献，编录时在遵从原书的前提下，对其中的写作发表时间、文字等明显有疑义者，或作了校正，或作出说明。试举 2 例加以说明。

例 1：文稿第 51 篇《在重庆民主集会上的讲话》。该文原载《新华日报》1944 年 9 月 25 日第二版，原标题为《实行民主挽救危局，只有召开国事会议，成立联合政府》。《黄炎培日记（第 8 卷）1942—1944》第 314 页记述了对这次会议董必武发言内容的回忆，可以相互校订。《董必武文集（第一卷）》（征求意见本）收有该文。我们于 2011 年 6 月从《新华日报》辑录该文，编入《董必武抗战时期文选（初编）》，2011 年 11 月得到新印行的《董必武文集（第一卷）》（征求意见本）后，据此作了校正，标题改同《文集》一致。该文第一、二句，《新华日报》1944 年 9 月 25 日第二版"本报讯"中的原文为："政府要求人民的，人民都做到了。一千二百万壮丁、三千万担的粮食，种种捐税都承受了。"《董必武文集（第一卷）》（征求意见本）第 213 页的文字与之相同。查《新华日报》1944 年 9 月 26 日第二版"本报重要更正"，说："昨日报道的董必武讲话中，'三千万担'是'每年七八千万担'之误。"由于我们至今未找到仍应坚持"三千万担"的依据和理由，因此，这次编录该文时从《新华日报》更正之说，将上述文字调整为："政府要求人民的，人民都做到了。一千二百万壮丁，每年七八千万担的粮食，种种捐税都承受了。"

例 2：诗稿第 135 首《贺吴老六十有八寿辰》。这首七律原载《新华日报》1946年12月30日第四版"新华副刊",20世纪80年代以来见于《吴玉章诗选》（四川人民出版社1983年版）第29—30页,《当代名家书董必武诗作品集》（中国文联出版公司1996年版）第49页、《董必武诗选》（中央文献出版社2011年版）第183页,且标题有所不同:《新华日报》为《贺吴老六十有八寿辰》,《吴玉章诗选》是《玉章同志六八华诞之庆》,《董必武诗选》中用的标题为《贺吴玉章六十有八寿辰》。我们权衡结果还是采用了《新华日报》最早发表这首七律时的原标题。此外,四个版本中,第五、七、八句中有三处词语用字亦不一致,我们照例通过注释一一说明。为方便读者欣赏、理解这首诗,还附上了吴玉章的回谢诗《答谢董老寿诗》。

诸如此类校勘、补正、反复斟酌以求允当之处,尚不在少数,均以"本辑录编者注"形式说明。

《辑录》和《实录》是姐妹篇,各有分工、各有着重,相互照应、相互参照,有相得益彰之效。《辑录》中收录的文章、讲话、采访记录、诗、题词等,虽都有题注说明,但欲知其详细背景和过程,还需查阅《实录》;而董必武的一些诗句、题词、篇幅较短的言论,也收录于《实录》之中。还有一些重要文献,一时未能找到原文或全文,《辑录》中只好暂付阙如,但《实录》中则明确记有题目、写作或发表时间、发表何处等重要信息,甚至还简单介绍了主要内容。

《董必武与抗战大后方——思想资料辑录》和《董必武与抗战大后方——工作全程实录》的编纂,得到中共重庆市委宣传部及其理论处、"抗战工程办"的大力指导和帮助。中国法学会董必武法学思想研究会以及该研究会副会长兼秘书长杨瑞广先生、副秘书长陶晓林先生,湖北省董必武思想研究会副会长兼秘书长董良羽先生等,给予我们很多支持,并提供宝贵的编辑意见和建议。西南政法大学图书馆与重庆市图书馆在资料借阅、查找、复制方面予以方便和优惠。借此机会,谨致衷心谢忱!

《辑录》和《实录》两书的资料搜集始于2011年6月28日,至8月28日完成初编,前后恰好整两月。其时重庆暑热正盛,气象台报称,这是重庆有气象记载以来,高温天数最多的一年,达60多天。课题组成员抓紧学校放暑期的难得机遇，起早贪黑，加班加点，乃至吃睡都在工作场所。2011年是辛亥革命100周年，中国共产党成立90周年，又是董必武诞辰125周年。大家怀着对辛亥革命元勋、中国共产党的缔造者和一大代表、共和国创始人、伟大的无产阶级革命家、杰出的马克思主义法学家和新中国法制建设领导人——董必武无比敬仰的心情，以及对课题研究高度负责、求真求实的严谨学术精神，在保证质量的前提下抢时间完成了这项任务，并于2011年10月中旬印制出40多万字的《董必武抗战时期文选（初编）》和70多万字的《董必武抗战时期实录（初编）》征求意见本，及时提供给11月1日在上海召开的"中国法学会董必武法学思想研究会2011年会"以征求意见。会后，又经过半年多的资料再搜集和补充、修改，遂成现在这个规模，两本书稿总计增添了16万字左右。

　　本课题在研究性质上大体可归入既有资料整理编纂之属，又忝于重庆"中国抗战大后方历史文化丛书"系列，质实而定名，故将初编时的书名改为现名：《董必武与抗战大后方——思想资料辑录》和《董必武与抗战大后方——工作全程实录》。

　　由于查阅资料的客观条件有限，更由于搜寻资料的主观努力和学养不足，本书在资料和编辑上存在的缺陷肯定不少，真诚祈望来自各方面的批评指教。

编者

2011年9月10日第27个教师节

2012年6月30日修定

目　录

总序 ··· 章开沅 1
编辑说明 ··· 1

董必武抗战时期文选

共产主义与三民主义
　　（一九三七年六月十四日）···························· 3
关于武汉政局及湘鄂赣、鄂豫皖等地情形致中共中央信
　　（一九三七年九月三十日）···························· 11
关于最近工作情形致张闻天、毛泽东信
　　（一九三七年十月二十九日）························ 15
怎样争取抗战的胜利
　　（一九三七年十月）····································· 18
致洛甫并中央诸同志
　　（一九三七年十一月一日）··························· 20
张沈等抗敌救国之主张
　　（一九三七年十一月三日）··························· 22
怎样动员群众积极参战
　　（一九三八年一月一日）······························ 24
武汉的民众动员和组织
　　（一九三八年一月二十九日）······················· 28

我所认识的钱亦石先生

　　（一九三八年二月二十七日）·················· 31

回忆第一次谒见中山先生

　　（一九三八年三月十一日）·················· 33

就国民参政会问题答记者问

　　（一九三八年六月二十八日）················· 35

今年的"九一八"

　　（一九三八年九月十七日）·················· 37

目前抗战形势和《新华日报》

　　（一九三八年十月八日）···················· 42

国民参政会第二次大会的展望

　　（一九三八年十月二十六日）················· 46

日寇企图搬演新傀儡

　　（一九三九年二月五日）···················· 49

五一节与我国工人运动

　　（一九三九年五月一日）···················· 53

我国抗战二年来的民众运动

　　（一九三九年七月十二日）·················· 59

献给新四军嘉义留守通讯处遇害之涂罗等十烈士

　　（一九三九年八月三日）···················· 66

"八一三"的教训

　　（一九三九年八月十一日）·················· 69

追悼新四军平江嘉义留守通讯处遇害烈士启事

　　（一九三九年八月十二日）·················· 72

关于国民参政会第一届四次会议任务的谈话

　　（一九三九年八月二十三日）················· 75

《新华日报》创刊二周年纪念

　　（一九四〇年一月十一日）·················· 77

关于大后方的近况
　　（一九四〇年一月二十日）………………………………… 79
更好地领导政府工作
　　（一九四〇年八月二十日）………………………………… 88
我国抗战四周年之民主政治
　　（一九四一年七月四日）…………………………………… 94
联合起来扑灭法西斯
　　（一九四一年七月三十日）………………………………… 103
辛亥革命三十周年
　　（一九四一年十月十日）…………………………………… 111
悼张栗原先生
　　（一九四一年十一月三十日）……………………………… 117
在陪都文化界座谈会上的谈话
　　（一九四一年十二月十九日）……………………………… 120
反侵略声中纪念钱亦石先生
　　（一九四二年一月二十六日）……………………………… 123
"七七"抗战五周年
　　（一九四二年七月七日）…………………………………… 129
宗派主义在对党外关系上的排外性
　　（一九四二年十月十五日）………………………………… 135
驳"加强军事统一"
　　（一九四二年十月二十六日）……………………………… 139
我所看见的一年的整风运动
　　（一九四三年二月三日）…………………………………… 142
参政会开会情形
　　（一九四三年八月十六日）………………………………… 145
民主同盟对我党的态度
　　（一九四三年九月十六日）………………………………… 147

与章伯钧等会谈参政会及党派问题

  （一九四三年十月一日）……………………………… 148

关于国民党十一中全会的报告

  （一九四三年十月二日）……………………………… 150

目前宪协重心应放在争取言论自由

  （一九四三年十月六日）……………………………… 155

参加宪协情况报告

  （一九四三年十月三十日）…………………………… 158

特务加紧两岩盯梢包围

  （一九四三年十月）…………………………………… 160

贺沈钧儒先生寿诞

  （一九四三年十二月二十一日）……………………… 161

关于出席和退席三届二次国民参政会的经过

  （一九四三年十二月二十八日）……………………… 163

关于明年南方局统战工作的意见

  （一九四三年十二月）………………………………… 172

致中共中央谢寿电

  （一九四四年一月三日）……………………………… 173

关于潘怡如逝世后的善后工作

  （一九四四年三月三十一日）………………………… 174

在第五次宪政座谈上的讲话

  （一九四四年四月三十日）…………………………… 176

关于桂林的疏散情形致周恩来电

  （一九四四年七月八日）……………………………… 177

党在不断学习中进步

  （一九四四年七月十五日）…………………………… 178

龙云期望五方面磋商合作

  （一九四四年八月二十八日）………………………… 182

龙云要华岗来订军事攻守同盟
  （一九四四年八月二十九日）·········· 184
在重庆民主集会上的讲话
  （一九四四年九月二十四日）·········· 185
关于国民参政会三届三次会议情况的报告
  （一九四四年九月二十四日）·········· 187
大后方的一般概况
  （一九四四年十二月八日）·········· 200
大后方各党派情况
  （一九四五年三月）·········· 233
赴旧金山前夕在民盟欢送会上的讲话
  （一九四五年四月六日）·········· 261
中国解放区实录
  （一九四五年五月）·········· 263
中国共产党的基本政策
  （一九四五年六月五日）·········· 294
关于改组政府的主张
  （一九四六年一月十四日）·········· 304
关于共同施政纲领的主张
  （一九四六年一月十五日）·········· 307
请制止国民党政府破坏运往解放区的救济
  （一九四六年二月十五日）·········· 312
关于不出席本届参政会的声明
  （一九四六年三月二十一日）·········· 314
关于中原解放区粮食补给等问题致中共中央的请示电
  （一九四六年四月一日）·········· 315
痛悼为奔走和平民主团结统一而遇难者
  （一九四六年四月十八日）·········· 317

中国解放区应得到该得的联合国善后救济物资

  （一九四六年六月三十日）………………………… 319

关于解放区灾民救济问题的谈话

  （一九四六年七月十一日）………………………… 322

争民主的牺牲

  （一九四六年七月二十八日）……………………… 324

民主党派表示要依靠我党

  （一九四六年八月二十二日）……………………… 327

琼崖特委必须预备长期与黑暗斗争

  （一九四六年九月二十四日）……………………… 329

就时局问题答记者问

  （一九四六年九月二十七日）……………………… 331

邵力子对时局颇为忧愤

  （一九四六年十月十三日）………………………… 335

韩练成不愿内战到时可以争取举义

  （一九四六年十一月八日）………………………… 336

致宋庆龄

  （一九四六年十一月九日）………………………… 338

对"联总""行总"在华救济工作发表的声明

  （一九四六年十一月二十六日）…………………… 339

对"联总""行总"救济善后工作的郑重声明

  （一九四六年十一月二十六日）…………………… 342

为黄河堵口致水利委员会及"行总"函

  （一九四七年一月三日）…………………………… 343

关于黄河居民迁移救济问题与"联总"协议要点

  （一九四七年一月九日）…………………………… 345

关于马歇尔离华声明的谈话

  （一九四七年一月十二日）………………………… 347

在"民盟"招待会上的发言

（一九四七年二月一日）……349

关于沪上民主运动形势及黄河堵口复堤救济故道居民事的报告

（一九四七年二月七日）……351

反对国民党政府出卖救济品

（一九四七年二月十九日）……355

致宣铁吾、吴国桢、俞叔平抗议信

（一九四七年三月一日）……356

致宣铁吾抗议书

（一九四七年三月二日）……357

致宣铁吾电

（一九四七年三月六日）……359

撤离南京时的书面讲话

（一九四七年三月七日）……360

庆祝中国共产党诞生二十八周年

（一九四九年七月一日）……361

纪念七七抗战十二周年

（一九四九年七月七日）……369

董必武抗战时期诗选

挽嘉义新四军通讯处涂罗十烈士遇害

（一九三九年八月十三日）……375

无题

（三十年代末四十年代初）……377

读黄任之题沈叔羊画岁朝图用元韵

（三十年代末四十年代初）……378

唁孙寒冰先生

（一九四〇年五月末） ……………………………………… 380

由渝返延至耀阻雨杂感（五首选三首）

（一九四〇年夏） ……………………………………… 381

耀州夜雨忽见月

（一九四〇年夏） ……………………………………… 383

次韵和朱总司令出太行

（一九四〇年夏秋） …………………………………… 384

三台即景

（"九一八"九周年纪念日） ………………………… 386

西安夜雨

（一九四〇年秋） ……………………………………… 387

和朱总司令诗

（一九四〇年秋） ……………………………………… 388

复松在南泉卖酒，信计到达时将为其四十三生日因为寄诗祝之

（一九四〇年秋冬） …………………………………… 390

别延安

（一九四〇年十月） …………………………………… 392

过劳山寄延安诸同志

（一九四〇年十月） …………………………………… 393

答徐老延安赠别

（一九四〇年十月） …………………………………… 394

次徐老延安赠别韵

（一九四〇年十月） …………………………………… 396

戏作次韵林老赠别

（一九四〇年十月） …………………………………… 399

居长安得林老信再次赠别元韵

（一九四〇年十一月） ………………………………… 400

忆北山菊

(一九四〇年十一月) ………………………………… 401

返陪都长安旅次怀李愈友兼寄觉生弟

  (一九四〇年十一月于西安) …………………… 402

读林老咸榆道中即景两律与南行时途中所见宛合次韵和之

  (一九四〇年十一月、十二月间) ………………… 404

居西安两月略述所见兼呈林老

  (一九四〇年十二月九日) ………………………… 405

新年后赴陪都仍次林老赠别韵

  (一九四一年一月中旬) …………………………… 408

旧历庚辰除夕，集恩来同志一月十八日新华日报题字，得"江南一叶是奇冤"之句，因成辘轳体四绝句

  (一九四一年一月二十六日) ……………………… 409

挽邓母杨振德女士

  (一九四一年二月初) ……………………………… 411

倚楼

  (一九四一年四月二十一日) ……………………… 412

闻延安成立"怀安诗社"，赋四绝句，兼呈吴徐谢林诸老、朱总司令、叶参谋长

  (一九四一年九月二十八日) ……………………… 413

贺冯焕章将军六十寿

  (一九四一年十一月十四日) ……………………… 415

沫若先生五十大庆

  (一九四一年十一月) ……………………………… 416

邓择生遇害十周年

  (一九四一年十一月二十八日) …………………… 418

挽沈骊英女士

  (一九四一年十二月二十一日) …………………… 419

林老以诗勉连芝次韵谢之

  (一九四一年十二月二十二日) …………………… 421

七律二首用柳亚子先生怀人原韵

  （一九四一年十二月二十四日灯下）·················· 422

赠左昂医生

  （约一九四一年）······························ 425

元旦口占用柳亚子怀人韵

  （一九四二年一月九日）·························· 426

梓年同志五十大庆

  （一九四二年一月十八日）························· 427

再呈亚子先生仍步元韵

  （一九四二年二月上旬）·························· 428

除夕有怀觉生弟及溥之怡如愈友诸友

  （一九四二年二月十四日）························· 430

挽赵畹华女士

  （一九四二年二月十四日）························· 432

赠孙师毅君

  （一九四二年三月二十日）························· 433

《屈原》唱和

  （一九四二年四月十二日）························· 434

《屈原》唱和又一首

  （一九四二年四月二十一日）······················· 436

金山演屈原，众口称誉，再叠前韵纪之

  （一九四二年四月二十一日）······················· 438

挽王凌波同志

  （一九四二年四月二十五日）······················· 439

得谢公和林老自寿诗，敬步元玉贺林老寿兼简谢公

  （一九四二年五月）······························ 440

次韵林老病中自寿

  （一九四二年夏）······························· 441

口占和叶参谋长韵

　　（一九四二年七月二日晨） ………………………………… 442

挽左权同志

　　（一九四二年七月七日） …………………………………… 444

林老寄怀红岩诸友，最关心者仅及童钱，作长句戏之

　　（一九四二年七月二十四日夜十二时） …………………… 445

次韵林老旧历除日寄怀红岩诸友二律

　　（一九四二年八月） ………………………………………… 448

偶题

　　（一九四二年九月六日夜） ………………………………… 450

喜得觉弟书及七律一首依韵答之

　　（一九四二年九月十七日） ………………………………… 451

贺陈远绍李惠文同志结婚

　　（一九四二年十月十日） …………………………………… 452

贺黄薛结婚

　　（一九四二年十月十日） …………………………………… 453

挽龚镇洲先生

　　（一九四二年十月二十日） ………………………………… 454

寿沈衡山先生

　　（一九四二年十二月二十五日） …………………………… 455

闻李愈友丧偶诗以唁之

　　（一九四二年十二月二十九日） …………………………… 456

溥之来书斐然有述作之志，诗以促之

　　（一九四二年） ……………………………………………… 457

三八节日红岩嘴桃李花盛开偕办事处同仁登山即景戏题五绝句

　　（一九四二年三月八日） …………………………………… 458

八月一日贺松甫姜红两同志结婚于红岩嘴

　　（一九四二年） ……………………………………………… 460

九月二十一日为经颐渊先生逝世四周年纪念日用树人韵吊之兼寄亚子

  （一九四二年）………………………………………… 461

寿范楚中七十生日

  （约一九四二年）………………………………………… 462

和白华见赠之作

  （约一九四二年）………………………………………… 463

元月二十一日夜偶成

  （一九四三年一月二十一日）…………………………… 464

民国三十二年元旦试笔

  （一九四三年二月五日）………………………………… 465

怀怡如兄

  （一九四三年二月五日）………………………………… 466

奉和谢公元旦偶成韵

  （一九四三年二月初）…………………………………… 467

悼亡

  （一九四三年二月二十日）……………………………… 468

和谢老元旦枕上口占韵

  （一九四三年二月二十七日）…………………………… 469

贺废约

  （一九四三年二月二十七日）…………………………… 470

重庆办事处五周年纪念

  （一九四三年三月五日）………………………………… 471

贺童小朋朱紫菲结婚

  （一九四三年三八节）…………………………………… 472

儿童节用谢老韵

  （一九四三年四月四日）………………………………… 473

吊张荩忱将军

  （一九四三年五月十六日）……………………………… 474

谢老旧历四月初三日六十大庆,闻讯已迟,补诗祝之
  (一九四三年六月二日) ································ 475
送周邓陈林钱方吴伍诸同志返延安
  (一九四三年六月二十七日) ························ 476
题红岩乐园
  (一九四三年七月二十五日) ························ 479
病中杂咏
  (一九四三年九月十四日) ···························· 480
闻亚子居母丧集杜句唁之
  (一九四三年秋) ··· 481
吊张仲仁先生用放翁书愤韵
  (一九四三年十月二十七日) ························ 483
祝沫若兄寿诞
  (一九四三年十一月十六日) ························ 484
贺乔冠贤龚澎同志结婚四绝句
  (一九四三年十一月十八日) ························ 485
朱汉明王汶结婚贺诗
  (一九四三年十二月五日) ···························· 487
得诸弟侄讯以诗答之
  (一九四三年十二月十四——十五日) ··········· 488
步林老偶成韵得二律
  (一九四三年十二月二十一日) ····················· 491
简潘怡如
  (一九四三年十二月二十三日) ····················· 493
谢寿
  (一九四三年十二月二十五日) ····················· 494
谢任老贺寿敬步原韵
  (一九四三年十二月三十一日) ····················· 496

张静庐从事出版业二十五周年纪念

  （一九四三年）………………………………… 497

题叔羊山水

  （约一九四三年）………………………………… 498

题张曼筠女士画怒涛册

  （约一九四三年）………………………………… 499

无题

  （约一九四三年）………………………………… 500

谢寿

  （一九四四年元月二日）………………………… 501

叠前韵谢许觉园贺寿

  （一九四四年一月七日）………………………… 503

简亚子

  （一九四四年元月二十一日）…………………… 505

祝钱之光刘昂结婚

  （一九四四年一月）……………………………… 506

觉生弟于夏历癸未除夕甲申元旦吟七绝七首，多念我者，书此答之

  （一九四四年三月十七日夜）…………………… 507

哭潘怡如

  （一九四四年三月）……………………………… 510

清明后一日得孔原书却寄

  （一九四四年四月六日）………………………… 512

亚子五八初度，桂林文化界拟为庆祝，不及躬与其盛，诗以贺之

  （一九四四年五月五日）………………………… 513

迎林老及偕同来渝诸同志

  （一九四四年五月二十日）……………………… 514

再吊张荩忱将军

  （一九四四年五月）……………………………… 516

读亚子寄伯渠两律用元韵
  (一九四四年六月十八日) ………………………… 517

读黄戡馨林伯渠唱和诗
  (一九四四年六月) ……………………………… 518

约辱余及柯孟二君小酌，阻雨未果。辱余以诗来谢，书此答之
  (约一九四四年夏) ……………………………… 519

读参座有怀感赋二绝句
  (一九四四年七月二日傍晚) …………………… 520

挽鲁老佛民
  (一九四四年七月五日) ………………………… 521

挽叶母太夫人
  (一九四四年八月) ……………………………… 522

寄钱瑛同志
  (一九四四年八月) ……………………………… 523

家馀先生两正
  (一九四四年十月十二日) ……………………… 525

颖超同志来信问近作，书五绝句答之
  (一九四四年十一月四日) ……………………… 526

答木庵见赠元韵兼呈林谢二老
  (一九四四年十二月十四日) …………………… 528

寿沈衡山七十
  (一九四四年十二月二十日) …………………… 530

次稚天韵
  (一九四四年) …………………………………… 532

感时杂咏
  (约一九四四年) ………………………………… 534

挽彭雪枫同志
  (一九四五年二月一日) ………………………… 536

旧历元旦酬廖华同志代柬六绝句用元韵

  （一九四五年二月十三日）·················· 537

延河水

  （一九四五年二月二十一日）················ 539

林老元旦团拜即席口占奉和元玉

  （一九四五年二月二十六日）················ 540

寿林老六十初度

  （一九四五年三月）······················· 541

六十初度

  （一九四五年三月十六日）·················· 542

贱辰六十初度仲弘同志以诗祝贺次韵答谢

  （一九四五年三月十六日）·················· 543

得愈友兄书并诗数首却寄

  （一九四五年三月二十二日）················ 544

旅居美国旧金山杂诗

  （一九四五年六月十八日夜草于旧金山旅次）····· 545

旅居美国旧金山杂诗又一首

  （一九四五年六月十八日夜草于旧金山旅次）····· 547

金门遇陈志蘧诗以赠之

  （一九四五年六月二十六日）················ 548

祝熊瑾玎同志六十寿，用瑾玎同志贺余生日五律三首韵

  （一九四六年一月）······················· 549

散步

  （一九四六年五月候机还都寓居红岩）·········· 551

赠饶国模女士

  （一九四六年夏）························ 552

贺卢母刘太夫人七旬大寿——代朱总司令作

  （一九四六年九月三日）···················· 554

哭陶先生

　　（一九四六年十一月三十日） ……………………………… 555

祝朱总司令六秩荣寿

　　（一九四六年十一月） …………………………………… 556

贺徐特立七十生日

　　（一九四六年十二月十七日） …………………………… 558

贺吴老六十有八寿辰

　　（一九四六年十二月二十三日） ………………………… 559

读《逸民诗草》兼与胡君话悼方邓遇难

　　（一九四六年十二月三十日） …………………………… 561

遥寄觉生之灵

　　（一九四六年） …………………………………………… 562

题家康长句

　　（一九四七年二月十一日） ……………………………… 563

挽续范亭先生

　　（一九四七年九月二十一日晨于阜平之广安） ………… 565

贺总司令六二初度

　　（一九四八年元月卅一日） ……………………………… 567

戏咏重庆曾家岩周公馆

　　（一九五八年十一月九日） ……………………………… 568

红岩村题诗

　　（一九五八年十一月十日） ……………………………… 569

读《王若飞在狱中》

　　（一九六〇年十月十六日夜于武昌） …………………… 571

梅园新村题诗

　　（一九六〇年十月） ……………………………………… 572

再读《王若飞在狱中》（三首选二首）

　　（一九六〇年十一月二十九日——十二月三日） ……… 574

读《一二九回忆录》

　　（一九六一年十一月五日夜枕上口占）…………………… 576

吊赵一曼烈士

　　（一九六三年十二月六日）………………………………… 577

忆张汉卿

　　（一九六五年十月）………………………………………… 579

董必武抗战时期题词与挽词选

题《新华日报》创刊纪念

　　（一九三八年一月十八日）………………………………… 583

题《新华日报》世界反日援华大会特刊

　　（一九三八年二月十二日）………………………………… 584

题学生救国联合会

　　（一九三八年三月二十五日）……………………………… 585

题合作五金厂

　　（一九三九年一月二十五日）……………………………… 586

题《新华日报》国际青年节特刊纪念

　　（一九三九年九月五日）…………………………………… 587

题《新华日报》五一节特刊

　　（一九四〇年四月二十四日）……………………………… 588

题五四青年节

　　（一九四一年五月四日）…………………………………… 589

题国际青年节

　　（一九四一年九月一日）…………………………………… 590

挽张栗原先生

　　（一九四一年十二月一日）………………………………… 591

题迁川工厂出品展览会

（一九四二年元旦）……………………………………… 592

题《新华日报》儿童节特刊

（一九四三年四月四日）……………………………… 593

挽张仲仁

（一九四三年十一月六日）…………………………… 594

题柳亚子

（一九四五年十二月）………………………………… 595

题《新华日报》八周年纪念

（一九四六年一月十一日）…………………………… 596

题十九路军抗日十四周年

（一九四六年一月二十八日）………………………… 597

题《人民报》

（一九四六年三月四日）……………………………… 598

题《七七日报》

（一九四六年四月一日）……………………………… 599

题赠廖梦醒

（一九四六年八月廿一日）…………………………… 600

挽陶行知

（一九四六年十二月一日）…………………………… 601

题《新华日报》九周年纪念

（一九四七年一月十二日）…………………………… 602

附录：董必武抗战时期的其他文献

董必武与陈独秀之谈话

（一九三七年九月）…………………………………… 605

秦邦宪、叶剑英、董必武关于对南方游击队集中改编的建议致中共中央电

（一九三七年十月八日）……………………………… 607

秦邦宪、董必武、叶剑英关于叶挺声明完全接受党领导致张闻天、毛泽东、周恩来电

　　（一九三七年十月二十一日） ·················· 609

董必武与熊向晖之谈话

　　（一九三七年十二月三十一日） ················ 610

陈绍禹、周恩来等关于速派干部来武汉致毛泽东等电

　　（一九三八年一月十五日） ··················· 613

陈绍禹、周恩来等关于就陕甘宁边区和八路军问题同国民党交涉情形致中共中央书记处电

　　（一九三八年一月二十一日） ·················· 614

陈绍禹、周恩来等关于就国民党一党专政等问题同蒋介石谈判情形致毛泽东等电

　　（一九三八年二月十日） ····················· 616

挽空捷国殇

　　（一九三八年二月二十一日） ·················· 618

叶剑英、博古、董必武就与陈独秀会面事来函

　　（一九三八年三月十九日） ··················· 619

陈绍禹、周恩来等关于我担任参政会提案起草工作等情况致毛泽东等电

　　（一九三八年七月一日） ····················· 621

我们对于国民参政会的意见

　　（一九三八年七月五日） ····················· 623

秦邦宪、林伯渠等在国民参政会上关于建军实施方案的提案

　　（一九三八年七月十三日） ··················· 626

中共参政员献金启事

　　（一九三八年七月二十日） ··················· 631

关于保卫武汉问题，中国共产党湖北省委员会致中国国民党湖北省党部及武汉卫戍区政治部书

　　（一九三八年八月一日） ····················· 632

中共湖北省委会致国联大会电

　　（一九三八年九月九日）·················· 638

陈绍禹、周恩来等祝贺新四军建军周年致叶挺等电

　　（一九三八年十月二日）·················· 639

为抗战到底，宜由本会决议宣言，请政府明令公布，以防反间而定人心紧急动

　　议案

　　（一九三八年十一月一日）················· 640

加紧全民族团结，坚持持久抗战，争取最后胜利案

　　（一九三八年十一月一日）················· 641

关于克服困难，渡过难关，持久抗战，争取胜利问题案

　　（一九三八年十一月）··················· 643

加强国民外交，推动欧美友邦人士，敦促各该国政府，对日寇侵略者实施经济

　　制裁案

　　（一九三八年十一月）··················· 647

严惩汉奸傀儡民族叛徒，以打击日寇以华制华之诡计，而促进抗战胜利案

　　（一九三八年十一月）··················· 649

悼新华日报及八路军武汉办事处殉难烈士

　　（一九三八年十二月五日）················· 651

陈绍禹、周恩来等就蒋介石在谈判中提出国共两党组成一个大党问题给中央

　　的报告

　　（一九三八年十二月十三日）················ 652

挽王铭章

　　（一九三八年）······················ 653

调整机构，集中人才以增加行政效率案

　　（一九三九年四月）···················· 654

挽郭沫若父

　　（一九三九年七月）···················· 657

我们对于过去参政会工作和目前时局的意见

（一九三九年九月八日）·· 658

共产党参政员致香港反汪工友函

　　（一九三九年九月十二日）·· 665

冀东抗日英雄杨十三先生追悼会祭文

　　（一九三九年九月十八日）·· 666

拥护抗战到底、反对妥协投降，声讨汪逆、肃清汪派活动，以巩固团结、争取最
　　后胜利案

　　（一九三九年九月）·· 667

哀悼吴志坚同志

　　（一九三九年十月六日）·· 669

国民参政会慰湘北前方将士电

　　（一九三九年十月六日）·· 671

加强民权主义的实施，发扬民气以利抗战案

　　（一九三九年）·· 672

悼于鸣同志

　　（一九四〇年二月二十七日）·· 674

周恩来、董必武、叶剑英关于皖南事变后各小党派动向给中央的报告

　　（一九四一年一月二十四日）·· 675

毛泽东等七参政员致参政会秘书处删电

　　（一九四一年二月十五日）·· 676

董必武、邓颖超致国民参政会公函

　　（一九四一年三月二日）·· 677

周、董、邓致各党派领导人士书

　　（一九四一年三月二日）·· 679

中共七参政员复国民参政会秘书处齐电

　　（一九四一年三月八日）·· 680

贺马寅初六十寿联

　　（一九四一年三月二十四日）·· 682

挽张冲

　　（一九四一年十一月九日）·················· 683

毛泽东、周恩来等七人紧急声明

　　（一九四二年六月三日）···················· 684

周恩来、董必武、邓颖超唁慰龚镇洲家属电

　　（一九四二年十一月十三日）················ 685

中共领袖唁慰张一麐先生家属电

　　（一九四三年十月二十六日）················ 686

参政会驻会委员会慰问湘鄂将士电（一）

　　（一九四三年十一月二十七日）·············· 687

参政会驻会委员会慰问湘鄂将士电（二）

　　（一九四三年十二月三日）·················· 688

林伯渠、董必武、王若飞关于目前形势和谈判问题给毛泽东的电报

　　（一九四四年五月二十三日）················ 689

林伯渠、董必武、王若飞关于十天来的活动及各方面的动态给毛泽东的电报

　　（一九四四年六月五日）···················· 692

参政会贺罗斯福四次当选总统电

　　（一九四四年十一月二十一日）·············· 695

周恩来、董必武与国民党代表王世杰谈话纪要

　　（一九四四年十一月二十二日）·············· 696

中共代表团函复反内战联合会对该会反对内战促进政治协商深表感佩

　　（一九四五年十二月二十八日）·············· 701

冼星海先生纪念演奏会启事

　　（一九四六年一月三日）···················· 702

政协代表十一人联名致蒋主席函

　　（一九四六年二月十日）···················· 703

中共代表团就暴徒行凶捣毁《新华日报》事向政府提抗议

　　（一九四六年二月二十二日）················ 704

中共代表团就暴徒行凶捣毁《新华日报》事向政府再提抗议

　　（一九四六年三月七日）……………………………………706

致孙院长函

　　（一九四六年三月十六日）…………………………………707

中共代表团就暴徒行凶捣毁《新华日报》事向政府三提抗议

　　（一九四六年三月二十五日）………………………………708

为北平等地有计划的反共暴行中共代表团提严重抗议

　　（一九四六年四月五日）……………………………………709

讣告

　　（一九四六年四月十二日）…………………………………711

北平国民党将查封解放报中共代表团函国民党代表

　　（一九四六年四月十四日）…………………………………712

挽"四·八"烈士

　　（一九四六年四月十八日）…………………………………713

促请国民党解决各项问题中共代表团致送书面声明

　　（一九四六年四月二十一日）………………………………714

中共代表团函复马叙伦等愿本和平主张进行谈判

　　（一九四六年六月十一日）…………………………………716

中共代表周恩来同志等致国民党代表原函

　　（一九四六年六月二十一日）………………………………717

中共代表就国方单独决定召开国大事提书面抗议

　　（一九四六年七月七日）……………………………………719

中共代表团唁慰李公朴夫人电

　　（一九四六年七月十三日）…………………………………721

中共代表团就李公朴、闻一多先生惨遭暗杀事向政府所提抗议书

　　（一九四六年七月十七日）…………………………………722

中共代表团唁慰闻一多夫人电

　　（一九四六年七月十七日）…………………………………724

周恩来同志等唁慰陶行知先生家属电
　　（一九四六年七月二十五日）·················· 725
关于沪工委成员变更致中共中央电
　　（一九四六年八月七日）···················· 726
中共代表团致张澜先生慰问电
　　（一九四六年八月二十二日）·················· 727
严重抗议国民党当局迫令《群众》周刊停刊
　　（一九四六年九月十四日）··················· 728
中共代表团为国民党军进攻张家口事所提备忘录
　　（一九四六年九月三十日）··················· 730
与陇海路国民党军建立联系
　　（一九四六年十一月一日）··················· 732
周恩来董必武二同志严正致函"联总"署长
　　（一九四六年十一月二十九日）················· 734
"联总"未应"解总"正当要求中共再致"联总"署长函
　　（一九四六年十二月十三日）·················· 736
"联总"未应"解总"正当要求中共致"联总"理事会函
　　（一九四六年十二月十三日）·················· 737
"联总"、"行总"在烟台独断独行
　　（一九四七年一月二十一日）·················· 738
中共代表董必武及京沪两地中共代表团办事处及《新华日报》
　　社全体人员启事
　　（一九四七年三月七日）···················· 739

董必武抗战时期文选

共产主义与三民主义①

一九三七年六月十四日

伟大的国民革命导师孙中山先生,不仅创造了三民主义,创建了民国,而且定下了保证中国革命现阶段彻底胜利的政策,即联俄、联共、扶助农工的三大政策。一九二六、一九二七年国民革命军北伐在长江流域的胜利,正是中国国民党施行孙中山先生这些政策的结果。工农奋起的浪潮,威胁了软弱的妥协的动摇的半殖民地的资产阶级。帝国主义的威胁利诱,使惧怕群众抬头的中国资产阶级迅速地脱离革命,而投到帝国主义与封建残余势力的怀抱里去。暗云笼罩着国民革命正向前开展的前途,中国国民党不联共而分共,不联俄而仇俄,不扶助农工而压抑农工。孙中山先生所领导的国民革命大业,如反帝国主义反封建势力的大旗,不得不由中国共产党单独担负之。中共所领导的苏维埃政权②,固非孙中山先生所前定,而中华苏维埃的基本政策实未

---

①本辑录编者注:该文选自《董必武集》,人民出版社1985年版,第24—34页。《董必武选集》编者原注:"这是董必武同志在第二次国共合作前夕,针对国民党的溶共阴谋和我们党内一些同志对国共合作的模糊认识所写的文章。刊载于《解放周刊》第一卷第六期。"

②《董必武选集》编者原注:"苏维埃政权,苏维埃是俄文的音译,意即会议或代表会议,是俄国无产阶级在一九〇五年至一九〇七年革命时期创造的领导群众进行革命斗争的组织形式。十月革命后,苏维埃成为国家权力机关的名称。我国第二次国内革命战争时期,中国共产党在各根据地建立的革命政权也称苏维埃政权,它所管辖的地区称为苏维埃区域,简称苏区。"

超过扶助农工的范围。九一八事变①以后，中国国民党不接受中共联合抗日的提议，坚持"攘外必先安内"的政策，"鹬蚌相争，渔翁得利"，放任日本帝国主义蚕食鲸吞，满洲傀儡②的登场，冀东伪自治③的扶植，冀察特殊政权④的建立，特务机关的遍设，公开走私的横行，绥东蒙伪⑤的窥伺，亡国灭种的惨祸，迫在每个中国人的眼前。日本帝国主义在利用汉奸亲日派拥护"攘外必先安内"的政策以造成不断的内战，以便它自己不费一兵、不费一弹地吞灭四千万方里的中国。西安事变⑥和平解决，不但结束了国共两党十年来的对抗，也结束了民国成立二十五年来的军阀混战。中国国民党又开始恢复孙中山先生手定的革命政策。这具体地表现在国共重新合作。

国共重新合作，是目前中国政治生活中最惹人注目的问题。国共是中国现代两大政党。十年前的合作，中国革命获得空前的胜利。国共分裂而后，帝国主义束缚中国愈紧，封建残余日渐嚣张，以至中国有被日本帝国主义独吞的威胁。只有重新合作，才是抗日救亡的前提，才能符合广大群众的希望，

---

①《董必武选集》编者原注："九一八事变，一九三一年九月十八日，日本驻在中国东北境内的关东军制造事端，十九日侵占沈阳，这次事件称为九一八事变。随后日本侵略军又向辽宁、吉林、黑龙江三省全面进犯。驻守沈阳和东北其他地方的中国军队（东北军），执行蒋介石的不抵抗命令，使日本侵略军于一九三二年一月得以迅速地占领了这三省。"

②《董必武选集》编者原注："满洲傀儡，又称伪满，指日本帝国主义侵占我国东北后制造的'满洲国'傀儡政权。一九三二年三月在长春成立，扶清朝末代皇帝溥仪为'执政'。一九三四年三月改称'满洲帝国'，'执政'改叫'皇帝'。一九四五年八月随着抗日战争的胜利而被摧毁。"

③《董必武选集》编者原注："冀东伪自治，指一九三五年十一月日本帝国主义嗾使汉奸殷汝耕在河北通县组织的所谓'冀东防共自治委员会'，后来改称'冀东防共自治政府'。"

④《董必武选集》编者原注："冀察特殊政权，指国民党政府为适应日本帝国主义提出的'华北政权特殊化'的要求，于一九三五年十二月指派宋哲元等人在北平成立的'冀察政务委员会'。"

⑤《董必武选集》编者原注："绥东蒙伪，指一九三六年五月日本帝国主义扶植蒙奸德穆楚克栋鲁普（即德王）在绥远省（已并入内蒙古自治区）东部成立的伪蒙古军政府。"

⑥《董必武选集》编者原注："西安事变，在日本帝国主义加紧侵略中国，要把中国变为它的殖民地的危急形势下，以张学良将军为首的国民党东北军和以杨虎城将军为首的国民党第十七路军，在中国共产党的抗日民族统一战线政策和全国人民抗日运动的影响和推动下，要求蒋介石停止内战，一致抗日。蒋介石拒绝了这个要求，并亲自赶到西安积极部署'剿共'。一九三六年十二月十二日，张、杨联合行动，在西安附近的临潼扣押了蒋介石。这就是著名的西安事变。事变发生后，国民党内以何应钦为首的亲日派，准备乘机发动大规模内战，牺牲蒋介石以便取而代之。由于中国共产党坚持和平解决西安事变的方针，并经过中共代表周恩来、博古（秦邦宪）、叶剑英等的艰苦工作，西安事变终于和平解决，促进了抗日民族统一战线的形成。"

才能与世界和平阵线相接近。经过共产党年来的努力,西安事变的和平解决及国民党的三中全会,国共的重新合作正在展开之中。

听说国民党三中全会时,有人提议共产党员须放弃共产主义的信仰,只信三民主义,才能与国民党合作。同时中国共产党中亦有个别党员以为国民党信仰三民主义,共产党信仰共产主义,共产党员要保持其纯洁,只能信共产主义,不能再信三民主义。在两党以外的人,更多揣测,以为国民党的三民主义乃资产阶级的主张,共产党是无产阶级的政党,纵令在抗日政策上与国民党合作,决不会相信三民主义。于是过去成为问题的共产主义与三民主义的关系问题,至今日随着国共重新合作同样也成为问题。这些问题不弄清楚,将对国共合作没有信心,在抗日的艰难过程中要发生某些不应有的纠葛,甚至妨害神圣的民族革命事业。

我们须认识现在国共重新合作,不是简单的原来国共合作的完全再版,而有它新的内容和新的形式。目前提到每个中国人面前最严重和最尖锐的问题,是怎样救亡,是如何抗日,是如何动员广大的群众参加到抗日救亡战线上来,使神圣的民族革命战争获得最终的胜利。中国国民党中有许多领袖和党员所劳心焦思的是这样的问题,中国共产党所奔走呼号、悉心尽力以求解决的也是这样的问题。这就是国共重新合作的基础。这与过去是不同的。至于合作的形式,过去系党内合作,即共产党员个人可以加入国民党。将来或者不是这样而采取党外合作的形式。如果真的是党外合作,那末,国民党某些先生的提议是不成其为条件的。因为党外合作,国民党党员信仰他们的三民主义,共产党员也信仰他们的共产主义,这没有什么问题。即使党内合作,国民党也没有什么理由要求加入国民党的共产党员须放弃共产主义的信仰,才能信仰三民主义。正如毛泽东同志在他和史沫特莱女士①谈话中所指出的:孙先生在世时曾经同意我们同时信仰共产主义,并且国民党员中有许

---

① 《董必武选集》编者原注:"史沫特莱(一八九四——一九五〇),美国进步女作家,新闻记者。一九二八年以《法兰克福日报》特派记者身份来中国,在上海参加中国进步文化运动。抗日战争爆发后,曾前往延安采访,并做过救护工作。一九四一年因病回国,受到美国政府的迫害。一九五〇年在英国牛津病逝。遵照她的遗嘱,骨灰安葬在中国。著有《大地的女儿》、《伟大的道路》以及介绍中国革命斗争的短篇小说、杂文集等。"

多是信仰资本主义的,有许多还信仰无政府主义,有些人则信仰孔子主义,佛法主义,基督主义,无所不有,无所不包。的确,创造三民主义的孙中山先生本人就相信基督教,蒋介石信仰三民主义,同时也是一个基督教徒。国民党中还有些人除三民主义外,信仰与民权主义正相反的法西斯主义。国民党有什么理由要求加入国民党的共产党员只信仰三民主义而不能同时兼信共产主义呢?

个别的共产党员以为信仰三民主义就损害了信仰共产主义的纯洁,这种理由也不充分。过去共产党员有一部分加入过国民党,他们信仰了三民主义,同时也信仰共产主义。这里我们不妨把什么是共产主义,什么是三民主义,来作进一步的研究。

什么是共产主义呢? 孙中山先生说:"共产云者,即人在社会之中,各尽所能,各取所需。如父子昆弟同处一家,各尽其生利之能,各取其衣食所需,不相妨害,不相竞争,郅治之极,政府遂处于无为之地位,而归于消灭之一途。两相比较,共产主义本为社会主义之上乘。"①这是孙中山先生对于共产主义社会一种简明的素描。

马克思主义者则认为共产主义社会消灭社会内阶级的分立,换句话说消灭生产无政府状态,消灭人压迫人、人剥削人的一切方法与形式。从此劳动便不替资产阶级创造利益,劳动将由维持生活的工具,一变而为人生的第一种需要。一般人类经济的不平等,被奴役的阶级的艰苦贫穷等都将绝迹了。生产无政府状态及竞争消灭之后,则挟有破坏性的经济恐慌和破坏性更大的战争,便随之消灭。生产力的巨量浪费及社会发展的动摇既不存在,于是靠着生产力无限制无障碍迅速地提高,便可秩然有序地支配一切自然财富,而形成和谐的经济荣盛状况。物质生活的低下、分工中的等级性既消灭,于是脑力劳动与体力劳动的对立也没有了,最后男女中间的社会不平等,便也无踪无迹。农业系统的落后不复存在,因而消灭城市与乡村的对立。这时国家政权也将随之消灭,任何强制的形式都自然逐渐消灭下去,而一切人类所包

---

① 《董必武选集》编者原注:"见孙中山《在上海社会党的演说》(《孙中山全集》第二卷,中华书局1982年版,第508页)。"

含着的才艺之和谐的发展,就有了无限的可能。这是马克思主义者依照社会发展的规律所描写的解放全人类的一幅较丰富的共产主义社会的图画。

这样的共产主义社会是人类最合理的社会。共产党员相信共产主义,是具有崇高理想而且有科学的根据。这种社会到来的经济基础,在全世界上日渐具备起来。但各国的经济发展是不平衡的,各国除苏联外都有很大一部分人阻碍社会的前进。这就需要各国共产党按照各国社会经济发展各个不同的阶段进行推进各该社会经济的斗争,才能逐步接近到新的共产主义社会。中国的经济好像一个杂色荷包,从氏族社会的原始状态的经济以至于近代的机械生产,样样俱全,然占统治势力的还是小商品经济。这样的中国的经济状况,还离近代资本主义的国家的经济条件很远。只有托洛茨基派①才认为中国经济是资本主义的经济。没有一个中国共产党员妄想在这样落后的经济条件上建立共产主义社会。中国还受诸帝国主义的统治,封建残余到处还有很大的力量,帝国主义与封建残余势力互相勾结,互相依赖,阻碍着中国社会经济的向前发展。特别是目前日本帝国主义要灭亡整个中国,要想把中国变成它的独占的殖民地。目前要想把中国社会经济推向前进,首先要抵抗日本帝国主义的侵略,要发动神圣的民族革命战争,要动员广大的群众参加神圣的民族革命战争,才能保证这一战争的胜利。这就需要民主制度的建立,这就需要尽可能的改善广大群众的生活。只有这样干,我们才能把日本帝国主义驱逐出中国去,才能有力量从一切帝国主义者挟制下解放出来,中国才能变成一个独立自主的国家,中国社会经济的发展才不至于殖民地化。我们共产党主张这样干,这与孙中山先生所遗留的三民主义在现阶段真正实施起来,没有什么不相容的地方。这就是中国共产党员可以而且应当拥护革命的三民主义的理论的基础。

为什么我们要提出革命的三民主义呢?

---

① 《董必武选集》编者原注:"托洛茨基派简称托派,原为联共(布)党内以托洛茨基为首的反对列宁主义的一个政治派别。第一次国内革命战争失败后,中国共产党内也出现了一小批托洛茨基分子,组成反党小集团,进行分裂党的派别活动。他们曾以'左'的面目出现,不承认当时中国革命的性质是资产阶级民主革命,主张立即没收资本家的工厂企业、进行'社会主义革命'。"

因为三民主义虽是孙中山先生创造出来的,但中山先生的著作关于三民主义的部分却有许多矛盾的地方,有些论点是保守的,是武断的。如民族主义中之以大汉族为中心同化其他的小民族,以宗族为民族的基本组织;民权主义中权与能的划分;民生主义中批评马克思是一个社会的病理学家,并说马克思主张的不是共产主义,蒲鲁东、巴枯宁等所主张的才是真正的共产主义等等。总而言之,孙中山先生的三民主义是伟大而欠精深的一部著作。本文的目的,不是探讨中山先生所著三民主义的全面,所以关于我们不能同意的一部分,不在这里详谈,这里只略为提出罢了。

孙中山先生的伟大,正因他遗留给我们还有革命的三民主义。

什么是革命的三民主义呢?这散见于中山先生的许多著作之中,而在《中国国民党第一次全国代表大会宣言》中详尽明显地规定了起来。

关于民族主义,宣言上说:"国民党之民族主义有两方面之意义。一则中国民族之自求解放;二则中国境内各民族一律平等。"又说"国民党之民族主义,其目的在使中国民族得自由独立于世界","民族主义,对于任何阶级,其意义皆不外免除帝国主义之侵略","民族解放之斗争,对于多数之民众,其目标皆不外反帝国主义而已"。国民党郑重宣言"承认中国境内各民族之自决权",并说在反对帝国主义及军阀之革命获得胜利以后"当组织自由统一的(各民族自由联合的)中华民国"。

关于民权主义,宣言上说:"国民党之民权主义,于间接民权之外,复行直接民权,则为国民者不但有选举权,且兼有创制、复决、罢官诸权是也。"又说"近世各国所谓民权制度,往往为资产阶级所专有,适成为压迫平民之工具,若国民党之民权主义,则为一般平民所共有,非少数者所得而私也"。但"国民党之民权主义,诚所谓'天赋人权'者殊科。""国民之民权,唯民国之国民乃能享之,必不轻授此权于反对民国之人,使得借以破坏民国。"

关于民生主义,宣言上说:"国民党之民生主义,其最要之原则不外二者,一曰平均地权。二曰节制资本。"平均地权之要旨,为"国家规定土地法,土地使用法,土地征收法及地价税法。私人所有土地,由地主估价呈报政府,国家就价征税,并于必要时依报价收买之。"节制资本之要旨,"凡为本国人及外国人之企业,或有独占性质,或规模过大为私人之力所不能办者如银行铁路航路之属,由国家经营管理之,使私有资本制度不能操纵国民之生计。"农民之缺乏田地者"国家当给以土地",农民之缺乏资本者"国家为之筹设调剂机关,如农民银行等,供其匮乏"。对工人则"制定劳工法以改良工人之生活","工人之失业者国家当为谋救济之道"。"此外如养老之制、育儿之制、周恤废疾之制、普及教育之制,有相辅而行之性质者,皆当努力以求其实现。"

宣言上所说的民族主义与马克思主义者对民族问题的主张原则上相同;所说的民权主义如果真能"为一般平民所共有",马克思主义者亦当拥护;所说的民生主义如真能在经济落后的中国实现,也可以推动中国经济前进一大步。马克思主义者对于革命方面有进步作用的任何主张,总是赞助的。

我从国民党第一次全国代表大会宣言上摘录这许多关于三民主义的解释,意在说明我们信仰的是什么样的三民主义。三民主义这样的革命性,十年来已被国民党当权的一大部分党员们完全阉割了。三民主义如果有不受人信仰的话,那不是毫无理由的。那正是因为国共分裂以后,三民主义的革命一方面,没有被国民党发扬光大起来,而南京政府日趋极端,反把国民党第一次全国代表大会宣言的精神完全抛之脑后。除在恭诵总理遗嘱时念到"及第一次全国代表大会宣言"等字以外,再也无人省记了!国民党本身已不睬其第一次全国代表大会宣言中所规定的三民主义,别人不相信三民主义有什么奇怪呢?

国民党第一次全国代表大会的宣言,应当特别引起我们的重视。为什么呢?

第一,第一次大会是孙中山先生亲自领导所开的一次大会,而且是唯一的一次大会。此后中山先生便溘然长逝,不能再到大会有所指示了。

第二,大会的宣言是孙中山先生自己提出来经过讨论通过的。

第三,大会宣言是大会总意的表示。

第四,孙中山先生在大会闭幕时,特别指出要全体党员遵守大会的宣言。

第五,孙中山先生在遗嘱中,也指示要同志依照大会宣言去继续努力。

够了!够了!这些已足证明第一次全国代表大会宣言的重要了。而大会宣言在叙述了三民主义之后,郑重地指出"国民党之三民主义其真释具如此"。这就是我们所说的革命的三民主义。国民党提倡这样革命的三民主义,才与中国共产党有第一次的合作;淹没了三民主义的革命性,遂与共产党暌离。现在国民党又有转向恢复革命的三民主义之征候,所以将重新与共产党合作。合作以后,共产党自当竭其力之所至以拥护革命的三民主义,并促国民党竭其力之所至以恢复革命的三民主义,争取中国独立的民族主义,争取平民民主自由的民权主义,争取改善广大群众生活的民生主义,在抗日革命战争中是极端需要的。我们所信仰的就是这样的革命的三民主义。那些怀疑我们共产党员不会相信三民主义的人们,总可以了然吧。我们是相信革命的三民主义的,自然,我们同时也相信共产主义。

关于武汉政局及湘鄂赣、
鄂豫皖等地情形致中共中央信①

一九三七年九月三十日②

（一）必武来汉后，大受此间当权者与在野名流的欢迎。连日与何成浚③接洽，知何无实力解决问题，他只推到南京方面去。如武汉羁回的政治犯，而其管辖权则属于南京中央党部，何则不能赞一词。武汉的政治，表现其为杂乱的多头统治。在湖北范围内，有十二个机关可以捉人。这个机关放了的人，那个机关又可把他捉起来。国民党内各派别冲突很烈，详情另作报告。必武来后，CC④、蓝衣社⑤都有人与他接洽。

（二）湘鄂赣方面的同志对于党的策略不了解，认为一切问题就是国民党不打他们，成立一个协定就够了（不管协定的条件是怎样），催派来武汉交涉

---

①本辑录编者注：该文选自中共湖北省委党史资料征集编研委员会、中共武汉市委党史资料征集编研委员会编的《抗战初期中共中央长江局》，湖北人民出版社1991年版，第81—84页。

②《抗战初期中共中央长江局》编者原注："原件无年代，现年代系编者判定。"

③《抗战初期中共中央长江局》编者原注："何成浚，当时任国民政府军事委员会委员长武汉行营主任，1937年11月任湖北省政府主席。"

④《抗战初期中共中央长江局》编者原注："CC，即CC系，是中国国民党内以陈果夫、陈立夫为中心的一个亲蒋介石的派系。1938年8月成立的'中国国民党中央党部调查统计局'，就是这个派系控制的特务组织。"

⑤《抗战初期中共中央长江局》编者原注："蓝衣社，即'中华民族复兴社'。1932年，蒋介石以'复兴民族'为名，在国民党内成立了这个带有特务性质的派系组织，其核心组织为'力行社'，下设特务处。1938年4月取消，其成员绝大多数转入'三青团'，'力行社'的特务处并入'国民政府军事委员会调查统计局'。"

的代表迅速解决问题,不管这问题如何解决。同时,一切工作都放下,专讲和国民党合作,以为谈判不成立,什么工作不能作,实在幼稚极了。对于要行营派人到部队中去,是出于省委①常委的决定,而且决议中指罗世宗(行营参谋)当副司令,李楚平(叛徒)当参谋长。现在由行营派到湘鄂赣去的共有六人,除罗、李外,尚有副官主任一人、副官二人、军需主任一人。罗去一次后,因过不来红军生活,又转武昌,要求请假不干。现在用各种方法使他辞掉职务。对李楚平,用下层群众反对的态度驱逐他。此外四人已去嘉义,现待以上宾,束之高阁,使他〈们〉孤立起来。我们给他〈们〉②的指示,是要坚决执行党中央及军委的指示,要用各种方法驱逐国民党派来的人。

(三)湘鄂赣苏区与红军在今年五、六、七月期间,因为国民党的"围剿",受了很大的损失。据邓洪由湘鄂赣转回来报告,东北、东南苏区受了打击,党的组织溃散了。东北分区特委书记赵龙及分区司令员聂海如叛变了,【在】东北分区所属的武装约百余完全瓦解,叛徒没有带走队伍,而队伍因无领导遂溃散。红十六师由师长冯有仁、政委明安率领出发时有四百余人,途中遇袭击只余百余人,后师长冯有仁叛变,由政委明安带五六十人回省委。失败原因他们未作详细的检查。据与他们谈话中,知道这些情形:1. 领导上的动摇。2. 没有在困难环境中进行政治工作,没有党的生活与战士的政治教育。3. 没有进行居民的教育工作,脱离群众。4. 没有检查过战斗经验与教训。5. 带队伍乱跑,没有收容工作,掉队很多。队伍实际上在作战中伤亡的数目并不大,主要的减员是由于无计划的行军和完全没有收容工作。6. 右倾的逃跑,避免战斗。当然,这些原因不是红十六师要损失的全盘与确切的结论,以后由省委检查后再详告。

特委机关不断地受袭击,因为他们没有警觉,没有戒备,因此几次被包围,干部受损失不少。据邓洪谈,过去区、县、省级的干部约计有千余人,现在损失大半,只余四百余人。尤以妇女干部损失最大,【如】过去有几百个,现在只有几个。东北与东南分区下面党的组织情形,现在不清楚,正派人去整理。

---

① 《抗战初期中共中央长江局》编者原注:"指中共湘鄂赣省委。"
② 《抗战初期中共中央长江局》编者原注:"指中共湘鄂赣省委的同志。"

现在湘鄂赣边区武装部队约五百余人，枪支有二百左右，因"围剿"失掉联络的战斗员正在收集中，他们驻地是靠着山。湘鄂赣边区附近的国民党政府还在继续抓共产党。平江县捉共产党员，在我们队伍附近修堡垒，不许我们宣传队做宣传工作。政府机关到处扬言收编我们红军及〈红军〉投降国民党，甚至在火车上公开谈，要在最近用武力解决傅秋涛的队伍（邓洪在武长车①上听某团副对人这样讲）。这些事情实在值很[得]全党警惕。

（四）位三有一简单信来，只谈到他们对谈判中所提出的几个意见：1. 因为粮秣及经费等问题未解决，现尚谈不上改编；2. 七万余家抗日军家属尚在饥饿冻馁，如何解决他们的生活问题；3. 政治犯未放，在京[经]扶县【在】不久以前还杀了我们几个干部，应如何解决政治机构民主化的问题，否则没有一点保障；4. 土地问题的适当解决，使当地的农民找些地耕；5. 农村中有许多纠纷，关于土地，前被没收了的房屋、财产、婚姻等问题的解决，要设立调解机关。

（五）部队的卫生状况很坏，医药很少，最近发生了很流行的疾病（请林老医生速去，并带必需药品）。

（六）部队有四年多没有训练，因此需要一个时间的休息训练。必武最近与行营交涉到一些棉衣、军毯，并由私人方面的关系可以弄得一些棉背心送进去。关于政治上的问题，如被没收的红军家属的土地财物的归还问题，已与何②作了一些初步商谈，具体决定须待商南京。

据位三来信说，经扶县不但未放政治犯，而且搞掉我们几个干部，同时下令在县城一带修堡垒——种种破坏统一战线的事情与湘鄂赣方面如出一辙。对位三方面已去信。

（七）必武为解决鄂豫皖、湘鄂赣、湘赣三处队伍改编问题，准备于日内赴南京与周、博③诸同志商讨具体办法，并直接与南京对方谈判，以便解决许多行营所不能解决的问题。

---

①《抗战初期中共中央长江局》编者原注："指武昌、长沙段的火车。"
②《抗战初期中共中央长江局》编者原注："何，指何成浚。"
③《抗战初期中共中央长江局》编者原注："周、博，即周恩来、博古。"

（八）我们有这样的意见，准备向周、博诸同志商谈：把鄂豫皖、湘鄂赣、湘赣这三个地方的武装都编做第八路军的补充团旅均可。如编为八路军的队伍，在调动上、训练上都方便。不知你们意见如何？

（九）请林老①加紧督促中央交通送文件及报告，这方面非常缺乏。

（十）尚有几个准备去鄂豫皖区的干部现在云阳，请分配他们陆续前去。郑位三与高俊〈敬〉亭部均驻在七里坪②，去的人可以直接到七里坪去找。

我们只来了几天，许多情形还未弄清楚。工作情形以后再告。

---

① 《抗战初期中共中央长江局》编者原注："林老，即林伯渠。"
② 《抗战初期中共中央长江局》编者原注："七里坪，黄安（今红安）县的一个集镇。"

关于最近工作情形致张闻天、毛泽东信①

一九三七年十月二十九日②

洛、毛：

我到汉转京的情形，已于前迭次电中陈述，不赘。兹将最近工作情形略报如下：

一、武汉政治情形和以前报告的没有什么显著的差别，但这并不是说丝毫没有新的东西。譬如对于八路军的观感，与我们初到时有很大的不同。八路军在晋北平西的胜利，不仅与平汉、津浦两路战事成相反的对比，即与上海方面相比，亦令人看出八路军的不同。因此，新闻界【的】重视（如登朱彭启事不要钱，并设法避免用钱，《大公报》□□要好），社团和个人【的】指名慰劳，见我们的人，一开口就说："晋北得你们，八路军打得顶好"等。这是一。武汉因过的队伍和伤病兵多，没有群众工作，不像战时状态，逐渐反映到上面去，蒋③电责一次。经过陈立夫召集省、市两党部的委员训话，有人要找群众，并想与其他党派谈谈，想利用独秀。这是二。文化界的工作，渐以武汉为重心。左倾刊物较发展，右的也在抬头。如陶希圣主张现在只讲民族革命，不能讲民权和民生。有人说他想把中山先生的三民主义变成一民主义。这是

---

① 本辑录编者注：该文选自中共湖北省委党史资料征集编研委员会、中共武汉市委党史资料征集编研委员会编的《抗战初期中共中央长江局》，湖北人民出版社1991年版，第100—102页。《董必武文集（第一卷）》（征求意见本）第91—93页载有该文，标题为《关于最近工作情形》。

② 《抗战初期中共中央长江局》编者原注："原件无年代，现年代系编者判定。"

③ 《抗战初期中共中央长江局》编者原注："蒋，指蒋介石。"

三。至于工厂和农村的情形，我们知道的还不多，等几天弄清楚一点再报。

二、高①部已集合二千余人。那里党的组织缺乏。我在南京时和博、剑②商定，要郑位三任特委书记，高任特委委员并负军事责任。高以前一切大权集中在他一个人手上，不仅党没有组织领导机关，军队也没有高级领导机关，没有司令部，没有参谋、供给、卫生等组织，政治机关更不待说没有建立，所以我们特电请派得力军事指挥员、(中略)政治工作人员、参谋人员等，并函郑、高要他们把军队照红军规模组织起来。(中略)今日接黄安长途电话，郑、高已派何耀榜③来汉。俟他们来谈后再详报。高部已领得棉衣一千五百套(有五百套是自做的)，现又领到一千套，不日起运。我在黄冈、麻城、黄安三县同乡中募了棉背心一千件，此外捐助毛线衣、袜子、毛巾的也很多。伙食每日四百元，十一月份可以维持到二十〈日〉外。

三、傅秋涛部因工作上许多错误，特派李湘龄④同志去传达中央的新政策。傅部情形，李同志不日有一较详细的报告。傅部伙食从八月十八日起在湖北省政府领去一万一千元。湖南何键⑤初很猜疑，派保安队把集合之傅部筑碉堡围着，经请何成浚电何键解释后，何键态度也改变了。傅部十月伙食不够，湖南省府也拨给了二千元，现湖北省府又拨补五千元，伙食暂无问题；衣服也领一千套，军毯一千条。何成浚又为高部请准了军帽、军衣裤、绑腿、腰皮带各一千。将来此部分军装或全部或一部拨给傅部，俟与何商定再说。

四、湘鄂赣省委委员二十九人，组织公开，现拟改为特委，人数减少，组织秘密，傅秋涛同志兼任书记。(中略)据湘龄同志的考察，张起[启]龙同志在该处信仰尚好，张任过浏阳县委书记，现在党校读书，可否调张同志来负特区委书记责任，请核定。

---

① 《抗战初期中共中央长江局》编者原注："高，即高敬亭。"
② 《抗战初期中共中央长江局》编者原注："博、剑，即博古(秦邦宪)、叶剑英。"
③ 《抗战初期中共中央长江局》编者原注："何耀榜，历任中共鄂东北道委常委兼中共光(山)麻(城)特委书记，中共皖西特委、皖鄂特委书记，一直在鄂豫皖边区坚持斗争。"
④ 《抗战初期中共中央长江局》编者原注："李湘龄，即李涛，原名李湘舲，当时先后任八路军西安办事处处长、八路军武汉办事处处长。"
⑤ 《抗战初期中共中央长江局》编者原注："何键，当时是湖南省政府主席，1937年11月调任国民政府内政部长。"

五、武汉党的工作情形，述伸［申］①已略有陈述。群众工作，文化、青年学生方面较发［强］，妇女方面稍逊，工人方面最弱。农村工作，除游击区外，尚无线索。今后，我们当注意工农群众中的基础。

六、办事处成立了，博、剑等商定由湘龄同志负责。译电员一名、有能力的副官二名，务请派来。

七、此间政治犯已请释十二名（都是此处同志或知者开列名单），据复函已释五名，余均未放，拟再催。

八、湖南政治犯尚多，拟亲自去一次。若蒙泽东同志去电何键，则更妥当而有力。如电何，兼请电告我。我住汉口府南一路安仁里一号。

九、我们出版的书籍刊物，如《解放》、《新中华》②等，务请多寄几份来，要看〈的〉人很多。

十、总结我的请求：

甲、派军事指挥（参谋也需）、政治工作人员给高部。

乙、派张起（启）龙到湘鄂赣任特委书记。

丙、派译电员一名、得力副官二名来汉办事处。

丁、毛电何派我去。

戊、发给书报。

---

① 《抗战初期中共中央长江局》编者原注："述申，即郭述申，当时化名李振寰，任中共湖北省工作委员会书记。"

② 《抗战初期中共中央长江局》编者原注："《新中华》，即《新中华报》，1937年1月29日由1931年12月11日创刊的《红色中华》改刊，原为中华苏维埃共和国临时中央政府机关报，1937年9月初改为陕甘宁边区政府机关报。"

怎样争取抗战的胜利[①]

一九三七年十月

自卢沟桥事变发生,为着保卫民族的生存,实行全国性的抗战以来,已将近四个月了。在这伟大的神圣的短短时期中,由于政府采用了抗战的方针,由于四万万五千万中华民族的儿女不愿做亡国奴的觉醒,由于最忠勇将士的果敢杀敌、视死如归的精神,已给予日寇侵略以强有力的回答,获得了光辉的胜利,证明了伟大中华民族是不可征服的!

然而,这一胜利是不够的,是非常没有保证的。为着中国能彻底战胜日寇,完成解放的任务,我们还得要加倍努力,还得要克服我们在抗战的过程所呈现出来的严重的不可允许存在的弱点。这弱点便是现在的抗战始终只限于政府和军队的单纯抗战,还没有实行经济的、文化的等各方面的和动员全国最真实的全面抗战。现在各方面的战事不仅不能紧接着胜利之后作更进一步的开展,照最近的形势看来,反而出现了极可忧虑的状态,这就说明了,如果还继续采取单纯的政府军事抗战方式,那危险将是不堪设想了!阿比西

[①]本辑录编者注:该文选自《董必武文集(第一卷)》(征求意见本),第88页。《董必武文集(第一卷)》(征求意见本)编者原注:"本文原载一九三八年一月十日出版的抗战丛书之三《怎样争取最后的胜利》。"

尼亚抗战①失败已是那样血腥地教训过我们了！虽然，落后的弱国曾战胜资本主义的强国，被侵略的曾粉碎侵略的，在历史上亦屡见不鲜。在今天的中国，依各种情形看来，战胜日寇也确有把握，但这是有条件的，即落后的被侵略国家须能以优越的人力和精神力，抵消侵略国优越物质力而有余才能为之，否则那就只有被敌人消灭。所以我们对目前在军事上的可能的挫折，即使在以后，军事将受到更大的挫折，绝没有悲观的理由，更没有怀疑的必要；可是一方面忠勇的将士们沥血成河，一方面民众沸腾着的血在胸脯里煎熬，不能使之洒进在抗日火线上，那不能不使我们——尤其是老成谋国者所应当警惕的了！

　　这样，开放民众运动应是目前最迫切的问题，因为只有给全国民众以充分的爱国的自由，才能把全国民众坚固组织起来，才能给他们以训练，并武装他们，使民众和政府、军队打成一片，结成一个不可消蚀的力量，在持久的艰苦的神圣抗战中争取最后的胜利。其次，从现在到争取最后胜利将是一个较长的过程，为要在这长过程中培养与锻炼这一不可消蚀的全国结成的力量，必须马上实施战时的财政经济，战时的国防教育和战时改善人民生活的三大措施。假如这能够切实办到，我们至少可以像西班牙一样使侵略者受到顿挫，自身胜利地走向建设独立自主、民主共和的新中国的前途；反之我们便将有加入安南、朝鲜②去做伴的危险了！我们要坚决地争取第一个前途，我们要拥护政府进行政治上必要的改革，去很快地实现上述的保证，争取抗战胜利的方针。

---

　　①《董必武文集（第一卷）》（征求意见本）编者原注："阿比西尼亚抗战，指一九三五年开始的埃塞俄比亚人民抗击意大利法西斯武装侵略的战争。阿比西尼亚即埃塞俄比亚，由于该国人民顽强斗争，战争初期曾取得重大胜利。但在英、法、美等帝国主义国家表面中立，背后纵容支持下，意大利法西斯于一九三六年发动全面进攻，五月占领埃塞俄比亚首都亚的斯亚贝巴。五月九日，墨索里尼宣布吞并埃塞俄比亚。"

　　②《董必武文集（第一卷）》（征求意见本）编者原注："安南、朝鲜，安南即越南，当时是法国帝国主义的殖民地；朝鲜当时是日本帝国主义的殖民地。"

致洛甫并中央诸同志①

一九三七年十一月一日

洛甫并转中央诸同志：

昨晚六时《大公报》社长张季鸾②特约谈话，兹将谈话要点陈述如下：

一、他说八路军作战成绩甚好，各方面对八路军抱极大的希望。他自己认为，将来收复失地要依靠八路军。西北将来是八路军发展的区域。他主张南京中央此刻将黄埔③、广西④及红军三部分看作将来抗战胜利最可靠的部队。应让八路军发展，多给实际的援助。如饷、械须尽可能地供应八路军，使它很快地能够扩大。他说，真正为中国做事的人，人民一定相信它。

二、他认为时局的关键在外交和内政，简单一句话，就是中国与苏联、国民党与共产党的关系问题。苏联表示还很软弱。中国人民都愿与苏联合作，假令苏联愿意同中国一起抗日。即令此刻不出兵。确使中国人民知道苏联的诚意，这时中国的民气必定大加发扬，士兵作战更加奋勇。苏联的态度中国人始终不能明了，这是目前一般人苦闷的原因。目前苏联和美国吊膀子都

---

①本辑录编者注：该文选自《董必武文集（第一卷）》（征求意见本），第95页。《董必武文集（第一卷）》（征求意见本）编者原注："这是董必武担任中共中央代表，到达武汉后向中共中央总书记洛甫等中央领导人的报告。洛甫，即张闻天。时任中共中央常委中共中央总书记。"

②《董必武文集（第一卷）》（征求意见本）编者原注："张季鸾（一八八八——一九四一），原籍陕西榆林，出生于山东邹平，时任《大公报》社长、总编辑。"

③《董必武文集（第一卷）》（征求意见本）编者原注："黄埔，指由黄埔军校培养的军官。"

④《董必武文集（第一卷）》（征求意见本）编者原注："广西，指李宗仁、白崇禧率领的桂系军队。"

可以,但两个最终要有结合表示才对。苏联坐视中国陷于苦闷,不加援手,未免失策。内部政治机构不善,也是中国人民苦闷的又一大原因。他主张政治民主,军政军令统一,蒋任国防最高统帅。训练部队。军队只要宪法不受危害,不管政治上任何摩擦,专任国防,政治上各党各派各人皆可自由发表其主张,在一定的机构中共同讨论,使人民了然于国家大政方针之所在。这首先要国共两党有一个共同纲。不过他说话的意思,虽说到外交内政相互影响,其着眼点在外交,我基本上同意他的议论,但我的着眼点首先就我们中国内部能够解决的问题,尽先解决,如国共共同纲领,这是我们能够做到的,应首先做。我说我们要求订出一个共同纲领,不自今日始,已好久了。他最后也同意我的主张先解决国内能够解决的问题,他要我们在外交上把中国广大人民的希望反映到苏联,使苏联相信。他最后说,目前要做的工作就是要使中苏真正诚意合作,国共真正诚意合作。至于地方小摩擦应尽量减少,特别劝我们要更多忍耐一点。他的理由共产党懂得国家大务,而国民党还有很多人不懂得的。明白人知道为什么要这样释话,总可以说得通。所以,他希望我们在这一点上要多多注意。

张不日去南京见蒋。我觉得他对我们态度很好,他的意见值得我们重视。不知你们认为如何。

此顺

日安

必武 十一月一日

(根据中央档案馆馆存档案刊印)

张①沈②等抗敌救国之主张③

一九三七年十一月三日

毛④洛⑤：

甲、孔庚⑥于二十九日召集全国文化人茶话会到百余人，各党都有，张西洛讲得最痛快。他主张实现总理的遗嘱，实行三民主义与三大政策，当时决定成立文化界抗敌协会，发表文化界对时局的主张。

乙、沈钧儒等拟发起组织一个全国民众抗敌后援的总机关，其最低限度地实行共同纲领，一面要求政府采纳，一面宣传群众，使日寇进占各地区时再

---

①《董必武文集（第一卷）》（征求意见本）编者原注："张，即张季鸾，时任《大公报》总编辑、社长。"

②《董必武文集（第一卷）》（征求意见本）编者原注："沈，即沈钧儒（一八七五——一九六三），号衡山，浙江嘉兴人。抗战前组织上海文化界救国会和全国各界救国会。抗战初期，曾在武汉筹建抗敌救亡总会，并创办《全民》周刊。"

③本辑录编者注：该文选自《董必武文集（第一卷）》（征求意见本），第98页。《董必武文集》（第一卷）（征求意见本）编者原注："这是董必武在武汉向毛泽东、洛甫的报告。"

④《董必武文集（第一卷）》（征求意见本）编者原注："毛，即毛泽东。"

⑤《董必武文集（第一卷）》（征求意见本）编者原注："洛，即洛甫，张闻天。"

⑥《董必武文集（第一卷）》（征求意见本）编者原注："孔庚（一八七一——一九五〇），湖北浠水人。北伐战争时，曾任董必武领导下的湖北省国民党部执行委员、湖北政府民政厅长。抗日战争时任国民参政会参政员。"

在各地的救亡工作人员不能迷失方向,仍能维系。沈切望恩来①、博古②两同志迅速来汉。

丙、叶挺③昨到汉,谓与蒋谈无结果,但不准辞职。

丁、大学生游击战争研究会达二百余人。

董

(根据中央档案馆馆存档案刊印)

---

①《董必武文集(第一卷)》(征求意见本)编者原注:"恩来,即周恩来,当时在山西处理抗战事宜。"

②《董必武文集(第一卷)》(征求意见本)编者原注:"博古,即秦邦宪,当时任中共中央代表,在南京。"

③《董必武文集(第一卷)》(征求意见本)编者原注:"叶挺(一八九六——一九四六),字希夷。一九三七年九月被任命为新四军军长。当时正与国民党交涉,整顿南方游击队组织新四军军部等问题。"

怎样动员群众积极参战①

一九三八年一月一日②

五个月余的抗战,我们虽不像民族失败主义者一样,只看见军队伤亡的众多,领土丧失的广大,而获得有民族觉醒,国家统一等不可磨灭的成绩;但军事上的部分的失利,是不容讳言的。这种军事上部分的失利虽是暂时的,不能认为抗战就失败了,但失利总是失利,我们不应当悲观失望,而应当细心地研究失利的原因。

为什么我们抵抗日寇的进攻,军事上会有部分的失利呢?其中自有客观的和主观的原因,我们撇开客观的原因不讲,单就主观的原因来说,广大的群众,没有积极起来参加这次神圣的民族自卫战争,实为许多原因中的一个极重要的原因。广大群众没有积极起来参加这次的抗日战争,不是少数人或某一部分人这样指明,而是极大多数人都有这种感觉。至于报章杂志、小册传单指出这里战时病态的,更是数不胜数。若把这次群众对抗战的态度拿来和民国十五、十六年群众对北伐军的态度相比,不管他是什么人,总不能不觉得是两样,总不会不有今昔之感吧!特别是参加过国民革命军北伐之役的人

---

①本辑录编者注:该文原载《群众》周刊 1938 年第 1 卷第 4 期,第 64、65 页。收在《董必武文集(第一卷)》(征求意见本),第 100—104 页。这次选编时参照《董必武文集(第一卷)》(征求意见本)作了校订。《董必武文集(第一卷)》(征求意见本)编者原注:"这是董必武发表在一九三八年一月一日出版的《群众》杂志上的文章。"

②本辑录编者注:该日期由董必武年谱编纂组编的《董必武年谱》,中央文献出版社 2007 年版,第 127 页所示。

们，看了目前群众对抗日战争的情形，这种感觉更为痛切！

有人忌嫌群众运动，以为群众起来，不过是散传单、贴标语、开大会、喊口号、列队游行示威而已。具这种思想的人，至少他看掉了或者故意抹杀了几件小事：即战时群众起来不仅要散传单、贴标语、开大会、喊口号、列队游行示威，还要为革命军队烧水送饭、引路探信、运军需、捉敌探、招伤兵、打扫战场、武装游击扰乱敌人后方两翼等等。群众没有起来，固然没有散传单、贴标语、开大会、喊口号、列队游行示威等类令某些先生讨厌的事，却也没有人为革命军队烧水送饭、引路探信、运军需、捉敌探、招伤兵、打扫战场、打游击牵制敌人等等。《大公报》在十月十一日社论中曾经指出目前抗日战争中这样一种状况："本国的军队在本国领土内与外敌作战，竟如荒岛行军，看不见民众；有了民众的行动，却是敌人的奸细！这样情形，如何可以保证我们抗战的最后胜利？"是的，这样情形不但说不能保证抗战的最后胜利，而且也难保证抗战的初期胜利，五个月余的抗战，不更加证明这是一个真理么？

这次抗日战争是我们国家民族生死存亡的关头，我国群众为什么不积极起来参加呢？是不是我国群众特别不爱国、不爱自己的民族呢？决不是的。中国的群众是很爱中华民国和中华民族的，在卢沟桥事变以前，爱国歌曲，已很普遍流行，救国公债的推销，慰劳物品的募集，无一不得力于广大群众的努力。这些都证明广大群众是如何地热烈爱护中国和中华民族呵！然这次抗战群众确实没有积极起来参加，是不是因没有人做群众运动呢？也不是的。抗战一起，各地各业的抗敌后援会如雨后春笋一般，通都大邑、穷乡僻壤，到处都成立抗敌后援会，到处都挂起了抗敌后援会的招牌。这不能说没有人做群众运动。

有人做群众运动而群众还没有积极起来参加抗战，这不是由于怕群众起来，不敢放手去动员，即由于对群众没有信心而懒得去动员，或则由于动员的方式与方法成为问题。

如果怕群众起来，不敢放手去动员，这样自然做不动。但目前群众的起来，为的是救中国，为的是抵抗日寇的进攻，为的是拥护政府的抗战，而不是与国防政府来对立。政府领导着群众抗战，怕这种群众的应当是日本帝国主义而不应当是中国人。

如果对群众没有信心而懒得去动员，自然也无法发动群众。群众中蕴藏着无限的力量，一切社会的困难问题，只要依靠着群众都能获得适当的解决。如中国目前最困难的问题，是兵员的补充赶不上，假使把群众动员起来，在四万万五千万人中，征调二三十万壮丁，纵然不是一呼立就，也就不须要三令五申了。

五个月余的抗战过程，已把某些人惧怕群众或不相信群众的心理改变了许多。坚持抗战下去，政府军队愈需要与群众合作而逐渐能与群众打成一片。

不怕群众，相信群众，还不能把群众动员起来，这就令我们不得不考虑到动员的方式与方法的问题了。

过去群众不积极参加抗战，首先就是由于政治动员的不够。卢沟桥事变以前，爱国尚有时被视为犯罪。抗战一起，没有广泛地和深入地作政治宣传解释工作。武汉大学一位女生告诉我，洪山附近的一个种菜的人不知道现在中国同什么人打仗，有个别部队士兵中尚有不知道同什么人打仗、为什么要打仗的。中央某校是以造就国防军队中下级干部为宗旨的，在中国抵抗日寇侵略已三个月，据说还不准学生们唱爱国歌与义勇军进行曲。政治动员薄弱到这种程度，群众不知道政府要干些什么，及为什么要这样干，动员不会生效又何足怪呢！

其次，是缺乏组织上的动员。城市学校在战争紧急关头，依然照旧上课。乡村农民老少男女没有组织起来，工人虽一部分人加入工会，很少有开会的，甚至号称领导群众团体的政党，有很多下级党部没有开过会。依靠组织去动员，很多地区几乎可以说完全没有这回事。

复次，动员方式采取虚应故事刻板式的办法。各级都组织宣传队。宣传队所持的宣言标语都是从上而下规定出来，口头所讲者，不管群众感受如何，老是自己预定的一套。你说没有动员么，各省各县都有很多人在奔走，你说动员了么，群众许多还是不愿参加抗战。

目前怎样动员群众积极起来参加抗战呢？我以为下面几个问题是值得

我们注意的：

第一，各抗日党派和救国团体，在动员民众和组织民众工作上，必须共同计划共同工作，统一组织统一行动，不应有包办独占排挤朋友的企图，应当把动员民众积极参加抗战作为高于一切利益的神圣事业。

第二，各党各派须把国民政府迁都的宣言和蒋先生告国民书以及国共两党其他一切有关抗战的重要文献，在群众中作普遍的宣传和解释，要使千千万万的群众，不管老的少的男的女的，文化程度高的或低的，职业部门同的或不同的，都懂得日寇怎样侵略中国，现在侵略到什么程度，日寇是怎样的凶残和狡猾，亡国奴殖民地是如何的痛苦，提高全国人民的民族意识和爱国心，使全国人民在国防政府和最高统帅一声号召之下，即能担负起其应尽的责任，参加正规军，组织游击队，抬担架运伤兵，运输接济，肃清汉奸，打扫战场，增加生产，提高文化等。

第三，宣传解释国府迁渝蒋先生告国人书应首在有组织的群众中进行，工会、商会、农会、青年妇女、文化界、宗教团体、慈善团体、学校、兵营、商店、工厂、作坊、农村等等有组织的应使之充实活泼，将已有组织的人尽量吸收到原有组织中去，没有组织的应把他们组织起来，有地方武装的群众须经常给以政治和军事的训练，使之成为国防政府的真实基础。

第四，宣传解释的方式。露天大会、戏院电影场的集会、少数人的座谈会、个人谈话等方式可因时因地适当的采用。

第五，作群众政治动员时，必须联系到群众本身的生活问题，须按照各地方、各阶层、各职业的人，在抗战期中提出适当的口号。群众要求过高时，须多方解释使他们明了过高的口号提出之不适当。

除上述几个问题以外，还有动员群众须使群众能动为条件，这就须要政治上有相应的民主与自由，经济上要能减轻其若干担负，军队须能与群众发生良好的关系，这样去动员群众参战，没有不可动员起来的。

武汉的民众动员和组织①

一九三八年一月二十九日②

武汉的重要性,无论从政治上、经济上,或军事上来看,都是很显然的。关于这点不需要我在这里多说,有好多论文中都已指出来了。敌将松井在攻下南京后即大言不惭的说要抢夺武汉,日本帝国主义在其吞灭整个中国的计划中,把夺取武汉,看作是一个坚决的步骤。如果有人幻想着日寇不会急于来侵犯武汉,事实很快的就会击破这种幻想。也有人以为日寇横竖是要夺取武汉的,我们的兵力既不能在现地阻止敌人前进,也就无力保卫武汉。这完全是一种失败主义的倾向。日寇固然欲得武汉而甘心,我们现有的兵力,是否绝对地不能阻止敌军的前进呢?证以过去上海方面、山西方面的战争,及最近浙江芜湖各方面的战争,那就说我们现有的兵力不能阻止敌人的前进,不是绝对的。万一敌人进攻到武汉,是否我们真无力保卫武汉呢?那也不尽然。武汉三镇居民共一百三十余万,政府虽极力疏散,总还不下百万。其中各种工人苦力,店员,贫民,小市民,除妇女不计外,可武装起来的男子,大约有二十万人,只要我们能把武汉的民众动员起来,组织起来,武装起来,施以训练,加以部勒,配合着现有的兵力,我们有力量抵御日寇的进攻。可是自卢沟桥事变以后,往来武汉的人有一种共同的感觉,就是武汉不在战时状态。

---

①本辑录编者注:该文选自《群众》周刊1938年第1卷第8期,第139页。

②本辑录编者注:该日期由董必武年谱编纂组编的《董必武年谱》,中央文献出版社2007年版,第130页所示。

只有军队的过境,伤兵的就医在武汉市面曾经起小小的波纹。南京失陷后国府迁渝,难民避地,一时客舍为满,□□①莫容,带来了某种战时气氛,依然没有把本地民众从积极方面发动起来。这使在政治上、经济上、军事上占重要地位的武汉,有遭遇北京、上海、南京等城市同样运命的危险,而保卫大武汉就成为目前政治上一个最迫切的任务。

自然,保卫大武汉,不应只以武汉为限,亦不应只限于动员武汉的居民,而应当是使日寇夺取武汉的计划,在其准备步骤时即受到严重的打击。这就要使日寇目前打通津浦,巩固沿海占领地区的计划不能完成;这就要保卫河南;这就要确实完成芜湖、上海的江防及必要的要塞支点。但武汉的民众如果仍然是袭故蹈常,不能积极起来配合着武汉以外抗击敌人的工作,则后方消极影响到前方,打击日寇夺取武汉计划的准备步骤,也难于实现。因此,发动武汉及其周围的民众,在政府领导下参加直接保卫武汉的工作,对于保卫武汉,是有决定的意义。

卢沟桥事变以后,全面抗战开始了,武汉也随各地方一样,组织了抗敌后援会。抗敌后援会之下,组织了许多工作队和服务团。此外组织了宣传队、慰劳队、救护队,又组织了歌咏组、戏剧组和壁报组。这些团队组也作了很多的工作,特别是壁报组很活跃,差不多到处都可以看到壁报,但要使这些组织对直接保卫武汉起作用,那就不能不说是微乎其微了。而且抗敌后援会,一向只开动员会,没有开过抗敌后援本身的群众大会,在团队组中流行的开会方式,很普遍的是座谈会,要想武汉的民众直接参加保卫武汉的工作,单凭着抗敌后援会的组织及过去那些工作方式,是不会有很大的效果的。

武汉除抗敌后援会外还有很多的原来群众组织,如商人的商会,各种工人中有些已组成了工会。汉口商团以地域分的,还有保安会,慈善团体的慈善会,如此等等。我认为连抗敌后援会包括在内,一切武汉的民众团体,都应当在保卫大武汉的口号下重新动员起来。已有的这些民众组织,必须充实和扩大,没有参加组织的民众应很快的把他们组织起来。不挂空招牌,不与其

---

①本辑录编者注:《群众》周刊1938年第1卷第8期,第139页。此处的原文无法识别。

他团体对立,一般的拥护政府抗战到底,特别在目前在政府领导下参加武装保卫武汉的工作。

目前武汉文化界正在准备一个保卫武汉的宣传周。这是很需要的。我希望在这一宣传周内,不仅看得到宣言、标语、传单、小册、刊物、图画、壁报、戏剧、电影、音乐等等,而且看得到能召集一个抗战以来空前未有的市民大会。我希望武汉卫戍总司令部及其政治部很快的定下保卫大武汉的计划,把这一计划中可能使民众知道的部分在抗战后援会、商会、工会、商团、保安会及其他群众组织中召集全体会员来讨论,并适当的分配他们去参加工作,尽可能的武装他们,使广大的武汉民众在保卫大武汉的号召下真正的积极起来,健全其组织,补充其武装,配合着正规部队与日寇作殊死战。半年抗战,中国许多有名的大城市可以成为中国的玛德里的,结果无一实现。武汉快要受到日寇铁蹄的蹂躏了。我们武汉的民众应使武汉成为中国的玛德里。

我所认识的钱亦石先生[①]

一九三八年二月二十七日

我认识钱亦石[②]先生是在五四运动以后,那时钱先生在国立武昌高等师范毕业不久,任湖北教育厅科员。我随着几个朋友创办了一所中学校,名武汉中学,没有经费,教职员都是尽义务,钱先生是被拉的一个。他所讲的课目是生理卫生,学生对他所讲的极感兴趣。课暇我们谈一些教育上的问题,他主张教育应当使人能了解其环境,并适应和改变它,应当启发儿童的自动性和积极性。当时我认为他是一个优秀的教育家。

以后我们都在国民党当党员,出席国民党第二次全国代表大会[③]时同当代表,后又在湖北省党部一同工作。他的小心谨慎,他的处事井井有条,他的勤劳不倦,那样一种实干苦干的精神,随时随地都可以看出来,表现出一个政治家负责的风度。

[①]本辑录编者注:该文选自《董必武选集》,人民出版社1985年版,第35—37页。

[②]《董必武选集》编者原注:"钱亦石(一八八九——一九三八),湖北咸宁人。曾任湖北省教育厅科员,武昌高师附小教导主任、武汉中学、共进中学、湖北女师教师。一九二四年经董必武、陈潭秋介绍加入中国共产党。之后,协助董必武筹组国民党湖北省党部,任省党部常委。一九二八年,经日本赴苏联学习。一九三〇年回国后,在上海法政学院和暨南大学任教,并先后主编《新中华》、《中华论说》和《世界知识》等期刊。上海'八·一三'抗战爆发后,曾组织战地服务队奔赴前线。所写文章后来编成《紧急时期的世界与中国》、《战神翼下的欧洲》、《白浪滔天的太平洋问题》等书出版。"

[③]《董必武选集》编者原注:"国民党第二次全国代表大会即一九二六年一月在广州召开的中国国民党第二次代表大会。董必武、钱亦石都是湖北省党部出席大会的代表。董必武在会上做了《湖北省党部党务报告》,并被选为中国国民党中央执行委员会候补执行委员。"

他加入共产党,有许多人觉得奇怪,大有"谨厚者亦复为之"的感想。其实,他有科学的脑筋,他追求真理,加入共产党并不是偶然的。他在研究了马列学说和第三国际①及中国共产党的政治主张后,才下决心要成为共产党党员的。他入党之先,既不是马马虎虎;入党以后,就始终不渝地相信共产主义。即令在极受摧残压迫的时候,他总还是抱定原来宗旨,向前迈进。他毕竟是一个无产阶级优秀的斗士。

一九二八年冬季去日本时,我们同住一些时候,以后同赴莫斯科研究无产阶级革命的理论。他在研究探求方面是戛戛独造,回国后不久在文坛上就崭露头角了。他熟悉国际政治情形,文辞条理畅达,立言精赅,足传不朽。

今年一月廿日亦石先生还有一信托人转给我,信上说:"假使最近不为病魔所困,早已与吾兄畅谈于江汉之滨了。"谁知仅仅过了三天,他竟溘然长逝,而廿日的信到达我手中时,已成永诀了。展诵遗墨,曷胜怃然!

亦石先生的逝世,不仅我个人丧失了良友,而且全国人失掉了一位聪明的导师。我们纪念亦石先生,只有秉着亦石先生的精神,一致奋战,把万恶的日寇驱逐出中国。

---

①《董必武选集》编者原注:"第三国际,又称共产国际,是各共产党的联合组织。一九一九年三月在莫斯科成立,一九四三年六月正式宣布解散。"

回忆第一次谒见中山先生①

一九三八年三月十一日

我是辛亥革命时加入同盟会的,那时没有见过中山先生。中山先生在南京辞总统职后,曾到武汉来过一次,我那时恰恰不在武汉,也没有看见这一手创民国的巨人的丰姿,我那时是如何的叹恨自己缘分的浅薄啊!

癸丑失败②以后,我同我们同邑的张眉宣③先生一路跑到日本去,当时中

---

①本辑录编者注:该文选自《董必武选集》,人民出版社1985年版,第38—40页。《董必武选集》编者原注:"本文是董必武同志为纪念孙中山先生逝世十三周年而写。发表于汉口《新华日报》。"

②《董必武选集》编者原注:"癸丑失败,指一九一三(癸丑)年孙中山发动的讨袁战争(又称二次革命)的失败。袁世凯窃取辛亥革命果实,当上临时大总统后,为加强独裁专制统治,一九一三年三月派人暗杀了国民党代理理事长宋教仁,并向帝国主义大量借款。六月,先后下令罢免了由国民党人担任的江西、广东、安徽三个省的都督,准备发动镇压国民党的战争。七月,江西、南京分别成立讨袁军,响应孙中山、黄兴讨伐袁世凯的号召,接着安徽、上海、广东、福建、湖南、重庆等省市相继宣告独立。但在袁世凯的武装进攻下,讨袁战争仅两个月即告失败,孙中山等人被迫流亡国外。"

③《董必武选集》编者原注:"张眉宣,又名国恩、梅先(生卒年不详),湖北黄安(今红安)人。他曾与董必武一起投身辛亥革命,加入同盟会,一九一四年又同赴日本留学,并加入中华革命党。武汉共产主义研究小组成立时,他是成员之一,但不久脱离了小组。"

山先生得廖仲恺①、胡展堂②、陈英士③、谢慧生④、居觉生⑤诸先生等之助,在日本东京改组国民党为中华革命党。入党的党员要宣誓服从总理,要打指模。有很多的同盟会员不愿意这样干。实际上,也有很多的老革命党员在新的严重失败后,不愿意继续再干革命,借口拒绝宣誓和打指模而不入党。我同张眉宣先生经居觉生先生的介绍谒见中山先生。先生着现在所谓中山装的青衣服,容貌美秀而文静,如我们平素所看的像片一样。先生辩才无碍,指示中国的出路,惟有实行三民主义的革命;特别鼓励我们在失败后不要灰心短气,要再接再厉地努力去干,革命不是侥幸可以成功的,只要我们在失败中得到教训,改正错误,想出好的办法来,继续革命,胜利的前途是有把握的。先生对于那些悲观失望的老革命党员,深致惋惜。我和张眉宣先生在谒见先生后,都成为中山先生的信徒。先生这几句训示,永远活跃在我的脑海中。

现在我国正在进行抗日民族自卫战争,我们因为军事政治经济上有严重的缺点和弱点,在抗战过程中,自然容易遭受暂时的部分的挫折,有些意志薄弱的人,难免不因此受"敌人的威吓和软化"。在先生逝世十三周年的今日,我们说起先生这几句训言,使我们抗战的意志更加坚定起来,贯彻到底,这不是无益的吧!

---

①《董必武选集》编者原注:"廖仲恺(一八七七——一九二五),广东惠阳人。一九〇五年参加同盟会。辛亥革命后任广东都督府总参议。一九一四年在日本协助孙中山组建中华革命党。他积极参与孙中山确立联俄、联共、扶助农工的三大政策,一九二四年国民党改组后,被选为中央执行委员会委员、常务委员,政治委员会委员,并先后任工人部部长、农民部部长、黄埔军校国民党党代表、广东省省长、财政部部长,军需总监等职。一九二五年八月在广州被国民党右派暗杀。"

②《董必武选集》编者原注:"胡展堂,即胡汉民(一八七九——一九三六),广东番禺人。早年参加同盟会。辛亥革命后,被推为广东都督。一九一四年协助孙中山组织中华革命党,任政治部部长,主编《民国》杂志。一九二四年国共合作后,他反对孙中山的联俄、联共、扶助农工的三大政策,成为国民党右派首领。"

③《董必武选集》编者原注:"陈英士,即陈其美(一八七八——一九一六),浙江吴兴人。青帮头目。早年参加同盟会。辛亥革命后,被推为沪军都督。一九一四年中华革命党成立时任总务部部长。"

④《董必武选集》编者原注:"谢慧生,即谢持(一八七六——一九三九),四川富顺人。早年参加同盟会。一九一四年参加中华革命党,任总务部副部长。一九二五年孙中山逝世后,与邹鲁等发起西山会议,反对联俄、联共、扶助农工的三大政策。"

⑤《董必武选集》编者原注:"居觉生,即居正(一八七六——一九五一),湖北广济人。早年参加同盟会。一九一四年中华革命党成立时任党务部部长、《民国》杂志经理。"

就国民参政会问题答记者问①

一九三八年六月二十八日

董必武先生新从六安归来。记者特趋前拜访,叩询对国民参政会的意见,他很和蔼而又谦虚的答复说:

"国民参政会虽不是严格的真正的民意机关,因为会员没有经过民众的选举。不过在抗战期间,暂由政府决定参政人选,而且此次所决定之参政员包罗着各党派,及能为民众说话的各方人士,故此次参政会,也可以说是一个相当的民意机关。

"此次参政会最具体的任务,当然是讨论'抗战建国'的问题,因时间关系,恐怕只能讨论到一些最基本的东西,如军事、政治、外交、民众运动等。自然,所有参政员对于'抗战到底'已无异议,故此次参政员均应以'怎样争取抗战的胜利'作为讨论的主要课题。对这个问题,大家一定有很多的意见和办法。究竟什么意见能够争取抗战的胜利,那就需要大家审慎地考虑。因此,我很希望在会前,我们参政员能有一个共同交换意见的机会,避免在大会上有无谓的争执,耽误许多宝贵的时间。

"最后,我更希望参政员都能注意到促进下层行政机构的改善。这并不是不要保甲制度,而是要切实地遵照抗战建国纲领,在乡镇组织工、农、商、学、妇女、各种民众团体,并由民众自己选出能代表民众利益和传达民众团体

---

①本辑录编者注:这篇答记者问选自《新华日报》1938年6月28日第二版,原标题为《董必武先生的意见,应促进下层行政机构之改善,积极动员民众配合军队作战》。该标题为本文选编者所加。

意见于上级机关的甲长和保长联保主任等。这不但不会违犯政府的政令,而且因为上下意见的融洽,更容易动员民众和增强行政上的效率,提高政府的威信。"

接着记者叩询"对参政会有什么提案"的时候,董先生说:

"我个人不打算单是提出什么提案,能计划一个多人共拟的提案更好些;不过我自己对群众运动较有兴趣。"

最后记者向董先生叩问"对第三期抗战的意见",他说:

"在第二期抗战时,军事政治均有显著的进步,不过政治的进步,还远落于军事之后。就以我此次在河南安徽各地视察所得,联保主任,保甲长,只知道照命令向民众征夫募款,不能领导民众是①立起其本身的组织。因此,民众只是被动的动员,而不能自动的参加抗战。舒城是安徽动员工作做得较好的县份,一方面沿途看见一群一群拿起锄头铁锨去做工事的农民,另一方面从舒城至乌沙六十五里,经过大小十余处店子,都是玩纸牌的玩纸牌,搓麻将的搓麻将。这由于群众没有自身的组织,只把差事应付过去了,使大家安闲无事。至于难民的随意乱跑更可见没有组织的病象。所以在第三期抗战开始的今天,除了积极的充实军事准备和改善下层行政机构外,更应当积极发动广大的民众,配合军队作战,才能保卫武汉,争取第三期抗战的胜利。"

末了,记者索得了董先生的相片和签字,即欣然告辞。

---

① 本辑录编者注:原文此处"是"字疑为"建"字之误排。

今年的"九一八"[①]

一九三八年九月十七日[②]

"九一八"在中国人的心目中要算是最悲惨、最深刻的一个国耻和国难的纪念日。七年前的"九一八",日本帝国主义强盗借口沈阳附近南满铁道被毁的事由,武力占领沈阳。没有好久的时间,没有费很大的力量,很快的、很容易地,就把我国的东三省抢去了。那时在东三省,我国有二十万人以上的武装部队,其中除少数的军官和小部分队伍自动地和日本强盗顽强地斗争外,绝大多数的部队都奉命不抵抗而撤了。"一二八"[③],日本强盗又在上海演了一次军事冒险,虽遭到十九路军、第五路军和上海民众的顽强抵抗,终于以屈辱的《淞沪协定》为了结,而这时强盗的血手又伸进到热河,东北的傀儡政权

[①] 本辑录编者注:该文原载《新华日报》1938年9月18日第四版。收在《董必武文集(第一卷)》(征求意见本),第105—110页。这次选编时参照《董必武文集(第一卷)》(征求意见本)作了校订。《董必武文集(第一卷)》(征求意见本)编者原注:"这是董必武为纪念九一八事变七周年写的纪念文章,发表在一九三八年九月十八日重庆《新华日报》上。"

[②] 本辑录编者注:《新华日报》刊载该文时,文末有"九月十七日于汉口",应为作者撰写该文的时间和地点。

[③] 《董必武文集》(第一卷)(征求意见本)编者原注:"'一·二八',即一·二八事变,又称淞沪抗战。日本侵略军一九三二年一月二十八日向上海闸北地区发动进攻,驻守在上海的国民党十九路军,在全国人民抗日高潮的推动下,不顾蒋介石的不抵抗政策,奋起抗战。后由于蒋介石屈服于日本帝国主义的压力,破坏这次抗战,十九路军在三月三日撤离上海。五月五日,国民党政府代表与日本帝国主义者签订了《淞沪停战协定》。"

亦由满洲伪国而变成满蒙帝国。于是我国完整的版图,有东北四省①变了颜色。我三千余万的同胞,变为日本强盗的奴隶牛马。我丰裕的富源成为日本军阀的囊中物。我国东北的形势险要,转为日本强盗吞灭整个中国,进攻苏联的根据地。日本帝国主义强盗狰狞丑恶的面貌,赤裸裸地显露出来。国际维持和平的工具,如国联盟约②、九国公约③、凯罗格④——都被日本帝国主义强盗撕毁无余了。公然地、毫无忌惮地蔑视国际条约,破坏世界和平,日本帝国主义强盗在"九一八"所干的,在大战后是第一次。后来希特勒的扩充军备,进兵莱茵,撕毁凡尔赛和约⑤,墨索里尼的侵略阿比西尼亚,不顾国际盟

---

①《董必武文集》(第一卷)(征求意见本)编者原注:"东北四省,指当时我国东北部的黑龙江、吉林、辽宁和热河四省。其中热河省于一九五五年撤销,原辖区分别划归河北、辽宁二省和内蒙古自治区。东北三省不包括热河省。"

②《董必武文集》(第一卷)(征求意见本)编者原注:"国联盟约,即一九一九年四月二十八日在巴黎和会上通过的国际联盟盟约。盟约规定对侵略国家要采取经济、政治和军事的制裁,但没有规定制裁办法,且需全体一致通过才可采取制裁行动。因此,当德国在欧洲发动侵略战争时,意、日表示反对,就不能采取行动。巴黎和会后,根据这个盟约,一九二〇年一月成立了国际联合会,又称国际联盟,简称国联。国联总部设在日内瓦。国联虽标榜以'促进国际合作,维持国际和平和安全'为目的,实际上是帝国主义推行侵略政策,维护殖民统治的工具。该组织于一九四六年四月正式宣布解散。"

③《董必武文集》(第一卷)(征求意见本)编者原注:"九国公约,即一九二二年二月美、英、法、日、意、比、荷、葡和中国北洋军阀政府在华盛顿会议上签订的有关中国问题的公约。公约虽然宣称尊重中国主权和领土完整,但提出'中国门户开放','列强在华利益均等',反映了美英和日本帝国主义之间的矛盾。一九三七年十一月在布鲁塞尔召开'九国公约'缔约国家会议,并有苏联、印度等十九个非缔约国参加,但日本不但拒绝参加,并曾向国民党政府提出中国承认蒙古为独立国、华北五省有决定自治之权等六项议和停战条件。由于美英对日采取绥靖政策,助长了日本帝国主义的侵略气焰,会议没有任何积极成果。"

④《董必武文集》(第一卷)(征求意见本)编者原注:"凯罗格是美国一九二五年至一九二九年期间的国务卿。一九二八年初,法国外长白里安提出与美国缔结双边公约,宣布战争为非法。凯罗格建议把公约由双边扩大为多边。同年八月二十七日,法、美等数十个国家在巴黎签订了这一协议,这就是凯罗格—白里安公约,又称巴黎公约。公约讲,各缔约国'谴责用战争解决国际争端,在相互关系中放弃以战争作为执行国家政策的工具'。这里说'凯罗格',是指凯罗格—白里安公约。"

⑤《董必武文集》(第一卷)(征求意见本)编者原注:"凡尔赛和约,即一九一九年六月二十八日在巴黎西南凡尔赛宫签订的协约国和参战国对德和约,又称凡尔赛条约,简称对德和约。第一次世界大战结束后,以英、法、美、日、意等战胜国为一方,以战败国的德国为另一方,于一九一九年一月在法国巴黎召开和会。帝国主义列强召集这个会议,以建立战后世界和平为名,实际上是在它们之间进行分赃,重新划分势力范围。在会议过程中,他们漠视中国主权和战胜国的地位,妄意决定日本继承德国战前在中国山东的特权。消息传来,激起全中国人民的强烈反对,导致五四爱国运动的爆发,迫使中国政府代表团拒绝在和约上签字。"

约,都是步日本帝国主义的后尘。日本强盗和德意法西斯蒂结成侵略阵线,疯狂地吞噬弱小民族,抢夺殖民地。爱好和平的列强如英法美,现在总应当感觉到在东方没有制裁日寇"九一八"的暴行,不是一种贤明的政策吧!"哑巴吃黄连",列强自有其说不出的苦。

日寇"九一八"的暴行,固然给了我国人以无情的严重的打击,同时也唤起了我国人空前的民族觉醒。以后每经一次"九一八"的纪念,日寇吞灭中国的步骤愈加进展,而我国人民族觉醒的程度,也日益提高。亡国灭种的惨祸,摆在每个黄帝子孙面前,逼着我们大家不能不想挽救危亡的办法。我国因内部和外部的障碍,工业、农业不能顺利地发展,社会组织不严密,政治欠贤明。内战不停,自力相销,徒为日本造出进攻更便利的机会。我们深思熟虑以后,终于在第四次"九一八"纪念的前五十天,发表了中国共产党中央委员会《八一告全国民众书》①。那是一个有历史意义的文件。中共中央告诉全中国人,在日寇要灭亡我国的时候,我黄帝子孙应当不分阶级、不分党派、不怀成见,不记旧仇,一致地亲密地团结起来,抵抗日本帝国主义的进攻,这才是挽救中华民族危机的唯一正确的出路。这个救亡的策略,也可以名之为抗日民族统一战线。抗日民族统一战线是以国共两党亲密合作为核心。随着日寇制造的华北自治运动,公开地武装保护走私,到处设立特务机关,及挑拨中央和地方的恶感等等,激起了全中国的救亡运动。这些救亡运动,都是证明抗日民族统一战线的正确性,同时或多或少,直接间接地受到这一政策的影响。西安事变的和平解决,出乎日寇意料之外,古老的中华民族以国共合作为核心而团结起来了。政府改变了过去的政策,积极从事于抵御外侮,因而全国真正的统一起来了。去年七月七日卢沟桥事变②,我中国开始了全面的抗战,这

---

① 《董必武文集》(第一卷)(征求意见本)编者原注:"八一告全国民众书,指一九三五年八月一日中国共产党中央委员会发表的《为抗日救国告全体同胞书》,又称《八一宣言》。这个宣言提出了停止内战,一致抗日,组织国防政府,全体同胞总动员,集中人力、物力、财力,为抗日救国的神圣事业而奋斗的政治主张。"

② 《董必武文集》(第一卷)(征求意见本)编者原注:"卢沟桥事变,也称七七事变。卢沟桥距北京城十余公里,是北京西南的门户。一九三七年七月七日,日本侵略军在这里向中国驻军发动进攻。在全国人民抗日热潮的推动和中国共产党的抗日主张的影响下,中国驻军奋起抵抗。中国人民英勇的八年抗战,即从此开始。"

给予日寇想不战而屈服中国,或少费力而吞没中国的企图以有力的回答。

今年的"九一八",即"九一八"的七周年纪念,正当我国抗战已经有一年又三个月的时候,不仅和以前五个周年纪念不同,而且和第六周年比较,亦大有差别。以前五个周年纪念,我们求抗战而不得,我们只有悲愤;今年的"九一八",则我们在抗战中,我们是求仁得仁,我们希望抗战胜利,且努力争取抗战胜利。在去年第六周年纪念时,抗战还没有很多的经验,在第七周年纪念的今日,我们抗战已十五个月了。依据这十五个月的经验,我们对抗战前途,抱非常的乐观。诚然不错,一般的战况,我们是处在劣势。我们有十余省区,正遭受敌人的蹂躏;我们有十几个大的城市,被敌人占领;我们有两万万的同胞,落在沦陷区域内。但敌人得到的是什么呢?敌人要求速战速决,我们在爆发战争的时候,就确定了持久抗战的战略方针。现在抗战到十五个月,正是遵照这个战略方针来进行的。并把敌人速战速决的计划打得粉碎。敌人想以三十万兵,三个月征服中国的妄想,事实迫得它不能不承认和中国军队作战是长期的,是动员百万人还觉得不够的。敌人屡次部署迂回歼灭战,但结果总是扑个空,我军仍能保持其有生力量,抗战愈持久,敌人的困难将愈增。而我们的困难则相对地将要减少。我们军队的战斗力,是愈战愈强。过去平型关、台儿庄的胜利①,已给了敌人以痛苦的教训。最近我军在长江两岸,瑞昌、广济的抵抗,大大地迟滞了敌人的前进。在敌人沦陷区域内游击队的发展,逼使敌人困守在城市或交通要道上的支点内。好像住牢狱一般。至于敌人士气的低落,我军士气的高旺,敌军中和国内反战情绪的增长,我国人一致抗战到底的坚决,敌人财政经济的枯竭,我国财政经济状况尚较平稳,无暇在这里一一论列。外交关系,敌虽与德意法西斯结成反共同盟,意国并吞阿尔巴尼亚于援助西班牙叛军,已感到吃累,德正在欧洲作吞灭捷克之势,准备与捷、法、苏等国一战,他们自然没有很多的力量来帮助远东的同盟。我国

---

①《董必武文集》(第一卷)(征求意见本)编者原注:"平型关、台儿庄的胜利,平型关位于山西省东北部,一九三七年九月二十五日八路军一一五师在此地伏击日本侵略军,歼灭日军精锐的板垣师团第二十一旅团一千余人,是抗日战争开始后第一个大胜仗。台儿庄是山东徐州附近的战略要地,一九三八年三月日本侵略军向徐州进犯,国民党政府调集数十万军队组织徐州会战。四月上旬,在台儿庄及其附近歼灭了日军精锐的矶谷、坂垣主力一万余人,取得台儿庄战役的重大胜利。"

坚决抗战已博得英、美、法、苏的同情,也获得几个友邦的实际援助,特别是社会主义的苏联对我国人力物力的支援,直使怀疑苏联者,也不能不承认苏联是我国抗战以来最真诚的与国。敌人孤立,我之多助,这亦是决定抗战胜负的一个有力的条件。

中日战争的前途,我国人是可以乐观的,但要实现这一乐观的前途,还需要我国人最大的努力去争取,抗战不仅证明我国具有战胜日寇的基本条件,同时也暴露了我国政治上、经济上,社会上许多不适于抗战的弱点和缺点。抗战中军事改进较多,政治的改进赶不上军事的发展,如行政机构之欠调整,政治工作之不健全,群众力量之没有更广泛的动员等等,都使抗战发生不应有的阻碍。特别是国共两党的关系,还没有达到完全真诚亲密合作的程度,使许多工作不能收到预期的效果。但这些弱点和缺点,只要我们不固执成见,不是不可克服的。我们相信在保卫大武汉的工作中,在征募寒衣、防毒面具、药品等衣物工作中,一定能有若干改进。我们以克服一切工作中的缺点和弱点来纪念今年的"九一八",来争取抗战最终的胜利。

九月十七日于汉口

目前抗战形势和《新华日报》[①][②]

一九三八年十月八日

我们的抗战，已进到第十五个月了。经过这十五个月至今日，日本的军队，蹂躏了十一个省区。在这十一个省区中，差不多有两万万的人口，无日不在日本强盗的奸淫掳掠、屠杀捕拘的虐政之下呻吟着。这种情形，的确是使人痛心的。这种痛心的情形，是不是说中国失败了呢？不，不是的。中国是弱国，抗战的初期，免不了有点挫折，免不了在军事上受到暂时失利，在领土方面，暂时受损失；然而这是无碍于中华民族之最后胜利的。别的暂且不说，单单从日本把这一战争也看作是长期的一点看来，就可证明最后胜利是属于我们的了。日本本来的主意，只预备三个月的时间，以三十个师团的兵力，就可速战速决地征服中国，然而事实上，却给予日本以一个无情的否定。日本侵略中国的战争，已经经过了十五个月的时间，已经动员了六十个师团的兵力。可是，速战速决的迷梦被粉碎了。

日本虽然是一个强国，但是同时却是一个小国，它的面积，至多只与旧制四川一省相等。日本虽然是一个强国，但同时却是一个穷国，它的资源十分

[①]《董必武选集》编者原注："《新华日报》是中国共产党在国民党统治区公开出版的报纸。一九三八年一月十一日在汉口创刊，同年十月二十五日迁到重庆继续出版。一九四七年三月一日被国民党反动派强迫停刊。"

[②]本辑录编者注：该文选自《董必武选集》，人民出版社1985年版，第41—45页。《董必武选集》编者原注："这是董必武同志在《新华日报》重庆分馆举行的茶会上的讲话。刊载于一九三八年十月十九日汉口《新华日报》。"

贫乏,石油铜铁以至棉花等等皆感缺乏。单说石油一项,竭其全国的生产,只够它一天之用。反过来,在中国这一方面,虽则是一个弱国,可是她的面积很大,人口很多,物产很丰富。敌人的这种弱点和我们的这种优点,乃是持久战可以战胜敌人的条件。握住敌人的弱点,发挥自己的优点,一定可以使抗战持久下去,一定可以把日本强盗赶出中国,获得最后胜利。

　　第一期作战,敌我的死伤的对比为一与三,现在虽然整个的来说还是一与三,但有些时候已转到一与一的对比,在一些个别的地方,如在华北战场,八路军打击敌人的场合,敌我伤亡人数已转变为三与一之比了。从敌我死伤之对比的变迁,很可以看出敌人渐渐陷入于不利的境地。如果拿敌人国内的社会经济来说,那末,敌人之脆弱,更显而易见。敌人的战时公债额,现在已达到七十三万万元,平均每人要负担一百元,如果把其他的负担算在内,每一个日本人的负担,起码要二百元。从金融来说,日元的汇价一天比一天低,现在日元百元,在上海只值到法币①九十五元。从士气来说,日本士兵一天比一天消沉,自杀逃亡的日见增多。从地理来说,敌人愈深入愈困难,占领区愈扩大则兵力愈加分散,愈易为我所击溃,八路军宋支队及邓支队②之伸入热河③,就是一例。如果把国际的有利的形势计算进去,无疑议的,最后胜利一定是属于中国的。

　　从自己这一方面来看,我们是愈打愈强的。因为抗战的洪流把全国的民众都卷入抗战的巨潮之中;因为抗战的洪流把中国各方面的势力汇合起来,造成一个统一的新国家;因为抗战的洪流提高了将领士兵的民族意识;因为抗战的洪流洗刷了大家过去一些缺点;因为抗战的经验使我们的战略战术大大改良,使我们急切去创造现代化的机械化部队。这一切,证明中国越打越

---

　　①《董必武选集》编者原注:"法币,一九三五年十一月,国民党政府规定由官僚资本控制的中央、中国和交通银行(后来又加上中国农民银行)所发行的纸币为法定的全国统一流通货币,称为法币。"

　　②《董必武选集》编者原注:"宋支队及邓支队,宋支队,指当时在雁北地区活动的宋时轮支队。邓支队,指当时在平西地区活动的邓华支队。一九三八年夏,这两个支队奉命于平西组成八路军第四纵队。随后,第四纵队跨过平绥路与平承路,进入冀东地区与李运昌等领导的冀东起义武装汇合,创建了冀东抗日根据地。"

　　③《董必武选集》编者原注:"热河,是一九二八年设立的一个省。一九五五年七月决定撤销,辖区分别并入河北、辽宁两省和内蒙古自治区。"

强是确确实实有根据的。

在目前，武汉之危急是不容讳言的。日本花了很大的代价才能寸尺地获得一城一镇的地方，而且我们接受了退出南京和徐州的经验，在武汉方面，早已进行了种种必要的准备，就是武汉不幸失掉，日本费了很多气力所得亦只是一个空城而已。在我们这方面，退出武汉虽然是一个损失，但是有计划地采取了包围的形势，将使敌人陷在重围中而不能自拔。因此，我们断不能以一城一地之得失而萌消极悲观之念。要知道，武汉纵失，我们仍然有湘、粤、川、滇、黔、桂、陕、甘、新、青、宁等十几个整省的地区，我们还有敌人侵占地侧后的广大地区，我们仍然有二万万以上的巨量人口，我们仍然有丰富的物产。只要我们内部能团结，集中力量，培养力量，最后一定能进行反攻，把日本强盗赶出中国去的。

现在有一些对抗战无信心的动摇分子，散布失败情绪，说武汉如果失守，中国便不能再战。这是有害的说法，这是不明了敌我情势的说法。武汉万一失陷，在抗战前途上当然要增加许多困难，但那些困难，只要我们决心去克服，是可以克服的。武汉即令失陷，我们仍然是要继续抗战的。旁的不要讲，单单以《新华日报》预备在重庆出版一件事来说，就可证明我们的抗战一定是持久下去的。因为《新华日报》是在抗战中产生的，是以巩固和扩大抗日民族统一战线为职志的，这个抗战的报纸能够在渝出版，这不是证明我们的抗战将是持久下去又是什么呢？

最后，应当说一说《新华日报》本身的事情。

《新华日报》是中国共产党机关报，自然是反映中共的政策主张。但是，《新华日报》不仅反映中共的政策主张，而且反映其他各党各派以及无党派的一切有利于抗战团结的意见和主张，它不仅表扬八路军新四军英勇抗战的事实，而且表扬一切抗日军队的英勇抗战的事实；它不仅指出我们自己的优点，叫大家去发挥这种优点，而且对于一切不利于抗战的缺点，亦尽量地指出来，使我们能够克服自己的缺点，一天天向进步的道路上迅跑。自然，《新华日报》的历史很短，缺点很多，我们必须切切实实去改良它，使它一天比一天进步起来。它的出版地址是武汉，只要武汉一天不失守，它便一天在那儿出版。

但是敌人的疯狂的轰炸,或会使它不能在那儿照常工作,那么,它也许要搬来重庆了。那时,重庆的报馆便要成为总馆了,在这儿工作的同志的任务就更重大了。我希望各部分的工作同志,从编辑部到排字房、机器房、发行部以及送报人,都要好好地工作,好好地联系,好像一架机器一般。在这儿,大家的生活要集体化、学习化,时时刻刻求进步,时时刻刻要把握住《新华日报》的工作是抗战中工作的一部分,时时刻刻要以越战越强的精神来开展《新华日报》的工作。

国民参政会①第二次大会的展望②

一九三八年十月二十六日③

国民参政会第一次大会是顺利地成功了。全国各党各派及无党派知名人士和领导人物,在第一次大会上具体地表现了进一步的精诚团结。参政员全体一致决议:"拥护民国二十七年四月中国国民党临时全国代表大会所通过之抗战建国纲领④,切望国民政府制定实施办法,督促各级政府,切实施行。"

第一次大会通过了许多重要的议案,如整军建军,改善兵役法,保卫大武汉,改进下层行政机构,成立省县地方民意机关,保障人民权利及财政经济、

---

① 《董必武文集(第一卷)》(征求意见本)编者原注:"国民参政会,是一九三八年国民党政府成立的一个仅属咨询性质的机构,对国民党政府的政策措施,没有任何约束的权力。国民参政会的参政员都是由国民党指定的,形式上包容了个抗日党派的代表,但国民党员占大多数。由于蒋介石国民党的日益反动,参政员中民主分子的言论受到束缚,该会就逐渐成为国民党反动派用来粉饰独裁统治和制造反共舆论的单纯御用工具。"

② 本辑录编者注:该文原载《新华日报》1938年10月28日第二版。收在《董必武文集(第一卷)》(征求意见本),第111—113页。这次选编时参照《董必武文集(第一卷)》(征求意见本)作了校订。《董必武文集(第一卷)》(征求意见本)编者原注:"这是董必武发表在一九三八年十月二十六日重庆《新华日报》上的文章。"

③ 本辑录编者注:《新华日报》刊载该文时,文末有"十月廿六日",应为作者撰写该文的时间。

④ 《董必武文集(第一卷)》(征求意见本)编者原注:"抗战建国纲领,是一九三八年四月一日国民党临时全国代表大会上通过的,内容包括抗战的军事、政治、经济、外交等方面的政策。这个纲领对人民作了某些让步,如规定组织国民参政机关,许诺给予人民言论、出版、集会、结社自由。这个纲领虽然与中国共产党的《抗日救国十大纲领》有本质的不同,但在当时中国共产党仍肯定了这个纲领的进步意义。后来由于蒋介石推行消极抗战,积极反共的政策,纲领中对人民的某些让步大都没有兑现。"

文化教育、外交上诸问题。在休会时并公布了一有历史意义的宣言。参政员虽不是人民选举出来的,然而他们一百二十五个提案被通过了的,都确实能代表人民的公意。这由人民中喊出了实施参政会第一次大会决议的呼声可以看出来。

现在参政会第二次大会已定于十月二十八日开幕了。第二次大会的环境,很显然的与第一次大会时有很大的不同。欧洲自慕尼黑四强会议①,捷克强被牺牲以后,自然助长了世界侵略者的气焰。虽国联关于日寇侵华战争,通过了盟约十六条,但因支持国联的主要国家,拒绝合力制裁,影响到其他的国家,决议变成了一纸空文。广州的突然陷落,武汉亦终于撤退,第二次大会恰在这个时候开幕,其所负的使命重大,自不待言。国民参政会的决议,虽要经国防最高会议通过才能有效,但在抗战期间,政府对内对外的重要施政方针,于实施前应交会决议。目前国际国内形势变更,人心惶惶之际,参政会议决政府应付新形势之重要施政方针,可以安定国内的人心,可以端正世界的视听,更可以击破日寇汉奸挑拨离间无稽谰言。持久抗战,全面抗战,争取主动地位,争取抗战最后的胜利,以达建国的成功,这是我国抗战以来久经确定不移的国策。参政会遵照这一国策,议决政府对内对外的施政方针,实是第二次大会的最重要的任务。

第一次大会的决议,既经国防最高会议通过,分别交政府执行和参考,关于执行的部份,执行至何程度?执行的成效如何?有无碍障?第二次大会都有检查和检讨之必要。

新的重要的建议,同样是应该详细的商讨,使之成立,但琐屑的局部的问题,最好是少提,以免案子的堆积,而妨碍重要决议之详细研究。我在第一次大会开会前,曾希望提案不至过多。后来竟有一百二十五件提案,在十天会

---

① 《董必武文集(第一卷)》(征求意见本)编者原注:"慕尼黑四强会议,指一九三八年九月英国首相张伯伦、法国总理达拉第同德国的希特勒、意大利的墨索里尼在德国的慕尼黑举行的四国首脑会议。英法在会议上企图以出卖捷克斯洛伐克为代价,促使法西斯德国侵略苏联,与德意签订了《关于捷克斯洛伐克割让苏台德领土给德国的协定》,又称慕尼黑协定。捷政府在德国的军事威胁和英法的压力下,接受了这个协定。同年十月德国占领了苏台德区,次年三月又出兵侵占了全部捷克领土。九月德国进攻波兰,第二次世界大战在欧洲全面展开。"

议中，政府报告和开幕休会式占了一半的时间，审查和讨论许多建议，自有不能详尽的地方。第二次大会时间仍很短促，我还是希望我们各参政员同人能在会外多交换一些意见，不重要的不提，重要的可以共同提。这样，提案较少，审查和讨论的工夫，就稍为宽绰，决议也比较郑重些。

抗战的烈火，已把中国从破碎支离的局面团结起来。参政会第一次大会已具体的表现了进一步的团结。现在抗战，遇到了新的困难，我们全国人民只有更加团结，团结像钢铁一般，才是克服新困难的前提条件。参政会第二次大会所反映出来的，一定是这样的团结。

十月廿六日

日寇企图搬演新傀儡①

一九三九年二月五日②

凶狡的日寇,为要配合军事继续进攻的计划,又想在政治方面来弄玄虚。造谣中伤,挑拨离间无效,出以诱降。近卫声明③遭受蒋委员长严正的驳斥后,仅博得汪精卫之流的响应。汪被国民党开除党籍,全国人民唾弃,而近卫也因而倒台。诱降既败,近数日敌人又在广播中大吹大擂宣传吴佩孚主张和平,出任所谓"绥靖委员长"职。吴于一月三十一日招待新闻记者,虽其口述与日寇制就之谈话稿不同,但亦未公开否认有主张和平之通电。其态度之暧昧,大约系环境使然。这种状态,不会长此保持下去。前途所届,不外两个归宿:或者吴佩孚发挥其固有的精神,顽强不屈,弃所谓"绥靖委员长"的伪职于

---

①本辑录编者注:该文原载《群众》周刊1939年第2卷第15期,第647页。收在《董必武文集(第二卷)》(征求意见本),第114—117页。这次选编时参照《董必武文集(第一卷)》(征求意见本)作了校订。《董必武文集(第一卷)》(征求意见本)编者原注:"这是董必武发表在一九三九年二月二十一日出版的《群众》杂志上的文章。"

②本辑录编者注:《群众》周刊刊载该文时,文末有"二月五日",应为作者撰写该文的时间。

③《董必武文集(第一卷)》(征求意见本)编者原注:"近卫声明,指一九三九年一月十六日日本首相近卫文麿的对华声明。抗日战争爆发后,日本在加紧军事侵略的同时,不断对国民党政府进行政治诱降。一九三七年十一月日本外相广田通过德国驻华大使魏德曼向蒋介石提出内蒙建立自治政府、华北建立非军事区、扩大上海非军事区、停止排日、共同防共等七项和谈条件。南京失陷后,日本为逼迫蒋介石尽快投降,发表近卫声明,声称如果接受上述条件,日本将'不以国民政府为对手',而要另建'与日本提携之新政府'。在全国人民抗战高潮形势下,蒋不敢停止抗战;由于日本的条件严重损害英美利益,蒋也不敢接受。这样,只有汪精卫呼应近卫声明,逃离重庆,公开投降了日本帝国主义。"

不顾；抑或者吴氏甘为傀儡，听日寇搬演出场。这在最近的将来，可见分晓。国人所殷殷属望于吴氏的，自然是前者而不是后者。

吴佩孚尚能维系全国人民之望的，究竟因为什么呢？是否因吴曾执掌北洋军阀最后一时期的威权，如现在他的部下所常称他的为吴大帅呢？不是的。历史上担任过大名义的人，不一定就是孚人望的人。是否因吴当位在势时，对国家建不朽之功，对人民有难忘的恩德呢？也不是的。吴氏当权的时候，还是一个军阀，并无殊勋，对于人民大众的剥削、压迫、屠杀，是提起来还令人心悸的。而国民革命北伐之役所要打倒的，也正是吴佩孚这类军阀。吴氏尚能维系全国人民之望的，我想不是上述的那些原因，而是有别的原因的。吴佩孚虽然也是一个军阀，他有两点，却和其他的军阀截然不同。第一，他生平崇拜我国历史上伟大的人物是关岳，他在失败时，以不出洋，不居租界自矢。关云长是我国历史上最富于正义感的人，忠于汉室，义不降曹，这是关壮缪之所以名垂千古。岳武穆是我国妇孺皆知的民族英雄。他精忠报国，扫除金寇，恢复宋室已失的江山，卒至因反对主和，被主和的奸臣秦桧所害而死，至今读史的人，读到岳飞的故事，没有不为他呼冤，没有不对他肃然起敬的。只有恐日病的某哲学博士，为着阻挠发动抗战，才做翻案文章，说秦桧主和是忠臣，岳飞主战是错了。特别是在我国已发动抗日的民族革命战争时候，我国人对于身在曹营心在汉的关公，对于主张保宋灭金的岳王，更为普遍的崇敬。对于平日崇拜关、岳的人，自然也就另眼相看了。吴的不出洋，不居租借的口号，表现了他不愿依靠外国人讨生活的性情，他在失势时还能自践前言。这是许多人都称道他的事实。第二，吴氏做官数十年，统治过几省的地盘，带领过几十万的大兵，他没有私蓄，没有置田产，有清廉名，比较他同时的那些军阀，大都腰缠千百万，总算难能可贵。

然而国人所希望于吴佩孚的，不过是自全晚节，不要被日寇所利用，来与抗战的政府和爱国的人民为敌。并不是希望他若天神，以为他有什么本领可以把中国弄好。他曾经掌过大权，在国内政治上所造的孽，除本身不大贪污一点外，并不少于其他的军阀。国人不是望他积极地干什么，而只是望他消极地不干什么。即不做日寇的傀儡。这所希望于他的也不苛，吴氏能不能满足国人的这点希望呢?

但从他的各方面来看是很可顾虑的,吴佩孚是一个极端顽固守旧的人,落后于时代的要求很远。他自视很高又常不满意于现状,且不甘寂寞,所处的环境更是恶势不堪。处在日寇直接统治之下,汉奸的影响,左右失势官僚及群小的包围,怎能放得过这样一位赫赫有名待时而动的老军人呢?不管吴本人主观是否愿意做汉奸,只要一上日寇的圈套,便成为它的新傀儡,假如他要求练兵,日寇在某种条件下一定可以允许他练兵,但练出兵来装备须仰给于日寇,那不是更便利于日寇以华制华毒计的实现么?那时吴将不是旧的中国的吴佩孚,而是以新的民族败类的姿态出现。又如要日寇交出政权,日寇同样可以答应。要日寇武装维持秩序的政权,那不是别种政权,正是傀儡政权,这样的政权,在日寇侵占区域内俯拾即是,如伪满,伪"蒙疆政府","上海伪大道政府","北平伪临时政府","南京伪维新政府"以及各地方的伪"维持会"等,真是指不胜屈,吴所要求的,不过是要和溥仪[1]、王克敏[2]、梁鸿志等人把臂入林罢了。吴佩孚这个人的危险性,就包含在他要练兵,要政权这个动机内,日寇正好迎合这点,利用这点,搬演出来作为一个配合王克敏、梁鸿志诸汉奸的新傀儡。

最后我们必须指出日寇如果要想藉这类的新傀儡来对抗我国民政府,来维持敌占领区的安宁秩序,来动摇我抗战胜利的信心,都是徒劳的。汪精卫是国民党的副总裁,最高国防委员会的副主席,国民参政会的议长,负党国重任,一声响应近卫,通敌讲和,便身败名裂,为天下笑。如果一个腐旧的退职军阀,不安分,妄自尊大,被敌人引作傀儡,一定马上遭受国人的唾骂的声讨的。我国全国的人民不愿做亡国奴,不愿受日寇的侵略,不愿为日本法西斯

---

[1]《董必武文集(第一卷)》(征求意见本)第117页编者原注:"溥仪(一九〇六——一九六七),满族,清朝末代皇帝。辛亥革命后被迫退位,一九二四年被赶出紫禁城。九一八事变后,在日本帝国主义秘密护持下,由天津到了东北,组织伪'满洲国',一九三四年又自称'皇帝'。抗战胜利时被苏联红军俘获,一九五〇年移交中国政府,一九五九年被特赦释放。"

[2]《董必武文集(第一卷)》(征求意见本)编者原注:"王克敏,是日本帝国主义一九三七年底联合平、津及华北各地的维持会,在北平成立的'中华民国临时政府'傀儡政权的首领。梁鸿志是日本帝国主义一九三八年三月联合京、沪及南方各地伪组织,在南京成立的'中华民国维新政府'傀儡政权的首领。"

帝国主义强盗的奴隶和牛马,大家已团结得像钢铁般的坚实,在蒋委员长领导下与日寇作持久战,一定要驱逐日寇出中国,为保全我国领土主权行政之完整,实现民族独立、民主自由、民生幸福,三民主义的新中国而奋斗。目前抗日的都是友人,附逆的都是仇敌,不管他过去历史如何,凡甘心让日寇利用来阻碍抗战者,都一定为国人所反对。我们要注视日寇在政治方面所弄的玄虚,我们要反对日寇所随意扮演的新傀儡。

五一节与我国工人运动[1]

一九三九年五月一日[2]

五一劳动节是全世界无产阶级为争取八小时工作日和工人解放事业而奋斗的一个纪念日。五十余年来,各国无产阶级莫不以极端奋发的精神来纪念这一光荣伟大的劳动节,有的开会,有的罢工,有的游行示威,也有的因受压抑而演流血惨剧。只有苏联的工人,把五一节和十月革命节同样的重视,用同样的隆重的仪式去纪念它。这因为苏联的工人在革命胜利后,得到彻底的解放,不仅实现过八小时工作制,而且很久就是每日工作七小时,完成和超过了五一节原来所期望的。苏联工人阶级的伟大胜利,也是全世界无产阶级的胜利。每年的五一节日,全世界各国无产阶级不但应当举行纪念,还应当在五一节日检阅自身的战斗力量。

五一劳动节在我国被人注意,是前次世界大战结束以后的事。这并不是偶然的。这因为帝国主义侵略中国以后,利用我国的最廉价的劳动力,很丰富的原料,和节省运输,特移入了一些新的近代生产方式,大战时我国新兴工业部分的又有显著的抬头,社会上出现一种新的出卖劳动力的阶级也随着逐渐壮大起来。五一劳动节的被我国人注意,正是说明我国社会上有这一新的阶级,正是说明这一新的阶级有了令人不可忽视的力量。五一劳动节一经被我国无产阶级注意,它便以特殊的方式来举行纪念。我国工人对这一劳动节

---

[1] 本辑录编者注:该文选自《新华日报》1939年5月1日第三版。
[2] 本辑录编者注:此为《新华日报》刊载该文时间。

确有甚深刻而不可磨灭的印象。民国十一年五月一日，我国工人代表一百七十人，在广州举行了第一次全国劳动大会，代表了约二十万的工人。民国十四年五一节，第二次全国劳动大会又在广州举行，到会代表共二百八十人，代表着一百六十六个工会，代表有组织的工人五十四万余，成立了全国总工会。十五年的五一节，第三次全国劳动大会依然是在广州开幕，到会代表共五百余人，代表一百二十四万一千余有组织的工人。一连几次的全国劳动大会，都在五一节日开幕，这使我国纪念五一，加添声色不少。十六年全国总工会领导了武汉长沙等处的工人，举行了空前热烈的广大群众的五一纪念。嗣后几年虽然因为政治的原因再没有广大工人群众公开集会的可能。但全国各地工人却以各种方式来纪念他们自己的劳动节：小规模的集会，车间几分钟至几十分钟暂时的自动停工，马路上的飞行集会，街道中短途的小队游行，秘密的散发传单和张贴标语等等，都是工人们自己创造出来的。在"某些经济文化一向比较落后的"区域，因政治环境一时的胜利，也曾举行过几次盛大的群众的五一纪念。若就全国范围看来，毕竟是事属一隅。抗战后第一次五一纪念，较以前略带活气。今年的五一节纪念筹备机关，有号召各工会会员及各工友参加并结队游行之说，这或者是我国工人运动的一个好消息。从我国各地能不能热烈举行五一纪念，就可以看出我国各地工人运动高涨或低落的情形。五一纪念的情形，是测量我国工人运动的指标。

今年的五一节，恰当世界第二次大战将更大规模的展开的时候，恰当我国抗日全面战争进行到二十二个月的时候，我国工人阶级顾念世界劳苦群众的运命，顾念我国家民族的前途和本身的生活，当有无限的感慨，无限的兴奋。凶残野蛮狡猾至极的日本帝国主义法西斯军阀，企图吞灭整个中国，用其准备多年新式装备的军队，蹂躏我国领土，屠杀我国居民，掠取我国最繁华的城市，掠夺我国较丰富的资源，摧残我文化，奸淫我妇女，轰炸我后方不设防地区，破坏我所建立的经济系统，创造汉奸傀儡政权，扶植流氓土匪武装，推行伪币，倾销劣货，广售毒物；为着配合其武力进攻，大肆挑拨离间，诱降讲和，想破坏我内部的团结。日寇的一切暴行，一切阴谋，真是写不完，说不尽，我全国爱国同胞，没有人不切齿痛愤，誓与倭寇拼个他死我活。我国工人阶级蒙受日寇的祸患,更为惨酷。我国新兴工业,差不多都建设在沿海沿江各大城市,这样的一些城市也差不多都沦陷了。那些新兴工业,或是被日寇抢去,或是迁移到后方,或是暂时停顿,仅极少数的勉强维持而缩小范围,于是千千万万的失业群众,经受着无食无衣无住宿的威胁。工人平素是靠出卖劳动力过日子,一天没有工作,一天生活便成问题。日寇侵略所给与我国工人阶级的灾害,可说是再严重没有的了。然而我国工人阶级本着过去反帝国主义精神的传统,抗战一起,即和全国其他阶级,手携手的一致起来,反抗凶残野蛮狡猾至极的日本强盗。

我国工人阶级今年纪念五一节,恰是抗战到了二十二个月的时候,在这个时候来检查自身究竟在抗战期中作了些什么,所作的那些与抗战的关系怎样,这对于加强工人阶级的抗战工作,加强今后的工人运动,都是极有意义的。我国工人阶级的先锋队,已组织和领导了庞大的武装,正规的和游击的,在军委会统一指挥下积极在各战场各游击区作战。这一众人周知的事实暂且不提。现在单就工人阶级本身在抗战中所干的来说,我们可以看到如次的事实:"八一三"后,上海工人组织了运输队、救护队,帮助国军作战,并在上海附近发动游击战争,直至今天,仍然是日寇的附骨疽(上海工人在上海四郊组织游击战,见《中苏文化》一卷十二期《抗战中英勇斗争的中国工人》一文)。我军退出上海后,留在上海的工人,采取了和敌人斗争的新的方式。工厂里的工人,一逃出工贼汉奸的监视,便在墙上张贴出抗战杀敌的标语。他们很严密的组织起小组和十人团,秘密的商讨着怎样去对付工贼和汉奸,怎样去布置爱国运动,怎样开纪念会与募捐慰劳前线将士等等。当去年"七七"和"八一三"周年纪念时,上海各工厂工人化了名,甚至连厂名也用××来代替,工人全体提出一天的工资,作为效忠国家的表示,同时还承认了每人月捐二角。这样收集起来,送至西人主办的报纸如大美报馆等代收转解中国政府。×记绸厂里有一个工房,十六架机子,日夜班共三十二个工人,为纪念"八一三",他们竟秘密募得了八十一元三角(摘自去年十二月二十七《新华日报》《沦陷的上海》一文)。上海砂石业工人罢工反对敌伪把持砂石业(中央社二月十三日)。太原沦陷后,太原兵工厂工人于十一月五日夜焚毁火药库,毙敌守兵三百余人(中央社十一月二十六日)。榆次纱厂工人,在二十六年十一月即参加了打击日寇的战斗,粉碎了太谷榆次的汉奸组织。阳泉的矿工集结二百余人,配合正规军作战有功(去年十二月十三日《新华日报》)。铁路工人在战争中,在敌机狂炸下,对军运客运民众疏散的尽力维护,这是津浦、平汉、粤汉、陇海、同龙各路员工的英勇,被中外人士称许不绝的。去年四、五月起,敌机强烈轰炸粤汉路,但被破坏的路轨及桥梁,始终在最短时间内修理完毕,以维持不断的交通(《中苏文化》一卷十二期)。特别值得提出的,是粤汉路去年六月扬旗手孟继贵在株洲三门间的涤口桥头舍身救一列车。十月二十四日机工三人在余家滩纸坊间于敌人包围中,抢救一辆火车头(去年十二月二十七日《新华日报》)。至铁路工人组织游击队的,则有同蒲路工人游击队、道清路工人游击队、平汉南段路工游击队等。海员工人参加抗战之最著者,则有香港政记轮船公司胜利等六轮的我国籍员工,因该六轮出售与日本邮船会社,均自动离船(中央二月九日)。矿工游击队,除上述阳泉矿工帮助国军作战有功外,井陉矿工游击队的活跃,唐山五千矿工响应我军进攻的起义,都是啧啧人口的。武汉数万人力车夫,数万码头工人,都于武汉我军撤退前,受命转移,输送资产至后方。至于后方的各业工人,不拘兵工厂、机器厂、纺纱织布工人、制纸制革工人、印刷排字工人,莫不努力生产,忍受过长的工作时间及难以设想的非人待遇如个旧的砂厂,丝厂的童女等,以保障战时的急需。以上所述,可见在沦陷区,在火线上,以及在后方,我国工人阶级都表现了他们抗日的极顽强、极英勇的姿态。二十二个月的抗战,证明工人阶级的顽强英勇,是我国战胜日寇的条件之一。抗战愈持久下去,所依赖于工人阶级的努力将愈多。

如果认为工人阶级在抗战中所作的成绩,为无以复加,那是非常错误的。上面所说的,不过是指明我国工人阶级在抗战中,表现了一些它自身的力量,发挥过一些它伟大的作用罢了。我们倘再加分析,便觉得工人阶级所表现的力量所发挥的作用,还很不够。这主要的是由于工人阶级还没有完全组织起来,因此其所表现的力量,所发挥的作用,除少数例外,是零星的、散漫的和自发的,而不是整个的、有联系的和有计划推动的。这样就不能表现其力量,发挥其作用到应有的高度。某些地区有工人总的统一的组织,那里的工人所表现的力量,所发挥的作用,很当然的和其他地区、工人无组织的地区,有极大的不同。山西晋南总工会,晋东南工人救国总会,延安陕甘宁边区总工会,这些工人总的、统一的组织所领导下的工人和工会活动,是一致的,是相互关联的,是有计划的。假使全国工人阶级有真正的统一的组织,它在抗战中所表现的力量,所发挥的作用,一定比我们所已看见的要大十倍百倍还不止。

工人阶级在抗战后所迫切要求的,也是总的统一的组织。重庆二十余万工人曾经请求成立重庆总工会筹备处,并已推定了筹备人,但以后就无下文。全国范围内的工人所迫切要求的是同样的。去年四月全国十八个工人团体筹备了中国工人抗敌总会。不幸,这一筹备委员会因某种阻力无疾而终。今日不谈工人运动便罢,若谈工人运动,依然首先是组织问题。现全国各业工人绝大多数还没有组织,或有组织而不健全、不充实,尤其没有一个总的统一的组织。没有组织的各业工人,应当遵照政府的工会法都组织起来。已有组织的地方,应动员各业全体工人都加入各业工会,把各业工会都充实起来。各地区各业工人还应当成立总的统一的组织。全国工人应恢复中国工人抗敌总会筹备委员会的组织,迅速成立中国工人抗敌总会。至抗敌总会的纲领,去年筹备委员会曾拟了一个草案。那个纲领草案,现在全国工人如有组织,基本上还可适用。现把那个草案要点抄在这里,请今年纪念五一节的人们审查一下。

（一）统一全国工人战时组织,增强抗敌力量。

（二）拥护领袖,拥护政府抗战到底。

（三）发动全国工人参加抗战。

（四）联合世界各国劳动团体共同抗日。

（五）实施劳工战时教育,普及抗战情绪。

（六）救济失业工人。

（七）训练劳工军事技能。

（八）增强工作效能,努力战时生产。

（九）改善工人战时生活条件。

在去年五一节忽然停顿了的中国工人抗战总会筹备委员会,在今年纪念五一节应当使它复活起来,为实现中国工人总的统一的组织实现上述纲领而奋斗。这是目前中国工人运动的门径。这是中国工人阶级保障抗战胜利的条件。

我国抗战二年来的民众运动①

一九三九年七月十二日②

（一）

就中日两国的国势及两国战争的性质加以综合的研究，中国进行抵抗日本帝国主义的侵略要求将最后胜利，即把日寇驱逐出中国，就必须坚持持久战。日本帝国主义是世界列强之一，且具有极凶残丑恶的法西斯相，我国是弱国，这样强弱悬殊的两国作战，怎样能够持久呢？我们有些什么条件，使这一战争成为持久战呢？关于前一问题请阅者去参考毛泽东同志《论新阶段》就可得到清楚的回答。关于后一问题，大家都知道的，我国是一个地大物博、人口众多的国家，这些都是我们能作持久战获得胜利的自然优越条件，尤其是人众，我国有六倍于日本的人口，四亿五千万的有生力量，如果真能都发动起来参加抗战，这真是一种"取之不尽，用之不竭"的力量啊！

但四亿五千万人民，决不是存在着就能成为不可战胜的力量。人口虽多，如果没有发动起来，没有组织，那还是一盘散沙，力量还是表现不出来的。蒋委员长在民国廿三年八月，讲抵御外侮与复兴民族的演词中有一节专讲组

---

①本辑录编者注：该文原载《新华日报》1939年7月12日第二版。收在《董必武文集（第一卷）》（征求意见本），第118—126页。这次选编时参照《董必武文集（第一卷）》（征求意见本）作了校订。《董必武文集（第一卷）》（征求意见本）编者原注："本文发表在一九三九年七月十二日重庆《新华日报》。"

②本辑录编者注：此为《新华日报》刊载该文的时间。

织并训练民众,指出将来与日本作战一定要十分地注意组织民众,训练民众,使全国民众都能军事化,能帮助正式的军队作战,军民能真正地合作为一,打成一片,这力量就可以大十倍百倍还不止。更着重的讲到"这运用民众,是我们抗日救国的一个根本的方法"。可惜当时听见的人还不多,听懂了切实去执行的人更少。所以抗战一开始,民众运动就成为一个很严重的问题。前方作战,找向导,探敌情,买食物,送茶水,抬担架,寄伤病员,一直到武装配合正规军作战等,没有民众起来帮助,这些工作就要受到极大的阻碍,有时甚至完全无法进行。后方动员,如服兵役,如募捐献金,如优待出征军人家属,如增加生产,如防空防毒、救护、运输、掩埋,以及防汉奸,肃清汉奸等等,哪一项工作不需要民众呢?至于在沦陷区,在敌人后方,更需要民众起来作各种抵抗日寇的工作,是毫无问题的。毛泽东同志说得好:"长期艰苦的抗日战争,一切须取决于民众,没有普遍发展的并全国统一的民众运动,要长期支持战争是不可能的"①。

抗战前,虽最高统帅指示了运用民众为我们抗日救国的根本方法,因执行得太少,太不够,所以抗战开始,前线将士,后方舆论,都主张开放民众运动,或加紧开展民众运动,这两句话含义虽不尽同,但表现抗战需要民众运动的迫切,是一致的。

(二)

抗战二年,不仅与敌人作顽强的斗争,使敌人陷入欲罢不能的境地,同时也把我国大大地推动走上建立三民主义新中国的程途。我国的军事、政治、经济各方面在两年抗战中已有极大的进步,有些进步是空前的。随着各方面的进步,民众运动也有显著的发展。这表现在:毋远毋屈的全民族的觉醒,西北的回族,西南的苗族人民,都认识日寇的凶残狡猾,都激起同仇敌忾的热忱。

---

①《董必武文集(第一卷)》(征求意见本)编者原注:"见毛泽东《论新阶段》(解放社,1938年版)。"

我们检讨抗战以来的民众运动，必须指出他的发展是不平衡的，一般地说，在敌人后方即沦陷区的民众运动，比起我后方的民众运动要开展些，战区的民众运动比远后方的民众运动要开展些。同时敌人的后方或沦陷区，同是战区，同是我后方或远后方，民众运动发展的情形又各不同。民众组织的种类不同，其运动发展也不同。如抗敌后援会是奉命成立，照条例可以成立到区，各县皆有这个组织，是最普通的一种组织；可是各县的这种组织，绝大多数都是有名无实，自报告成立后，再也不开会也不做什么工作，省市级要好一些。青年运动在抗战开始时，颇有如火如荼的样子，抗战一周年后，除北方的民族解放先锋队、西北青年救国会及山西青年救国会、广东青抗较为活跃外，后方则只有三民主义青年团和极少数的青年团体作各种社会服务，较为自由。妇女慰劳会及新生活指导委员会在城市较有发展，妇女运动在民众运动中表现了较为统一的特色。在敌人后方，沦陷区的妇女，以新中国妇女另一种姿态出现参加抗战，成绩不少。工人运动与农民运动除在陕北及山西河北等省区发展较好外，一般地说，显著的发展是很少的。儿童运动如孩子剧团、新安旅行团、山西各县的儿童救国会或儿童抗日团、儿童保育会等，已在抗战中奠下了向前发展的基础。

抗战两年，民众运动发展的除不平衡外，还是曲曲折折的，不是一直向前发展的。抗战以前，我国准备民众的参加动员是极薄弱的。战争爆发，民众运动的薄弱，马上反映到军事上来。当时实际上最感缺乏民众帮助的是前线的将领。在东战场的一位将领说："这次战争中，最使我们痛苦的是民众没有组织。我们军队开到之后，能帮助我们的老百姓都逃走了，留下来的多是汉奸。我们因为途径不熟，要找一个老百姓做向导都找不到；有的时候，我们竟入了敌人的防线。至于汉奸，他们不光破坏我们的交通，放信号，还把我们的军情告诉敌人。我们的电话一天要修几十次，有的时候，甚至误了指挥。假使民众预先有了组织，非但汉奸可以在老百姓严密组织之下不能站脚，其他如保护交通，帮助运输，作向导，抓间谍，不知能够给军队多少方便！"西战场也有一位将领说："当我们的军队开赴前线作战的时候，战区附近的民众逃避一空，这是对自己国家的军队进行坚壁清野的工作"。那时受战争影响的地方,民众有许多自发的运动,军队因需要民众的帮助,许多将领组织工作队,后来管理民运的部门成立了,将许多自发的民众团体,加以整理。政府为了统一民众运动,这原是可以采取的步骤,但整理的结果,不能使民众运动在合法的园地上繁荣起来,反而解散了许多有群众基础有抗战工作的民众团体,各将领所招的工作队亦终止其存在。稍呈活气的民众运动,于是又有些逆转。某几个战区因人事关系,民众运动发动后,曾受一度波折,但不久仍迈步前进。两年来的民众运动,就是这样曲曲折折地发展起来的。

检讨过去民运发展情形,宣传多于组织,亦是值得指出的一件事。抗战的宣传,本应家喻户晓,原不嫌其多,而且我们宣传工作距这标准还很远,在合川工作的某剧团,曾遇见把下江人当作日本人一样看的怪事。酉、秀、黔、彭①为川湘交通要道,直到最近还只有某一宣传队到过彭水县城,宣传的不够普遍和深入,是很显然的。但把宣传工作比起组织工作来,我们就不能不承认组织工作更为落后。民众需要宣传,同时也需要组织。民众的力量必须组织起来,才能发挥到应有的程度。不然,便有许多力量游离浪费,或弃置了。宣传工作不和组织工作一道进行,宣传工作往往等于白费,也是很可惜的。

(三)

长期的抗战,既是那样迫切地需要民众积极起来参加,政党有发动全国民众参战的纲领,中央和地方政府又有许多战时动员民众的法令和方案,民众运动应该是全国范围内很普遍的大踏步的向前发展,宣传和组织,训练和实行,都不应当到现在还成为问题。为什么抗战两年来,民众运动还存在如许弱点呢?我想不外下述几个原因:

第一是轻视民众运动。轻视民众运动的出发点又有几种不同,有一种根本上看不起民众力量的人,以为战争是军队的专责,只要有军队,只要军队有

---

① 本辑录编者注:《董必武文集(第一卷)》(征求意见本)编者原注:"酉、秀、黔、彭 指四川省南部的酉阳县、秀山县、黔江县和彭水县。"1997 年重庆设为直辖市后,上述地区现为重庆市酉阳土家族苗族自治县、秀山土家族苗族自治县、黔江区和彭水苗族土家族自治县。

坚强的战斗力,抗战根本就用不着民众,既令有用也微乎其微。看不起民众的力量,那还要民众运动干什么?这由于他们不懂近代战争,是以整个国家力量相拼,而不限于军队,更不懂我们的抗战是全民的抗战。抗战两年来还有这种心理存在,可以说完全没有领受二年来血的教训了。另有一种轻视民众运动的人是这样的,他们知道抗日是要运用民众,但他们却迷信政府万能,以为动员民众,只要政府下一纸命令就可办到,用不着什么运动。他们不知道政府的命令要使民众积极地来服从,是要做若干工作的:宣传民众使他们懂得,组织民众使他们共同来积极执行,这就形成一种运动。官僚主义者只知道命令,是不会相信有什么民众运动的。官僚主义者有时不管民众的影响如何,他们只要把命令发布了就算完事。这在我国抗战中是严重的毒害。还有一种人轻视民众运动,表现颇为巧妙。他们说战时民众已在那里一声不响地参加抗战,如工人在工厂为国防作工,农民在田野生产粮食,还要什么运动呢?所以民众运动,不过是散传单,贴标语,开大会,喊口号,列队游行示威而已,这样描写民众运动只指出民运中他所看不惯眼的东西。轻巧的把民运最重大的工作完全抹煞了。这样轻视民众运动的,不是别人,正是叛党卖国的汉奸汪精卫。汪逆是拥护近卫宣言甘愿作日本奴才的人,他的轻视民众运动,又何足为怪呢?我们不能说轻视民运的人就要成为汪精卫,但轻视民运为汪逆思想上一个组成部分,是毫无问题的。

其次是惧怕民众运动。惧怕民众运动的动机也有种种:甲、以为政府统治人民,人民经常不满意于政府,民众运动一定于政府不利。这因为不知道我国政府现时正干着一件惊天动地震古烁今,挽救中华民族濒于灭亡的大事业,爱中国爱民族的民众,对于我们的政府,爱护拥戴之不暇,那里有不利于政府的呢?民众有时批评政府某件事情的不对,那不过是想政府干得更好,收效更快更大些,决非于政府有什么不利。民众运动起来,只有使政府领导的抗战越能持久,获得最终的胜利,越有把握。况且民众运动本身,就是在政府领导下来进行的,还惧怕什么呢?乙、以为民众运动一起来,就会要求民权和改善民众的生活。殊不知没有若干的民权及相当的改善民众生活,民众运动是不会有大的开展的。占统治地位的国民党公布抗战建国纲领,得到全国爱国人民的拥护,那末,民众所要求的民权和改善民生,如照抗战建国纲领实现,一定可以满足。这里惧怕民众运动是没有什么根据的。丙、怀抱和日寇妥协心理的人,一定惧怕民众运动。因民众运动是拥护抗战的,民众运动将更充实抗战的基础。民众运动愈发展,则愈能战胜日寇,且愈有力量阻止投降妥协阴谋的实现。想和日寇妥协的人,惧怕民众运动是很自然的事。

又其次是党派的成见,特别是国共两党中间的成见。自从前年中共宣言两党合作成立,蒋委员长承认中共合法地位的谈话发表后,国共两党的统一战线已建立了很坚实的基础,但终因有一部分人成见未除,致两党关系不能进一步地亲密团结。民众运动中共讲得最多,开展民众运动中共主张最力,有些心怀成见的人们,不从抗战的迫切需要着想,以为中共有什么企图,以为中共想抓民众,因而阻碍民众运动的发展。中共一再声明只有一个企图,即对日寇抗战的最终胜利。抗战的最终胜利主要的是依靠民众,因而坚决的主张发展民众运动,而且主张合法的、统一战线的民众运动,这于各党派都有利的。"抓民众"这句话亦是汪逆在第一次国共分裂时喊出的,这不过是把民众不当什么东西的一种说法。从这种党派的成见出发,妨碍到民众运动的发展,对抗战确是莫大的损失。日寇、汉奸、汪派、托派更利用党派成见的这点空隙,从旁或从中挑拨离间,造谣中伤,使两党关系恶化,因而民众运动也不能开展。将我国抗战引上失败的程途,这确是目前值得焦虑的一个严重问题。

今后民众运动的前途怎样呢?

我以为还是要发展的,也许一时还不够脱离不平衡与曲曲折折的状态,不能脱离自发的临时的散漫的状态,但民众运动的发展在抗战建国时期是必然的。

坚持持久战,争取最后胜利,既是我国的国策,而动员四亿五千万的民众积极起来参加抗战,是持久战能获得胜利的基本条件。政府如能把已公布的动员民众参战的法令和纲领切实施行,民众运动将有较快的发展。

全民抗日统一战线,是我们能够战胜日寇的中心环节。它必须包括各党各派各界,工农商学兵一切爱国同胞们在内,才能够说得上全民,它自身才有坚实宏大的基础。目前统一战线范围还小得很，在争取抗战胜利的途程中统一战线是一定要发展的。随着统一战线的发展，民众运动也将发展起来。

日寇的铁蹄蹂躏十四个省区，奸淫掳掠，焚烧抢杀；日寇的飞机炸弹在全中国到处轰炸，日寇独吞中国的阴谋毒计，使我们最偏僻的区域，最落后的人民都警醒起来了，要保存我国家民族的独立，要在蒋委员长领导下建立三民主义的新中国，这一民族觉醒，纵使得不到扶持培养，经常遇到阻碍，还会形成各样的自发运动。这些运动将像大石下的植物一般不能正常地发展，却也能曲曲折折地生长着。

在游击区，在敌人后方，民众运动风起云涌的起来了。那些地区的工人、农民、青年、妇女、儿童和一切爱国同胞都组织起来了，他们武装起来了，他们要自卫，他们帮助正规军、游击队作战，打击敌人，摧毁伪政权，恢复了中央政府领导下的地方政权，他们努力生产，他们提高文化。游击区的民众运动在抗战中有极宽广的前途。因游击区的存在，以民众运动与武装为前提条件。没有民众运动的地区，游击队要想保存为一个游击区是不可能的。那里轻视民众运动或惧怕民众运动的人都无从置喙，怀党派成见的人会受到事实的教训，民众运动的阻力减弱了，所以它能蓬蓬勃勃的发展起来，仍将继续下去。

肃清抗战阵营中一切轻视民运、惧怕民运的心理，把党派成见排除在抗战问题以外，全中国的民众运动一定能普遍地大踏步地发展起来。

献给新四军嘉义留守通讯处遇害之涂罗等十烈士[①]
一九三九年八月三日

本年六月十二日,二十七集团军平江监破公路之余连,率队抄袭新四军嘉义留守通讯处,有枪毙者,有活埋者,通讯处职员涂正坤[②]罗梓铭[③],等十人都遇害,这是近来一件非常的惨案。制造此惨案的,不简单是余连,而是一种有计划的有步骤的大规模的破坏我国团结的阴谋。

这一阴谋深远的根源,首须追溯到日寇,日寇在军事上正面缓攻,以重兵扫荡游击区的游击队,求达以战养战的目的;在政治上诱和招降,挑拨离间。我抗战阵营中有一批短视的人,因日寇扫荡游击区而缓攻正面,造成一种正面已达相持阶段的假相,遂觉我们的力量已足以阻止日寇的前进,不必再求进步;忌刻共产党在抗战中的发展,急急于反共;抗日力量的对消,恰恰符合

[①] 本辑录编者注:该文选自《董必武文集(第一卷)》(征求意见本),第127页。《董必武文集(第一卷)》(征求意见本)编者原注:"一九三八年十一月,日本帝国主义侵占广州、武汉后,加紧对国民党的政治诱降。国民党中央内的顽固派积极推动投降日本,加紧反对坚持抗日的中国共产党的活动,为此秘密颁布了一系列反共文件,制造了平江惨案和确山惨案等流血事件,制造了抗日战争中第一次大规模的反共高潮。这是董必武为悼念平江惨案遇害烈士写的纪念文章,发表在重庆《新华日报》等多种报刊上。"但本辑录编者查阅1938年至1947年所有的《新华日报》和《群众》周刊均未发现此文。

[②]《董必武文集(第一卷)》(征求意见本)编者原注:"涂正坤,湖南平江人。一九二五年加入中国共产党。历任中共县委书记、省委保卫局长、组织部长、省苏维埃政府主席、中共湘粤赣特委书记等职。当时任中共江西省委副书记,公开身份为新四军平江嘉义留守通讯处主任、上校参议。"

[③]《董必武文集(第一卷)》(征求意见本)编者原注:"罗梓铭,湖南浏阳人。一九二八年加入中国共产党。一九三〇年参加贺龙领导的红二十军独立团。曾参加长征。一九三七年以八路军少校副官身份派往湖南。任中共湘鄂赣特委组织部长,牺牲前任特委书记。"

日寇的愿望。不管余连主观企图如何,他这一举动在客观上是帮助了日寇的。

其次,这一阴谋与汉奸、汪派、托派亲日分子的活动是分不开的。汉奸、汪派、托派及亲日分子为了日寇的利益,用各种方法来破坏抗战,破坏团结,特别是破坏国共的团结。这两党过去十年确曾有过对立,抗战后团结又没有达到应有的巩固程度;抗战阵营中有人企图消灭共产党,至少要削弱共产党,汉奸、汪派、托派及亲日分子,就乘机大肆反共,他们在反共的旗帜下,可以进行一切破坏抗战有利日寇的工作;他们反共不仅不至于犯罪,不仅可以见信于日寇,而且可以见重于抗战阵营中反共之徒,余连所干的,也正是汉奸、汪派、托派亲日分子所应干的,他们干出来的结果也不过如此。

最后这一阴谋是执行抗战阵营中顽固派的意图的。顽固派在抗战以来,看见腐旧的东西逐渐倒台,新生的力量一天一天地增长,自己感觉得抗战没有前途。遂向共产党头上泄气。特别趁着日寇军事上在正面缓攻的时候,他们实行反共第一,造出许多谣言,如说共产党不是真心抗日,八路军、新四军游而不击,八路军、新四军只想扩充实力,扩大地盘,夺取政权等等;到处制造磨擦,沦陷区也磨擦,近火线也磨擦,远后方更磨擦;解散群众团体,压抑抗战言论,查禁前进书报,捕人杀人,都可任意,毫不受到国法的制裁,余连所为不过千百磨擦事件之一件,不过是最严重事件中的一件罢了。

涂、罗等十余烈士已被余连惨杀了,他们虽在后方,但对抗日是和在前方诸同志同样努力,同样有效。他们的死,实是为了坚决抗日而死,涂、罗等十余烈士执行统一战线,相信当地政府,相信当地民众,相信驻扎当地友军,毫无戒备,竟遭余连抄袭而死,他们的死,是为了忠实执行统一战线而死。涂、罗等十烈士在嘉义通讯处供职几及两年,与地方政府当地人民和驻军一向彼此相安,帮助政府驻军,维持治安,肃清积匪,口碑载道,政府负责人屡加称许,不管加害者企图捏造一个什么罪名加在他们身上,而他们之死,实是奉公守法而死。

涂、罗诸同志遇害了,他们被一种极毒辣极严酷的阴谋所害,他们的肉体牺牲了,他们还遗留下有伟大的历史任务,如驱逐日寇出中国,坚持统一战线以战胜日寇,建立三民主义新中国等,都是涂、罗诸同志想完成而没有完成的。我们不仅要为他们雪冤,还要为他们的遗志继续奋斗;我们不仅要揭穿嘉义惨案的阴谋,还要终止此类阴谋使之不至再见。

"八一三"的教训①

一九三九年八月十一日②

我国坚决抵抗日本帝国主义的侵略,虽从"七七"卢沟桥敌军挑衅发端,而实际全国性的抗战是开始于前年"八一三"的日寇进攻上海。日寇进攻上海为其灭亡整个中国的毫无掩饰的步骤,它想并吞中国,独霸东亚的狰狞面貌,又一次在我国人面前、在全世界人面前暴露了。我国政府深知日寇的凶恶阴谋,在次日即发表实行自卫的宣言,劈头就说到:"中国为日本无止境之侵略所逼迫,兹已不得不实行自卫,抵抗暴力。"这可见我国的抵抗完全由日本无止境之侵略逼迫使然,也可见我国政府当时已看出日寇的侵略是无止境的,是要灭亡我整个中国的。如果我们不实行自卫,我们不加抵抗,那就只有像朝鲜和东四省一样,任凭日本帝国主义去宰割,我四百万方里的土地,就要变成日本的殖民地;我四亿五千万的人民,就要变成亡国奴;我有五千余年悠久历史、创造过东方文化的优秀民族将成为犹太人第二,而世界上将不复有我们中华民族的国家。我政府毅然决然的抵抗,实是最得国人拥护,最受国际赞扬的措置。这一措置出乎日寇意料之外,使它知道想不战而屈我之不可能,而我国坚持持久战更击破了日寇速战速决的幻梦。

---

①本辑录编者注:该文原载《新华日报》1939年8月13日第四版。收在《董必武文集(第一卷)》(征求意见本),第130—132页。这次选编时参照《董必武文集(第一卷)》(征求意见本)作了校订。《董必武文集(第一卷)》(征求意见本)编者注:"这篇文章原刊登在一九三九年八月十三日重庆《新华日报》。"

②本辑录编者注:《新华日报》刊载该文时,文末有"八月十一日",应为作者撰写该文的时间。

日寇虽因我国坚决抵抗，渐知单单依靠武力不能灭亡中国，但它决不放弃其并吞中国的野心，因而另要一套政治上的把戏，特别制出许多骗人的口号，如"经济提携"、"退还租界"、"无领土野心"、"东亚共同体"、"建筑东亚新秩序"等之类来诱和招降，实质还是要灭亡中国。这些政治上灭亡中国的阴谋，或明或暗，若隐若现地都被我政府驳斥和拒绝了，特别是蒋委员长在去年驳斥近卫声明，及今年"七七"二周年纪念告国民书中，揭发日寇亡我国、灭我种的阴谋，是最清楚不过的，这与"八一三"次日政府宣言"抵抗暴力"的精神是一样的。

不管日寇对我取军事侵略或政治阴谋，它总是想并吞我国。我政府在蒋委员长领导下，自前年"八一三"以来，一一给以回击，已使日寇泥足在侵略战争中愈陷愈深而不能自拔了，我国抗战胜利最后的曙光，也逐渐显露出来了。

不幸的是，日寇要灭亡整个中国的政策和我国在蒋委员长领导下坚持抗战到底的政策，有些人还不明了。这很不幸，可是这是事实。汪逆精卫是大家都知道的一个例子，且不去说他。与汪逆精卫抱同一政见的人，并不是绝对没有。日本是帝国主义，是法西斯和军阀占着统治的地位，日本现在不仅要原料，要市场，要廉价劳动力，要额外利润，还要战争，要扩张领土。因此，日本帝国主义法西斯军阀一定要并吞我整个中国。那些不赞成抗战的人，忘记了我国政府"八一三"次日的宣言，忘记了蒋委员长抗战以来迭次的讲演，所以他们一遇见什么新的困难或日寇玩的什么新花样，就动摇起来，这是历试不爽的。

从前年的"八一三"到现在，已是整整的两年了。在两年中，日寇进攻我国的步骤和方法改变了多次，但要并吞我整个中国的政策是没有丝毫变更的。我政府在蒋委员长领导下，经历了许多次日寇的威胁利诱，许多次危险的风波，我政府抵抗暴力的国策，也是没有变更的。国内如果还有不赞成抗战的人，请想一想，前年"八一三"日寇进攻上海，是否无止境的侵略呢？很显然是无止境的侵略；这样无止境的侵略逼迫着我们，是否可以不自卫不抵抗呢？很显然是要自卫抵抗的。

两年前"八一三"日寇进攻上海的举动，为其灭亡整个中国的毫无掩饰的步骤,它想并吞中国、独霸东亚的狰狞面目,又一次在我国人面前、在全世界人面前暴露了。我们只有抗战才有今日,抗战则存,屈服则亡,这是血的教训!这是活的教训!

追悼新四军平江嘉义留守通讯处遇害烈士启事[①]
一九三九年八月十二日

国民革命军新编第四军第一支队第一团,系原湘鄂赣边红军游击队于一九三七年九月改编而成,一九三八年一月,奉命开赴江南前线。改编之初,在湖南平江嘉义设有通讯处。团部开拔后,因部队有特殊历史,部队之家属及伤残员兵,须有人为之安置,挪借地方的伙食,须有人负责偿还,遂将原有之通讯处改为留守通讯处,办理安置部队家属、伤残员兵、筹还借款等事。此类事务较为繁杂,新四军军部特留上校参议涂正坤[②]、中校团副罗梓铭[③]、少校秘书曾金声[④]等主持该处事务,与地方政府人民交接,一年又九个月,彼此都甚

[①] 本辑录编者注:该文选自《董必武选集》,人民出版社1985年版,第46—49页。原文刊载于重庆《新华日报》1939年8月13日第一版上。但《董必武选集》编者原注为:"一九三八年十月,日本帝国主义侵占广州、武汉后,加紧对国民党的政治诱降。以蒋介石为代表的顽固派准备投降日本,加紧反对坚持抗日的中国共产党,为此秘密颁布了许多反共文件,制造了平江惨案和确山惨案等流血事件,开始了第一次反共高潮。这是董必武同志为十八集团军驻渝办事处举行新四军平江嘉义留守通讯处遇害烈士追悼会写的启事。刊载于一九三八年八月十二日重庆《新华日报》。"《董必武选集》对此文的刊载时间描述有误。

[②]《董必武选集》编者原注:"涂正坤(一八九七——一九三九),湖南平江人。一九二五年加入中国共产党。历任中共县委书记,省委保卫局长、组织部长,省苏维埃政府主席,中共湘鄂赣特委书记等职。当时任中共江西省委副书记,公开身份为新四军平江嘉义留守通讯处主任、上校参议。"

[③]《董必武选集》编者原注:"罗梓铭(一九○三——一九三九),湖南浏阳人。一九二八年加入中国共产党。一九三○年参加贺龙领导的红二十军独立团。曾参加长征。一九三七年以八路军少校副官身份派往湖南,任中共湘鄂赣特委组织部长,牺牲前任特委书记。"

[④]《董必武选集》编者原注:"曾金声(一九○九——一九三九),湖南平江人。一九二七年加入中国共产党。当时任中共江西省委组织部长,公开身份为新四军司令部少校秘书。"

相安,曾动员已愈伤病兵赴前线者七十余人,劝抚部队家属安居守法,陆续归还借款有差。此皆彰彰在人耳目者也。不幸六月十二日下午三时,突有二十七集团军杨总司令森所部特务营余连长,竟率队向新四军嘉义留守通讯处抄袭,当即枪毙涂正坤、曾金声两同志,夜间复活埋罗梓铭、吴渊、吴贺众、赵绿英①及家属等八同志,处中衣物和公款,均被抢掠一空,事后亦未宣布罪状,且禁止人民谈论此事。同人等闻此凶耗,时已在七月一日,当即呈报层峰,恳请法办。窃念第一团追随新四军转战江南,深入敌后,虽无赫赫之功,然敌忾同仇,杀敌致果,从未后人。新四军能在敌后建立根据地,第一团与有力焉。今前方正与日寇生死肉搏,其后方留守人员,忽遭友军抄袭,不问男女,不经审讯,立置之死,或以枪击,或竟活埋,无法无纪,逞凶恃残。谁无家属,谁无故旧,闻此恶息,能无痛心?强敌压境,蹂躏已达十四省区(东北四省未计算在内)。燕云之北,岭海以南,锦绣河山,繁华城市,都为犬羊窟宅。敌挟其雷霆万钧之势,正欲亡我国,灭我种。我国人同心合力,御侮救亡,犹恐不济,今竟置外盗于不顾,手足无情,自相鱼肉。天下为亲者所痛为仇者所快之事,孰有过于此者乎?每读宋明历史,至其君臣播迁之际,未尝不太息痛恨于小朝廷上犹互相残害不已也。我国今值艰屯之会,有复兴之机,只有团结才能救国,分裂立召灭亡,宋明覆辙,可为殷鉴。涂、罗诸烈士,秉性忠贞,宅心淑慎,参加革命颇久,只知民族国家利益,不知其他。与地方政府人民,亲睦相处,留守通讯处存在已久,亦无闲言。即令留守通讯处人员有错,纠正之可也,留守通讯处不应保留,明令撤销之亦可也,何乃以兵戎相见?余连长一下级军官耳,何敢悍然横行若此。二十七集团军在安徽作战时,曾指挥新四军某部,袍泽之雅,素无猜嫌,何以忽然出此毒辣手段,真百思不得其解者矣。半载以还,反共之声,与日渐长,传单小册,耳语口传,敌探肆其诡谋,奸人从而搆煽,欲使统一之基,复归分裂,战胜之兆,消于无形,以达日寇速和速结之的。顽

---

①《董必武选集》编者原注:"吴渊、吴贺众、赵绿英,吴渊(一八九八——一九三九),江苏如东人。吴贺众,一说是吴贺泉(一九〇一——一九三九),湖南平江人。赵绿英,一说是赵绿吟(一九一七——一九三九),湖南岳阳人。三位烈士都是中国共产党党员、新四军平江嘉义留守通讯处的干部。"

固分子,反利用之以增加国内磨擦。虢镇有抄没冀中游击司令吕正操办事处①之举,今嘉义惨案又见告矣。去年湖北沔阳县警备队长捕杀一百二十师残废归乡中校团副金华龙案,至今尚悬未结,其故不可深长思乎?国有国法,军有军纪,今则捕杀随意,无人敢问,国法何在?军纪何存?无法无纪,国何以立?此其为累于励精图治之贤明当局岂浅鲜哉?同人等与涂、罗诸烈士或共艰危,或同壕堑,今见壮志未酬,冤沉血海,忠心难泯,骨委黄尘,噩耗骇闻,泪随声下,痛国势之日即险途,念旧友之死于非法。除据情呈报层峰查办外,特于八月十三日在本军驻渝办事处举行新四军平江嘉义留守通讯处遇害烈士追悼会。夫逆来顺受,死者已尽其报国之忱,追昔抚今,生者当纾其怀旧之意。素仰先生正义凛于冰霜,高明昭于日月,对爱国志士,袒抱提携,不遗余力,睹兹冤惨,谅有同情。如蒙惠赐挽章,则不独慰逝者于九泉,亦可励生者于永世矣。痛切陈词,伏希垂察!

---

①《董必武选集》编者原注:"虢镇吕正操办事处,指原东北军五十三军六九一团设在陕西宝鸡县虢镇的办事处。一九三七年七七事变后,国民党军队向南溃逃,原东北军五十三军六九一团团长、中共地下党员吕正操,遵照中共北方局的指示,率部脱离五十三军,回师冀中,会同地方党开展冀中敌后抗日游击战争。对此,国民党政府初时断绝了虢镇办事处军人家属生活的经费,继于一九三九年又查抄、拘捕和迫害办事处工作人员和军人家属。"

关于国民参政会第一届四次会议任务的谈话[①]

一九三九年八月二十三日

历届参政会对政府既定抗战之国策均有拥护的宣言和决议。本届参政会的任务,应为如何充实既定的抗战国策,使之真能贯注到每一工作、每一国民的脑筋中,因为从上届参政会到现在这一时期中仍有许多在抗战中不应有的现象存在与发展着。还有些人没有了解政府既定抗战的国策,并且不但没有为推进抗战的国策而努力,反而进行着妨害抗战的不应有的勾当。

充实抗战国策,首先要加强内部团结,要使每一个工作人员、每一行政机构都了解到加强团结的重要。这一点在目前是远未做到的。抗日党派间的磨擦,个别地方部队间的磨擦,都在妨害着抗战事业的顺利进行。特别是从第三届参政会到目前这一时期中,由于敌人对我正面进攻的较缓和,而主要注意在"扫荡"游击区,加强政治上的挑拨诱降,使得国内某部分顽固分子对抗战发生动摇,甚或加深着磨擦。这种因团结不够而产生的现象,均严重地影响着抗战工作。因此,这一时期中国国内团结不够,实是急待补救的。

[①] 本辑录编者注:该文选自孟广涵主编的《国民参政会纪实(上卷)》,重庆出版社1985年版,第519—521页,原标题为《参政员董必武、吴玉章发表谈话》。《国民参政会纪实(上卷)》第521页后注:录自1939年8月23、24日重庆《新华日报》。查《新华日报》1939年8月22日第二版"本报特讯",原标题为《迎接第四届参政会,参政员董必武谈话,当前任务在于充实抗战国策,巩固内部团结肃清汪派运动》,署名作者元甄。谈话前有记者按语:"在抗战正处艰难的过渡阶段时,国民参政会第四届会议将在最近举行,记者特往访参政员董必武同志,叩询对本届参政会主要任务,兹承发表谈话如下。"本文标题为本辑录编者所拟。《董必武文集(第一卷)》(征求意见本)第一卷第133—134页亦收有该文,标题为《迎接一届四次国民参政会》,个别文字上稍有不同。

其次，应严格采用战时财政金融办法。目前外汇的变动，影响到法币，更对人民实际生活发生影响，这说明我们还没有彻底采用战时财政金融办法。政府已决定继续维持法币的政策是很好的，而更进一步坚决地执行战时财政金融办法则更加需要。

此外，敌后工作的加强也是迫不及待的。前面已说过敌人正在以主要力量企图巩固其侵占区，利用我广大人力、物力以达其"以战养战"的目的，我们游击部队英勇艰苦的斗争已使敌人阴谋无法得逞。但是仍然痛心的是，政治上应给予游击战争的帮助太少，甚至有时妨害了他们的奋斗，在山东、河北均有此等现象。为了争取真正相持阶段到来，必须加强敌后工作，采取适合敌后游击战的政治机构，尽可能的民主化，容纳、团结抗日党派，广泛地组织民众及武装民众等等，使敌后工作迅速配合战争形势的需要。

最后，则是反对汪逆精卫的问题。上届参政会惜未能讨论通缉汪精卫之提案。从上次参政会后，汪逆卖国行为已完全公开，其汉奸机关报在香港、上海等地大肆狂吠，诬蔑国民政府，公开反对最高统帅蒋委员长及坚决抗战的中国共产党。虽我政府宽大为怀，迟迟且久始下令通缉，而汪逆气焰仍张，最近更企图组织华南伪政权欺骗两广民众，幸华南军政领袖，先进人士予之以坚决打击。然而，潜伏于各方面的汪逆爪牙并未因此敛迹，常常抓住我抗战阵营中某些困难与弱点进行造谣挑拨的阴谋，以响应日寇。我们要根绝此等毒害分子，是亦从消极方面充实抗战国策的要务。

至于补整军队、训练新兵、加强军队政治教育等，争取迅速过渡到相持阶段，以及川、康建设等问题，均为第四届参政会必须注重的问题。

《新华日报》创刊二周年纪念[1]

一九四〇年一月十一日

在我国抵抗日本帝国主义的侵略,进行民族革命战争到半年的时候,筹备颇久的《新华日报》,才在汉口出版。从出版那时起到现在恰恰是二周年。两年的时间不算很长,可是无论就这时期政治形势变化的迅速和奇特,就人类经历事变的杂多和丰富,或就吾人处境的危险和困难说,都是要相当于数十年的。《新华日报》在这时期用它正确的方法去分析问题,以坚定的立场去应付事变,在极危险和困难当中表现了极大的努力。这些都是两年中有目共睹的。

《新华日报》的任务,在它自己的发刊词中已经讲得很清楚:(一)是"愿与全国一切志在救国的抗日的战士与同道,互相勉励,手携手地同为共驱日寇,争取最后胜利而奋斗"。(二)为建立民族独立、民权自由、民生幸福的三民主义新中国,"愿在踏着先人们奋斗的血迹,为这崇高的理想而斗争时,担负其应尽的职责"。(三)为着加强我们内部的团结,"将尽其所能为巩固与扩大团结抗战而效力"。两年来的《新华日报》除例假或宣告暂时停刊外,无日不与读者相见。发刊词所揭示的精神,贯彻到每篇论文、每条新闻、每一诗句、每一画稿,字里行间到处充满了这种精神。

---

[1] 本辑录编者注:该文选自《董必武选集》,人民出版社1985年版,第50—52页。原文刊载于《新华日报》1940年1月11日第二版上。但《董必武选集》编者有原注为:"本文发表于一九四〇年一月十二日重庆《新华日报》"。

我想《新华日报》能延续到二年而未有已,这在我国政治生活中,无不含有特殊的意义。特殊的意义何在?

首先必须指出《新华日报》的延续,是继续抗日战争的一种标志。《新华日报》是在抗日战争中诞生的,在抗战尚未取得最后胜利以前,它和抗战不能不是血肉相联的关系,它必用全力支持抗战拥护抗战到底。它的存在便象征着抗战没有动摇。它将毫不容情地尽量揭穿日寇汉奸诱降逼降的阴谋。总之一句话,在抗战没有取得最后胜利时,它存在一天,一定为抗战到底奋斗一天,只要它存在,它和全国坚持抗战到底者一道,决不让抗战受到丝毫的危险。

其次,《新华日报》的延续,是发展团结抗战的旗帜。《新华日报》是团结抗战的产物,它拥护团结抗战,主张国内精诚团结。不仅在抗战时为然,在抗战胜利后的建国时,也是一样要团结。它对于破坏团结破坏抗战的言论和行动,坚决予以反对。它的存在必然要促进团结的发展,必然不让团结抗战受到任何损害。

又次,《新华日报》是中国共产党的机关报,中共的决议和宣言,要在《新华日报》上登载,《新华日报》的政治主张一般的是反映中共的政治主张,这是公开的天天和读者见面的。《新华日报》的存在,使中共的政治主张得以时时直接间接与热心抗战建国的人士相见,这是杜绝敌探汉奸挑拨离间造谣诬蔑的一种工具。

抗战已达相持阶段,我国最后胜利已见曙光,但横在我们面前的困难尚待努力克服的也有种种。《新华日报》在这时候所负的使命越加繁重,我庆幸《新华日报》这两年一般地完成了任务。希望《新华日报》在奠定了的基础上发扬光大,与全国志士共同实现我国抗战必胜建国必成的伟大使命。

《新华日报》的编辑、印刷、发行各方面,还存在许多缺点,在征求读者意见时,已收到很多读者宝贵的指示,披露过的只是一小部分。我相信在许多爱护《新华日报》的读者认真指导之下,《新华日报》一定是更有进步的。

关于大后方的近况[1]

一九四〇年一月二十日

中央统战部：

一般政治形势。确如中央书记处在十二月廿日对时局的指示："国际国内的矛盾发展到今日，国民党正处在极大的动摇中，即动摇于亲美反共降日与亲苏联共抗日之间。现在日本急于想结束战争，国民党中的大资产阶级成份也想急于结束抗战，但国民党中与社会上的一般中产阶级与小资产阶级成份则仍然不愿缔结屈辱的和平，还愿抗战下去，双方在斗争中。"过去南方局所得的资料，已报告中央者，都可证明中央这一指示的正确，关于已经报告过的材料，不再重复。兹拟自去年十一月起至现在就重庆方面所观察各党各派的动态及我处工作情形略加叙述。至各地方情形及统战工作，向无专门报告，各地整个党的工作报告都转送中央，故不摘出赘述。

（一）国民党与三民主义青年团。去年十一月中旬该党开[五届]六中全会，六中全会的任务应当是确定加强国内团结改组行政机构，确立外交政策，在政治、军事、经济、文化各方面加速准备，过渡到反攻阶段，以争取抗战最后的胜利的总方针。可是六中全会没有提到这一任务。会前外间颇有改组政府的谣传，开会后因秘书处排列议事日程，将南北慰劳团及各地视察员之报

---

[1] 本辑录编者注：该文选自《董必武文集（第一卷）》（征求意见本），第135页。《董必武文集（第一卷）》（征求意见本）编者原注："这是董必武担任中共南方局常委兼统战委员会主任时写给中央统战部的报告。曾在中共中央政治局委员中传阅。标题是编者拟写的。"

告排在头几天,这些报告中都说到共党怎样发展,八路军、新四军怎样扩大,八路新四军所到的区域怎样组织民众,怎样建立政权,怎样排斥其他党等等,造成严重的恐惧和反共的空气,使平日对我们表点同情的人们,多少受些影响。虽对我党问题未作议题讨论,未作任何决议,但因在会场上各地的报告并散发诬蔑我党及八路军新四军的文件,于加强团结不但丝毫说不上,而且有相反的结果。如白某平素态度还持平,会后因听人讲我们的坏话多,看诬蔑我们的文件多,对我们曾暗中表示怀疑。同时会场上对我党既造成严重的空气,以后对政治改进问题,就无暇详细研究,所以在会前谣传某某将长行政院者,结果是蒋兼孔副①,以搪塞政治落后于军事的借口。政府中拟添设对外贸易部及农林水利部,亦因人事问题难于解决,搁置未提。外交表面虽说是以不变应万变,但欧战起后英德无力顾及远东,向是以英德美苏为与国的外交政策,自然要着重到苏美。因苏出兵波兰,当局明知抗战以来只有苏联助战最多最实而不能不生疑惧,在会中决定外交对苏保持常态而着重于亲美。仍然没有冲过英美路线。把抗战胜利看成毫无问题,特别是湘北胜利以后,更认为军事上有绝对把握,所以在其宣[言]中,着重讲到建国。六中全会除表示依然继续抗战及准照国民参政会决议实施宪政两点较可人意外,实可说是抗战以来该党最少生气的一次会议。这次全会宣言竟追诵民国二十四年,该党五全大会的十项宣言,如"一曰崇道德以振人心;二曰兴实业以奠国本;三曰宏教育以培民力;四曰裕经济以厚民生;五曰慎考铨、严考绩,以立国家用人行政之本;六曰尊司法、轻讼罚,以重人民生命财产之权;七曰重监察、励言官,以肃官方而伸民意;八曰重边政、宏教化,以固国族而成统一;九曰开宪政、修内政,以立民国确实之基础;十曰恪遵总理遗教,恢复民族自信,确立正当对外关系,以保持国家平等独立之尊严而达世界大同之目的",而认"此一宣言实为本党革命救国之政治纲领"。我们不惮烦的抄这么一段旧文章,一则因为那是全会宣言所认为革命的政治纲领,二则想使人再一次的认识在抗战两年半的锻炼中竟使站在领导地位的党倒退到什么田地。该党机构的调

---

①《董必武文集(第一卷)》(征求意见本)编者原注:"蒋兼孔副,蒋即蒋介石,孔即孔祥熙。蒋介石兼行政院长,孔祥熙为副行政院长。"

整,使汪逆一派得势而CC牵着朱家骅向下倾。

朱家骅任组织,班底都是CC的。他的政策是派大批受过训的干部到战区,到沦陷区去防止共党活动,他嫌鄂豫皖党政分会中有袒护异党的人,决定要三省党部去参加该分会工作。训练了三百余人到华北去和八路军争夺群众,苏鲁战区的党政分会完全排斥八路军。

宣传部王世杰是英美系外交的主脑部,与汪逆接近,部班底也是CC的。对欧洲大战是站在英法方面,反对苏联出兵波、芬,尤其是反对苏联对芬兰用兵,秘密出有国际问题研究小册子,指导该党对国际问题的言论。对宪政问题开始不准批评国大组织法和选举法及宪草的文章刊出,而让该党的报章杂志大登其反宪政的文章,辱骂和诬蔑诬罔作宪政运动的人士,几经交涉才允许对宪草作批评,为着宕延宪政的推行,着重宣传地方自治。《新华日报》载有精诚团结四字也被删掉,而民意、血路、商务日报上诬蔑共产党,诬蔑八路军,反对毛泽东、陈绍禹的文章,不断地披露,有人质问他,他说他向来不看那些东西。

谷正纲是汪逆精卫的一员健将,他隐藏在抗战阵营内的工作,自然是要与汪逆卖国行动相呼应的,实行宪政是该党在现时标榜出来稍可人意的口号,谷就任社会部长第二幕的演出,就是发动该部一部分虾兵蟹将,男女喽啰,大闹廿五参政员召集的第五次宪政座谈会,辱骂主席沈钧儒,一方面批评过去座谈会不应当决议组织什么宪政促进会筹备会,另一方面又强迫要求决议取消组织宪政促进会筹备会,闹得没有结果,于是捏造一取消宪促筹备会的决议送经中央社发稿,素不登载宪政运动消息之《中央日报》,独将这捏造取消宪促筹备会决议的消息登出,谷正纲窥探该党一部不愿意实行宪政的隐衷,乘机帮助汪逆作了一次损害拥护抗战人士的活动。谷到过莫斯科读过俄国历史,沙皇为着要破坏群众革命运动,组织过黑色百人团,他现在也训练三百人准备参加群众中去破坏群众运动。他已重新登记了渝市出版的杂志报纸及各种刊物,重新登记了群众团体,实则重庆市大多数群众团体都是有名无实。个别有实际工作的团体,或则加以监视或则加以干涉。对抗战尽了很多力的华人宣传队,最近也被解散了。新年元旦,社会部、市党部、三青团新生活运动会,皆同宪兵警察花了几万块钱,强迫市民过了三天年,贴春联、挂红灯、玩龙灯、狮子、踩高跷、唱故事,在街市上热闹了三天。据说是庆祝抗战胜利,春联灯笼都是警察定做,要保甲长派给各住户出钱买去的。日来中一路一带警察又下命令保长撕掉过新年庆祝抗战胜利的春联。老百姓完全不懂官厅葫芦内卖的什么药。

三青团在党六中全会后也开了全体中央干事会,报告和讨论中没有提到怎样争取抗战胜利,只说平江事件发生得太迟,照样干得太少,陈诚就任团书记长时虽演说反对过去纯粹特务工作作风,但积习已深,毫无纠正。现团内复兴和CC仍系两大股势力,除一致反共外,彼此自相水火颇剧。陈诚与朱家骅各有一部分力量在团内,但比起复兴和CC来,自然都不及。陈诚任书记长是一个空架子,实际上大权操在康泽手内。陈康矛盾无法调和,团在各地组织了一些工作队服务室、图书阅览室,这与刘百闵所主持之文化服务室相配合的,主要贩卖和供给正中书局、青年书店、独立出版社所出版的刊物和杂志以及中央日报、扫荡报等,党所干的许多消极方面的事情,团都配合着去干。团的发展,倚靠集体加入来充实,所以此党的发展还是要快得多。

党与团对抗战的认识错误,对争取抗战后胜利的信心动摇,对抗战工作的不努力,内部的磨擦加剧引起无数党内团内的人员不满。这些不满的党员和团员都不敢有所表示,这些人有的地位很高,有的是很普通的党员和团员,他们的郁结和愤懑也和不满现状的人差不多。政治愈倒退,国内磨擦愈多,抗战的前途愈黯淡,这些人愈益感觉得无出路。

(二)中国青年党。青年党的地盘在四川。自川大排斥该党教授后,波及该党的学生。蒋兼主席国民党党化四川,使该党在四川政界中的一些地位受到威胁,蒋知道他们的不满,遂组织一川康建设学院任川大被解聘之该党教授魏时珍为教育长,任李璜为川康建设期成会为驻蓉办事处主任,企图拉拢该党。该党有日报一种名《新中国》,在成都出版的月刊《国论》,入川后停刊已久,本年一月五日出版复刊第一期。态度对抗战尚坚决,对目前政治不满意,对国内磨擦表示很关心,但有人希望我们能更多的让步,希望实行宪政,《国论》复刊二期时是宪政专号。

（三）国社党。该党系少数所谓名流学者教授的集合体，组织极松懈，内部意见分歧，对诸青来信当难将不表示什么，而采取容忍态度，机关报是《再生》杂志，该党已插足西南企业公司作为该党的经营经济事业之一。另外受国民党的委托在云南创办一民族文化学院，这是国民党准备来与马一浮办的复性书院并立的，复性书院着重讲中国的理学，民族文化书院则标榜着讲科学，对现存政治不满，对抗战是动摇的。认芬兰人民政府建立在芬境一个小乡村是苏联一手制造的，那末苏联在中国要制造一个人民政府更容易，中国有现成的边区政府，有八路军和新四军，由毛泽东做库西宁等等，可说与国民党某些党员意见一致。对我党不满意，最近在《再生》上经常将载有致毛泽东一封公开信与答复陈绍禹陕公演词的两期目录登出作广告。张君劢认为共党有边区有军队，为发生磨擦的原因。但不愿意现在国内打仗，对宪政运动冷淡，认为政府尚没有真心要实行宪政，五五宪草中定中国为三民主义共和国，他不赞成。

（四）第三党。自黄琪翔受任为第十集团军总司令时，他即带有一种使命，解散第三党。黄到重庆时与该党诸领袖商谈，内部意见极不一致，黄琪翔与彭泽湘都力主解散，彭的态度尤为恶劣，章伯钧不赞成解散，只愿意提上一备忘录，表明该党不是共产主义（据章自己说不是共产主义，不一定就是反对共产主义）愿意拥护蒋，拥护三民主义。但不解散组织，备忘录中有一条，说该党反对有国际背景的组织，但章否认有此条。章拟出一定期刊物，因当局还在继续要求他们解散，该党人员颇形应付忙，章对现状极不满，有时表现过左，如说现在应提出解决土地问题的要求，如说要单独彻底的干，有时消极，对宪政运动亦时冷时热。对我们常恐我们不谅解他或干起来不要他。

（五）社民党。从来只有杨赓陶一人活动，近来在留法、比、瑞同学会有进出，另外在经济部稍有往来，很少听他谈政治问题。

（六）各种派别。（甲）救国会各方面表现还积极，但久已被视为我党的外围。它的活动特别被人注视，有时受到统治者的故意打击。（乙）职教会对国内磨擦颇关心，虽具同情，怕与我过分接近。（丙）乡建派梁漱溟自去华北归来，态度变差了一点，说华北中央的办法差，八路军亦有些过火，但山东有一些人反对他散他的传单,很恶毒的攻击他。(丁)平教会晏阳初等在成都依附省府推行其平教学说,对时局很少主张。(戊)此外无一定派别隶属的人士对抗战与团结很关心,他们不赞成共产党,但对国民党的措施更不满意。

(七)国民党、三民主义青年团中不满意党和团当权者的办法,有许多人原系散漫的个别的存在,近来已有两种新的萌芽。(甲)有些党国要人自己不便经常集合,其各自的二把手经常交换意见,这虽不能决定什么具体行动,但能沟通各方面,是有作用的。(乙)有些人从个人的联系入手,有意识的有计划的去作不拘党团军政,不管人多人少,不采取一定的组织形式,慢慢的把那些散漫的个人粘合拢来,他们的主义还是三民主义,他们的纲领就是第一次全国代表大会所定的纲领,他们要切实执行孙中山先生联俄联共扶助工农的三大政策。这虽是刚开始,这种暗流是一定要发展的。

(八)国共以外各党各派及无党派的爱国人士因不满意现状,想从国共中间寻求一条出路。他们拟出有十种信条,他们已定名为统一建国同志会,发起人已找得二十余人,每人出费三百元,想出一个刊物,他们的信条曾送当局阅过,自然不会超过现实,但因其过于迁就现实,有许多人对那些信条表示不满意,发起人中有左舜生、李璜、章伯钧、张申府、章乃器、梁漱溟、黄炎培、周士观、沈钧儒等,创立动机尚无不利于我党之意。

以上很简略的叙述了两个半月来各党各派的动态。以下拟略谈我们的工作。

(一)我们的组织七人原系王明同志在南局一月底时所决定,两星期集会一次,共开过四次会。第一次规定各人工作范围,自定计划去推动和开展工作,因各人的关系仍由各人保持,不必彼此互相知道,时事问题要求南局派人列席报告。第二次因时间仓促只报告了各地发生磨擦情形,商定对外解释的内容。第三次会由凯丰同志报告最近国际形势变化给予中国的影响,大家讨论后分工写关于宪政问题的小册子,有怎样开展宪政运动对国大组织法及选举法的批评,对五五宪草的批评,对宪政运动中各种不同意见的检讨,陕甘宁边区民主政治等。第四次讨论对山西新旧军冲突问题向外解释。我们的工作是推动和发动中间分子及其党内左倾分子的联系和组织并与之发生经常密切的联系,加强各人的联系,抓紧宪政运动促其开展,依照马列主义的观点向外解释国际国内时事问题。

(二)前述各党派动态中(七)(八)两项,已可见中间层工作有开展的机会,如统一建国同志会有些分子参加进去时,愿意和我们谈一谈,有些要求我们谅解,也还有故意在某些问题上别出心裁,以避免和我们观点的一致,企图见谅于当局的,某党中拥护中山先生三大政策的分子,更感觉得非得到我们的支持中间组织决不能强固。我们对这些先生,都直接或间接的予以同情和支持,在目前政治形势下,想形成某种组织将遇到意想不到的阻力,统一建国同志会还是在筹备,至于某党内想以某种组织形式来集合志同道合的人,此刻更为不便。因此,现在不应当急于形成组织或较庞大严密的组织,现在可以形成少的众多的连环,这些连环间可以有我们的联系,也可以只他们间有联系而我们没有联系,我正开始这样去推动着作,在工作过程中遇见下面两个问题。(甲)有些人感觉得抗战形势万一发生变化,中共有地盘有军队,可以自想办法,他们没有什么,将来怎样?(乙)现在要准备许多工作,有很大一部分人缺乏钱,没有办法去进行。我们答复(甲)项说,我们抗战形势发生变化后,我们中共还是主张统一战线,还是要和其他主张继续抗战的爱国志士合作,那时别的地区能形成抗日中心,我们就以那里为中心,万一别的地区形成不了,我们也欢迎各派爱国志士到边区去,共同抗日。(乙)项问题太实际,我们虽劝他们竭力奋斗,总嫌空洞,特报你们想法,指示我们!

(三)领导宪政运动已组织了一个五个人的党团,这也是王明同志在去年十月底在南局指定的,党团开始时开过两次会,南局讨论一次,决定宪政运动作为统一战线工作的重要部分,在某党现在这样控制下,首先应争取言论出版集会结社的自由,至少要争取对宪政运动的言论出版集会结社的自由,广泛的开宪政座谈会。廿五参政员召集的座谈会开过六次,国民党开始时不愿人家谈宪政,在报纸上、杂志上反对宪政运动,对座谈会不睬不理,座谈会的消息《中央日报》不披露,到开第五次座谈会时,社会部派人到会场去捣乱,《中央日报》上披露座谈中不实在的消息,去信更正也不理,经过廿五参政员推举代表去质问党部时,才发表蒋在四次参政会对宪政的讲演词。过去不准报纸杂志登关于宪政运动及批评国民大会组织法和选举法、五五宪草的文章。后来几经交涉,对宪政运动文章干涉稍松了一点,批评五五宪草可以,但不能批评国大组织法和选举法,准许研究,但不得结社。已组织了的宪政促进会筹备会不准活动,座谈会不禁,于是妇女宪政座谈会开了四次,到会人数多时有三四百人,争论颇激烈,结果很好。青年记者座谈会开过一次,得出结论很好。文化人座谈会开得较多,分门研究许多次。关于对国大组织法和选举法的意见已有成果,但不能发表于报章杂志或印小册。现油印出来送人阅览,不久对宪草的批评亦将印出。国民党看见这样的情形,知道反对既是悖理,放任更是上当。便号召各级党部出来领导,在青年中召集一个青年宪政座谈会,约左派青年参加,开两次会,左派青年以极大容忍的态度说明自己对宪政诸问题的观点,不和反对他们的人吵架和翻脸。某党青年武断和蛮横的讲话,使中间的青年极不高兴,到第二次会时,便只有几个左派青年参加,以后某党与某团互争领导,听说已不再召集了。他们为了要抵制妇女座谈会,特组织一妇女宪政研究会。青年也组织所有为了妨碍宪政促进会筹备会的活动,特组织一国大代表通讯处,重庆市警察局长领导各保甲长和全体警士开宪政座谈会。他说得更有趣,他说听说近来社会上有什么宪政座谈会,你们务必要参加进去,看那些座谈会谈些什么。他竟拿宪政座谈会的名目来作特务训练,大学学生的宪政座谈会也开始了,主持人中虽有好几个三青团员,当群众热烈要求宪政时,他们也无法反对。在下层我们党还不能过于暴露,对这一运动还没有积极领导起来,当局者认为凡不是他们主持的宪政座谈会,一定是中共党员号召的,特别被他们嫉视和破坏。但无论如何,宪政运动总是要开展的。在成都、桂林、昆明、上海,宪政运动已开始。至于宪政期成会的情形,已电报告,不赘。

（四）关于苏德互不侵犯协定的订立,关于苏联出兵波兰,关于苏芬冲突,关于我国抗战形势,关于各地磨擦严重情形,关于山西新旧军冲突和我党对此冲突的态度,我们先自行研究一下,然后逢人解释或找人解释,也收到相当的效果。但这一工作还没有很好的有计划的去做。有时材料缺乏,问题虽摆在我们面前,我们竟无从解释起。

以上报告很简略,请你们指示我们,以便更顺利地开展统战工作!

专此敬致

民族革命胜利之礼

南局统战委员会

董必武

元月廿日

(根据董必武手稿刊印)

更好地领导政府工作[1]

一九四〇年八月二十日

一 要认识政府工作的重要

"一切革命的根本问题，就是国家政权问题。"[2]这是革命导师列宁对于革命者最简明、最扼要的指示。我们陕甘宁边区[3]的党领导边区的群众建立了边区政权。近三年来，边区政府在党领导下，已做出了很显著的成绩。如抗战动员、击退日寇进攻、募补新兵、发展经济、提高生产、提高文化教育、免除苛捐杂税、征收救国公粮、锄奸、除匪、禁烟、建立民主制度、改善人民生活等等，都是全国地方政府所没有或少有做到的。政府工作人员的刻苦耐劳，也是值得赞扬的。但我听说边区党内同志有些不愿意做政府工作，这不能不使我诧异！为什么我们同志不愿意做政府工作呢？我想这不是由于同志们

---

[1] 本辑录编者注：该文选自《董必武选集》，人民出版社1985年版，第53—60页。《董必武选集》编者原注："这是董必武同志在陕甘宁边区中共县委书记联席会议上讲话的一部分。发表于党内刊物《共产党人》一九四〇年第十期。"

[2]《董必武选集》编者原注："见列宁《论两个政权》(《列宁全集》第二十四卷，人民出版社1956年版，第18页)。"这句新的译文是："一切革命的根本问题是国家政权问题。"

[3]《董必武选集》编者原注："陕甘宁边区，原为陕甘和陕北革命根据地，一九三五年粉碎了国民党军队的'围剿'以后，两个革命根据地联成一片；同年十月，中共中央和红军第一方面军到达陕北，使陕北成为中国革命的中心；一九三六年红军西征甘肃、宁夏，又扩大形成陕甘宁红色区域；一九三七年抗日民族统一战线建立以后，改名为陕甘宁边区，首府延安，共辖二十余县，包括陕西、甘肃、宁夏相接的各一部分地区。"

轻视政府工作，便是由于他们畏惧那种工作的繁杂。

政府是政权机关，是一副繁重的机器，革命前是掌握在地主、资本家、豪绅、军阀们的手中。他们凭借这副机器作威作福，他们使用这副机器来保卫他们自己，来压榨我们劳苦人民。在他们统治下，民众的生活被约束，自由被钳制，膏血被榨取。这些都是大家亲身经历过了的。他们有了这副机器，就有了一切。民众没有这副机器，就没有一切。这样关系重大的机关，我们怎能轻视它呢？

党既领导民众把这副机器夺取过来，便应当领导他们好好地使用它，使它能为自己服务。这副机器虽然繁重，我们开始虽是运用它不很熟练，耐心学习，慢慢就会使它听从我们的指挥。我们自己不耐烦去学会使用这机器，难道说我们还让那些失掉机器的混蛋恶棍们又夺回去来对付我们民众么？那是绝对要不得的。

边区党应当清楚告诉我们的同志，一定要把政府工作，看成头等重要的工作。不愿意做政府工作的念头，必须打断。对政府工作轻视或畏难的现象，必须扫除。

二　要使政府真正有权

政府是政权机关，它必须真正有权，而党是领导政府工作的。我在这里想谈一谈党与政府的正常关系问题。

党对政府的领导，在形式上不是直接的管辖。党和政府是两种不同的组织系统，党不能对政府下命令。党的构成分子——党员，在政府机关中工作，同时就是政府工作人员的一员。党和政府这样就发生了有机的联系。党在政府中来实现它的政策，是经过和依靠着在政府内工作的党员和党团[①]。党

[①]《董必武选集》编者原注："党团是中国共产党在政府、工会、农会及其他群众组织的领导机关中建立的党的领导机构。在中国共产党第七次全国代表大会制定的党章中，党团改称党组。"

只能直接命令它的党员和党团在政府中做某种活动,起某种作用,决不能驾乎政府之上来直接指挥命令政府。这是我们同志应当清楚了解的。

政府在党领导下所颁行的法令,所公布的布告,所提出的号召,我们的党组织和党员首先应当服从那些法令,遵照那些布告,响应那些号召,成为群众中爱护政府的模范。

党包办政府工作是极端不利的。政府有名无实,法令就不会有效。政府一定要真正有权。过去有些同志以为党领导政府就是党在形式上直接指挥政府,这观点是完全错误的。

三　要使政府真正成为群众的政府

政府有权,要为群众做事,为群众谋幸福,不应该妨害群众、压迫群众。边区个别地方政府有脱离群众的现象,这是政府工作中很严重的病态。

边区政府的权源出于群众,政府负责人是群众代表选举出来的,这已表明政府和群众关系的密切。政府的行政权,已深入到社会的基层。政府要倾听群众的呼声,采纳群众的意见,了解群众的生活,保护群众的利益,但这还不够,还要使群众敢于批评政府,敢于监督政府,一直到敢于撤换他们不满意的政府工作人员。这样,群众才感觉到政权是他们自己手中的工具,政府才真正是他们自己的政府。

群众对政府的批评也许有错误的可能,政府所做的,也有时为群众所不了解,因而发生误会。这时政府工作人员必须向群众解释,说服群众,切不可打击他们,更不应当对他们借故报复。我们要相信群众是可以说服的。

至于那些敌探、汉奸、托匪及专心破坏政府威信、妨害政府工作的坏家伙,政府决不能放纵他们,但必须在群众中揭穿那些害虫的罪恶,用群众的力量来惩治他们,而不是政府简单地判罪了事。

政府的权威,不是建筑在群众的畏惧上,而是建筑在群众的信任上。群众一经信任政府是他们自己政府的时候,政府在当地就有无上的权威。

四 要充实政府人员而不轻易调动他们

党要充实政府人员,这有两方面的意思:一方面政府组织条例上应有的人员,不让它有缺额;另一方面党应当挑选最好的干部去担负政府工作。我认为后者尤为重要。为什么呢? 因为没有后者,则前者变成可以随便派人去补缺,有可能变成毫无意义。如果说边区党目前应把政府工作看作是头等重要的工作,而又不挑选最好的干部去担任它,那它就变成不是什么头等重要了。而且政府机关内没有党内最好的干部去担任工作,政府是不会真正有权威的。这是事实,也是真理。党的最好的干部常常是群众中最受信仰的领袖。群众领袖在政府内工作容易使政府与群众打成一片。这也是显而易见的。也许某一地区群众信仰的领袖尚没有成为党员,也许那人根本不可能成为党员,但为了建立当地政府工作,党亦应该借重他们。这自然是充实政府工作人员的另一方法。这方法,在新民主主义的政治制度中,是重要的。

党一经选定干部担任政府工作以后,便不要轻易去调动他们。在政府各部门中互相调动自然不在此例。政府既是一副机器,那就不是人人都会运用它,特别是在初建立政权的时候是这样。一个人刚刚把工作头绪摸清又被调动了,这对他个人是损失,对工作尤其是损失。

党当然有权调动它的党员,但党员既在政府中工作,属于另一工作系统,要调动他,不仅是简单对他个人发命令,而是应当经过他所隶属的系统,即要经过政府负责人的同意。如果政府负责人是非党员,我们调动在他领导下工作的同志,那就尤其要慎重,要设法取得他的同意。这在边区现存状况下是不成问题的。但当"三三制"①推行时,这一工作方式就值得我们严重地注意。现在边区有些地方政府的工作人员,很随便地被调走了,甚至政府负责人也不知道他的部属什么时候被谁调走,这当然是一种不正常的现象。

五　党员犯法应加重治罪

边区政府是我们党领导群众建立起来的,政府也在党领导下工作。政府所颁布的法令,所定的秩序,我们党员应当无条件地服从和遵守。那些法令和秩序是我们公共生活所必须,而且法令是经过了一定的手续才制定出来的,秩序是经过一定的时间才形成起来的。在制定和形成时已经渗透了我们党和我们自己的意见和活动。我们如果违背了政府的法令,破坏了社会的秩序,我们自己必须负责,受到国家法律的制裁。

我听说我们边区有些党员同志犯了法,因为他自以为是党员,想不受政府的审判和处罚;而有些地方党组织也觉得党员犯法,是党内的事,让他逃避政府的审判和处罚。这都是不对的。国民党在全中国范围内因为它的党员不遵守它领导的政府所颁布的法令而遭受到国人的痛恶,这是我们应当拿来作为鉴戒的。党员应当自觉地遵守党所领导的政府的法令。如果违犯了这样的法令,除受到党纪制裁外,应比群众犯法加等治罪。为什么呢?因为群众犯法有可能是出于无知,而我们党员是群众中的觉悟分子,觉悟分子犯罪是决不能宽恕的,是应当加重处罚的。不然的话,就不能服人。从前封建时代有"王子犯法,与庶民同罪"的传说,从这传说中很可以看出人民希望法律上平等的心理。难道说我们共产党不应当主张比封建时代传说下来的一点法律上的平等更前进一步吗?

---

①《董必武选集》编者原注:"三三制是中国共产党在政权建设中为贯彻抗日民族统一战线而实施的一项政策。它规定在抗日根据地的政权人员的分配上,共产党员、非党左派进步分子和中间分子大体各占三分之一。简称'三三制'。"

我请求边区党通过一个决议,警告我们党员必须遵守边区政府的法令。党员犯法,加等治罪。这不是表示我们党的严酷,而是表示我们党的大公无私。党决不包庇罪人,党决不容许在社会上有特权阶级。党员毫无例外,而且要加重治罪,这更表示党所要求于党员的比起非党员的要严格得多。

这里附带要提到一点的,就是我们要注意犯错误和犯法的区别。譬如拿办理登记土地这桩事来说:如果因陈报不实,调查不清,而登记的数目和实在的有出入,这是错误;如果因亲戚、故旧或受贿的关系而包庇地主,损害群众利益,这就不是错误而是犯法。错误可以批评来纠正,犯法则一定要受法庭的审判和处罚。

我国抗战四周年之民主政治[①]

一九四一年七月四日

我国和日寇已进行了四年战争。我国进行战争,是抵抗日本法西斯强盗地侵略,反动它对我的奴役,保卫我国底自由和独立。这种战争是必要的、正义的、神圣的。这是一种民族革命。我们这种民族革命怎样才能获得胜利呢?武装侵略我国,奴役我民族的日本法西斯强盗,是世界列强之一,我们要挣脱它强加给于我们身上的枷锁,必须在政治、军事、经济、文化各方面彻底改革,以求适合于抗战的需要,只有这样民族革命才能达到胜利的目的。特别是我国政治,太落后于时代和广大人民的要求了。它还没有走上民主化的道路,还不能发挥广大人民底积极性和自动性。我国优于日寇的主要条件之一,就是人口众多。四万万五千万人的力量,全部发动起来,是我国民族革命战争获得胜利的最可靠的保证,是我国战胜日本法西斯强盗力量的主要的源泉。能够发挥四万万五千万人民的积极性和自动性的政治制度,只有民主制度。因此我国在进行民族革命战争中,不能不同时实行民主政治,至少也要采取若干民主化的政治步骤。四年的抗战,已证明这一真理。

[①] 本辑录编者注:该文原载《解放日报》1941年8月5日第一版"代论",8月6日第一版"代论"。《解放日报》刊载该文时,文末有"七月四日",应为作者撰写该文的时间。收在《董必武文集(第一卷)》(征求意见本),第148—158页。这次选编时参照《董必武文集(第一卷)》(征求意见本)作了校订。《董必武文集(第一卷)》(征求意见本)编者原注:"这是董必武为重庆《新华日报》写的'七七'抗战四周年纪念文章,因遭国民党政府新闻检查机关的无理扣压,不能在重庆《新华日报》刊登。同年八月五、六两日,延安《解放日报》加了按语以'代论'发表。"

但在抗战中,这一真理并非是人人能够懂得的。"七七"卢沟桥日寇挑衅,我政府决定应战后,即有人主张政治要民主化。这主张当时颇遭受人民的反对。反对民主者以为在炮声血影中无法表现民意。对于这一反对声,在国民党临时全国代表大会议决的《抗战建国纲领》中明白规定:"组织国民参政机关,团结全国力量,集中全国之思虑和见识,以利国策之决定与推行",而得到有力的和正确的回答。

继之而起的还有民主范围广狭的问题。这一问题,不仅在论坛上曾经惹起热烈的论争,而且在某些区域中有了实行的对照。反对在抗战中实行民主的人们,在这个问题上当然主张民主范围要挟。他们经常举出欧战中民主国限制人民自由的例子来证明他们的理由。其实,赞成民主者并没有主张人民在战时应享有无限的自由,只主张对人民不应束缚太严,致使他们完全失掉自动的机能。欧战中民主国固限制了人民的自由,但还保留着"基本的民主制"。我国是非民主制的国家,过去不统一,因抗战而统一起来;过去不团结,因抗战而团结起来。为着巩固统一和团结,没有比民主再好的办法,而且民主范围稍广(自然应受战争的限制),就愈富于弹性。有人认为民主制度将成为我国国内问题底安全瓣,这是很有道理的。这一争论,发展到国民大会①的代表选举,国民大会职权和宪草问题而达到最高峰。

民国二十八年八月,国民参政会第四次大会通过"请政府明令定期召集国民大会,制定宪法,实施宪政"案。国民党六中全会决定于二十九年十一月十二日召集国民大会,实施宪政。旋因政府拟召集民国二十五年已选出之代表,而各党派则认为抗战以后,国内政治情况与抗战以前截然不同,战前当选的代表,不能恰符战时的民意;且原选举法亦多可议之处,故主张由政府修正选举法,重新选举。又照国民大会组织法,大会开会十日,通过宪草即完事;而各党派认为抗战时期集会不易,国民大会除通过宪法外,应即行使宪法所

---

①《董必武文集(第一卷)》(征求意见本)编者原注:"国民大会,一九三九年九月国民参政会第四次会议,通过了要求国民党政府明令定期召开国民大会实行宪政的决议。同年十一月国民党六中全会宣布于一九四〇年十一月十二日召集国民大会,实施宪政,并做出相应的决议。国民党曾借此大做其欺骗宣传。后来,国民大会一推再推,抗日战争中没有召集,这些决议都变成一纸空文。"

赋予之职权。政府主张国民大会通过五五宪草①；而各党派则主张国民大会可以自起宪草（当然也可用五五宪草），自行通过。这些问题，都没有寻得解决的途径，于是一时甚嚣尘上的国民大会和宪政诸问题，遂又归于沉寂。

今年三月，美国国会通过了美国援助民主国家自卫法案（即军火租借法案②）。罗斯福③总统签署后发表谈话，允许中国得到帮助。那个法案既定名为援助民主国自卫法案，允许中国得到帮助，隐然已把中国算入民主国家之列了。而纽约州州长李门先生在援华的中国周中，一再称中国为保卫民主的伟大国家，且称我国为亚洲唯一的民主国。我国人亦宣扬若干世纪以来中国社会与政府机构之民主性。我们的友人既频频称道我们的民主，我们当然要以民主自豪，于是乎名人讲演、报纸著论，民主又喊得震天价响，好像民主在我国政治生活中占有很高的地位似的。究竟我国实际上可称为民主的在什么地方呢？

因为我们的国家叫做中华民国吗？不错，在亚洲，我国是第一个称民国的。这一块"民国"的招牌已经挂起了三十年，何以到现在忽然为人家称道呢？

或者因为我们都拥护孙中山先生所手创的伟大的三民主义，其中有民权主义。诚然，孙中山的民权主义，比欧美老牌民主国所施行的要彻底得多。孙中山曾批评近世各国的民权制度为资产阶级所专有，而成为压迫平民的工具。他主张民权应为平民所共有，非少数人所得而私。他的民权主义是值得

---

①《董必武文集（第一卷）》（征求意见本）编者原注："五五宪草，抗日战争前，全国人民要求民主、团结、抗日的声浪席卷全国，国民党蒋介石在人民的压力下，打出'还政于民'的旗号进行欺骗宣传。一九三六年五月五日，颁布一个《中华民国宪法草案》，因颁布日期是五月五日，故人称'五五宪草'。这个宪草虽抄袭了一些资产阶级民主词句，实则旨在维护国民党的一党专政的独裁统治。"

②《董必武文集（第一卷）》（征求意见本）编者原注："军火租借法案，又称援助民主国家自卫法案，一九四一年二月十一日美国国会批准。法案授权美国总统援助他认为对美国防务来说是至关重要的国家，当时主要的援助对象是英国，同年四月罗斯福发表谈话将援助扩大到中国，九月又扩及到苏联。因援助主要是提供战争物资如坦克、飞机、卡车及其他补给品等，故称军火租借法案。"

③《董必武文集（第一卷）》（征求意见本）编者原注："罗斯福（一八八二——一九四五），美国总统，民主党人。他打破美国总统连任不得超过两届的惯例，从一九三三年至一九四五年逝世，连续四次被选为总统。第二次世界大战中，他反对德、意法西斯的侵略政策。一九四一年八月与英国丘吉尔提出《大西洋宪章》，同年太平洋战争爆发，美国正式参加了反法西斯同盟。"

人称许的。但我国还只是信仰，还在研究，还在军政、训政时期往复兜圈子。但我们的朋友是实际主义者，对于信仰什么，研究什么，似乎不大感兴趣。

那末，我国的民主究竟在什么地方呢？

我想我国的民主性首先表现在实际反纳粹法西斯轴心盟友——日本强盗。我们和日本强盗血战了四年，我们最繁华富饶的区域已被日本夷作战场。我们死伤了几百万的士兵和人民，我们损失了不可数计的金钱和财产。这一血海的仇恨，是要以打倒日本法西斯强盗来填补的。而日本强盗正和纳粹法西斯一样，是专制魔王，是民主政治的死敌。我们恰与这民主政治的死敌作战，我们的国家又号称民国，而且信仰三民主义，反纳粹法西斯的民主国家自然要把我们引为同道了。

其次，是在于抗战后国民党通过了《抗战建国纲领》。纲领中政治项内规定组织国民参政机关；经济项内规定以军事为中心，同时注意改善人民生活；民运项内规定发动全国民众，并在抗战期间不违反三民主义最高原则及法令范围内，对于言论、出版、集会、结社，予以合法之充分保障等等，很适合现在广大人民的要求，不失为抗战中一有进步意义的纲领。所以它能获得各党派及全国人民的拥护而希望其能全部见之实行。

第三，是在于国民参政会的召集。抗战一周年政府根据《抗战建国纲领》，制定了国民参政会组织条例，又根据组织条例而召集国民参政会。国民参政会在战时也可以代表某种程度的民意，其为进步的设施无疑。但若把它和真正的民意机关相比，则距离尚远。如参政员由政府选聘，非由人民选举；其中虽多全国知名之士，究与民选者实质不同；权限规定得也极微，在第一届各次集会时，非国民党的参政员迭有提案要求扩大职权。第二届国民参政会，政府修改了组织条例，故无论就成分上或职权上看，都与第一届的有些不同，但相差亦不很大，如参政员第一届的完全由政府选聘，第二届的则约有五分之二系由原来政府指派之省参议员选举出来，五分之三仍由政府选聘。权限扩充到选举主席团和派人调查。驻会委员过去只能听报告，现在不违背大会议决的范围内可以建议。这些虽系进步。但在抗战进入第五年后，比起抗战所需要于它的实在还不够。

临时参议会,是政府咨询机关,由中央扩大到各省市,也是属于进步性的设施。但省市临时参议会组织条例,大体和未修改的国民参政会组织条例相同。参议员都由政府选聘,权限也只是议决省政府重要施政方针、咨询和建议。抗战将要进入第三年,才有各省市临时参议会的设置。参议会开幕后,各参议会员要求扩大职权底呼声,是常有所闻的。还有与国民参政会不同的,是参政会请有各党派的人,而省市参议会除个别例外,一般是不请各党各派人士参加的。

至于新县制的实施,亦是向着前进的路上走。照县各级组织纲要看来,其中虽规定有县参议会、乡镇民代表会、保民大会,甲户长会议等名目,但其组织和职权尚未确定,也别无明文,此制实行,还只是一种县行政机构的改革,将以促进地方自治事业,和民主政治还有很大的距离。

第四,是在于陕甘宁边区[①]内民主政治的设施。陕甘宁边区政制,系由苏维埃政制演变而来,它虽地处西北偏僻的一隅,因历史关系,民主政治比全国其他地区则较为发达。在民国二十六年年底,边区已完成县、区、乡各级议会的选举。二十八年一月,边区参议会第一届大会开会,参议员是由采用直接、普遍、平等、不记名的选举法选举出来的。大会议决了边区抗战时期施政纲领。这一纲领是本着三民主义和抗战建国纲领的原则而制定的。大会还通过了边区政府组织条例、边区选举条例,选举了边区政府委员十三人等。边区政府保障了人民的言论、出版、集会、结社、居住、迁徙、宗教信仰等自由,确定了私有财产制,发展了经济,扩充了教育。现在边区正在进行各级议会第二届的选举。中国共产党在边区号召实行三三制[②],即无论在参政会或行政机关中,共产党员只占三分之一,其他党派或无党无派的代表或职员占三分

---

① 《董必武文集(第一卷)》(征求意见本)编者原注:"陕甘宁边区,原为陕甘和陕北革命根据地,一九三五年粉碎了国民党军队的'围剿'以后,两个革命根据地联成一片;同年十月,中共中央和红军第一方面军到达陕北,使陕北成为中国革命的中心。一九三六年红军西征甘肃、宁夏,又扩大形成陕甘宁红色区域;一九三七年抗日民族统一战线建立以后,改名为陕甘宁边区,首府延安,共辖二十余县,包括陕西、甘肃、宁夏相接的各一部分地区。"

② 《董必武文集(第一卷)》(征求意见本)编者原注:"三三制,是中国共产党在政权建设中为贯彻抗日民族统一战线而实施的一项政策。它规定在抗日根据地的政权人员的分配上,共产党员、非党左派进步分子和中间分子大体各占三分之一。简称'三三制'。"

之二。在三三制原则下,中共陕甘宁边区中央局公布了在陕甘宁边区竞选纲领二十一条,其中如人权、财权、土地、工商、劳动、税收、文化诸政策,均有政策规定。这一纲领的实施,将推进全国各地的民主运动。最近边区乡、市级选举,许多地方业已告竣,据报结果,其当选人一般是符合三三制的。

最后,是由于敌后抗日根据地内民主运动的发生和发展。"七七"以后,敌骑豕突狼奔,蹂躏了十五省。敌寇利用水陆交通要道,控制着点与线。敌后广大的地面上,存在千千万万顽强抵抗敌伪的人民。在这广大的地面上,因敌寇控制着点与线而被划成为大大小小的彼此隔绝的区域。在这些区域内,敌寇不时封锁和扫荡,驻军有时移转他去,地方官吏有时弃职潜逃。特别是抗战刚起的时候,这样的事例多至不胜枚举。当地人民,生于斯,长于斯,聚族居于斯,祖宗坟墓、家庭财产、父母兄弟、妻室儿女皆寄托在那里,逃无可逃,避无可避。那块地方的父老子弟诸姑姊妹们不愿做亡国奴,奋起而和敌伪作生死肉搏的,不知有多少!他们自己组织起自卫的武装,或和附近的正规军、自卫队合作,以担负起自身所应负的历史使命。它们恢复了敌后的抗日的地方行政机关,创立了大众会商的会议组织,开始也许是偶然的、临时的,经其自身的发展和充实,逐渐取得了比较固定的形态。这些形态因其历史和环境的不同,呈现出多种多样,但其实质有一点相同,即是符合于当地人民大众的利益。这是当地人民大众所要求、所创造的,这是彻头彻尾的民主。只有这样的民主政治,才能在敌伪包围中、扫荡中支持得住,才能拖住敌寇的泥腿,把它陷在点线上而不敢动弹,才能反攻敌伪,而给以严重打击。在这些地区,要和敌伪不绝地作军事的、政治的、经济的、文化的斗争,只有人民大众团结的力量,才能进行这许多斗争而得到胜利。

现在举晋冀察边区[①]为例。二十六年十月间太原失陷,晋东北与大后方的联系被割断,八路军奉调南下,仅留少数部队给聂司令荣臻在这个地区打游击。那时十二个县政府就有十个县政府的职员连县长在内都跑光了。只

[①]《董必武文集(第一卷)》(征求意见本)编者原注:"晋察冀边区,一九三八年一月,山西、察哈尔、河北三省边境五十六个县,一千三百万人民选出代表,在河北阜平县,举行军政民代表大会,成立晋察冀边区临时行政委员会,成为中国共产党领导的第一个敌后抗日民主根据地。"

有山西省一区专员兼五台县县长宋劭文,盂县县长胡仁奎二人仍继续任职。冀察两省因十月初二十九军南下,冀中二十县,冀西廿县,察哈尔南部四县,都陷于无政府的混乱状态。冀中幸有吕司令正操率部留驻,组织自卫军。这样一个兼跨三省包括五十六县的广大地区,日寇汉奸到处组织维持会,地痞流氓组织欺压民众的武装。各县不甘做亡国奴的人们纷纷组织自卫队,推举县长维持秩序,实际上当时秩序是很乱的。聂司令荣臻,宋专员劭文,胡县长仁奎及吕司令正操等联合地方上的自卫队,摧毁了日寇汉奸所组织的维持会,肃清了地痞流氓的武装,同时打击了日寇部队的进攻。这样逐渐恢复了当地的秩序,于是他们会商呈请阎司令长官①转呈国民政府准予成立晋冀察边区。至二十七年一月十日各县政府,各县群众团体的代表,各军队和地方武装的代表,一百四十七人集会于河北阜平县,举行晋察冀军政民代表大会,开会六日,讨论了有关抗日救亡的各种提案,选举了九位委员组织边区临时行政委员会。代表中包括了全边区不同的阶层,不同的党派,不同的信仰,不同的民族的人们,被选出来在行政上负责的委员,各党派各阶层的代表都有。这一临时的、地方的民主政权,就是这样产生出来的。这一临时地方民主政权成立已三年有半了。它建立了该区域内县、区、乡、村各级议会,组织了子弟兵团,提高了生产,扩充了文化教育,粉碎了敌伪无数次进攻和扫荡,巩固了兼跨三省包括五十六县的抗日根据地。这一根据地的发展,已成为敌寇在华北最大的威胁。一千三百万人民在这一政权下享受了言论、出版、集会、结社、居住、迁徙、宗教信仰的自由,选举了自己的代表去充任议员和行政官吏。人民生活虽在敌伪不断扰害下仍然有相当的改善。去年双十节,边区中国共产党提出了施政纲领二十条,号召实行三三制,已博得全边区和边区周围人民热烈的拥护。纲领中所主张之统一累进税,边区政府已采纳而实行起来了。这里民主的特点,就是一切政治上的设施都经过会议,而且是议而必决,决而必行的。

---

①《董必武文集(第一卷)》(征求意见本)编者原注:"阎司令长官,即阎锡山(一八八三——一九六〇),山西五台人。早年参加同盟会。辛亥革命后曾任山西省都督、督军、省长、督办等职,成为长期统治山西的地方军阀。一九三二年任太原绥靖公署主任,抗日战争时期任第二战区司令长官。"

此外，在冀南、冀东、晋东、晋西北、绥远、山东、苏、皖、豫、鄂、海南岛等地区，凡是游击队发展的区域，民主政治也有显著的发展。各地民主政权底形式与名称虽不一致，但其实质相同，就是抗日、民主、团结和进步。中国共产党的党员在这些地区，一定会用中共中央于"七七"抗战三周年纪念日所号召的三三制去扩充各种形式的民主政治。这许多形形色色的民主政治，毫无疑问地将构成全国民主政治的重大因素，成为全国民主政治的一部分。但就全国范围来说，民主政治的因素还薄弱得很。

中华民国再过半年就整整三十年，孙中山先生在世的时候，曾慨叹地说："中华民国徒有其名！"如果我们要使它名实相符，那就要有真正的民主政治。这事谈何容易！过去蹉跎复蹉跎地过了二十九年有半，现在即令迎头赶上，也恐非一蹴可就。何况现在战时，我们不应存许多幻想。我想有两件消极的事，只要政府当局采纳，民主政治在全中国马上就可添许多活气。

（一）切实保障人民的合法权利。人民身体自由及言论、出版、集会、结社之权利，非依法律不许侵害。政府公布的训政时期约法中，早有明文规定。《抗战建国纲领》亦允许给以充分保障。国民参政会迭有提案和决议，并曾邀国防最高会议通过。这还成什么问题呢？谁知却仍是一个严重问题。政府要人民遵守法纪，首先应当自身不违犯自己所定的法纪，否则人民将无所措手足了。"以身教者从，以言教者讼"，这两句古语，值得政府当局三思的。

（二）允许各党各派公开合法存在。政府在事实上已允许各党各派存在了，但不允许其合法。有人以为这种要求只是共产党的要求，其实这是各党各派共同的呼声。只要查一查国民参政会的记录中便可查出许多证据。目前党派关系，在政治生活中成为最畸形的状态。如党派可以出版其机关报，但不能用机关报的名称，公开合法出版的报纸，暗地里又禁止其发行，甚至公然干涉到买报和看报的人。各党派极小一部分党员，可以在某地住着，而大部分党员则被视同罪犯，一经发觉，公职不准担任，学生横被开除，得免于牢狱之灾，刑戮之惨的还算万幸！这些病态的存在，总是妨碍国家走上民主化的道路的。政府纠正这些病态，毫不费力，毫无损伤，却把国内政治生活纳于常轨了。

至于召开真正人民选举代表的国民大会,公布国民大会制定的宪法,实行宪政,这些都是民主政治的基本要求。但假如前述二点,还无法实现,其他民主化较重要的步骤,自然更说不上。

民主是团结全国力量的基础。

民主又是战胜日本法西斯强盗的指针。

我们希望在抗战进入第五年时,全国人民能在民主的基础上加强我国内部的团结,把日本法西斯强盗驱逐出中国去!

联合起来扑灭法西斯①

一九四一年七月三十日

纳粹是法西斯的德国版,反之,法西斯也就是意大利版的纳粹。它们在名称上虽不相同,其精神和实质是完全一致的。它们是上次帝国主义大战后,在德、意两国广大人民对凡尔赛和约②的不满和有产者惧怕为共产主义的洪流所淹没的恐惧中孪生的弟兄,它们一出世即显露了要吃人喝血的凶恶面孔。

它们主张用暴力来达到它们所企求的目的,它们反对民主和自由。它们极力作武断宣传,自称为国家社会主义,口头反对资本主义,虚构一罗马帝国和大日耳曼第三帝国,以诱发国人扩张领土、奴役异族的野心。偏执狭隘的自高自大的种族成见,这一点纳粹走得更远,直捷了当地首先反对犹太人、反

---

① 本辑录编者注:该文选自《董必武选集》,人民出版社1985年版,第61—71页。该文在《新华日报》1941年8月1日第一、二版及《群众》杂志1941年第6卷第8,9期合刊,第114页原标题为《联合起来扑灭法西斯蒂》。《董必武选集》编者原注:"这是董必武同志为重庆《新华日报》所写的署名文章。于八月一日以代社论发表。"

② 《董必武选集》编者原注:"凡尔赛和约,即一九一九年六月二十八日在巴黎西南凡尔赛宫签订的协约国和参战国对德和约,又称凡尔赛条约,简称对德和约。第一次世界大战结束后,以英、法、美、日、意等战胜国为一方,以战败国的德国为另一方,于一九一九年一月在法国巴黎召开和会。帝国主义列强召集这个会议,以建立战后世界和平为名,实际上是在它们之间进行分赃,重新划分势力范围。在会议过程中,他们漠视中国主权和战胜国的地位,非法决定日本继承德国战前在中国山东的特权。消息传来,激起全中国人民的强烈反对,导致五四爱国运动的爆发,迫使中国政府代表团拒绝在和约上签字。"

对天主教、反对自由主义的文化与科学而要创造"德国的科学"。它们一开始就组织自己的打手——黑衫队与褐衫队,威吓劳动人民,捣乱自由主义者的、工人的集会,破坏职工会的组织,以流血的斗殴打击其他党派,特别是共产党。

法西斯纳粹夺到了政权以后,它们就推翻民主政治的标帜——民选的议会,以法西斯党的会议代替国会。纳粹更干脆地说"国社党就是国家"。这样赤裸裸地建立法西斯纳粹的独裁,剥夺国民的集会、结社、言论、出版的自由,解散人民的一切组织,特别是工会的组织,规定要按照法西斯的意图进行改组,摧残压迫异党,特别是共产党,使它完全变成地下党去活动。盖世太保(即德国秘密警察)的组织像网一般笼罩各地而有惊人的权力,随意逮捕、审问、拷打、监禁、虐待以至处决它们所不喜欢的人。集中营是活地狱,公开地无耻地设立着。希特勒[①]说:"我们应该以最残酷的方法进攻敌人,为了国家的利益,应该毫不犹豫地将他们收入集中营中。"集中营是法西斯进攻人民的一种机关,用的是最残酷的方法,在这一点上食言而肥的希特勒是没有说谎的。在那里他真正用了最残酷的方法,不管是科学家、文学家或艺术家,凡怀抱自由思想、鄙视法西斯主义的人,都受到无情的迫害。奥仑堡的集中营就编有一个"硕士先生队"。打击天主教徒,虐待犹太人,更是希特勒的杰作。这样,法西斯纳粹所统治的地方,就成为一个极端恐怖的世界。

墨索里尼[②]得意大利大亨斐特左尼和哥拉的尼财政上的支持而夺得政

[①]《董必武选集》编者原注:"希特勒(一八八九——一九四五),德国纳粹头子。一九一九年参加德意志工人党(次年改为国社党)。一九二五年出版《我的奋斗》一书,鼓吹极端反动的沙文主义、复仇主义和种族主义思想。一九三三年在垄断资产阶级支持下出任总理。一九三四年总统兴登堡死后,他自称元首,实行残酷的法西斯专政。一九三九年九月入侵波兰,挑起第二次世界大战。一九四一年撕毁苏德互不侵犯条约,进攻苏联。一九四五年四月三十日,苏军包围柏林时自杀。"

[②]《董必武选集》编者原注:"墨索里尼(一八八三——一九四五),意大利法西斯党头子。第一次世界大战后,他以资产阶级右翼和反动军人为骨干,组织法西斯党。一九二二年发动政变夺取政权。对内镇压民主运动和其他党派,实行法西斯独裁统治;对外侵略阿比西尼亚(今埃塞俄比亚),武装干涉西班牙内政,占领阿尔巴尼亚。一九三九年同德国缔结政治、军事同盟,次年追随纳粹德国参加第二次世界大战。一九四五年四月,被意大利游击队捕获处死。"

权。希特勒的活动是蒂森①站在背后。尽管法西斯口头讲"社会主义",实际则保证金融寡头的垄断利润,加以疯狂的扩充军备,以飞机大炮代替牛油和面包,人民的负担激增而生活状况则每况愈下。法西斯在国内玩弄法律,高兴怎样干就怎样干,一切法律都是定下来拘束人民的,对国际亦毫无信义可言,任何信誓旦旦的诺言,不惜翻悔;任何庄严签字的条约,可以撕毁之如废纸。

欧洲法西斯的大言不惭、目空一切的姿态,刺激了远东的日本强盗。日本统治阶级的法西斯化虽经历着较缓慢的过程,而实现法西斯的撕毁条约,对外侵略,却比其创始者来得更早。一九三一年九月十八日,日本强盗开始武装侵占我国东北四省②,世界上第一个破坏国际条约的元恶大憝,就是日本帝国主义。一九三五年跟着而来的是墨索里尼武装侵略阿比西尼亚③。希特勒执政后积极扩军,充实军队的装备,和新旧法西斯作撕毁条约和侵略的竞赛。一九三七年七月七日大规模的武装独吞中国的挑衅,也是日本法西斯抢先着,开了"不宣而战"的恶例!德、意法西斯跟着侵略到欧洲十五个大大小小的国家。在攻英不能得手之际,今年六月二十二日,德、意法西斯的血手又触到和平支柱——埋头建设共产主义社会的苏联。东方法西斯又经维希政府④承认对越南的联防而奴役安南⑤,为进一步南进或北进的侵略作准备。法西斯的侵略是以并吞全世界为目的的。

归纳以上的叙述,可以指出:

---

① 《董必武选集》编者原注:"蒂森,这里指以蒂森家族为中心的德国垄断资本集团。一八七一年奥古斯特·蒂森(一八四二——一九二六)在鲁尔设立钢丝公司,一八九〇年创办奥古斯特·蒂森钢铁公司。第二次世界大战前,该公司已发展为欧洲最大的钢铁垄断资本集团。它积极支持德国法西斯上台,大战中,攫取了巨额利润。"

② 《董必武选集》编者原注:"东北四省指当时我国东北部的黑龙江、吉林、辽宁和热河四省。"

③ 《董必武选集》编者原注:"阿比西尼亚,今称埃塞俄比亚。"

④ 《董必武选集》编者原注:"维希政府是法西斯德国占领下的法国傀儡政府。一九四〇年六月,德国占领巴黎后,以法国总理贝当为首的卖国分子向德国投降,二十二日在贡比涅森林签订了所谓的德法停战协定。七月一日,贝当将政府由波尔多迁至法国中南部的维希,故称维希政府。一九四四年,反法西斯联盟国家的军队在法国登陆后,维希政府于八月垮台。"

⑤ 《董必武选集》编者原注:"安南,古国名,即今越南。"

——法西斯主义就是黑暗野蛮的统治阶级向民主自由和劳动群众施行的最残酷的进攻；

——法西斯主义就是疯狂猖獗的反动和反革命；

——法西斯主义就是横行无忌的民族侵略主义的强盗的战争；

——法西斯主义就是爱好民主自由的人们和劳动群众的死敌！

各法西斯国家不仅主张相同，统治方式相似，而且互相结合，互相依赖，远较反法西斯诸国之联系为强。在一九三六年十一月，墨索里尼即公开称许"罗马——柏林轴心"，日寇跟着和德国订立防共协定，意大利旋亦加入，形成了著名的三国反共同盟①。这一同盟因苏德互不侵犯条约②的订立而形同瓦解。去年九月，为了互相承认"欧洲新秩序"和"东亚新秩序"，德、意、日订立了三国军事同盟条约③。条约中虽标明不变更对苏立场，但虎狼成群结队，对站在它们旁边的人虽暂不为其搏噬的对象，总要感到威胁。到今年六月，德、意法西斯在袭击伦敦、攻击地中海、苏彝士都无胜利把握的时候，掉转头来向英、美作和平攻势，而以全力侵袭苏联。它们动员人数的众多，战线的广袤，器械的精利，战斗的残酷，死伤的浩大，破坏的深广，虽为时不及六星期，恐已都是空前的。这一滔天罪行的责任，应完全由德、意法西斯负之。日寇深陷在侵华的泥淖中，已拔足不出，但仍强占越南，以便和德、意法西斯的行动相呼应，巩固南进的据点，加紧调兵遣将，准备北进；同时以军事威吓、政治诱降，企图从速结束所谓"中国事件"。目前法西斯已结成同盟，同盟中德国希

---

①《董必武选集》编者原注："三国反共同盟，指第二次世界大战前，德、意、日结成的法西斯军事政治集团。一九三六年十月德国、意大利在柏林签订秘密议定书，同年十一月二十五日，德国和日本在柏林又签定了《反共产国际协定》，一九三七年十一月，意大利也加入了这一协定，正式形成了柏林—罗马—东京三角反共同盟。"

②《董必武选集》编者原注："苏德互不侵犯条约是苏联同德国于一九三九年八月二十三日在莫斯科签订的条约。它规定缔约双方互不使用武力，不参加直接或间接反对他方的国家集团；在一方遭到第三国进攻时，另一方不给第三方任何支持；以和平方法解决缔约国间的一切争端等。一九四一年六月法西斯德国背信弃义，撕毁了这个条约，发动了侵苏战争。"

③《董必武选集》编者原注："德、意、日三国军事同盟条约，指德、意、日三国于一九四〇年九月二十七日在柏林签订的《德意日三国同盟条约》。条约中日本承认德国、意大利在欧洲和非洲建立'新秩序'的特权，德国和意大利承认日本在亚洲建立'新秩序'的特权；三国在战争中以一切政治、经济和军事手段相互援助。"

特勒为首恶,意、日两法西斯强盗为帮凶,而日寇尤为狡猾,常保持着对同盟的半独立性。

反法西斯诸国的情形更为复杂。

我国反抗日寇的侵略已进入第五年,军事上完全独立撑持,将士的英勇,四亿五千万人民的义愤,使我们的抗战显出如火如荼的伟观。我们拖住了东方法西斯,使它不能任意在太平洋作恶。苏联系我最亲密的患难友邦之一,抗战以来,在精神上和物质上援助我最快最多。英美亦对我表同情,但物质援助颇感不够,特别是美国不够。我国虽坚决抵抗日寇,但有些人并不深刻了解日寇亦法西斯,并对日寇盟友德、意法西斯的反动实质亦认识不足。有人读了希特勒的《我的奋斗》后恭维纳粹,说纳粹和中山先生的三民主义基本相同。这对于中山先生,对于三民主义,都是极大的侮辱。抗战之初,汪逆精卫等想走德、意路线,但遭反对,未能实现。国内有少数人不明法西斯的意义,看见希特勒、墨索里尼耀武扬威,不可一世,像煞有介事,就想模仿法西斯的做法。不知道照法西斯的做法,多做一分,即离开民主道路愈远一分,妨碍着民主国的援助。德国法西斯进攻苏联以后,我国舆论都同情苏联,但也有少数人主张苏联胜于我有利,败亦于我有利的。这些先生没有想一想,苏联败就是德国法西斯胜,德国法西斯承认过伪满,承认过汪伪政权①,它打胜了,还有我们爱国人民好过的日子吗?他们更不会想,苏德战争不仅是苏联人民自由的命运之所系,也是全世界人民自由的命运之所系。苏联胜,则法西斯盟主塌台,一定要影响到它的盟友,这样,我们也就容易收拾日寇。所以为了我国的胜利,我们也只能希望苏联胜,苏败对我国抗战是绝对不利的。有人以为日寇善于投机,在苏德战争中,德胜苏败之际,日寇当北进。日寇北进,必从中国战场上抽调兵员,这样我们就可以收复失地,同时苏联一败,也可以杀一杀中共的气焰,可使之就范。这些人,把我们的一切抗战建国工作像赌

---

① 《董必武选集》编者原注:"汪伪政权指一九四〇年三月由日本帝国主义策划在南京成立的伪国民政府。汪,指汪精卫(一八八三——一九四四),抗日战争爆发后任国民党副总裁、中央政治委员会主席,一九三八年十二月由重庆逃往越南河内,公开投靠日本帝国主义。南京伪国民政府成立汪任代主席。"

博一样都押在日寇的北进上,这种赌博是很危险的。而且,这种想法对苏联也是极不友好的。这些思想和言论的存在,障碍着我们进一步争取友邦的援助。欧洲两大法西斯承认汪伪政权后,我国政府即宣布对德、意绝交,这是给它们的一个应有的回答,同时也是对日寇的一个打击。

希特勒以备战的反共十字军一百七十个师袭击订有互不侵犯条约的邻邦——苏联,想乘苏联措手不及,一鼓而下莫斯科、列宁格勒、基辅。苏联在开始时没有总动员,抵抗略有不利。现已动员军队一千万人,陆续开赴前线,阅时四十日,已把希特勒的拿手好戏——闪击战挡住。闪击战一次二次均未生效,希特勒要在六星期内打下莫斯科的狂妄企图被粉碎了。德国的飞机、坦克,德国的机械化兵团、炮兵都开始遭遇着劲敌。它们并不是如希特勒所说是不可战胜的。它们已被苏联的红军和红空军打败过多次。如果否认德国军队不是劲敌而意存轻视,那是有害的。苏联费很大的力,前方进行英勇阻击,敌后发动游击战,才把德国法西斯疾风骤雨之势阻住。过去对苏联实力估计不足的人们,通过苏联这六个星期的顽强抵抗,对苏联的看法已逐渐改变了。全世界除了顽固像蒲立德,下流像托洛茨基残余分子以外,爱好正义和平的人们,特别是劳动群众,没有不同情苏联的。英、苏协定①的签订,更加强了苏联战胜希特勒反共十字军的基础。美国援苏,只要不是空话,是有助于苏联的抗战实力的。苏联抗德、意,我抗日寇,这两个战争的性质是完全一致的。苏联是反法西斯的主力。

英国自去年六月法国贝当对德屈服后,独立抗德。幸英本土和属地或孤悬海外,或远隔数国,德国最优势的陆军无所施其伎。德利用空军轰炸,潜艇袭击,使伦敦遭毁,海运受劫。赖有美国援助,英空军勉强能应付,德在伦敦上空,不能获得制空权。英海军强大,美又采取变相的护航巡逻,使德国在海

---

①《董必武选集》编者原注:"英、苏协定,指英国和苏联一九四一年七月十二日在莫斯科签订的《关于在对德战争中联合行动的协定》。协定规定,两国政府保证在对希特勒德国战争中相互提供援助和支持。"

上潜、空袭击的威力,大大减低。德掉头东向侵苏,英获喘息。丘吉尔①拒绝赫斯诱和,在德攻苏之次日即宣称援苏抗德,并揭破德国法西斯并吞世界的阴谋,贤明迅捷,不愧为世界一大政治家。英、苏签订共同抗德法西斯协定,亦为世界反法西斯战争中有决定意义的一个步骤,奠定了反法西斯统一战线的基础。惟英国不欲两洋作战,对日本法西斯常存妥协的念头。德、意、日三国同盟条约签订后,英国对华援助较积极,远东政策力求与美国平行。日寇侵占越南后,英国采用废除商约,封存资金的办法以阻止日寇的南进,政策较从前渐趋强硬。英国目前可以而且应当加强其海上对德、意的封锁,加强空军对德的轰炸,组织陆战队,组织欧陆各民族的降落伞队,准备在必要时登陆和降落。没有这些组织活动,终是消极的。英国对日寇不应再让步,应准备进一步的对付办法,同时应以更多的物资援华、援苏,对《工人日报》应予启封,对殖民地地位应予改进,以加厚反法西斯的实力。

美国自称为民主国的兵工厂,它确具有这一资格。过去英德战争紧张时,美系以全力援英,当时还有应付不及的感觉。德攻苏后,苏自力抵挡,不仅英得喘息,美亦可以从容支应。美既应允援苏,现应对运输和迅速两点注意,使苏联很快能得到其所缺乏的军需品的补充。过去援英第一,现时援苏纵不能第一,亦应与援英的程度和速度相等。苏联目前为反法西斯主力军——两万万爱好和平、自由、民主的人民正咬紧牙关,跟吃人喝血的生番作生死搏斗。国力充实的美国,是应该被发缨冠往救的。当然英国仍还急需援助,才能更有效地打击法西斯。美国过去看大西洋重于太平洋,看欧洲战争急于亚洲战争,对我国的援助不够。今年开始,虽然在经济上、军需上有确定的数目助我,但仍然是不够的。现美国生产力已提高,援英不像从前那样迫不及待,则援华程度自应增加。我们希望得到美国更多的援助,尤其希望美国对日寇及早加以制裁。过去美国对日本太姑息了,美国供给日本的飞机、

---

① 《董必武选集》编者原注:"丘吉尔(一八七四——一九六五),英国保守党领袖。希特勒在德国执政后,丘吉尔主张联合苏联抑制德国,反对当时英国首相张伯伦的绥靖政策。一九四〇年五月出任首相,执行抗击法西斯侵略的政策。丘吉尔政府先后拒绝了同年七月德国提出的停战建议和次年五月希特勒副手赫斯进行的媾和活动,表示要将战争进行到底。一九四一年六月二十二日德军入侵苏联后,发表支持和援助苏联的声明。"

汽油,一直到现在,每月的数目还是很可观的。美国一方面同情并赞助我国抗战,另一方面又大量供给我们的敌人以军需品,这是何等矛盾不合理的政策。日寇侵占越南,美国在抗议后即下令封存日本在美的资金,这对日寇算是比较强硬一点。美国现在有更多的力量顾及太平洋了。美国对日本再进一步就是禁运汽油,现在是时候了,迟延将要后悔的。

中、苏、英、美的人力、物力、财力大过德、意、日三法西斯国若干倍。这四大国联合起来反法西斯,胜利是可操左券的。

中国必须拖住日寇,坚决反法西斯,坚决实行民主,根绝对苏不利的言论。我们坚决抗日,恰恰削弱了苏联敌人的与国,我们可以多得英美物质上的帮助,也可以多得苏联的帮助。这样把我们的抗日和苏、英、美的反法西斯运动配合起来,我们一定能战胜日寇。

苏联为反法西斯德国的主力军,美国为反法西斯的军需部,英国为反法西斯的游动哨,我国为反日本法西斯的前卫。我们协同动作,一定要扑灭法西斯。这恶魔一定会被我们扑灭的!

辛亥革命三十周年①

一九四一年十月十日

辛亥八月十九日②的武昌起义,到现在恰满三十周年。在这三十年的初期,世界经历了一次空前的大战,死伤了千余万的壮丁,毁灭了人类劳动成果积蓄的一半,诞生了一个社会主义的共和国。而在这三十年的后期,纳粹法西斯匪徒以更大规模的、更富于破坏性的侵略战争,威吓着全世界爱好和平、自由、民主的人民,挑起了第二次世界大战。我国则因国际国内的复杂关系,几无日不在或大或小的战争中过活。多灾多难,不仅是我国历史上所无,世界上也没有一国和我们相像。我们为抵抗纳粹盟友东方法西斯日本强盗的侵略,和它血战了四年又三个月,而仍在持续着。在这时期中,我国生命财产的损失,是难以计算的。辛亥革命首义之区的武汉,沦于敌寇铁蹄下亦已三年了。缅怀先烈奋斗的艰辛,眷念中原板荡的沉痛,吾人纪念辛亥革命,吾人驱逐日寇之心将更坚强千百倍!

但是,如果以为我国自辛亥革命以后,三十年灾难重重,便一无进步,那是极大的错误。试就经济上看,在第一次世界大战时,我国轻工业如纺织、面粉、火柴、榨油等业,均有显著的发展,矿业颇有增加,交通有较大的开辟,银行业进步更快。这里不能详细分析这些经济现象的内容和实质,只在指明这

---

①本辑录编者注:该文选自《董必武选集》,人民出版社1985年版,第72—79页。《董必武选集》编者原注:"这是董必武同志为重庆《新华日报》写的代社论。"

②《董必武选集》编者原注:"辛亥八月十九日 即公元一九一一年十月十日。"

些经济现象比从前确是进步得多,而民族资本与无产阶级的发展,乃促成中国民族反帝反封建的历史阶段之到来。

再从文化方面来观察,我们就可看出"五四"时代的我国新思潮,思想界的活泼,顿呈二千年来所没有的如荼如火的伟观。新文艺的基地正在开扩。科学中地质学之成就,蜚声世界。考古学收获亦多。这帮助了社会科学的进步。新哲学辩证唯物论的介绍和研究,成为哲学上的苍头特起。而社会主义思想的发展,更成为近二十年来中国思想界的生力军。

政治上的变动,虽然经过许多曲折和失败,但总是朝着进步方向发展的时候为多。国民党由在野党而变为在朝党,它的政权的取得,是凭借着当时新兴的革命力量武装起来夺取的。中国共产党由萌芽而成长壮大,已成为中国政治中主要的决定因素。其他怀抱政见的人士,亦形成政党或政派。此在向来人民对国事不闻不问之国度中,自有其积极的作用。七七抗战,国民政府将国内分裂的局面统一起来,民族自尊心和自信心大大地加强,国际地位也因我坚持抗战而很快地增高了。

军事上亦有发展。我国军队装备虽还劣于近代列强的国防军,但比辛亥以前大大地改观了。清朝政府末年计划训练十八镇①新军,未及完成便被推翻了。把那时的陆军数量和现在来比,真是侏儒和巨无霸,相隔太悬殊了。我国军队以劣势的装备,而能拖住武装到了牙齿的日寇,使它陷在泥淖之中,不仅前线难于再进,便连占领区域也难统治,这是国际间公认的伟绩。

自然,这些进步的基因,不能不溯源于辛亥革命。没有辛亥革命,某些进步更为迟缓,也许某些进步成为不可能。辛亥革命的胜利是伟大的,但辛亥革命胜利并未彻底,且经多次失败,而历史任务至今犹未完成,所以三十年来上述经济、文化、政治、军事上的进步,殊难令人满意。辛亥革命方建立起民主制度,便遭摧残,使国内经济、文化、政治、军事没有民主制为之保障,于是这些进步都成为自流的、间歇的、不平衡的、不协调的、非系统的。这样的进步,自然不能满足国人的愿望和适合时代的要求,这是我们估计这些进步方

---

①《董必武选集》编者原注:"镇,清末编练新式陆军的建制单位,相当于师。"

面时所必须指出的。

辛亥革命伟大的成绩,是推翻了统治中国二百七十年的清朝政府。辛亥革命有历史上特殊的意义,不仅在推翻了清朝政府,而且在葬埋了中国几千年来的统治形式——帝制,而建立起中华民国。辛亥革命的成就和孙中山先生的事业是不可分离的,特别是铲除帝制,建立民国,非中山先生莫办。先生创造三民主义,为革命的鹄的。照先生的意见,他所提倡的三民主义,当时不仅一般人们不能领会,即党员亦未尽通晓。然而当时全国革命志士都依附先生,那就因为三民主义,首先是民族主义和民权主义,隐然符合于革命群众的心理。武昌望山门外炮兵营中枪声一响,附近驻守士兵纷纷响应,夺楚王台,占蛇山,得电报局,保有藩库、官钱局,攻击督署,而张彪[①]遁走,瑞澂[②]弃城,武昌军政府[③]成立,占领汉口、汉阳,不匝月而湘、赣、皖、苏、浙、闽、粤、桂、陕、甘、新、川、滇、黔各省相继对清廷独立,以响应武汉之革命军。

当时我们在汉口三道桥看见的革命军和清军作战的英勇,以及武汉市民男女老幼对革命军的帮助,那种自动馈粮食,送子弹,抬伤兵,踊跃欢欣的情形,是难以笔墨和口舌来形容的。守藩库和官钱局的是学生军,真是秋毫无犯。妇女投身革命者虽不多而能努力看护伤兵。参加革命队伍者都抱持着推翻清朝政府争取革命胜利的一颗纯洁的心。这自然是民族精神的一种表现。中山先生回国后至南京被举为临时大总统,而中华民国之名以立。全国翕然景从,即清廷派赴武汉征剿革命军的统帅段祺瑞[④],亦知大势所趋,电请

[①]《董必武选集》编者原注:"张彪,生卒、籍贯不详。辛亥革命时任湖北提督兼新军第八镇统制,驻守武汉。武昌起义后,仓皇逃走,被清政府革职。"

[②]《董必武选集》编者原注:"瑞澂(一八六四——一九一二),清朝满族正黄旗人。历任江苏布政使、巡抚等职。一九一〇年任湖广总督,次年会办粤汉、川汉铁路事宜。辛亥革命前夕在武昌残杀革命党人。武昌起义时,弃城逃走,被清政府革职。"

[③]《董必武选集》编者原注:"武昌军政府,指一九一一年十月十日武昌起义胜利后,十一日在武昌成立的临时政府。新军协统黎元洪被推为军政府都督。"

[④]《董必武选集》编者原注:"段祺瑞(一八六五—一九三六),安徽合肥人。北洋军阀皖系首领。武昌起义时,任清军第二军总统,统率清军去湖北镇压革命。同年十一月任湖广总督兼第一军军统统领湖北各军。一九一二年初受袁世凯指使,曾两次联合北洋军将领致电清廷,逼其让位,以授权袁世凯。袁窃踞临时大总统后,被任命为陆军总长。一九一六年袁死后至一九二六年,他曾任国务总理、中华民国临时执政等职,几度把持北京政府的实权。"

清帝退位,授权于袁世凯①以与革命军继续议和,造成孙让袁继,以结束辛亥革命的局面。这虽是旧官僚的一幕篡夺政权的阴谋,而依然袭取民国之名,使革命党人不能力争,这显然看出其中有两个教训:(一)人民要求民主的情绪是日益扩张的,这种情绪因自由思想的传播和民权主义的宣传,从此愈益普遍而深入。(二)革命客观发展的程度,超过主观领导的力量很远,因此,辛亥革命,以胜利始而以失败终,这是很可惋惜的。

自中华民国的名称确定以后,帝制被抛入茅坑,便再也爬不起来了。袁世凯的洪宪皇帝,不过百日便被迫取消。张勋扶溥仪复辟②,倒得更快。段祺瑞马厂誓师讨逆,十天工夫就把北京的辫子军肃清了。无论帝制也罢,复辟也罢,都很快地塌台,这都是受了辛亥革命建立民国的影响。

中山先生对于辛亥革命有极谨严的评价。他在一九一九年对上海寰球中国学生会的演说中,曾说:"吾人虽革去满洲皇统,而尚留陈腐之官僚统系,未予扫除,此实吾辈破坏之道未工之过也。吾人所已破坏者一专制政治,而今有三专制政治起而代之,又加恶焉,于是官僚军阀阴谋政客揽有民国之最高权矣。"③后于一九二一年,他在梧州对国民党员演说中,又说:"十年来名虽民国,实为官僚国。革命主义未行,革命目的未达,仅有民国之名,而无民

---

①《董必武选集》编者原注:"袁世凯(一八五九——一九一六),河南项城人。清末曾任山东巡抚,直隶总督兼北洋大臣等职,成为北洋军阀首领。一九一一年辛亥革命时,出任清政府内阁总理大臣。一九一二年在英、美、日等帝国主义国家支持下窃取中华民国临时大总统职务,组织了代表大地主买办阶级的第一个北洋军阀政府,对内专制独裁,对外投降卖国。一九一五年五月接受日本企图灭亡中国的'二十一条'。同年十二月称帝,一九一六年三月在全国人民的反对下被迫取消帝制。"

②《董必武选集》编者原注:"张勋扶溥仪复辟,张勋(一八五四——一九二三),江西奉新人。清末任江南提督。辛亥革命爆发后,清朝政府又提他为江苏巡抚,署两江总督兼南洋大臣,他表示继续忠于清王朝。中华民国成立后,张勋禁止所部剪辫子,被指为'辫子军',他被称为'辫帅'。一九一六年任安徽督军。一九一七年三月,北京政府中'府院之争'加剧,六月,国务总理段祺瑞,怂恿张勋率兵入京,解散国会。七月一日,张扶清朝废帝溥仪复帝位,立即遭到全国人民的反对。段祺瑞此时又以拥护共和为名,七月三日在天津西南面的马厂誓师,出兵讨张。十二日张部为段祺瑞击败,十二天的复辟丑剧收场。"

③《董必武选集》编者原注:"见孙中山《救国之急务——对上海寰球中国学生会演说词》(《中山全书》第三册,大中书局1927年版,第3—4页)。"

国之实。"①同年十二月七日,在桂林军、政、学七十六团体欢迎会上,他更痛切地说:"民国应该由人民自治一切,民治应该由人民自己管理中国。因为受了数千年的专制,人民不惯自治,更不知道自治是什么东西,所以满清遗孽和官僚军阀,便能够把国家来盘踞,假托民国之名,阴行他们自私自利之实。弄到今日的民国,止有官治,没有民治,止有武人的治和强盗的治,不是民治,那里还算民国呢?"②中山先生是无数次慨叹中华民国徒有其名而无其实的。今日读来,犹值得我们警惕。

三十年来每次带群众性的各种各色的运动,都和民主运动的发展有关。民主运动的深广度是逐年递增的。这正如中山先生曾把革命运动,比作高山滚石,不达平地不止一样。民主运动已自辛亥革命开辟途径,不管途中有何阻碍,它必要达到目的,才会停止。

七七抗战,我国系进行正义的民族革命战争,这是实践和扩充中山先生在辛亥革命已获胜利的民族主义。为着争取这一民族革命战争的胜利,须动员全民和团结各种抗日力量,这就要实行民主,这也就是把中山先生在辛亥革命未能实现的民权主义付之实施。

现代列强,已很清楚地分成为民主和法西斯阵线。美国的军火租借法更定名为援助民主国家军火租借法。我国和东方法西斯血战进入第五年,已站在民主阵线一边,为着争取友邦民主国更多的帮助,我国政治更应民主化。

在广大的游击区和有特殊历史关系的区域③,地方民主制已实行了。因实行了民主制,那里的经济、文化发展的速度,是远过于其他地区的,而对日寇的斗争,也表现得最为周密而坚决。

政治民主化是各党各派一致的要求。

占统治地位的国民党,亦常以民主政治为号召。现在正是时候了!纪念

---

①《董必武选集》编者原注:"见孙中山《党员须研究主义——在梧州对国民党员演说词》(《中山全书》第三册,大中书局1927年版,第22页)。"

②《董必武选集》编者原注:"见孙中山《三民主义是建设新中国之完全方法——对桂林军政学七十六团体欢迎会演说词》(《中山全书》第三册,大中书局1927年版,第30页)。"

③《董必武选集》编者原注:"游击区和有特殊历史关系的区域 指中国共产党领导下的抗日根据地和陕甘宁边区。"

辛亥革命,实行民主,这岂不是把中山先生中国革命大约三十年可以成功的预言,开始实现了么?我们纪念辛亥革命三十年,应当高呼:

发扬辛亥革命的精神!

坚持团结抗战!

政治真正民主化!

联合民主国反对法西斯!

驱逐日本法西斯强盗出中国!

悼张栗原①先生②

一九四一年十一月三十日③

广东省立文理学院定十一月三十日为已故教授张栗原先生开追悼会。这距张先生逝世的时候已一百一十日了。在重庆住着许多敬仰先生的人，从报上看到先生归道山的凶耗，莫不震悼。也曾有人想在这里举行一幕追悼的仪式，终以敌机肆虐，朋友疏散下乡，大家不容易晤面，没有实现。文理学院所举行的追悼会，也许有很多朋友还不知道，即令知道了，也不能躬亲致奠，这总是我们大家所公认的一桩恨事吧！

我认识张先生是在"五四"以后，那时我同几位朋友在武昌创办一所私立中学名武汉中学校，校中教职员差不多纯粹是尽义务的。这些教职员大多数

---

①《董必武文集（第一卷）》（征求意见本）编者原注："张栗原（？——一九四一），又名张朗轩，湖北人。早年就读武昌高等师范学校，毕业后在高师附属小学任教。"五四"前后，认真研究教育理论，参与湖北职业教育社、平民教育促进会的筹建工作，支持董必武等创建武汉中学。大革命时，加入国民党，积极参加国民革命运动，曾任湖北省政府执行委员兼教育科科长。后赴日本考察教育，因大革命失败留下研究新兴哲学、社会学等，'九一八'事变后回国，先后在暨南大学、广东大学、广东文理学院任教。"

②本辑录编者注：该文原载《新华日报》1941年12月1日第二版。收在《董必武文集（第一卷）》（征求意见本），第159—162页。这次选编时参照《董必武文集（第一卷）》（征求意见本）作了校订。《董必武文集（第一卷）》（征求意见本）编者原注："本文原载一九四一年十二月一日的重庆《新华日报》。"

③本辑录编者注：《新华日报》刊载该文时，文末有"民国三十年十一月三十日于重庆"，应为作者撰写该文时间和地点。

是张先生的同学,如倪季端①、陈潭秋②、钱亦石③、李莲舫诸先生,都是在武汉中学很出力的职员和教员。张先生那时在武昌高等师范附属小学任级主任。我经过陈、钱诸先生得以认识他。他的和蔼的容颜、诚恳的态度,谨饬而剀切周详的言论,给人以历久不渝的印象。

武汉中学开始招生,允许学生以白话文应考,教国文课自然是着重在白话文。那时教部章程不准男女同校,武汉中学招收了几名女生与男生同班授课,在现在看起来也许不成什么问题,(实际上还是问题呢)可是在二十余年前,不能不说那是一种大胆的改革。这些改革张先生是支持的。为着鼓吹教育上的改革,陈、钱诸先生在武昌出版了一个刊物名《新教育》,张先生和我在那刊物上写过文章,我们都是新教育社的社员。张先生深研教育原理,又办理小学多年,学识经验都极丰富,他的文章在新教育上很受欢迎,这一刊物因外界压力,出了几期就夭折了!张先生也实际卷入革命斗争中,而成为国民革命的一个英勇战士,一位前进的国民党党员。

张先生加入国民革命运动以后,我们在武汉的革命工作,获得一个很方便的支点。武昌高师附小有一个时期,简直成了湖北革命运动的指挥机关。这因为附小主持人是张先生同学,而他的人品及多年教育工作的成绩,使他在附小职教员中、学生中有极高的权威,我们就在张先生的掩护下活动。记

---

①本辑录编者注:《新华日报》刊载时此处为"倪平舟"。

②《董必武文集(第一卷)》(征求意见本)编者原注:"陈潭秋(一八九六——一九四三),湖北黄冈人。中国共产党创始人之一。历任中共武汉区委书记、湖北区委委员兼组织部长、满洲省委书记、福建省委书记、中华苏维埃共和国临时中央政府粮食人民委员等职。一九三九年任中国共产党驻新疆代表和八路军新疆办事处主任。一九四二年他和毛泽民、林基路等被军阀盛世才逮捕,一九四三年九月在迪化(今乌鲁木齐)均被秘密杀害。由于情况隔绝,在一九四五年中共第七次全国代表大会上被选为中央委员。"

③《董必武文集(第一卷)》(征求意见本)编者原注:"钱亦石(一八八九——一九三八),湖北咸宁人。曾任湖北省教育厅科员,武昌高师附小教导主任,武汉中学、共进中学、湖北女师教师。一九二四年经董必武、陈潭秋介绍加入中国共产党。之后,协助董必武筹组国民党湖北省党部,任省党部常委。一九二八年,经日本赴苏联学习。一九三〇年回国后,在上海法政学院和暨南大学任教,并先后主编《新中华》、《中华公论》和《世界知识》等期刊。上海'八一三'抗战爆发后,曾组织战地服务队奔赴前线。所写文章后来编成《紧急时期的世界与中国》、《战神翼下的欧洲》、《白浪滔天的太平洋问题》等书出版。"

得在一个暑假中,我们在高师附小开过几天三十余人的会议。也办过短期训练班。高师附小主持人因张先生的缘故,完全采取放任的态度。国民革命运动在湖北比较开展,得这样的几个掩蔽支点的力量,实在不小。

大革命时,张先生为国民党湖北省执行委员兼省政府教育厅科长。那时长教厅的为李汉俊先生,李厅长对湖北教育的整顿和改革,多得先生的臂助。环境变化,民国十六年先生奉湖北省政府之命赴日本考察教育,因而流寓东京。先生在高师研究教育与生物,留东京后,更致力于新兴哲学、社会学、历史学诸科,均卓然有所成就,这从邓初民[①]先生的文章中可以得到证明。

我认得张先生很久,可是在武昌教书的时候,并没有闲工夫彼此往来谈天,见面在会议时最多。先生到日本后,住东京乡下,我于民十七年夏天同亦石到东京,先生特从乡下赶来,握手道故,同逛书店,并到小馆子吃中国餐,盘桓数小时。分手后我同亦石四行,先生则仍滞留在江户的附近乡村。

民国二十一年季夏我经上海往赣南时,先生已返沪,又约我过其寓所并留餐。款款深情,一如往昔,谁知这一次的晤面,竟是最后一次呢!

先生是一位潜心研究学术、不求闻达、恻怛无华的学者。用新科学方法研究教育的,据我所知,尚只有先生和钱亦石。亦石已于民国二十七谢世,今先生又亡,可说是学术界中革命力量之一大损失。我和先生有九年未见面,未通讯,遽闻噩耗,感怀旧友,不禁悲从中来。我虽然悲感,并不失望,先生在湖北学生以千数,后来在暨南、广大[②]及文理学院等大学施教,霑润先生教泽的,也有成千累万的人,先生已用新科学方式研究学问,开辟门径,则继先生志事的,我相信一定会有更光辉的业绩,先生也就可以安安贴贴的永眠罢!

[①]《董必武文集(第一卷)》(征求意见本)编者原注:"邓初民(一八八九——一九八一),湖北石首人。一九二七年任国民党湖北省党部青年部长,并在武昌中山大学任教。长期从事教学和马克思主义的研究。抗日战争和第三次国内革命战争时期,积极参加抗日民主运动和民主党派活动。中华人民共和国成立后,曾担任山西大学校长,全国人大常委会委员,历届政协全国委员会常务委员和民主同盟中央副主席。一九六二年加入中国共产党。"

[②]《董必武文集(第一卷)》(征求意见本)编者原注:"暨南、广大,指暨南大学、广东大学。广东大学后为纪念孙中山改名为中山大学。"

在陪都文化界座谈会上的谈话①
一九四一年十二月十九日②

  董必武同志参加陪都文化界人士座谈会并应邀发表意见。

  他提到目前中国流行着的一些幻想。他说,有人估计到这一次太平洋战争将是短期的三个月,乃至一年即可结束。其实,这种看法都与事实不符,以国际友人罗斯福总统在日寇还未发动太平洋战争时所说的一九四三年获得胜利,与丘吉尔首相所说的一九四四年获胜的话来互证,这充分说明战争是长期的。必武同志在此举出了一件最具体地事实。他说,战争爆发的当时,美国国防生产计划确未全部付诸实施,不久以前福特汽车公司对国防工业,仅用了百分之二十的生产能力,至于以全部生产军火,则尚属最近的事。估计反法西斯侵略诸国的空军生产,要在明年才有可能超过轴心国。这就是说,民主国家的劳力,在目前还没有可能取得优势。

  其次,必武同志又提出社会上某一部分所流传的愿望,就是希望苏联参战,以轰炸东京为解决日本的途径。可是,单纯以空军是否可以解决战斗的任务呢?例如希特勒以四千架飞机炸伦敦,英帝国是不是就毁灭了呢?日本帝国主义轮番轰炸重庆,可是我们重庆的人民仍然生活,仍然从事各种活动。

---

  ①本辑录编者注:该文选自《新华日报》1941年12月31日第二版"本报特写",原标题为《太平洋战争爆发后国人应有的努力——记陪都文化界座谈会》。

  ②本辑录编者注:《新华日报》1941年12月30日第一版、12月31日第二版发表长篇报道《太平洋战争爆发后国人应有的努力——记陪都文化界座谈会》。董必武发言内容登载于12月31日第二版上。该报12月30日发表报道时称,此次座谈会的举行时间是12月19日。

我们要解决日本,假使没有强大的海军,那是很困难的。徒以轰炸东京来解决日本,无疑的是一种幻想。

必武同志更提出战争中心的问题来。他说,在罗、丘的谈话中,很明白地可以看出,这次大战现在是以德国为中心。至于我们中国一部分人呢,他们的意见,这一次大战应该以太平洋为中心。自然,纯主观地站在中国的愿望上说,最好大战的中心,是放在太平洋上。但是,在客观的事实上,大战的中心确在欧洲。假如我们以占据十四个国家的国土的德国力量,与日本现有力量来比较,德国的力量比日本强大得多。如果德国不存在,诸民主国家联合起来要解决日本,那是容易的。反之,现在着重对付日本,就要放弃对希特勒的压迫。希特勒有喘息的机会又要策动新的进攻,牵制民主国在太平洋的活动。这正是希特勒的希望。因之,必武同志说,今天世界战局的中心应该在德国,罗、丘的看法,亦是如此。必武同志希望大家对这问题多提供些意见,获得正确的认识,而有正确的准备。

最后,必武同志关于动员问题也提供了一些宝贵意见。他说,国际方面,动员人力的问题,做得太不够。例如,我们的友邦——英美当局,对她们在太平洋上殖民地的土著人民和我们在南洋留居的侨胞,就没有动员起来。这次留港的侨胞要求武装保卫香港,而香港当局对这问题起初是漠视的。香港许久才陷落,我们应钦佩那些英勇的坎拿大守军。但是,假使当时能动员一切人力,武装我们的侨胞,也许局面是有些不同的。必武同志认为,今天太平洋战争,假使马来亚土人尚未武装,马尼剌与华侨不武装,荷印土人与华侨不武装起来与新加坡配合作战,将来的战局是非常困难的。必武同志希望文化界人士尽量向友邦人士解释,积极动员土人和侨胞,我们再给侨胞以推动,这不仅对英美本身无一丝毫可以害怕之处,而且反法西斯战争的胜利,定可预期。

国内的动员问题,必武同志提供了一个具体地参考资料。他说,陕甘宁边区的人口仅仅两百万,除地方武装即动员了八万余壮丁到前线上去。至于华北方面,一般作战的军队,一面要经常与敌人作战,一面还要抽调部队回来为老百姓生产。由此证明不是中国没有人力,而是没有一定的方法去动员人力。必武同志更谈到怎样动员人力。他说,须要所有的人都到自己的生产的岗位上去,按照自己的岗位努力为国。不过,在事实上,有许多人没有岗位,而有岗位的人又无法动员起来。中国有两个字——"掣肘",这形容得最好,都感到掣肘。现在许多实际问题。然则,掣肘的症结在哪里呢?那就是机关太多,叠床架屋,使许多事办起来,都感觉得牵掣太厉害。因此,我们应该想法顺利地推进动员问题,使人力物力财力都得为国家所利用。

反侵略声中纪念钱亦石先生[1]

一九四二年一月二十六日[2]

自去年十二月八日日寇在太平洋上袭击英美的领土和殖民地,随即对英美两国宣战,英美亦对日宣战后,世界大势已明朗化。世界列强都卷入战争漩涡,形成比一九一四至一九一八的大战规模还要更广阔的一种空前的大战。这次大战的主角,一边是德、日、意三国,另一边为中、苏、英、美四强,侵略阵线与反侵略阵线,法西斯轴心与民主同盟,终于公开地对峙起来了。大战是现存世界各国政治经济发展必然的一种归宿。但以反侵略阵线对抗侵略阵线,以民主同盟对抗法西斯轴心的大战,则为现存世界各国政治经济发展的一种较好的归宿。这种反侵略阵线的最终结成,是世界各国有远见的进步人士,自日本军阀法西斯强占我东三省,纳粹在德国夺得政权后历年所奔走呼号努力祈求其实现的。固然,全世界的大战还只在开始,胜负属谁还有待于双方实际的决战,然就双方实力(包括人力、武装、资源、生产力、战斗意志和情绪等等)比较,只要团结坚固,互助适宜,配合行动,最终的胜利属于反侵略的民主同盟方面,是毫无疑问的。

---

[1] 本辑录编者注:该文原载《新华日报》1942年1月29日第二版。收在《董必武文集(第一卷)》(征求意见本),第163—169页。这次选编时参照《董必武文集(第一卷)》(征求意见本)作了校订。《董必武文集(第一卷)》(征求意见本)编者原注:"这篇文章发表在一九四二年一月二十九日的重庆《新华日报》。"

[2] 本辑录编者注:《新华日报》刊载该文时,文末有"卅一年元月二十六日写于重庆",应为作者撰写该文时间和地点。

我们陪都①几个对外文化团体,为着赞助民主反侵略阵线的形式,号召从本年元旦起一星期为反侵略运动周。有人主张把本年元月作为反侵略运动月,这后一主张没有成为事实。就是反侵略运动周的工作,也没有按照原定计划来实行,可见我国在实行抗日战争四年半以后,汇合着世界反法西侵略战争的高潮,我们要想把反法西侵略运动扩张和深入到广大的群众中间去,还遭遇到不应有的阻碍。那么在抗战以前,想做什么反法西斯侵略的工作,政治条件比现在还困难百倍,不容易获得辉煌的成绩,就可想而知。从这里不能不使我记起一位坚决的反法西侵略的战友,钱亦石先生!

亦石先生谢世已四年了,他从事于反法西侵略运动在十年以前,这从他的遗著如:《紧急时期的世界与中国》、《战神翼下的欧洲》、《白浪滔天的太平洋问题》等书中,可以看出他努力的痕迹。我手边没有《战神翼下的欧洲》一书,《紧急时期的世界与中国》和《白浪滔天的太平洋问题》,一是从一九三三年至一九三六年底,一是从一九三二至一九三七年初在各种销路很大的刊物上先后发表过的文章收集起来编成的。写这些文章都在我国抗战以前,那时不仅法西斯意大利和纳粹德意志都是我政府所视为亲密的朋友,即日本帝国主义也还没有被当作我国公开的敌人。亦石先生排除一切障碍,公然指摘日、德、意为侵略者,并结成三位一体的侵略阵线。他在《紧急时期的世界与中国》,八十至八十一页上说:

"一九三六年国际政治舞台上第一件大事是欧亚两洲的侵略者抬头——不,是欧亚两洲的侵略者在抬头之后,结成'三位一体'的'侵略阵线'。这便是震动全世界的德、意、日三角同盟啊!"

这是何等大胆和露骨的指摘啊!他接着又说:"德、意、日三个侵略者,要干打家劫舍的勾当,自然不是由希特勒、墨索里尼或荒木贞夫之流的野心,而是德、意、日的经济条件所决定。它们都是金融资本控制一切的国家,自卷入经济危机的漩涡以来,又都在绝望中挣扎,所以要求扩大'日光之下的地盘'。"

---

①《董必武文集(第一卷)》(征求意见本)编者原注:"陪都,指国家首都以外设立的都城,这里指重庆"。

这不仅指谪德、意、日为侵略者,并揭发它们之所以成为侵略者的原因,这些原因还应有若干补充,虽然是基本上是正确的,但比那些单说希特勒、墨索里尼好战成性或民族特性为战争原因的说法要深刻得多。他告诉我们"日本、意大利、德国这三个帝国主义者,是和平的死对头,是吞蚀人类、吞蚀世界的大怪物"。

在前书八十二至八十三页上他指出德、意、日三角同盟的中心目标,是要求殖民地,要求瓜分世界。他说:"它们在同盟成立的时候,相互承认'赃物'为合法财产(承认意国并阿,承认满洲国等),是大家皆知道的。德日同盟的附件,有分割荷属东印度群岛的传说。希特勒公开提出殖民地问题,已不止一次。沙赫特也说德国需要殖民地甚至主张'建立海外的德国'。墨索里尼近又声明意大利在非洲的旧账已经清算,但其他各处则尚未着手。所有的这些说法,都有意或无意地把侵略的阴谋泄露出来。

"假使这种估计不错,则欧亚两洲的侵略者在大联合之后,一定要采共同的步调向全世界进攻。"

他在一九三六年十二月写的《世界进入一九三七年》一文中,估量说:"一九三七年或许是全世界同时大敲战鼓之年吧!"同时,他断定世界大战的爆发在东方。他说:"在火山快要爆发的时候,必须有一个喷火口迸发岩浆。据说,喷火口总是地壳最薄或是有裂痕之处,即是抵抗力最小之处。这是地质学昭示我们的真理。世界大战也有它的喷火口,但迸发出来的不是岩浆,而是人类的赤血与白骨,这些赤血所涂的地带与白骨所堆的体积,要超过往古今的一切火山。试问世界大战的喷火口在什么地方呢?无疑的也是抵抗力最小之处。"

接着他从政治经济各方面来分析,指出这抵抗力最小之处是在东方,将来的世界大战一定会在东方爆发。他说:"一九三七年啊!在东方的喷火口恐怕要迸发岩浆吧!——不,恐怕要迸发赤血与白骨吧!"

一九三七年七月七日,日寇开始了对我国新的武装进攻,我国民政府决心抵抗,爆发了全面抗战。亦石先生的预言,完全被这些事实证实了。

亦石先生对于现代国际间资本主义系统与社会主义系统的矛盾,资本主义国内阶级的矛盾，宗主国与殖民地的矛盾，资本主义各国相互间的矛盾，法西斯主义与民主主义的矛盾，侵略阵线与和平阵线的矛盾，以及侵略阵线内部与和平阵线内部各自的矛盾等，在前列三书中都有很透辟的论究。他曾经指出欧洲问题与太平洋问题息息相通（见《紧急时期的世界与中国》八十四页）。他认为假使把分散在全世界的和平势力团结起来，可以避免战争危机，至少可以延缓它的爆发（见前书三〇七至三〇九页）。他认定中国问题为太平洋形势的中心（见《白浪滔天的太平洋问题》一九九至二〇三页）。这些都是极精湛警策的文章，有独到的见解，到现在还值得我们细读。

亦石先生对于中日问题有两篇杰作，一为《日对华政府的基调》（见《白浪滔天的太平洋问题》一七〇至一八二页），一为《中日关系的前途》（见《紧急时期的世界与中国》二八〇至二九二页）。他在《日本对华政策的基调》一文中指出："日本对华政策在形势上是多样的，但其基调则始终不变，申言之，就是抓住一切机会，利用一切条件，实行'征服支纳全土'"。在《中日关系的前途》一文中，他同意上海大陆报记者所认为中日重修旧好恐不可能，最后必以兵戎相见的观察。但他还有更彻底的主张，他说：

"被侵略者既像驯羊一样，伏在虎狼前面，静待宰割，则站在局外的第三者也无从援助了。到现在，我们受过长期的血迹淋漓的教训，都知道非抗敌无以生存，都知道非团结不能抗敌。所以从一九三五年'一二九'所开始的救亡运动，在全国范围内鼓起汹涌澎湃的怒潮，建立了日益开展的民族阵线，一向为民族独立而奋斗的人固然愿为前驱，就是思想不同，信仰不同，甚至彼此之间有深仇宿怨的人，也在'抗战第一'的前提之下，一致携手。这一点确是中华民族新生的契机。如果我国当局实践'保持领土主权完整'的诺言，在'最后牺牲'的关头，发动全民族的抗战，我想，在以大炮对大炮、以飞机逐飞机的抗战之中，侵略者一定大受打击，至少它的侵略计划是不能顺利进行的。这样一来，不仅在国际方面的压力要加到日本身上（尽管这种压力有一定的限度），并且日本大众底层的炸弹也要乘机爆发了。"

他这段极透彻的言词，极丰富的思想，不仅主张我们要抗战，并指出抗战获得胜利的条件。他的几本遗著中,一论及中日问题时,他总是主张以战争对抗战争,而确言"抗战是中华民族唯一的生路"!

亦石先生不仅在口头和笔下主张"抗战",而实际去参加了抗日战争。"八一三"后,他组织一个工作团,随抗日名将之一的张向华将军在军中和浦东工作,以辛劳致疾,竟以不起。他的死是为抗战而死的。

亦石先生学问极博。他毕业于武昌高等师范生物系,教育和生物自是他的本行。后来研究新哲学、社会学、历史、政治经济学等,均卓有成就,著述亦富。特别在抗战前数年,他所写的分析国际国内政治形势的文章,不仅是国内第一流的论文,且置于国际第一流的论文中,也毫无逊色。他的死,无论在著述界,在论坛上,在抗日营垒中,在国际反法西斯侵略阵线中,都是难以弥补的损失。

现在我国坚持抗战已入第五年,日寇除深陷其泥足于中国境内,并挑起太平洋大战①与英、美、荷、印及太平洋沿岸诸国为敌,将在二十六国所签字的共同宣言②下,在全世界反法西侵略的统一战线下,获得其应有的判决。新的中国,新的世界亦微露端倪。凡亦石先生所预言的和所希望的,都正在和将在实现之中。这是亦石先生逝世四年我们可以告慰他在天之灵的。

亦石先生曾经说过:"我们分析问题上所用的工具,很简单,除了一把'社会科学的解剖刀'外,什么也没有。"真的,他是懂得社会科学方法的,所以他"有许多大胆的臆测都与后来的事实相符"。古人有"鸳鸯绣出凭君看,不把

---

①《董必武文集(第一卷)》(征求意见本)编者原注:"太平洋大战,指第二次世界大战期间反法西斯联盟国家与日本在太平洋地区进行的战争。一九四一年十二月七日晨,日本未经宣战,以强大的海、空军突然袭击美国在太平洋地区的主要海、空军基地珍珠港,使美国太平洋舰队遭到惨重损失。十二月八日,美国、英国对日本宣战,德国、意大利对美国宣战,太平洋战争正式爆发。日本军队先后侵占了东南亚的许多国家和地区以及太平洋上的一些岛屿,后来在太平洋地区各反法西斯国家武装力量的沉重打击下,不断遭到失败。一九四五年八月,日本无条件投降,战争结束。"

②《董必武文集(第一卷)》(征求意见本)编者原注:"共同宣言,即联合国宣言。一九四二年一月一日,中国、苏联、美国、英国、波兰和加拿大等二十六个参加对德、意、日轴心国作战的国家,在华盛顿发表共同宣言,主要内容是签字国保证使用全部军事和经济资源,共同对抗德、意、日法西斯的侵略,保证不同敌国单独缔结停战协定或和约。到一九四五年三月一日止,又有法国、墨西哥和菲律宾等二十一个国家相继表示赞同这个宣言。"

金针度与人"的名句,亦石先生却和这意见大不相同,他给我们看他绣出的鸳鸯,同时也把他所用的金针度与我们。我们应当宝贵他的遗著,研究他的遗著,学习他所用的金针,亦石先生的精神就永远不死!

"七七"抗战五周年[1]

一九四二年七月七日[2]

"七七"是我国最伟大、最悲壮、最令人感奋的一个纪念日,现已临到第五周年了。回忆五年前的"七七",东方法西斯侵略者日寇在卢沟桥发动吞灭全中国的武装挑衅,那时我国内战刚停不久,我国民政府的统一大业才开始完成,社会组织还陈旧而松懈,那时国防设备还粗率而贫乏,那时外交上还无若何准备,我在国际间与英、美、法、苏还只有普通的关系,而德、意却和我们的敌人很亲密。我国在这种情况下奋起而与武装到牙齿的、凶残嗜血的法西斯侵略者日寇抵抗,当时国人谁不感到这是拼国运的大事!我国以弱敌强,以钝对利,日寇处心积虑谋我已数十年,它准备是颇充分的,它企图三个月就可以灭亡我国。我国和它作战,是一种非常之举,对这种非常之举,国内有不少的人恐惧,国际间也有很多的人怀疑。我国幸赖有最高统帅指挥,幸赖有全体将士的敌忾同仇、杀敌致果,终于把太平洋上兴风作浪的海豹陷在亚东大陆的泥淖里不能自拔。使它三月亡华的迷梦幻

---

[1] 本辑录编者注:该文原载《新华日报》1942年7月7日第二版"代论"。收在《董必武文集(第一卷)》(征求意见本),第170—176页。这次选编时参照《董必武文集(第一卷)》(征求意见本)作了校订。《董必武文集(第一卷)》(征求意见本)编者原注:"这是董必武为纪念抗战五周年在重庆《新华日报》发表的文章。文章指出了我国抗战在整个反法西斯战争中的地位和伟大使命,分析了有利的国际国内形势,强调抗战胜利的曙光不远了,只要坚持抗战,坚持团结,坚持进步,才能度过暂时困难时期,争取抗战胜利。但这样一篇文章,发表时却遭到国民党当局新闻检查机关的删节。为揭露国民党当局的倒行逆施,也为使广大读者从中悟出真相,重庆《新华日报》发表时将被删节的地方都作了注明。"

[2] 本辑录编者注:此为《新华日报》刊载该文时间。

灭了,速战速决的野心摧毁了,武力威胁,政治诱降,经济封锁,一切阴谋诡计都归无效了,东亚新秩序建立不起来,中国事件无法结束,总括一句话,日寇对我国的政策是失败了。我们挺起胸脯,竖起脊梁,已和雄视一世的东方法西斯侵略者日寇战过了五年还是继续着,这在历史上世界上确算得是空前的奇迹。正是日本法西斯军阀长期不断侵略我国的结果。日本法西斯军阀对我国的估计完全错误。他们以为我国始终是一盘散沙,政治经济落后,军事更落后,不堪一击。他们料想不到我全国军民会团结在蒋委员长领导下,坚强不屈的抗战。其实,在"七七"前,我国政治上有远见的人士,如毛泽东同志及其他各党派领袖、社会名人都很详细的衡量了中日两国的形势,曾大声疾呼的唤醒国民,使大家知道:在日寇侵略下,抵抗则处处是生路,屈服则处处是死路;战则存,降则亡。这样把民族生死存亡的大问题清楚明白的提出来,使我国民都能认识他自己应走的路。所以"七七"日寇一挑衅,我国全体军民就一致拥护蒋委员长抗战。我国政治上有远见的人士,不仅指出对日寇的侵略只有抗战,并指明我们的抗战是长期的持久战。毛泽东同志在《论持久战》一书中,系统地分析了中日两国的情形,指出我国在抗日持久战中实力逐渐加强,国际对我的同情和援助将逐渐加多,最后必然是我国抗战胜利。现抗战已历五年,我国得道多助之势已成,日寇捉襟见肘之形渐露,曙光不远,只要我国人持久不懈,坚决地抗下去,胜利是可操左券的。

抗战胜利的前途,虽是快接近了,但达到胜利目标的道路,决不是一直平坦的,其中还要经历若干迂回起伏。也许敌人愈濒于绝望而愈要挣扎,它给我们的麻烦会愈多一些。因此,我们愈接近胜利,就愈要提高我们的信心,鼓起我们勇气,越过一切迂回起伏,以夺取胜利。在"七七"第五周年,我国抗战形势已起了空前的变化。这些变化,有于我们极端有利,也有于我们暂时很不利的。

我国抗战,一方面是为求我国的独立与自由,同时另一方面也是反抗世界法西斯侵略,保护民主,保卫世界正义与和平。我们抗战的前一意义,一开始即能博得国际友人的同情,而后一意义,是在持久战中才逐渐被国际友人所了解与重视。在我国抗战的第一、二两年,英、美、法、苏都对我表示同情,实际帮助我较多者(被略十一字)①抗战第三年中,英、法在西欧已举起反德国希特勒侵略的大旗,因准备未充,无甚积极行动。它们对东方法西斯侵略者反而一味容忍妥协。法国战败投降以后,英国得美之援助,始能挡住德国希特勒的进攻,此时更无力东顾。美国对日本在东亚之行动益表不满。第四年抗战,英容纳日寇之要求,停止滇缅路运输。而美国则开始对日禁运汽油与废铁。因德、意、日订定同盟条约,英、美均转而对我积极援助。至希特勒德国背信弃约,进攻苏联,英国才获得喘息的机会。于我国进入抗战五年以后,英、苏互助协定成立,美国声言援苏,同时英、美对日寇的决心与步骤也渐趋一致。美国制裁日寇的办法逐渐加紧起来了。去年十二月八日,日寇冒险侵袭英美太平洋属地,我国立即声援英、美反抗侵略,宣布对德、意、日入于战争状态。至此世界反侵略阵线已明朗地形成起来。我国在东方反日寇法西斯侵略战,与英、美在东西两方反德、意、日法西斯侵略战连成一体了。二十六国反侵略同盟在华盛顿签字以后,我国抗战已获得世界上多数的与国,而且有强大的英、美、苏为我国的盟邦。我国国际地位提高,已被认为世界四强之一,成为东亚反法西斯侵略的柱石。国际形势的有利于我是空前的。

日寇发动太平洋对英美的侵袭战,这推动英美成为我国抗战的同盟国。我们敌人自己多多树敌,而其所树的敌,又是世界上最强大的国家。敌多则力分,战久则精疲,多方面作战则消耗大而应付难,这是日寇法西斯侵略者自作之孽,它的灭亡是注定了的。但它是乘英、美的不备,突然袭击其远方的属地,英、美来不及增援,它在战争初期就容易得手。它在西南太平洋除澳洲、纽芬兰外,把英、美的势力已一扫而光了,并且延伸骚扰及于印度洋,攻占缅甸,东撮滇边,西窥印度,我国陆路与国际交通的一条主要路线被截断了。盟邦援华的军火,我国输出入的物资,都非另辟交通线不可。这在现时对我是

---

① 《董必武文集(第一卷)》(征求意见本)编者原注:"这里被国民党新闻检查机关删去了十一个字,句子已不完整。括号内的文字是《新华日报》编辑所加。本文还有多处被删去的地方,《新华日报》编辑也都作了说明。"

极大的阻碍。这种阻碍是五年来所未曾遇见过的。在英、美准备反攻日寇以前,在新的国际交通线辟成以前,这种阻碍纵有若干改善,大体还是存在的。企图吞灭我国的日寇,自然趁此时机,还要加紧向我军事、政治、经济各方面的进攻。(被略十二字)我们已进入这种困难情况中了。

(被略一百四十三字)我们应当分析发生困难的原因,研究困难的程度及其影响,提供克服困难的办法。固然现在困难是空前的,但五年抗战中克服困难的经验也极可宝贵。如果我们依靠广大人民共同设法,上述的困难是可以克服的。我们在敌后游击根据地,敌人的包围封锁,分区扫荡,其残酷的情形,是难以言语形容的。游击队的子弹粮食被服医药,没有任何接济。然而游击区的军民仍坚持在敌后抗战。这些自力更生,就地取材,克服困难的办法,是可资借鉴的。这种不怕困难的精神,尤其值得钦佩。我们现在有广大的后方。我们有相当数量的军需工业和轻重工业。我们田赋采取征购实物的办法,只要天气好,粮食决无问题。我们的棉花产量虽略减少,如禁止资敌,拿来纺成纱,织成布,补充军民的衣被,亦尚可以敷用。况且美国已允许援我若干架运输机,极紧急须用的军需品,亦非决无办法供应。日寇要准备和英美决战,要准备进攻苏联,决不愿把它的全身陷在中国的泥淖里。我们五年作战的经验,很有可能来钳制它的绝望的进攻。我们的使命是要打倒日寇法西斯,保卫世界正义与和平,建立独立自由民主的中华民国。这使命是伟大的,完成这一使命,是要付相当的代价的,是会遇着许多障碍和困难的。我们必须打破障碍,克服困难,才能向前迈进。

如就整个反法西斯侵略者的局势看,我们更其用不着悲观。苏联坚强地打击希特勒匪徒们所组织的联军。苏联被占区域游击队普遍的发展起来,牵制着希特勒匪帮联军的活动。英、苏同盟条约①的批准，美、苏互助协定②的订立，关于今年开辟欧陆第二战场③的谅解，英、美对苏军火的增援，这些都给予苏联今年击败希特勒以保证。这里关于德国兵员的消耗，资源的枯竭，国内人心的不安，欧洲德占领各国人民的不满，轴心内部矛盾等等，都未予以考虑。罗、丘④三次会商，更确定了具体行动的计划。罗、丘与我宋外长⑤商谈，并在华府开了太平洋作战会议。罗、丘声明中说到，"讨论制服日本，援救中国所应采取之方法"。在反法西斯侵略者的战史中，不久必将展开新的一页。我们必须配合整个的局势，加强我们的努力，必须咬紧牙关，熬过这一时期的困难，以迎接伟大的新时代。

（被略二百字）开诚心、布公道、集众思、广众益，这是我国历史上伟大政治家优良的作风。我们后世为政者所应当拳拳服膺勿失的。现时我国政治

---

①《董必武文集（第一卷）》（征求意见本）编者原注："英苏同盟条约，全称《苏英战时反对希特勒德国及其欧洲与国并在战后合作互助同盟条约》，一九四二年五月二十六日在伦敦签订。主要内容是：苏、英两国在反对德国法西斯战争中结成互助同盟；战后采取一切措施防止德国重新侵略；双方决不参加反对另一方的任何同盟或集团。第二次世界大战后，由于英国参加了北大西洋集团和北大西洋集团成员国，同德意志联邦共和国签订了巴黎协定，一九五五年五月七日，苏联宣布废除这个同盟条约。"

②《董必武文集（第一卷）》（征求意见本）编者原注："美苏互助协定，亦称苏美贸易协定。一九三七年八月四日苏、美以互换照会的办法签订，并规定每年展延有效期。一九四二年苏、美双方达成协议，将协定的效力一直维持到它被更广泛的协定所代替或一方声明希望停止生效时为止。根据这个协定，两国在有关货物输出输入各项问题上享有无条件的和无限制的最惠国待遇。美国在一九五一年六月二十二日宣布一九三七年的协定无效，同年十二月二十三日中断美、苏原来的互惠贸易关系。"

③《董必武文集（第一卷）》（征求意见本）编者原注："第二战场，第二次世界大战后期美英在西欧开辟的反法西斯德国战场。一九四二年五月和六月，苏联和美英在伦敦和华盛顿谈判，美英同意在德国占领下的西欧大陆开辟第二战场。一九四三年德黑兰会议又重申了这项决定，但直到一九四四年六月六日，英美联军才在法国西北部诺曼底地区登陆，开辟了第二战场，使德军陷入两线作战的局面。这里说的取得开辟第二战场的谅解，即指伦敦和华盛顿谈判中英美的承诺。"

④《董必武文集》（第一卷）（征求意见本）编者原注："罗、丘，罗指美国总统罗斯福，丘指英国首相丘吉尔。"

⑤《董必武文集》（第一卷）（征求意见本）编者原注："宋外长，即宋子文（一八九四——一九七一），原籍广东文昌，生于上海。曾任广东革命政府财政厅长，武汉国民政府财政部长。一九二七年蒋介石在南京建立国民党政府后，任财政部长、行政院副院长、中央银行总裁、中国银行董事长等职。抗日战争期间，历任外交部长、行政院长，并曾以驻美特使与美谈判，争取美国对华援助。他与蒋介石、孔祥熙、陈果夫合称为中国官僚资产阶级的'四大家族'。"

上有决定意义的因素,是抗战、团结、进步三桩大事。国民政府领导抗战,已为全国人民所拥护。在这一坚固的基础上,团结应不成问题。当政者采取进步的方针,也与励精图治的精神相符合。果能把我国历史上伟大政治家行之有效的优良传统,继承下来,则鼓舞群伦,疏通信仰,政治上便可立见活泼生动的气象。拥护抗战!拥护团结!拥护进步!这些口号,我们于抗战五年高呼过的,现抗战进入第六年,我们仍然高呼这些口号。

宗派主义在对党外关系上的排外性[①]
一九四二年十月十五日

宗派主义是我党工作中一种不正的作风,党曾经和它作过斗争,所以它现在在党内没有占着统治的地位,可是也没有根绝,它的残余还不时袭击我们党,使党受到损害。它在党内作起怪来,闹独立性,闹个人主义,且曾闹过派别和小组织,阻碍党的统一团结,这是大家很容易了解的。但如果认为宗派主义只有在党内才发生坏作用,在党外是无问题的,那我们就错看或小看了它。

有宗派主义作风的同志,在党内阻碍党的统一团结,对党外也阻碍党与党外人士的团结。他的个人主义与闹派别等等作风,对党外的嚣张跋扈,将比在党内更厉害些。什么缘故呢?因为党的组织比社会上别种组织严密得多,有领导机关及同志间的指导和监督、揭发和批评,宗派主义一被发觉,就会受到应有的纠弹。宗派主义者与党外人士相处,那些党外人士或者无组织,或者组织较松懈,大家都客客气气;如果别人知道宗派主义者的他是我党党员,因党在群众中威信的增高,别人对他更将另眼相看。而且宗派主义本身就植根在阶级社会里。这样它获得适当的园地而又很少受到抑制,怎会不更加嚣张跋扈呢?宗派主义在党外越能发挥其劣性,就越使党和党外人士隔

[①] 本辑录编者注:该文选自《董必武选集》,人民出版社1985年版,第80—84页。该文在《新华日报》1942年10月31日第四版发表时文末有"十月十五日",应为作者撰写该文的时间。《董必武选集》编者原注:"本文发表于一九四二年十月三十一日《新华日报》。"

离。它在对党外关系上是一种关门主义。

我党与党外的关系是有很好的成绩的,特别自抗战以来成绩更大。但我们还有部分的同志,或多或少地染上了宗派主义的余毒。这种余毒的表现:首先是骄傲。犯这种错误的同志也许是不自觉的。他记得几句马列主义的公式,便自命不凡,摆架子,妄自尊大,瞧人家不起,不愿意听别人讲话,不喜欢人家提出不同的意见,不屑于和人家商量问题,一知半解,自以为是,盛气凌人,吹毛求疵。对人则求全责备,对己则文过饰非。这正是孟子所说"诡诡之声音颜色,拒人于千里之外"①。这样就无法和党外人士生活融成一片,也就无法了解党外的真实情形,更无法使党和党外人士密切的联系,而会走到孤立的路上去。实则我党是不能孤立而存在的。党要完成其革命任务,更非依靠党外人士(特别是劳动群众)作基础不可。任何时候,党外人士总比党员要多好多倍。不团结党外人士,党就一步也不能前进。

其次是狭隘。抱持宗派主义的同志,在党外通常只和几个性情相近、气味相投的朋友往来,认为只有和这样的人才谈得来,才可与共事,对除此以外的广大人群,则不感兴趣,不求接近。不管什么人,在社会上有几位较亲密的朋友,原是无可非难的事。但除几位较亲密的朋友而外,再没有朋友,而又不再去结交朋友,那就把他自己和党的工作拘限在一个很狭小的圈子内。甚至以耳代目,蔽聪塞明,把狭小的圈子当作恢廓的宇宙,漠视圈外的实际情况及其变迁。这种人不看圈外的报纸和刊物,不听圈外人的言论,不见圈外的人物,以为这样可以保持自身的纯洁。结果,使党和广大人群隔绝,党亦不能迈步前进。

无论骄傲也罢,狭隘也罢,其所表现的只是宗派主义。这和马列主义毫无相同之处。马列主义认为:革命的政党必须与群众密切联系。也就是说,生活在群众中的党员必须与党外人士密切的联系,才是切实执行马列主义的原则。党员在社会上工作,必须倾听党外人士的呼声和了解他们的迫切需要,并把这些呼声和需要反映到党的领导机关,使党的领导机关能经常感应

---

① 《董必武选集》编者原注:"见《孟子·告子下》。"

到党外人士的脉搏在如何跳动,这种感应越广泛越好。党借此可以测验它的政策和政策执行得是否适合客观的要求。党员在党外工作,不仅要善于依据党的政策去领导党外人士,同时也要善于向党外人士学习。向党外人士学习,向群众学习,是马列主义革命政党的一个基本原则。我们学习马列主义,如果还没有涤除旧染的骄傲和狭隘的余毒,那只证明我们学习马列主义,还只学习了它的词句而抛弃了它的实质和精神,纵令读了一肚子马列主义的书,不仅于党于革命无益,反而有害。这是值得我们深省的。

骄傲和狭隘一类的作风,无论何时何地都是不合于党的要求的,尤其在目前是严重地违反党的抗日民族统一战线的原则,违反党与党外人士民主合作的原则的。我党的宗旨是要成为群众的党,经过二十余年的奋斗,已获得不小的成绩。党要在全国范围内和群众融成一片,特别是在目前反法西斯战争中,反对武装到牙齿的日寇,党的政策是联合全国抗日的各党派、各阶层以争取反法西斯反日寇战争的胜利。我们的敌国还很强大,不联合全国各党派、各阶层的力量和它血战,是不能达到胜利的目的的。党在陕甘宁边区及敌后游击根据地所主张的"三三制",保障人权、财权及其他关于租佃关系、劳资关系等等的决议,都是为着团结全国各抗日党派、各阶层而设的。要团结全国各抗日党派、各阶层,首先就必须与党外人士民主合作,这是无须多说的。我党与党外人士民主合作的原则是永久的,是不变的。这是因为我党不能脱离群众而存在。现在要与群众密切联系,党实行了与党外人士民主合作的原则;将来依然要与群众密切联系,所以党将来还是要实行与党外人士民主合作的原则。共产党除了群众的利益,没有其自身单独的利益。它不是谋个人或几个人私利的小团体。它经常在群众监督之下进行工作。如果它违反群众的意旨,不仅群众会厌弃它,而它在受到敌人袭击时也就无法得到群众的帮助,它自身就有陷于灭亡的危险。"它的党员应该站在民众之中,而决不应该站在民众之上。"[①]看不起群众,看不起党外人士,这是共产党所不容许的。闭在狭隘的圈子内幽居而和群众隔绝,和党外人士隔绝,同样是共产党

[①]《董必武选集》编者原注:"见毛泽东《在陕甘宁边区参议会上的演说》(《毛泽东选集》四卷合订本,人民出版社1964年版,第767页)。"

所决不容许的。

　　总之,宗派主义者骄傲和狭隘的作风,除了在理论上指明其错误外,还必须在实践中去克服。我们一定要和群众和党外人士进行切实的民主的合作。让我们去倾听群众和党外人士的呼声吧！去了解群众和党外人士的迫切需要吧！去向群众和党外人士诚恳的学习吧！千万不要以为自己是党员,有些不同于群众,不同于党外人士(这种不同是存在的,是必要的),只是去领导他们吧！我们还应该向他们领取宝贵的教训！群众和党外人士是我们学习马列主义的补习学校,是马列主义的活页课本,是马列主义的实验所。我们用马列主义的原则作指导去和他们一块生活和工作,可以告诉他们一些东西,同时也要从他们那里吸取新的东西,以充实和发展马列主义。

驳"加强军事统一"①

一九四二年十月二十六日

王参政员普涵提出"加强军事统一"的意见,系因为何部长②在大会报告中有"十八集团军各自为政"的一句话,本席也已注意这几句话,当时本打算讲几句,因何部长在结论上没有强调这点,我恐怕讲了以后,会场的空气会在这一问题上紧张起来,大会不便圆满进行,就没有讲什么。现在王参政员既已提起,本席不得不提供几点意见,供审查会③同人的参考。

我们共产党人自抗战以来,无论在什么地方,无论在什么时候,总是拥护军事统一的。十八集团军是国民革命军的一部分,它的番号是军委会编制的,它的总司令、副总司令,它的师长、旅长一直到团长是军委会委任的,这都有案可查。它在军委会总的抗日战略下,在最前线和日寇搏斗,基本上是统一的。但这个部队的形成有其特殊的历史,军队作风也有若干特点。要把那些特点一下子变成和另一历史条件下形成的部队一模一样,是绝对做不到

---

①本辑录编者注:该文选自《董必武文集(第一卷)》(征求意见本),第177页。《董必武文集(第一卷)》(征求意见本)编者原注:"这是董必武在国民参政会第一审查委员会上的发言。"

②《董必武文集(第一卷)》(征求意见本)编者原注:"何部长,指何应钦,贵州兴义人。当时任国民党政府军政部长、军事委员会总参谋长。"

③本文作者原注:"第一审查委员会系审查关于军事的报告和建议的机构。开会时有军政部军务司长王文宣、兵役署长程泽润、何部长办公所高级参谋邓定远等代表政府列席,参议员中有《大公报》总经理胡政之、商务印书馆经理王云五、四川老军官盛懋辛、居正的弟弟居励今、盛世才的弟弟盛世骥、赵恒惕的弟弟赵君迈、马鸿逵的弟弟代表周士观、孙蔚如的代表韩北鹗、国民党老党员孔庚等出席。他们都认为我的态度很好。"

的,而且这也不像把一碗水倾注于另一碗那样容易。

十八集团军在华北作战五年,坚持敌后根据地,和日寇生死肉搏是极艰苦的,敌人优势的装备和残酷毒辣的政策,是不容易抵御的。敌人在华北正进行所谓治安强化运动①,今年已结束了四次,现于本月内又开始了其第五次的"治安强化运动"。敌人大筑公路,于公路两旁设三道至五道的封锁线。有的挖沟,沟宽可并行两部卡车;深亦如之。有的筑墙,有的筑碉堡,有的设铁丝网、电网等等。我军行动的困难何部长在报告中已指出,最大限度只能以一连为单位,一营为单位的运动已不可能了。敌人分区连续扫荡采用"三光政策",即杀光、抢光、烧光。敌人在华北用这样残酷的政策,大后方还不大知道。敌人在浙赣路的暴行,《大公报》杨炎先生已有报导,许多人都去那些地方踏看过,那种惨酷无人性的情景是难以言语形容的。但浙赣路敌人还只进攻一次,华北已五年多了,今年的"治安强化运动"已进行到五次了。敌人的恶毒,我国人民所受的残害和军队的抵抗的艰苦,是不难比较而得到一些概念的。

十八集团军这几年是怎样在那里和日寇作战呢?它抗战五年多没有得到一支步枪的补充,重兵器完全没有。中央只补充过一次百余挺轻机关枪,三年多没有补充该军一颗子弹,没有分配一片药品,美英友邦援华大批药品,十八集团近三年来是无份的,英美友人为十八集团军募集的三卡车药品,运到三原也被扣了。该军的饷项领不到一文已快两年了。十八集团军不是天神,它的兵要吃饭,要穿衣,要作战,处在这样的情况下,不"各自为政"应该怎样办呢?它始终坚持自己的根据地,它始终拖住日寇不放手,它的战绩直到今天是不断地报告了军令部,而得到的回答是一概不理。十八集团军已两年多没有得到一纸命令,中条山之役我们请求给命令亦不理。该军自动配合作战,而军委会发言人所公布的是说它不打敌人。虽然如此,为着不做亡国奴,它仍然在最前线和日寇斗争,毫无松懈。最近有一位荷兰的工程师和两位法

---

①《董必武文集(第一卷)》(征求意见本)编者原注:"治安强化运动,是日本帝国主义为扩大和加强它在华北的统治所采取的法西斯措施。自一九四一年春至一九四二年冬,日本侵略者在华北地区连续进行了五次'治安强化运动'。对抗日根据地加紧'扫荡',在游击区实行'大检举',在其占领地区实行保甲制度,调查户口,扩组伪军,以镇压抗日力量。"

国人到了重庆,他们都是原在平津,太平洋战争起后从北平逃出来的,他们出北平后十里路即经由十八集团军防地,而到延安转到了重庆。两位法国人曾向本市各报记者作过报告,各报都已登载过。这证明十八集团军不管敌寇如何加强"治安强化运动",它是在华北坚持未退的。十八集团军在华北抗战与军事统一问题,存在着已经数年,没有得到很好的解决,它那种艰苦情形,我们没有在外宣传过,在座的有许多我的老朋友可以证明这一点。现王参政员既提出要参政会解决,我认为这问题原因复杂,关系许多方面,特简略提出上面的几点意见请同人考虑。委员长已电召林师长[①]来渝,对这一问题的解决想必有所指示。本会如有所建议,应从全面和公平着眼,只要本会能顾及各种事实和实际情况,求得公平的决议是不难的。

何部长办公所高级参谋邓定远说什么"政府不给十八集团军命令是因为十八集团军拒绝调遣"。又说什么"华北完全被日军占据,是因为十八集团军排挤鹿主席[②]和消灭朱怀冰[③]部的结果,中央军不来华北,所以日军得以强化"。这都不是事实真相。打倒日寇的命令,十八集团军是没有不听调遣的。鹿主席和朱怀冰离开华北是因为和十八集团军处不好这是事实,但处不好的原因各持一说,何部长曾在本会报告过,本席亦曾有所说明,这已经是过去了的事。如有人提起,各位同人愿意听一下,本席亦可以再为说明。至于说什么中央军不进入华北,敌人才能统治强化的,意思好像说十八集团军还没有尽力,这不是事实的真相。十八集团军奉令进入华北,正是在中央军退出以后,这是大家都知道的。另外,敌人在江南统治的强化,也不下于华北,那里没有十八集团军,中央军很可以自由进击,为什么还不能阻止敌人的统治强化呢?这种不合事实的说法,很令坚持敌后抗战的部队寒心,这是值得中央各位首先慎重考虑的。

(根据法律出版社出版的《董必武统一战线文集》刊印)

[①]《董必武文集(第一卷)》(征求意见本)编者原注:"林师长,指林彪时任八路军一一五师师长。"

[②]《董必武文集(第一卷)》(征求意见本)编者原注:"鹿主席,指鹿钟麟。当时任国民党政府河北省政府主席,在蒋介石的指令下多次和八路军进行磨擦。"

[③]《董必武文集(第一卷)》(征求意见本)编者原注:"朱怀冰,当时任国民党军第九十七军军长,在蒋介石指令下,他纠合庞炳勋、张荫梧等部,进攻太行区域的八路军,被八路军击败。"

我所看见的一年的整风运动[1]

一九四三年二月三日[2]

自去年二月一日毛泽东同志在延安中共党校作了整顿学风党风文风的报告后，全国各地有中共党员的地方，都先后掀起了整风运动的热潮，我们党中央正确的领导这一运动已一周年了。

我党的发展，是从不断的两条战线斗争中锻炼出来的。过去战胜过机会主义、盲动主义、半托洛斯基主义，特别自遵义会议以来，党在总的方面纠正了主观主义与宗派主义，正风在党内已占到统治的地位。不过，局部的或党员个人身上还有旧的传统未肃清，还有不正之风存在。就一般说那已是残余了。我党所以能够进一步布尔塞维克化，就在于它一认为还有什么不正确的残余存在，它就毫不留情的加以揭发，加以纠正，一直要把那些不正的残余肃清才止。过去我党进行两条战线上的斗争，只是在基本上纠正了"右"的或"左"的机会主义。像这次党中央系统的有计划的领导全党来学习文件，检查工作，是从来没有的。像现在全体党员这样热烈的、普遍和深入的，根据党的文件来自我反省，同样是从来没有的。我党中宣部在它的去年四月三日的决定上，认为"中央关于党性决定，调查研究决定及其他决定，最近毛泽东同志关于反主观主义、反宗派主义、反党八股的报告，是党在思想上的革命"。是完全正确的。

---

[1] 本辑录编者注：本文选自《新华日报》1943年2月6日第四版。
[2] 本辑录编者注：《新华日报》刊载该文时，文末有"民国三十二年二月三日于重庆"。

整风运动在我党正在开展中,党中央还未作出全国范围内的总结。我从一个角落里来观察我们的整风运动,可以看出以下的几个有进步意义的特点。

（一）在学习方法上,过去我们一些同志所犯的错误是浅尝辄止,务广而荒。读书则不求甚解,为学则非以致用。博而不精,空而无当,游击无归的人则一无所得,食古不化的人又死背教条。整风运动后,同志间已深知这种学习方法是要不得的。大家已趋向于读通一点,专精一业,首行是求现在担任业务的精通。业余学习也知道选择中心,确定标准,由浅入深,循序渐进。不仅同志自身知道而已,而且同志之间互相督促,领导者以身作则的指导进行。这样就可以保证新的学习方法,发生实际的效用。

（二）在思想方法上,暴露了过去形式逻辑的传统,主观主义的根深蒂固。粗枝大叶、似是而非的看问题,这一方法蒙蔽了我们的整个意识。同志们在整风运动中都想用马克思主义的辩证法去克服自身玄学的思想方法传统。辩证法的说明,最简明、最扼要的是斯大林为联共党史简明教程所写关于辩证唯物主义和历史唯物主义的一节（即联共党史第四章第二节）。开始自然还不是每个同志都会使用辩证法这一武器,只要我们不为哲学上的名词所吓倒,不去钻牛角尖,死啃几个规律几个条件,齐心领会斯大林所指示的方法,去观察了解客观的事物,自然慢慢就会运用自如。

（三）在工作上,知道要调查研究所在地的周围情况,要实事求是,要有具体计划。这自然也还只在开始。

整风运动中,必然会发现党员身上许多不正确的倾向和不好的工作,也有可能发现党内隐藏着的异己份子。王实味的托派面目暴露出来,决不是什么意外的事。整风运动是爱克司光,它把我们身体内部不容易诊察的病根显出来了。同时它也是一面照妖镜,党用它一照,一切暗藏着的牛鬼蛇神,不能不显出他们狰狞面目来。也许有好心好意的朋友为我们担心,看见我们暴露自身的缺点弱点过多,恐怕被反共的人利用作为进攻我党的工具。这种关心是很可感谢的。可是我们共产党人是这样的一种人,他不怕找出自己的病根,且相信他一发觉病之所在,决有法子把它治好。假如一个身体强健的人,偶而伤风咳嗽,只要他愿意找医生,服一剂止咳特效药,便毫无问题的可以止住不咳。假如隐瞒着不诊,那就有发展成为气管炎和肺炎的可能。一个患肺病的人,为着怕人家说他咳血,便连咳嗽二字提也不敢提,这样对于肺病有什么好处呢?"讳疾忌医",只会招致更坏的结果,决不会好的。宋朝的吕伯恭先生有句名言,他说"德欲蓄而病欲彰也"(见《东莱博议·序》)①。我们共产党人正是这样自彰其病力求医治的人。诚然不错,社会上确有一种人,专门寻找别人的短处,作为文过饰非的口实。也还有惯于造谣的人,他能把一点影子也没有的东西,说得活灵活现,自快其意。像这类的把戏,社会上已"数见不鲜"了。这还能吓得住我们有病怕说、有药怕吞吗?我们是绝对不怕的!列宁在其《进一步,退两步》的小册子序言上说得好:"他们(指社会民主党的敌人——必武注)看见我们的争论,就幸灾乐祸起来,洋洋得意。他们为着自己的目的,自然会断章取义,摘引我这本专门谈论我们党种种缺点的小册子中的个别章句。可是俄国社会民主党人已久历战斗,饱受风霜,绝不会被这区区针刺所惊动,却能够不管这些针刺,而依然继续其自我批评的工作,无情揭露自己的缺点,这些缺点是一定和必然会因工人运动增长而被克服的。"

难道说我们将因怕人家说我们体虚,连正常的滋养料也怕摄取吗?自我批评是促进我党更加健全的武器,我们决不因有人想刺取我们的短处就惧而不用。

马克思在《资本论》第一卷"序言"末曾引大诗人佛洛伦的格言"走自己的路,不要管别人说的话"。这是马克思的格言,也就是我们整风运动的格言。

---

① 本辑录编者注:《东莱博议》又名《左氏博议》,南宋吕祖谦著。吕祖谦(1137—1181),字伯恭,后世称其为"东莱先生",浙江婺州(今金华市)人。

参政会开会情形①

一九四三年八月十六日

毛主席、周副主席：

参政会元日开会情形，秘书处经我出询后，除复函道歉外，并将会议记录送阅。军何②报告中，关于太行山、晋南两处作战没有提我军。王普涵③问陕北情形，何答外传中央进攻边区系谣言，那方面很平静。我今午前问黄任之④，他说何报告很简单，没有说我们什么。王普涵发问后，何说周⑤返回去必能商得结果，那边很平静，这问题很重大，我只能答复这点。黄并说，何在答复时曾说：今天有中共朋友在座。似乎他还不知道我没出席。就这事情看，大约原定军何报告后，要在参政会成立什么反共的决议，后因形势不佳（英、美、苏都关心中国内战，本日起重庆各报，即未登顽方⑥制造的反共舆论），故

---

①本辑录编者注：该文选自《董必武文集（第一卷）》（征求意见本），第181页。《董必武文集（第一卷）》（征求意见本）编者原注："这是董必武在国民党当局阴谋制造第三次反共高潮时向毛泽东和周恩来的报告。"

②《董必武文集（第一卷）》（征求意见本）编者原注："军何，指时任国民政府军事委员会参谋总长的何应钦。"

③《董必武文集（第一卷）》（征求意见本）编者原注："王普涵，国民党CC分子，国民参政会参政员。"

④《董必武文集（第一卷）》（征求意见本）编者原注："黄任之，即黄炎培，时为国民参政会参政员。"

⑤《董必武文集（第一卷）》（征求意见本）编者原注："周，即周恩来。"

⑥《董必武文集（第一卷）》（征求意见本）编者原注："顽方，指国民党顽固派当局。"

改变计划,报告中不谈中共问题。原来不打算通知我出席,后改计划未及改变这种布置,故留下一漏洞。参会已决定停止例会,有重要事方开会,元日之会,仍称例会,原在星期五,后改在星期四,故出席人亦有点莫名其妙。

董

十六日

(根据中央档案馆馆存档案刊印)

民主同盟对我党的态度①

一九四三年九月十六日

毛周②：

（一）民主同盟决定：参议会如有提案通过反共决议，他们不连署，不举手。

（二）拟联合主张民主的知名人士，从事积极主张和消极批评现行政策，各方面写短文编成小册子，并译成英文。

（三）李璜③用张免钧名义写了一本《独裁与民主》的小册子在蓉、渝④两地散发。

董锐

十六日

（根据中央档案馆馆存档案刊印）

---

①本辑录编者注：该文选自《董必武文集（第一卷）》（征求意见本），第183页。
②《董必武文集（第一卷）》（征求意见本）编者原注："毛周，即毛泽东、周恩来。"
③《董必武文集（第一卷）》（征求意见本）编者原注："李璜，中国青年党领导成员，时任国民参政会参政员，中国民主政团同盟（后改称中国民主同盟）中央常务委员。"
④《董必武文集（第一卷）》（征求意见本）编者原注："蓉、渝，即成都、重庆。"

与章伯钧等会谈参政会及党派问题①
一九四三年十月一日

毛周②：

（一）昨午章伯钧③在沈衡老④处约张君劢⑤、左舜生⑥与邓初民⑦、炳亟⑧、倬如⑨招午餐，交换目前民主运动的意见。张左⑩略述参政会交涉经过，及他们上月二十五日出席之理由，系明知上当，特在上一次，以表示不伪诈，不义不信之精神。现蒋正式任参政会主席，正组宪政实施筹备会，职权人选都未定。张、左、李⑪拟在十月二日约主席团及各党派代表，声明他们的主张：

---

①本辑录编者注：该文选自《董必武文集（第一卷）》（征求意见本），第185页。
②《董必武文集（第一卷）》（征求意见本）编者原注："毛周，即毛泽东、周恩来。"
③《董必武文集（第一卷）》（征求意见本）编者原注："章伯钧，时任国民参政会参政员，中国民主政团同盟（后改称中国民主同盟）常务委员、组织部长。"
④《董必武文集（第一卷）》（征求意见本）编者原注："沈衡老，即沈钧儒，时任国民参政会参政员，中国民主政团同盟（后改称中国民主同盟）常务委员。"
⑤《董必武文集（第一卷）》（征求意见本）编者原注："张君劢，时任国民参政会参政员，中国民主政团同盟（后改称中国民主同盟）常务委员。"本辑录编者注：正文原文中的"劢"字为"励"字之误排。
⑥《董必武文集（第一卷）》（征求意见本）编者原注："左舜生，时任国民参政会参政员，中国民主政团同盟（后改称中国民主同盟）秘书长。"
⑦《董必武文集（第一卷）》（征求意见本）编者原注："邓初民，时任中国民主政团同盟（后改称中国民主同盟）成员。"
⑧《董必武文集（第一卷）》（征求意见本）编者原注："炳亟，不详。"
⑨《董必武文集（第一卷）》（征求意见本）编者原注："倬如，不详。"
⑩《董必武文集（第一卷）》（征求意见本）编者原注："张左，即张君劢、左舜生。"
⑪《董必武文集（第一卷）》（征求意见本）编者原注："张左李，即张君劢、左舜生、李璜。"

①新成立的组织,如属于参政会,即不必谈。

②直属国府,则人选应商得各党派同意。

③张并主张,党派争议,由有关党派推定相互信托人作仲裁。沈、杜(李)邓等均主张民主同盟应积极,不管统治者怎样玩弄民主,我们自己认真去做,总可开展这一运动。以后绝不要再受骗,要有保证各党派实在的东西。双十节是一面要注意争取,在谈话中几位不赞成我与张、左先后出席事。我解释参会固有几种意义:第一,战时相当民意机关;第二,国内团结之标志。自第一次参会后,第一种意义已少存在,仅有第二种意义,我们系为第二种意义而出席,国民党即表示要政治解决,我党人如不出席,则国民党有借口说我党要破裂,我出席可以堵塞其借口。国民党利用参会反共,则我党不参加,不团结之责不在我。成立各党派协议机关,原则赞成,具体条文须电延安请示。既能有此决定,我劝民主同盟方面,从要求言论出版集会结社自由方面入手,不必与中共问题绞在一起,交涉较易进行。

(二)张左李章等今日还要商量。

(三)关于成立各党派协议机关有何指示。请电复。

董
一日
(根据中央档案馆馆存档案刊印)

关于国民党十一中全会①的报告②

一九四三年十月二日

毛③并转中央：

我于九月十六日在渝办④作了一次关于国党十一中全会报告，除该会经过情形已陆续电告外，兹特将我的观察略电陈如后，请予指示：

（甲）对开幕词与决议的分析：

（一）开幕词。该会的中心问题。蒋⑤说："这次会特别要集中心力于建国问题。"这次会讨论重点要特别注重于建国问题，故各报标题该会为建国的准备会议，而对于抗战与争取胜利则不去理会它。蒋分析战争形势时说，"今日国际形势可乐观，但不可过于乐观。"他断定最后胜利"快则在一年之内，迟到一年之后"。他的根据是"同盟国今日作战的方略和决心，首先在太平洋上击溃日寇"，并说这毫无问题。其实这完全是蒋个人的梦想。盟国的战略和决心，还是先败德，后败日。他说"日寇失败迟早完全要看日

---

① 《董必武文集（第一卷）》（征求意见本）编者原注："国民党十一中全会，一九四三年，国民党举行第五届中央执行委员会第十一次全体会议，蒋介石致词说：此次全会要多注意战后建国问题，他不提如何加强抗战，争取胜利的问题。并错误判断盟国'首先在太平洋上击溃日寇'，意即先败日，后败德。后来证明蒋介石的判断完全是错误的。"

② 本辑录编者注：该文选自《董必武文集（第一卷）》（征求意见本），第187页。

③ 《董必武文集（第一卷）》（征求意见本）编者原注："毛，即毛泽东。"

④ 《董必武文集（第一卷）》（征求意见本）编者原注："渝办，即中共中央驻重庆办事处的简称。"

⑤ 《董必武文集（第一卷）》（征求意见本）编者原注："蒋，即蒋介石。"

美今后的战略如何而定",我国战略毫无关系,我们等待敌人自灭,因此政府就不去动员人力物力争取胜利。这次会就完全不讨论抗战与争取胜利问题。甚至说:"甚至在半年以内就使它失败",更是胡说。"一面加强抗战力量,一面积极准备建国工作",可是下面只讲建国,对加强抗战完全抹杀不提。就行文上文法也不通,他主张的建国工作,一是政治建设即实施宪政,实施宪政后,国民党员和平民一样,但有特殊的历史使命和责任。这只是把持政权的藉口,二是经济建设,说:"我们的经济困难还在加重,可是经济的危机实已过去","我们的军事情形日益接近胜利,经济上形势日益发展","他特别乐观",都是莫名其妙瞎说。蒋说,"今年各地丰收。"实际上豫粤湘收,川南只收三成,汉中也灾。说"棉花增产",实际陕西去年产棉花一四〇万担至三十万担,今年只收十万担。他还以借到二万万美金安慰国人,但被官僚把持,仍无大作用。总之全篇都是扭扭捏捏吞吞吐吐,每一句是清爽地胡说。

(二)修改国府组织法。即把对国民政府主席职权的限制完全取消,以符合他独裁的要求。

(三)实施宪政决议。国民党专政十五年,仍要战后一年才能实行宪政,将十几年前国民党包办的代表仍保留。这是怪事。

(四)战后经济建设案。内容空洞,只鼓励外贸,具体把以前外人不得单独经营、合股外资不得超过百分之四十九、外人不得以董事长总经理的职权在内经营合资事业、董事长须华人,均取消了,还谈了法律的保障。

(五)加强管制物价案。条文不比过去完满,去年未生效,今年将更坏。且此案至七日晚,张维①说,物价高涨,无此一决议不像样,蒋才令吴铁城②临时拉人起草的。

(六)教育文化决议,战后救济法,均空洞无物,毫无保障的空头支票。

(七)对中共问题决议。总标题说:中共"破坏抗战危害国家"是最恶毒

---

①《董必武文集(第一卷)》(征求意见本)编者原注:"张维,时任国民党中央执行委员会委员。"
②《董必武文集(第一卷)》(征求意见本)编者原注:"吴铁城,时任国民党中央执行委员会委员,南洋华侨协会和外交协会理事长。"

的案由,后来又说比往年较减了许多。但他把中共一九三七年宣言的四条诺言,三、四两条下面都抽掉一两句要紧的话,如第三条把"实现民主政治"删掉了,这就把"取消苏维埃"变为无条件,完全伪造文件。这决议实际并不超过十中全会。蒋说"用政治解决",但会前曾扣留西北公路商车二百辆,准备运军火,并召来边区周围将领开会,证明政治解决还会有反面文章。决议是没作用的,因蒋从来不说真话,故没有放弃军事企图。

(八)宣言空洞无物不着边际,这次会可用下次会仍可用。

(乙)对十一中全会的估计:

(一)最大的成就是蒋作国民政府主席,其他毫无成就,且在利用外资上还为将来种下了祸根。对中共问题也无成就,虽然是把布置内战的企图稍缓和一下,但要恢复周①返延时状态,也还不容易,蒋当主席已如愿,但更增加内部的不满。

(二)打气。用宣传"一切无问题"打气,这种宣传是有危险的,因许多人认为胜利快到了,不愿在川投资生产,想回上海,黄金虽然好,但多了要跌价,只能起些收回法币的作用,生产不增加,经济问题仍得不到解决,半年后诺言成了空谈,也就完了。

(三)蒋为反共整顿阵容。蒋此次对他认为有问题的人,都个别谈话,问对西北的观感,如得不到满意答复,又问对中共看法,务必弄清面目,并以许多方法刺激反共情绪。他说:"均不是我不容共,而是共容不得","中共多厉害,连我都骂了,你们再不争气,如何得了"。

(四)外作进步,内仍保守(如宪政问题),以欺骗友邦和国人。

(五)对中共表示宽大,实含毒意。蒋对我们的批评痛心刺骨,但表面故意说:"让你滥作讲话"表示宽大,暗地决议写上"危害抗战,破坏国家"之大罪名,随时可下令进攻或讨伐。

---

① 《董必武文集(第一卷)》(征求意见本)编者原注:"周,即周恩来。"

（六）为国民政府主席大捧场，把龙云①、盛世才②都找来，表示全国统一，藉此对中共示威。

（七）泄气的收场。泄气原因是：

子：美国不愿中国内战。蒋怕打起来影响美金借款。

丑：非嫡系将领对反共不积极。

寅：国民党内部一部分不赞成内战。

卯：人民反对内战。胡说三个月消灭边区，蒋要考虑三个月军粮问题。

辰：政治解决并无免除军事袭击的保证，不过取消共党的希望破灭了，要我方交出军权政权，统一军令政令呼声不如以前高。公开的大规模军事进攻益难实现了，但拖的僵的局面并未打开。

（丙）补白：

（一）蒋在讨论中共问题时的结论与公布者不同。口讲时要露骨很多，他说：主张军事行动与主张慎重者都有理由，但目前不是实行武力解决的时候，国际舆论近来对我不利，不允许这样作舆论的发动，比物资的援助还重要，过去我们对中共忍耐了六年，想应再忍耐下去，等战后解决，好在胜利在望，古人说："小不忍则乱大谋"这话很对，但忍耐并非暂时搁置，对中共防范更应加强，封销包围决不应放松，现在虽采取政治的方式，但必须告诉中共这是最后一次政治解决的机会。十中全会曾警告他们一次，他们不理会，若再要不理会，我们以后对他们便不再讲废话了。最后说要搜集中共数年来的罪恶，写一篇清算的流水账发表出去，以明是非，防止错听。

（二）反共决议原有"最后"两字是何应钦提议修改的。

（三）十三日下午选举国民政府主席，中宣部先一晚即通知各报馆主席外，保甲长亦得到通知要放鞭炮，贴红联。保甲长通知在上午十时准备好，一般不知下午才选举。上午即放鞭炮贴红联，警察又出来制止，使人民莫明其妙，结果放鞭炮举动参差不齐。蒋住处附近，保甲长同居民全体整队迎蒋，晚

---

①《董必武文集（第一卷）》（征求意见本）编者原注："龙云，时任国民党陆军副总司令、昆明行营主任。"

②《董必武文集（第一卷）》（征求意见本）编者原注："盛世才，时任新疆省主席。"

间摄影队在国泰电影散场时摄取群众拥挤不堪的场面作为群众热烈爱戴主席材料。

（四）十一中全会提案没有一个字谈外交，没有一个军事提案，也没有一个抗战提案，某中委会后表示，这算是什么建国始基，简直是换朝代的现象。

董冬（二日）

（根据中央档案馆馆存档案刊印）

目前宪协①重心应放在争取言论自由②

一九四三年十月六日

毛周③：

（一）日与黄、左、沈、冷、章④等谈宪协事。左说：王世杰⑤向他表示，不能逼得太厉害，太逼紧时，蒋会翻脸，希望在出国前，能满足他们的要求。张左认为民主运动是他们要做的，宪协也是他们提的，王竟这样说。如果只为人的问题，不好再坚持下去，他们准备出席，但李璜⑥（正病）及梁漱溟⑦都不会

---

①《董必武文集（第一卷）》（征求意见本）编者原注："宪协，即国民政府最高委员会实施宪政协进会。该会于一九四一年十一月十二日成立，蒋介石自任会长，聘请周恩来、董必武、黄炎培等三十八人为委员。董必武还被指定为常务委员。对于宪政实施协进会，延安《解放日报》当时评述：从国民党多年来'准备实行宪政'，'一贯的政治路线来看'，其承诺'不过是一堆骗人的空话'，不过是'为着打内战不放弃反人民的独裁政治这一目的'；有的民主人士也指出：国民党'于兹百忙中急急召集国民大会者，殆将以此迫使共产党交出其军队耳'（《梁漱溟全集》第六卷，第五百五十七页）。历史的发展，证明了上述评论是一针见血的。"

②本辑录编者注：该文选自《董必武文集（第一卷）》（征求意见本），第192页。

③《董必武文集（第一卷）》（征求意见本）编者原注："毛周，即毛泽东、周恩来。"

④《董必武文集（第一卷）》（征求意见本）编者原注："黄、左、沈、冷、章，即黄炎培、左舜生、沈钧儒、冷遹、章伯钧，都为民主同盟成员，国民参政会委员。"

⑤《董必武文集》（第一卷）（征求意见本）编者原注："王世杰，时任国民党中央宣传部长、国民参政会秘书长。"

⑥《董必武文集（第一卷）》（征求意见本）编者原注："李璜，时任中国青年党领导成员，国民参政会委员。"

⑦《董必武文集（第一卷）》（征求意见本）编者原注："梁漱溟，时任民主同盟秘书长，国民参政会委员。"

来,因此我只好随着出席,左要我告延①。

(二)左在谈话中,问我党对目前局势基本态度。我将评十一中全会文给他,并把基本态度告他,表示我们要能得到公平合理的待遇,将来要的是民主政治,现在至少要能代表民意的一些步骤。他听了满意,并希望周②来,使活动更宽些,最后我告诉他们二点:

一是宪协加人事,要召集人与秘书长共同商量一个结果回答,要抓住孙邵③,不要只王④一人答应,他走了⑤没人管。

二是重心不要放在讨论宪草和国大,而要放在争取目前的实在东西,即言论自由,他⑥表示接受。

(三)黄、左、张⑦均分别见了孙哲生。孙说:宪协事他看了报后才知道,他主张宪草要学苏联形式,先交给人民去批评,要多收集人民意见,对以前所选国大代表实在不赞成,但因受党决议拘束不能反对。他说:邵也如此表示。对言论开放孙、邵都赞成,孙并慷慨地说:不要说参政诸公什么都不晓得,中常委是最高机关,做任何情都没有经过讨论,这次四国签字之前就不知道。他说到,苏联关系弄得很坏,认为都是些小事,如新疆油矿,本系中苏合办,油供中国用,而中国一定要坚持百分之五十一的股票,结果机器完全拆走。又哈密,原来苏联的兵房撤退后交中国接收照现价出卖,中国则要照原价收买,结果又全部拆走,以及其他汽车等机件撤走,弄得很不好。孙估计,莫斯科会议后,苏联对远东态度会慢慢改变,现在因为欧洲问题未解决,同时也未到解决日本的时候,故未表示积极,如将来欧洲问题有些头绪,解决日本时必将积极起来,所以中国要同苏联弄好,将来如收复东四省,非苏联帮助不可能。如

---

① 《董必武文集(第一卷)》(征求意见本)编者原注:"延,指延安,即中共中央。"
② 《董必武文集(第一卷)》(征求意见本)编者原注:"周,即周恩来,时在延安参加整风运动。"
③ 《董必武文集》(第一卷)(征求意见本)编者原注:"孙邵,孙即孙科,号哲生,时任国民党政府立法院院长;邵,即邵力子。一九四三年十月,接王世杰任国民参政会秘书长。"
④ 《董必武文集(第一卷)》(征求意见本)编者原注:"王,指王世杰。"
⑤ 《董必武文集(第一卷)》(征求意见本)编者原注:"他走了,指王世杰将随蒋介石参加开罗会议。"
⑥ 《董必武文集(第一卷)》(征求意见本)编者原注:"他,指左舜生。"
⑦ 《董必武文集(第一卷)》(征求意见本)编者原注:"黄、左、张,指黄炎培、左舜生、张君劢。"

苏联帮助,则不在东北建立苏联阵地也不可能,斯大林曾对他说,过去为了对付日本,所以蒙疆问题不得不过问。如中国能够自己弄好,则无问题,因此可见苏联无领土野心,目前只是为了国防关系。左张认为孙是国党中对民主运动可起作用的人,而且这样的人很多,希望我们也注意,在本月十五日开成立会,蒋大概有讲演。

董

（根据中央档案馆馆存档案刊印）

参加宪协[1]情况报告[2]

一九四三年十月三十日

毛周[3]：

（一）关于宪协事，梁漱溟已电张、左、章[4]不来，并要其儿子返桂。表方[5]也有电要王昆仑与梁约见，说他自己可以不参加协会，但伯钧[6]必须参加。李璜也电张左如不照以前所说条件，他不来。罗隆基来信仍骂得厉害，要脱离。

（二）张左函宪协召集人及秘书孙、黄、王、邵[7]说，宪协原为集纳各方人士及意见，现有些方面的人未参加，而名单尚有三个空位，请将张、章、沈[8]补入，好彼此相安，否则无话说了。今日邵[9]与左[10]谈，告不要急，等开了成立会后再谈。左云：何必急于开会，要先谈好再开。下星期二孙、黄、王、邵请吃饭（我也被邀）大约要谈此事。

---

①《董必武文集（第一卷）》（征求意见本）编者原注："宪协，全称'宪政实施协进会'。"
②本辑录编者注：该文选自《董必武文集》（第一卷）（征求意见本），第195页。
③《董必武文集（第一卷）》（征求意见本）编者原注："毛周，即毛泽东、周恩来。"
④《董必武文集（第一卷）》（征求意见本）编者原注："张、左、章，即张君劢、左舜生、章伯钧。"
⑤《董必武文集（第一卷）》（征求意见本）编者原注："表方，即张澜，字表方。"
⑥《董必武文集（第一卷）》（征求意见本）编者原注："伯钧即章伯钧。"
⑦《董必武文集（第一卷）》（征求意见本）编者原注："孙、黄、王、邵，即孙科、黄炎培、王世杰、邵力子。"
⑧《董必武文集（第一卷）》（征求意见本）编者原注："沈，即沈钧儒。"
⑨《董必武文集（第一卷）》（征求意见本）编者原注："邵，即邵力子。"
⑩《董必武文集（第一卷）》（征求意见本）编者原注："左，即左舜生。"

（三）对宪协事，张说要调得圆滑些，左说要好好的说理，任老①说可以硬，但不要破裂。

（四）黄任老②今日来谈，宪协事要斗争，但不要决裂，蒋没有前途，将来前途是中共的，蒋生平很狭隘，不能成事，只喜欢用奴隶。黄并说，他自己也有这毛病，只喜欢多听话的人，现正在要改。我向其表示：前在此已谈过，如他们有人去江内我们可共同工作，他表示很得意，他说他同张左也谈将来前途是中共的(沈、章③在场，也听过他说)我解释中共的力量是民主革命的力量，不自私，国家的事，不是几个人做就够，要各方面的人都来做。

（五）廿五午见左，我告以党的指示所说原则，并表示如斗争，愿与他们同进退，他很兴奋。

（六）小党派人同王世杰谈时，提到要找我们谈谈，王说：不必，他们来就来，不来就算了。

（七）宪协定下月十二日成立。

董

（根据中央档案馆馆存档案刊印）

---

①《董必武文集(第一卷)》(征求意见本)编者原注："任老，即李济深。"
②《董必武文集(第一卷)》(征求意见本)编者原注："黄任老，即黄炎培。"
③《董必武文集(第一卷)》(征求意见本)编者原注："沈、章，即沈钧儒、章伯钧。"

特务加紧两岩①盯梢包围②

一九四三年十月

周③：

自我退席④后，特务加紧对两岩包围，盯梢已成公开，出外必盯，并求盯至关系家中，令警察即查户口，来客则即盯入大门，甚至企图混入红岩。听星期四报告，现决定应付办法：

（一）尽量少出，定期约会，用汽车送。

（二）不约人来两岩，自动来时，告以一时期不要来。

（三）送秘密信，另改方法。

董

（根据中央档案馆馆存档案刊印）

---

①《董必武文集(第一卷)》(征求意见本)编者原注："两岩，指中共中央南方局所在地红岩和曾家岩。"

②本辑录编者注：该文选自《董必武文集》(第一卷)(征求意见本)，第184页。

③《董必武文集(第一卷)》(征求意见本)编者原注："周，即周恩来。"

④《董必武文集(第一卷)》(征求意见本)编者原注："自我退席，指一九四三年九月日何应钦违背许诺，在国民参政会三届二次会议的第三天，攻击中共'不顾大局，扩充实力，袭击友军，破坏抗战'等，董必武按议事规则对何质询，用大量事实说明破坏团结、破坏抗战的是国民党顽固派，而中共是真正坚持团结、坚持抗战的力量。董发言后，国民党CC分子违反议事规则，对董必武起哄攻击，董提出抗议后毅然退席。"本辑录编者注：此注《董必武文集》(第一集)编者原注：自我退席，指一九四三年九月日……"中"一九四三年九月日"具体到日的时间原文排漏。

贺沈钧儒①先生寿诞②

一九四三年十二月二十一日

当我们在邻近沙漠的区域中,得到外面的刊物很不容易,忽然一天看到

---

①《董必武文集(第一卷)》(征求意见本)编者原注:"沈钧儒(一八七五——一九六三),浙江嘉兴人。早年参加辛亥革命和反对袁世凯的斗争。一九二八年任上海法科大学教务长,同时执行律师职务。一九三二年参加宋庆龄、鲁迅等组织的'中国民权保障同盟'。一九三五年组织和领导上海文化界救国会,后又组织全国各界救国联合会,开展抗日救亡运动。一九三六年十一月与邹韬奋、李公朴等七人被国民党当局逮捕入狱。一九四一年创立组织中国民主政团同盟(后改为中国民主同盟),任中央常务委员。抗日战争胜利后,任中国人民救国会主席。一九四八年九月由香港到解放区参加新政协筹备工作。一九四九年九月出席中国人民政治协商会议第一届全体会议。中华人民共和国成立后,历任中央人民政府委员、最高人民法院院长、全国人大常委会副委员长、政协全国委员会副主席、民主同盟副主席、主席等职。"

②本辑录编者注:该文原载《新华日报》1943年12月22日第二版、第三版"本报特写",原标题为《乐为少年友,没有少年愁,沈钧儒先生的寿诞》,署名作者诒。报道称:"昨天是沈钧儒先生七十岁生辰。陪都文化界、妇女界、律师界、上海法学院的师生以及各党派人物特于下午二时假座百龄餐厅举行盛大的祝贺茶会。到会者四百余人,盛况空前。即席致词者,计有监察院长于右任,国民参政会秘书长邵力子、陶行知、郭沫若、董必武、左舜生、史良、陶百川等。"《新华日报》1943年12月23日第二版"重要订正",对文中的错误作了更正。该文按更正后的报道编录。收在《董必武文集(第一卷)》(征求意见本),第199—200页。这次选编时参照《董必武文集(第一卷)》(征求意见本)作了校订。《董必武文集(第一卷)》(征求意见本)编者原注:"这是董必武在重庆各界人士庆祝沈钧儒先生寿诞会上的讲话摘要,发表在一九四三年十二月二十四日的重庆《新华日报》。"

沈钧儒、邹韬奋①、章乃器②诸先生主张抗战、团结、民主,我们感觉到远在上海也有和我们基本上相同的主张,我们是如何的高兴啊!③ 抗战以后,本人才和沈先生见面。沈先生有许多长处,值得大家敬佩。第一,我常看见他拿了一本小本子,到处在记,到处在学。所谓做到老、学到老。沈先生真的实践了。其次,沈先生不怕新的东西,他出生于科举时代,但是从谘议局、议会一直到国民参政会,他始终是一位民主的战士。新的东西在他面前,不是拒绝,而是肯研究,有兴趣。沈先生所主张的抗战、团结、民主,目前犹尚待努力。虽然鹄的在望,但仍然需要我们作更大的努力。我们要学习沈先生的精神,继续努力。

---

①《董必武文集(第一卷)》(征求意见本)编者原注:"邹韬奋(一八九五——一九四四),江西余江人。从一九二六年在上海主编《生活》周刊起,毕生从事新闻出版工作。一九三一年'九一八'事变后,反对蒋介石的不抵抗政策。一九三三年初参加中国民权保障同盟,七月被迫流亡国外,一九三五年回国,先后在上海、香港主编《大众生活》、《生活日报》、《生活星期刊》,并担任上海各界救国会和全国各界救国联合会的领导工作。一九三六年与沈钧儒等被国民党反动派逮捕。抗日战争开始后获释,先后在上海、武汉、重庆主编《抗战》、《全民抗战》等刊物,积极参加反对蒋介石反动政策的政治斗争。一九四四年七月二十四日因病逝世。中共中央接受他遗书中的申请,追认他为中共正式党员。"

②《董必武文集(第一卷)》(征求意见本)编者原注:"章乃器(一八九七——一九七七),浙江青田人。一九三六年参加发起全国各界救国联合会,并被推为常务委员。同年七月十五日与沈钧儒、陶行知、邹韬奋发表《团结御侮的几个基本条件与最低要求》。十一月被国民党当局逮捕入狱,是'爱国七君子'之一。"

③本辑录编者注:《新华日报》1943年12月23日第二版"重要订正"中说:"董必武同志的发言开头是这样说的:'当我们在邻近沙漠的区域中,得到外面的刊物很不容易,忽然一天看到沈钧儒、邹韬奋、章乃器诸先生主张抗战、团结、民主,我们感觉到远在上海也有和我们基本上相同的主张,我们是如何的高兴啊!'"这里按订正后的内容录入。

关于出席和退席三届二次国民参政会的经过[1]

一九四三年十二月二十八日

国民参政会第三届第二次大会,原定九月十八日开会,十三日至十七日为参政员报到期。由于胡宗南[2]将黄河边上抗日的两军、六师、一炮兵旅、一重炮兵营调到陕甘宁边区的边缘上,连续不断地作了好几次试探性的和挑衅式的进攻(七月七日,十二日,十四日,二十七、二十八两日,八月十八日),大后方[3]报纸登载了各地所谓民众文化团体纷纷电请毛泽东取消共产党、取消边区、取消"封建割据"等消息(这些电讯都是经过中央社[4]公布的),我党中央除一方面致电国民党中央呼吁制止内战外,积极动员准备自卫,同时无情地揭发了投降妥协分子发动内战的阴谋,国内政治形势空前的紧张。国民党

---

[1] 本辑录编者注:该文选自《董必武选集》,人民出版社1985年版,第85—97页。《董必武选集》编者原注:"一九四三年,国民党反动派为了打击人民抗日力量,发动了第三次反共高潮。在国民党操纵的三届二次国民参政会上,国民党反动派违背他们不在会上进行反共的诺言,利用何应钦作军事报告的机会,对我党、我军极尽造谣诬蔑之能事。董必武同志奉党中央之命,只身出席了这次大会,并以大量事实揭穿国民党破坏抗战、破坏团结的罪行,申明我党、我军在敌后坚持抗战、援助友军开辟敌后根据地的巨大功绩。董必武同志的这一有力反击,博得了当时进步人士的赞誉,扩大了我党的影响。这是董必武同志就出席和退席这次会议的经过给党中央的报告。"

[2]《董必武选集》编者原注:"胡宗南(一八九六——一九六二),浙江孝丰(今属安吉县)人。蒋介石的嫡系。当时任第八战区副司令长官,屯兵西北,封锁并进犯陕甘宁边区。第三次国内革命战争期间,任国民党西北军政长官公署副长官兼西安绥靖公署主任等职,率部大举进犯边区遭到人民解放军的痛击,至一九四九年全部被歼灭,胡只身逃往台湾。"

[3]《董必武选集》编者原注:"大后方 指抗日战争时期的国民党统治区。"

[4]《董必武选集》编者原注:"中央社,是国民党中央通讯社的简称。一九二七年在南京创办。"

十一中全会最中心的问题,即是商讨国共两党关系问题,中经几度变化,由于国际国内的许多条件,不利于投降妥协分子发动内战,终于在十三日决定以政治方法解决。但案由是"中共危害国家,破坏抗战"。这样最严重的罪名放在共产党身上,是不能容忍的。又听说国民党顽固派还要利用国民参政会通过一反共决议,借以表示"民意"。我处这种环境下,应否报到出席,经向我党中央请示后,接得毛泽东同志的指示,叫我报到出席后相机处理。

九月十六日《中央日报》有一篇声讨中共的社论出现,最后并说要我们答复。十七日上午七时,国民参政会秘书长王雪艇①来,以个人资格劝我去报到出席。我答以:我留在重庆,并没有打算不出席,但因国民党骂得这样凶,参政会上如要作反共言论和决议,这必引起我的抗辩,我想不出席,让这些反共代表去骂个痛快算了,何必去寻这样毫无益处的麻烦呢?王雪艇说,他知道政府方面没有要在参政会来反共,蒋主席作主,蒋不会在会上讲什么。我说,蒋主席不会讲什么,我也相信,何总长②是不是要讲些什么呢?王雪艇没有直接答复这一问题,只是说,蒋的意思是代表国民党的意见,此外个人意见在会议上也难免提出。我说,参政员的意见是另一回事,我是指的政府方面的意见。王雪艇匆匆地说,别人已伸出手来了,你怎么好意思把手放在口袋里呢?时间很仓促,请你自己考虑吧。说完他就走了。我午后七时到参政会秘书处回访王,并说我出席参政会,来欢迎国民党的政治解决,假如有人利用参政会来宣传反共,我一定是要抗辩的。我于是报到了。

---

①《董必武选集》编者原注:"王雪艇,即王世杰,湖北崇阳人。当时任国民党中央宣传部长,国民参政会秘书长。"

②《董必武选集》编者原注:"何总长,即何应钦,贵州兴义人。当时任国民党政府军事委员会总参谋长。"

十八日上午九时，大会举行开会式，我出席了。国社党①的领袖张君劢②，青年党③领袖之一左舜生④，都没有出席。据说，他们也没有报到。秘书处把徽章和席次号费送给他们，他们不便拒绝，也就马马虎虎作为报到了。是日下午开大会，听政府报告。向来政府各部长报告是军事第一，由何应钦第一个代表政府到大会作报告。这次大会议事日程把他的报告推到第三日下午，后来因蒋介石设宴，又移后了一天，移到第四日的下午。另一向例是，国民党的问题多由何应钦在军事报告中提出。这一议事日程的变动，不能不引起若干推测，是否为着等待我党表示对国民党十一中全会决议的态度呢？这是国民党自己打算的问题，外人只是感到微有不同。

二十一日下午，第五次大会，何应钦代表军事委员会向大会作军事报告，报告时间约两小时，其中有四分之一讲我党和十八集团军⑤的"不法行为"。他说那是不幸的事，他不能不向大会报告。他说，几年来中共和十八集团军不顾大局，扩充实力，袭击友军，破坏抗战的事实，举不胜举。只就本年不幸事件说，就有苏北敌人进攻江苏韩德勤主席时，早被政府明令解散了的新四

---

①《董必武选集》编者原注："国社党，国家社会党的简称。一九三二年由张君劢、张东荪等人秘密筹建，次年四月召开第一次代表大会，一九三七年公开活动。一九四六年八月，与民主宪政党合并，取名为中国民主社会党，简称民社党。同年十一月参加国民党包办的国民大会。一九四九年在香港召开常务委员会，宣布继续追随国民党，同年逃往台湾。"

②《董必武选集》编者原注："张君劢（一八八七——一九六九），江苏宝山（今属上海市）人。曾多次组织以第三者面目出现的党派组织。一九三八年七月，以国社党领导人的身份，参加国民参政会。一九四六年十一月，以中国民主社会党领导人的身份，参加国民党包办的国民大会。"

③《董必武选集》编者原注："青年党，中国青年党的简称。一九二三年在法国巴黎成立，主要发起人为曾琦、李璜等，一九二九年八月以前，曾长期用中国国家主义青年团的公开名义活动。该党鼓吹国家主义，反对共产主义。抗日战争期间曾参加中国民主同盟。一九四六年参加了政治协商会议，后又依附国民党。同年十一月参加国民党包办的国民大会。一九四九年随国民党逃往台湾。"

④《董必武选集》编者原注："左舜生（一八九三——一九六九），湖南长沙人。中国青年党首领之一。抗日战争期间，以中国青年党代表资格被指定为国民参政会参政员。一九四六年十一月参加国民党包办的国民大会，并任国民党政府农林部部长。一九四九年逃往台湾。"

⑤《董必武选集》编者原注："十八集团军，是抗日战争时期中国共产党领导的人民军队的主力之一。一九三七年八月，根据国共两党达成的协议，红军主力部队改编为国民革命军第八路军。九月，又按战时编制改称第十八集团军，朱德任总司令，彭德怀任副总司令，下辖三个师，共三万多人。根据中共中央指示，第十八集团军挺进华北敌后战场，创建了晋绥、晋察冀、晋冀鲁豫、山东等敌后抗日民主根据地，给日本侵略者以沉重的打击。"

军,阻截韩主席,缴枪捉人,连韩主席也捉去了。中央虽问朱德总司令,朱总司令说是误会。敌人进攻鲁区于学忠总司令,十八集团军配合敌人袭击于部,致于部损失很大,终于不得不从山东退出来。山东省政府建设厅长兼鲁南行署主任秦启荣,遭受十八集团军袭击身毙。太行山之役,十八集团军阻断庞炳勋的退路,新五军孙殿英投降敌人,庞与部队隔绝,被敌人捉去。二十一军刘进部新预备第八师陈孝强,被敌扫荡时,十八集团军袭击陈师,致陈师长受伤被俘。这些都是特别大者。至于割据地盘,破坏统一,滥发钞票,破坏金融,大种鸦片,破坏禁令,都是几年来大家已经知道的事实。本年七月以来,诬蔑中央,信口谩骂,俨如村姑骂街,造谣说中央要进攻边区,传播中外,破坏中央威信。中共可用来骂人的工具很多,但骂是不能解决问题的。蒋主席顾及国内外形势,在本党十一中全会上指出中共问题是一政治问题,可用政治方法解决。本会同仁,须遵蒋主席的指示,仍以宽大为怀。希望中共及十八集团军悉悉实践其一九三七年九月二十二日的四项诺言,放弃割据,不再袭击友军,以期军令政令之统一,在蒋主席领导下,完成抗建大业云云。

我在听了何应钦整个报告后,按照议事规则,对他提出口头询问(书面询问要五个参政员联署,我一时找不到其他参政员联署)。我说,今天很荣幸,听了何总长的报告,特别是把蒋主席在国民党十一中全会上对中共的方针,在本会上宣布出来,这是很好的。可惜何总长今天代表政府报告军事,检讨自上届大会以来的战事,在讲到十八集团军时,只讲十八集团军和友军磨擦,没有一个字提到抗战,好像十八集团军只是为与友军磨擦而成立的部队,除与友军磨擦外,再没有别的事情可说了。五年前,十八集团军奉到委员长的命令,深入敌后作战。那里敌人的扫荡是连续的,封锁是严密的,铁壁合围,三光政策,是大家都知道的。敌人是那样的残酷,那样的凶狠,武装是那样的齐全。十八集团军一入敌后,即同当地人民打成一片,极艰苦地支持着许多抗日游击根据地。政府四年多没有补充它一颗子弹,三年没有发它一文钱。纵然如此,十八集团军还是在敌后坚持抗战,牵制住敌人十几个师团的兵力,粉碎了敌人迭次扫荡。这些成绩,我们都报告了军事委员会的,但何总长代表军委会作报告,检讨年来的战斗,为什么对十八集团军那样艰苦地在敌后作战一字不提,这难道说值不得一提吗?对于这样的成绩不提,这不是一件小事。这是对十八集团军几十万人抗战的抹杀,对敌后几千万人民抗战的冷淡。我不知何总长今天在本会检讨一年的战斗时,为什么不知敌后军民的抗战?这是一。

其次,何总长报告十八集团军和友军磨擦,十八集团军和某部分友军相处不好。只说磨擦的现象,没有谈磨擦的原因。这样说不能解释问题,更不能解决问题。何总长所举中共和十八集团军不法行为,有的仅是片面的事实,有的是毫无事实。

(甲)试就新四军①和江苏韩德勤主席的关系来说,韩主席的部队,过去和新四军磨擦得很厉害,自从太平洋战争②发生后,韩主席在苏北和新四军相安无事者一年多。今年一月,韩主席和新四军都得到日寇要来进攻的情报。韩主席派四位代表与新四军第三师师长黄克诚商量,协同动作,并云,韩主席防区太狭,受逼后,拟向黄师防区回旋。黄师长同意,并订有契约。一月中旬,敌人果向韩部驻地进攻。黄师协同韩部抵抗,血战四日,韩部不支,霍守义师颇有损失,向东退到黄师防区内。黄部给以粮食、医药、人伕的供给,霍师长曾致函道谢。韩率保安司令王光夏向西退到新四军第四师师长彭雪枫的防区,事先没有接洽。王光夏向来与新四军不和。王部到达彭师地区后,又捕捉地方上政治工作人员,惹起冲突。冲突结果,是王光夏司令输了。当时彭师不知韩主席也在其中,后来知道了,马上欢迎韩主席,送还人枪,并护

---

①《董必武选集》编者原注:"新四军,是抗日战争时期中国共产党领导的人民军队的主力之一。一九三七年十月,中国共产党根据同国民党谈判的协议,决定将江西、福建、广东、湖南、湖北、河南、浙江、安徽八省边界十三个地区的红军游击队,改编为国民革命军陆军新编第四军,叶挺任军长,项英任副军长。下辖四个支队,共一万零三百多人。根据中共中央指示,新四军挺进敌后,开展抗日游击战争,创建了华中敌后抗日根据地。"

②《董必武选集》编者原注:"太平洋战争,指第二次世界大战期间反法西斯联盟国家与日本在太平洋地区进行的战争。一九四一年十二月七日晨,日本未经宣战,以强大的海、空军突然袭击美国在太平洋地区的主要海、空军基地珍珠港,使美国太平洋舰队遭到惨重损失。十二月八日,美国、英国对日本宣战,德国、意大利对美国宣战,太平洋战争正式爆发。日本军队先后侵占了东南亚的许多国家和地区以及太平洋上的一些岛屿,后来在太平洋地区各反法西斯国家武装力量的沉重打击下,不断遭到失败。一九四五年八月,日本无条件投降,战争结束。"

送韩到他所要到的地方。如果诚心磨擦,何以不留住韩主席和所获的人枪,反而护送他出境呢?这件事的经过,我们原原本本地呈报了何总长,何总长为什么只报告新四军和韩主席误会冲突的一节,而关于他们相处很好,配合抗日,和霍师受黄师优待的事情,却一字不提呢?

(乙)于学忠总司令在鲁南抗日,和十八集团军并无大冲突。今年于部受敌攻击,退入鲁南,老实说,没有十八集团军给他帮助,他是不容易退出来的。十八集团军协同于部在鲁南作战的情形,我们也报告了何总长,为什么反说十八集团军袭击于总司令呢?

(丙)秦启荣的事,我已电延安去查询。有一点我须向大会说明的,就是秦启荣这位先生,是一个特别的人,他在鲁南一成立部队,就和我们磨擦起来。不久以前有过冲突,我只能电达延安,由延安而太行山总部,总部转山东纵队,再转到肇事地区部队去查,自然要经过较长的时间,我想不久就有回电的。

(丁)预备第八师陈孝强,受敌人压迫,曾退到太行山以南的地区,这是十八集团军驻扎的区域。太南区对陈孝强部供给粮食、医药、人伕,曾得到陈师长热烈感谢的信。后来陈师受到敌人的扫荡,陈孝强被俘。这笔滥账,又写在十八集团军项下,较为撇脱。我们曾把陈孝强感谢词抄呈军委会,不知道何总长曾经看否!

(戊)陕北种鸦片的消息,去年自西安传出来,《新华日报》曾公布了延安新华社对这些谣言的驳斥,并请全国全世界公正人士去调查,至今尚无人去查。但有一点请大家注意,凡是产鸦片的地方,就不能产粮食。陕甘宁边区人口不到二百万,除老弱妇女外,能生产者不过三四十万人。那里被重重封锁,老百姓自身要粮食吃,此外还有军队、公务人员、学生,需要不少的粮食,边区不仅自给,还供给北面榆林邓、高①二部驻军的粮食。如果地方种了鸦片

---

①《董必武选集》编者原注:"邓、高二部,指当时驻防陕北榆林地区的国民党军邓宝珊、高双成部。邓宝珊(一八九六——一九六八),甘肃天水人。当时任国民党军第二十一军团团长兼新一军军长。一九四九年初起义。中华人民共和国成立后,曾任甘肃省人民政府主席、中国国民党革命委员会中央副主席等职。高双成当时任国民党军第二十二军军长。"

烟,哪里来的这许多粮食呢?何总长的报告,仅根据西安来的谣言,为什么不考虑一下《新华日报》辟谣的记载呢?

何总长说,延安造谣说中央派兵进攻边区。延安是否造谣,请看下述的事实。今年六、七月之交,胡宗南总司令把防守黄河边抗日的三个军,抽调二个军(第一、第九十军),另外一个炮兵旅,一个重炮兵营,增加到陕甘宁边区方面去。我们几次将这些部队的番号、原驻地点、新移地点,都告诉张治中①部长转告何总长。朱总司令在七月四日、六日、七日,也都有电报告中央。七日胡部已开始炮击。就这些情况看,就胡宗南这种军事部署看,我不懂军事,不知军事家的观察如何,我们非军事家的人,只能说这是军事进攻。当然是否真的军事进攻,何总长自己知道。延安在受军事进攻的情况下,激荡之情是有的。在动武的时候,骂人变成了次要的问题。即就骂人来说,我们共产党被骂为奸党,十八集团军被骂为奸军,已几年了。重庆市有一份秘密而又公开的小报叫《良心话》,骂我们何止于村姑骂街,什么谣言都造了出来。重庆有一条街,有三家书店,专门出反共的书籍,那里出版的小册子,不是几种,而是几百种,我们都忍着,没有作声。今年七月,延安方面因军事威胁而相骂,自然无好言。本席相信,何总长所说的骂总不能解决问题。但要停止骂,必须双方都停止,要想一方面停止,是做不到的。

上述这些事实不知道何总长愿意倾听否?不管何总长愿意听不愿意听,何总长既提到这些问题,我不能不有补充的说明,这是第二个问题。

第三个问题,何总长说,政府对中共和八路军是宽大为怀。宽大诚然是一种好听的话,但我们共产党人和十八集团军,在事实上完全感觉不到。拿医药的例子来说,何总长说我们的友邦援助了我们大量的药品,但这些友邦援助我国大量的药品,十八集团军四年多,没有领到一片。去年林彪师长来见蒋委员长,请求中央发给一点药品,当时是张治中部长引见的,委员长答应

---

① 《董必武选集》编者原注:"张治中(一八九〇——一九六九),安徽巢县人。当时任国民党政府军事委员会政治部部长兼三民主义青年团书记长。一九四五年国共谈判时,任国民党政府谈判代表。一九四六年任国民党西北行营主任兼新疆省主席,并代表国民党政府参加军事三人小组。一九四九年任国民党政府和谈代表团首席代表,同中国共产党在北平进行谈判。双方代表拟定的国内和平协定为国民党政府拒绝后,张留住北平。中华人民共和国成立后,任全国人大常委会副委员长等职。"

了,并嘱张部长转告何总长照给。以后林师长向何总长又当面请求药品。何总长说:"好,你们办个公事来我批。"林师长回寓所后,把公事办好送上去,几个月没有批示。今年六月六日,周恩来、林彪两同志见蒋委员长,亦有张部长在座,周、林请委员长发点药品,委员长又嘱咐张部长转告何总长发给。周、林次日即六月七日见何总长时又面请批示,何总长说好,马上就批,果然不错,次日就批下来了,批的准发给我们。可是把请领药品名目的公文送上去后,如石沉大海,一直到现在,没有发。三年以前,有位英国朋友巴义华,曾到过华北,看到十八集团军医药最困难,特地跑回到他本国去,为我们募集了两卡车的药品和施手术的器材。他把两车药品和器材运到重庆,但领不到护照搬走。经卡尔大使帮忙,把护照领到,但运至三原,又全部被扣,至今尚未发还我们。对俘虏来的敌人,如果有伤和病,都要给他们医药去诊治。十八集团军纵有不满人意之处,他们都是中国人,都是抗日的部队,现在友邦援助我国的大量药品,于十八集团军无份,政府批准发给的药品,也不照给,外国人单独为十八集团军募援的药品,又扣着不准放行。这是否算得宽大呢?除非我们共产党人和十八集团军具有一种特殊的感觉外,怎能说这样的事实是宽大呢?难道说何总长所说政府的宽大为怀就是这样宽大的吗?

第四个问题,蒋先生以"公"与"诚"号召中国。当国的人真正是公与诚,中国的事没有弄不好的。大公可以服人,至诚可以感物。蒋先生高高在上,他纵有一番好意,但要在他下面做事的人能体会到并矢志奉行,才能见之于事实。凡事必须依照真正的公与诚去做,才能把中国弄好。我不知何总长有此同感否?

我作了上面四个问题的口头询问后,国民党的参政员王普涵、李汗鸣、王亚明等三人,对我的询问大加抨击。我在王亚明讲完之时,起来问主席,今天大会到底是讨论何总长的报告,还是讨论我的询问?我的询问应由何总长负责答复。讨论我的询问,是违反议事规则的。若不能照规则进行,我声明退席。我于是退出会场。这次大会议程,还有一个报告,因我作了最长的询问而退席,国民党参政员大哗,主席宣布休会。

晚上,我又写一封信给国民参政会主席团,说明是日会场情形显然是有人想利用参政会来宣布反共。参政会是国内团结的一种标志,既有人利用它来破坏团结,我决不参加。特声明不再出席本届大会。

主席团于二十三日复我一信,对我二十一日在大会的询问有疑词,但劝我暂持雅量,仍继续出席。我对主席团的来信有异议,并说有人已决定利用参政会宣传反共借以表示"民意",故我决不出席。

我答复主席团后,并以复函大意告诉李幼椿①先生,并告以第一组审查报告已列有反共决议。李先生复我一信,讲参政会审查军事报告,已将原决议中关于十八集团军的一段改成概括的两句话,乃请我出席。可见当局想欺骗我出席,不惜李先生也一同受骗。

我坚持着没有出席大会。果不出我之所料,他们破例通过了一项反共决议,后且又破例把军事决议公开出来,而军事决议中,把差不多三分之二的字数,花在反共的案子上。国民党的用意何在,不难想见了。

---

① 《董必武选集》编者原注:"李幼椿,即李璜,四川成都人。中国青年党领导人之一,当时任国民参政会参政员。"

关于明年南方局统战工作的意见[1]

一九四三年十二月

周[2]：

（一）关于明年统战工作，估计与现在差不多。外面关系[3]，除必要联系者外，一律疏远联络，要他们独立工作，主要加强内部的教育训练工作。

（二）我们准备明年组织五至十人座谈会、汇报会，交换政治意见。这次参加人，拟定张明、之光、徐冰、涤新、梓年、汉夫、友渔[4]及办报两支，十一月召集高干会，报告传达政治形势，党和政策等问题，指定人报告和进行讨论，后再到支部讨论，即可不另行集会，时事教育照旧，你意见如何，并请转报中央示复。

董

（根据中央档案馆所存资料复印件排印）

---

[1]本辑录编者注：该文选自《董必武文集（第一卷）》（征求意见本），第197页。
[2]《董必武文集（第一卷）》（征求意见本）编者原注："周，即周恩来"。
[3]《董必武文集（第一卷）》（征求意见本）编者原注："外面关系，指中共中央南方局所在地重庆以外的中共组织及民主党派、民主人士等。"
[4]《董必武文集（第一卷）》（征求意见本）编者原注："张明、之光、徐冰、涤新、梓年、汉夫、友渔，张明，即刘少文，时任中共中央南方局组织部长；之光，即钱之光，时任中共中央南方局十八集团军驻重庆办事处主任；徐冰，时任中共中央南方局文化组组长；涤新，即许涤新，时任中共中央南方局经济组组长；梓年，即潘梓年，时任《新华日报》社社长；汉夫，即章汉夫，时任《新华日报》总编辑；友渔，即张友渔，时任中共中央南方局文委秘书长、《新华日报》代总编辑。"

致中共中央谢寿电①

一九四四年一月三日

中央委员会：奉读中央元旦贺电②，不胜感激之至。我在中央领导下不断的学习和工作着，抗战以来，特别在以毛泽东同志为首的中央领导下学习和工作着，感到无上的光荣。我党二十二年来伟大的发展，光辉的成绩，已博得全中国全世界要求从政治上和经济上得到解放的各种族各阶层人民的赞扬。在抗日民族统一战线中，党的成功是空前的，正因为全党在毛泽东同志旗帜下，才获得了这样的成功。我自愧在这中间没有更多更大的贡献，使党给我的工作做得更好些。我愿在继续整风中纠正自己的错误，弥补自己的缺点，成为毛泽东同志旗帜下一个名实相符的战士，随着中央随着全党同志继续为完成民族解放和社会解放的任务而奋斗；不管在什么地方，不论在什么时候，要毫不犹豫地坚守着中央分配给我的岗位。

---

①本辑录编者注：该文选自《董必武选集》，人民出版社1985年版，第98—99页。《董必武选集》编者原注："这是董必武同志对中共中央来电祝寿的感谢电。关于这次祝寿，董必武同志在一九五六年三月五日《七十自寿》诗的序言中说：'一九四四年一月在重庆，友好为我六十生日称觞，多赐诗祝寿。当时重庆政治空气恶劣，友好晤面不易，借祝寿集会为避禁网之一法，实则彼时我距六十尚有两年'。"

②《董必武选集》编者原注："中央元旦贺电，即中国共产党中央委员会一九四四年元旦给董必武祝寿的贺电。原文如下：'董必武同志，庆贺您的六十大寿！您过去的革命奋斗，贯穿了辛亥、五四、北伐、内战一直到抗战的各个历史阶段，为着中华民族解放写下了光荣的史迹。您是中国共产党创始者之一。二十二年来，您经历无数艰辛，始终不息地为党工作。现在您正代表着党站在抗日民族统一战线的前卫地位，高举毛泽东同志的旗帜，不屈不挠地奋斗着。您是中国民族解放、社会解放的老战士，您是中国共产党的模范的领导者之一。中国共产党、中国人民为庆贺您的生日将感到光荣。'"

关于潘怡如①逝世后的善后工作"②

一九四四年三月三十一日

周③转中央：

去年十二月十五日，在湖北黄安西砦乡病逝的潘怡如同志，是在湖北新军、辛亥前作革命运动。这事李六如④同志知道。一九一七年后，在上海，以同情者为党掩护通讯，被捕未屈。他对党同情，德峰⑤同志知道一些。抗战以前，在武汉作秘密活动，与周新民⑥、冯乃超⑦诸同志联络。身体多病，敌占武汉时回乡，与李先念同志见过面。当选为鄂豫皖边区参议员，因社会关系，未公布，承认他的党籍。他是一个老革命，请中央电唁，并电李先念拨给丧费一万元。他遗下三个小孩读书，当饬由当地政府照料。是否有当，请你酌定转

---

① 《董必武文集（第一卷）》（征求意见本）编者原注："潘怡如（一八八〇——一九二四），名康时，湖北黄安（今红安）人。曾参加辛亥革命、护法战争、北伐战争，大革命失败后，加入中国共产党。"

② 本辑录编者注：该文选自《董必武文集》（第一卷）（征求意见本），第201页。

③ 《董必武文集（第一卷）》（征求意见本）编者原注："周，即周恩来。"

④ 《董必武文集（第一卷）》（征求意见本）编者原注："李六如，时任毛泽东办公室秘书长，延安行政学院代院长。"

⑤ 《董必武文集（第一卷）》（征求意见本）编者原注："德峰，即吴德峰（一九〇四——一九七六），湖北保康人，大革命时曾任武汉市政府公安局长。"

⑥ 《董必武文集（第一卷）》（征求意见本）编者原注："周新民（一八九六——一九七六），一九二六年加入中国共产党，曾任上海法科大学、复旦大学教授，上海法政大学教务长等职。"

⑦ 《董必武文集（第一卷）》（征求意见本）编者原注："冯乃超（一九〇一——一九八三），一九二八年加入中国共产党，一九三〇年与鲁迅等发起组织中国左翼作家联盟，任左联和文化总同盟中共党团书记。"

报中央核办。

董

三月三十一日

（根据中央档案馆馆存档案刊印）

在第五次宪政座谈上的讲话[1]

一九四四年四月三十日

听到许多朋友讲到这些经济上的困难,我想讲些能够克服这些困难例子。比如在华北,我们在那里有几十万抗日的大军,整年整月要作战,还得不到任何必要的供给帮助,我们还能坚持作战,保卫国土,这就是我们能一面作战,一面生产,而且还组织老百姓,帮助老百姓生产。不靠老百姓去养活军队,军队不是老百姓的负担。比如在陕甘宁边区,只□[2]县廿三地方,二百万人口,土地也不好,那里也有军队、政府机关、学生。在这种条件下,陕甘宁边区并没有这么多的问题发生。这就是在那里的军队、政府机关、学生……大家一起卷入了生产,和老百姓统统都组织起来了。政府具体帮助老百姓去定生产计划,帮助他们解决农具牲畜的困难。政府军队和老百姓,大家一起组织起来,增加生产,减去人民负担。现在大家所谈的这些困难,是有办法解决的,问题就在于能不能去做。

---

[1]本辑录编者注:该文选自《新华日报》1944年5月1日第二版"本报讯",原标题为《左舜生黄炎培张申府等举行第五次宪政座谈》。报道称:"左舜生、张君劢、沈钧儒、章伯钧、黄炎培、黄次咸、邓初民、张申府、郑振文、陶行知、史良、张志让、刘清扬、范寿康、陈启天等主持的宪政座谈会,第五次座谈会昨天下午二时在迁川大厦举行。左舜生、沈钧儒、黄炎培、张申府、史良、郑振文、孙亚夫、董必武等六十多人到会。由左舜生主席,讨论'五五'宪草第六第七两章。"

[2]本辑录编者注:《新华日报》1944年5月1日第二版此处原文排版缺一字。

关于桂林的疏散情形致周恩来电①

一九四四年七月八日②

周：

一、敌已越衡阳，向西南前进，桂林震动，纷纷搬家。我们对该处疏散分两部分，廖夫人、柳亚子各五万元已汇出，叶夫人十万元，另设法汇[去]。对文化人（约二十人）已派李亚群去桂秘密办理，对无法走的人予以帮助，如愿留的则鼓励他们留，帮助疏散家属，限期三个月留桂林，完毕，则期满回来，否则办完即回。三月后，敌被阻零陵线则李回，只留二十万由狄超、邵荃麟、张锡昌三人办理，并已把政治形势的估计及党的政策等告李转知桂林方面。

二、柳、廖等向桂东南之八步转移，柳已去。

三、任公、李济深拟也向梧州撤退，这是他们新的出路，并酝酿已久，他们开始不要做得太突出，仍以抗战口号斗争，不要正面攻击蒋。

四、闻余汉谋暗中表示，若粤汉湘桂皆失，是愿留敌后。

董

七月八日

---

①本辑录编者注：该文选自南方局党史资料征集小组编的《南方局党史资料——文化工作》，重庆出版社1990年版，第24页。《南方局党史资料——文化工作》编者原注："标题为编者所加。《南方局党史资料——文化工作》第24页后注：此件由中共广西壮族自治区党史资料征集委员会提供。"

②《南方局党史资料——文化工作》编者原注："原件无年代，根据内容判断应是1944年。"

党在不断学习中进步[①]

一九四四年七月十五日

今天是我们党二十三周年纪念日。二十三年来,党是在不断的学习中进步的。党向谁学习呢? 我们主要是向广大的人民——工人和农民学习,向小资产阶级知识分子学习,也向其他阶级的人民学习。当然书本上的学习,特别是马列主义的书的学习,也是很重要的。

我党开始是在五四群众运动[②]以后一部分革命的知识分子中萌芽起来

[①] 本辑录编者注:该文选自《董必武选集》,人民出版社1985年版,第100—104页。《董必武选集》编者原注:"这是董必武同志为了纪念中国共产党成立二十三周年写的文章。刊载于《群众》杂志第九卷第十三期。"

[②]《董必武选集》编者原注:"五四群众运动,是一九一九年五月四日发生的反帝反封建的爱国运动。当时,第一次世界大战刚刚结束。英、美、法、日、意等战胜国在巴黎召开对德和会,决定由日本继承德国在中国山东的特权。中国是战胜国之一,但北洋军阀政府却准备接受这个决定。五月四日,北京学生游行示威,反对帝国主义的这一无理决定和北洋军阀政府的妥协。这次运动迅速地获得了全国人民的响应,到六月三日以后,发展成为有工人阶级、城市小资产阶级和民族资产阶级参加的广大群众性的反帝反封建的爱国运动。五四运动也是反对封建文化的新文化运动。以《新青年》(最初名《青年》杂志)创刊为起点的新文化运动,竖起'民主'和'科学'的旗帜,反对旧道德,提倡新道德,反对旧文学、提倡新文学。五四运动中的先进分子接受了马克思主义,使新文化运动发展成为马克思主义思想运动。他们致力于马克思主义同中国工人运动相结合,在思想上和干部上准备了中国共产党的成立。"

的。一九二三年在二七运动①中,党直接领导了工人阶级争取集会、结社的自由,反抗了封建军阀。党研究了工人阶级经济斗争与政治斗争的联系,经历了统治者的武装镇压,懂得了工人阶级争取同盟军之重要。五卅运动,工人罢工、学生罢课、商人罢市,这是一种空前伟大的场面,也是一种伟大的群众运动学校。党在这中间研究了群众运动发展的规律和领导群众斗争的方法。党又在省港罢工②中,使工人革命运动直接与国民革命运动③发生了联系。省港罢工成为广东国民政府④的一根支柱。一九二六年到一九二七年国民革命军的北伐,工人阶级是其中的一个组成部分,党和工人更发动了湘鄂赣广大的农民群众参加到这一革命运动中来,使国民革命军的北伐声势浩大起来,内容更加充实了。党在这中间发现了领导机关中的机会主义,但立即纠正了它。

革命发展到了乡村,党在这里求得了怎样使工人和农民的相互关系更加密切起来的方法。党又在这里学会了怎样使工人与农民武装自己,学会了怎样使工人与农民管理国家大事,更学会了怎样使工人与农民促进他们的生产并提高他们自己的文化。

---

①《董必武选集》编者原注:"二七运动,中国共产党成立后,立即集中全力从事工人运动,谋求工人阶级的解放,中国的工人运动很快便开始进入第一次高潮。这次工人运动的高潮从一九二二年一月香港海员罢工开始,一九二三年二月京汉铁路大罢工达到顶点,二月七日,帝国主义支持下的军阀吴佩孚血腥镇压了这次大罢工。这里使用二七运动一词是泛指中国共产党成立后,中国工人阶级在全国各地掀起的第一次工人运动高潮。"

②《董必武选集》编者原注:"省港罢工,为了声援五卅运动,香港十余万工人在一九二五年六月十九日开始罢工,后来罢工人数增至二十多万,并有十余万工人回到广州;二十一日,广州沙面租界的工人也开始举行罢工。这两处罢工,当时合称省(指广东省城广州)港罢工。七月三日,在广州正式成立省港罢工委员会,立即组织了二千多人的工人武装纠察队,封锁香港和广州沙面租界,使英帝国主义在政治上和经济上受到严重打击。这次罢工坚持了一年零四个月,有力地支持了广东革命政府,促进了广东革命根据地的统一、巩固和发展,到一九二六年十月北伐军占领武汉后,胜利结束。"

③《董必武选集》编者原注:"国民革命运动,指一九二四——一九二七年中国人民进行的反对帝国主义、反对封建主义的伟大革命运动和革命战争。"

④《董必武选集》编者原注:"广东国民政府,一九二三年二三月间孙中山在广州组织称为陆海军大元帅大本营的政府。一九二五年三月孙中山逝世,同年七月一日大本营改组为委员制的国民政府,通称广东国民政府或广东革命政府。当时省港大罢工动摇了帝国主义在华南的统治基础,成为广东国民政府的一根支柱。广东国民政府在工人和各地农民支援下,先后举行了东征、南征,肃清了广东境内的军阀势力,巩固和统一了广东根据地。"

自"九一八"日本帝国主义企图直接用武装吞并中国以后,党看到了工人与农民坚决抗日的要求,看到了中国各阶级、各阶层都不愿当亡国奴,因而党就学会了建立全国抗日的民族统一战线以团结全国广大的人民全力抵抗日寇。

七年的抗战,党和人民在一起学会了怎样打胜日本侵略者,学会了怎样从敌人手里夺取武装和怎样使用武器,学会了怎样以劣势装备抵抗并战胜有优良装备的敌人,更学会了怎样巩固自己的根据地和怎样消灭敌人。

党在敌后的解放区中,与群众一起学会了政权上的"三三制",经济上的自己动手、自力更生,文化上的切合自己需要向前发展的教育、文艺等等。

这样一些学习都不是书本子上的字句中所能寻得出的,甚至马列主义的书的字句中也寻不出。这只有在群众斗争的活生生的事实中去虚心领会,去刻意追求,去脚踏实地地试验,才会得到成果的。

但谁因此便认为我党主张废书不读,也是不对的。须知党在二十三年来的成就,正是因为马列主义中国化有了逐渐的进步之结果,特别在毛泽东同志领导下,马列主义的中国化更为显著。没有马列主义的原则指导,虽日与事实接触,纵使在个别问题上处理得很好,那也有陷于事务主义与经验主义危险的可能。但把马列主义照书呆子的方式去读,背诵字句,空讲原则,不从事实的内部和外部联系与发展去看,这样的党员必定要成为一个十足的教条主义者。

我们党曾经有一部分同志犯过教条主义的错误。但经过以毛泽东同志为首的中央提倡的整风运动①,对我们党的学风、党风和文风切实加以整顿,改造了党内的非马列主义的小资产阶级思想,也改进了工作,因而使党更加团结、巩固和发展。这是我党的思想革命。在这将近三年的整风运动中,我们已有了极伟大的成绩。这种成绩是不能以数字计算的。

---

① 《董必武选集》编者原注:"整风运动,是中国共产党自一九四二年起在全党范围内开展的一个马克思列宁主义的思想教育运动。主要内容是:反对主观主义以整顿学风,反对宗派主义以整顿党风,反对党八股以整顿文风。经过这个运动,全党进一步地掌握了马克思列宁主义的普遍真理与中国革命的具体实践的统一这样一个基本的方向。"

整风运动不仅是只看看整风文献就算了事，而是应当凭借整风文献切实反省自己，改造自己原来的思想和思想方法。

整风运动同样是一个实践的过程。有人以为把整风文献读得烂熟之后，便是整好了思想和思想方法，这一样是可笑的。

从此得出结论，就是说，读了整风文献，反省了自己，改正了自己的思想和思想方法，不是口头谈谈或写写文章就算完了，一定要在实际工作上表现出来。只有在实际工作上表现出不是狭隘经验主义的或教条主义的，而是实事求是的，整风才算有效。

二十三年来，党的成绩是伟大的，党已经成为中国政治中的决定因素。这是因为党是不断地和群众在一起学习而进步的。但是，目前中国境内的日本法西斯强盗尚待驱逐，新民主主义的中国尚待建立，党的任务是异常复杂而繁重的，我们不应骄傲，而是应当在毛泽东旗帜之下继续不断地和群众在一起学习，并领导群众前进，很快地把日寇打倒，把新中国照着革命的三民主义的原则建立起来。

龙云①期望五方面磋商合作②

一九四四年八月二十八日

周③：

华岗④前日来谈，龙云期望我党甚大，曾催请华⑤提出：作为民主同盟，滇、川、康、任潮⑥代表，我党，五方面共同执行互相信守之合作纲领十条。后经华与龙云、朱蕴山⑦（代表任潮），数度磋商归纳成五条如下：

（一）实行民主政治，废除一党专政。

（二）贯彻之国策，驱逐日寇出中国，恢复中国领土与主权之完整。

（三）保障人民及身体、信仰、言论、出版、集会、结社之自由。

---

① 《董必武文集（第一卷）》（征求意见本）编者原注："龙云，曾任国民政府云南政府主席、第十三路、第十路军总指挥、滇黔绥靖公署主任。抗战期间，任中国陆军副总司令、昆明行营主任，国民党中央委员等职。"

② 本辑录编者注：该文选自《董必武文集（第一卷）》（征求意见本），第210页。《董必武文集》（第一卷）（征求意见本）编者原注："一九四四年，侵华日军发起豫湘桂战役，董必武在重庆帮助民主爱国人士进行疏散，并与民主党派、西南地方实力派在政治上密切进行磋商，促进合作。此文是他给周恩来的报告。"

③ 《董必武文集（第一卷）》（征求意见本）编者原注："周，即周恩来。"

④ 《董必武文集（第一卷）》（征求意见本）编者原注："华岗，抗日战争期间曾任《新华日报》总编辑、《群众》周刊编辑，中共中央南方局宣传部长。此时，董必武派华以中共代表身份，往昆明与龙云进行联络，并协助中共云南工委开展抗日民主运动和统战工作。"

⑤ 《董必武文集（第一卷）》（征求意见本）编者原注："华，即华岗。"

⑥ 《董必武文集（第一卷）》（征求意见本）编者原注："任潮，即李济深。"

⑦ 《董必武文集（第一卷）》（征求意见本）编者原注："朱蕴山，曾参加南昌起义。抗日战争时期，参加中国民主同盟，任中央常务委员。"

（四）中央地方分权制在民主基础上完成中国之统一，并加强中国与美苏及其他同盟国家之亲善邦交，共同消灭法西斯，争取实现世界民主与正义和平。

（五）因电台未通，不及事先商得，此初步纲领草案，龙云期望五方面各派出正式代表，择地再度会商，以便确定。现朱①飞蓉后转渝，华②来报告此事，如何处理，望速复示。

董

八月二十八日

（根据中央档案馆馆存档案刊印）

---

①《董必武文集（第一卷）》（征求意见本）编者原注："朱，即朱蕴山。"
②《董必武文集（第一卷）》（征求意见本）编者原注："华，即华岗。"

龙云要华岗来订军事攻守同盟①

一九四四年八月二十九日

毛周②：

这次龙③要华④来，是要订军事攻守同盟和永久合作办法，并要很快回去。请立示复。

董

八月二十九日

（根据中央档案馆馆存档案刊印）

---

① 本辑录编者注：该文选自《董必武文集（第一卷）》（征求意见本），第212页。
② 《董必武文集（第一卷）》（征求意见本）编者原注："毛周，即毛泽东、周恩来。"
③ 《董必武文集（第一卷）》（征求意见本）编者原注："龙，即龙云。"
④ 《董必武文集（第一卷）》（征求意见本）编者原注："华，即华岗。"

在重庆民主集会上的讲话①

一九四四年九月二十四日

政府要求人民的,人民都做到了。一千二百万壮丁,每年七八千万担②的粮食,种种捐税都承受了。而人民所要求的言论、身体和集会结社三种自由,还没有得到。不实现这三种自由,不实现民主,中国就要亡国。但是光有这三种自由,今天还不能得救。今天的中国政府的政策、机构、人事都有毛病,政策是等待胜利的政策,机构是叠床架屋的机构,人事是诚如粮食部长所讲,

---

① 本辑录编者注:该文原载《新华日报》1944年9月25日第二版"本报讯",原标题为《实行民主挽救危局,只有召开国事会议,成立联合政府》。报道称:"昨天下午的迁川大厦礼堂,挤满了五百位为民主中国而呼号奋斗的战士,这里面有国民党的元老冯玉祥先生、覃振先生、邵力子先生、孔庚先生,有国民党的人士钟天心先生、司徒德先生、王昆仑先生、邓初民先生、屈武先生等人,有各党派的负责人及社会名流张澜先生、沈钧儒先生、章伯钧先生、李璜先生、左舜生先生、黄炎培先生、董必武先生、张申府先生、刘清扬先生、胡子婴先生等人,还有众多的各界青年男女。"《新华日报》1944年9月26日第二版本报"重要更正",对文中的错误作了更正。该文按更正后的报道编录。又《黄炎培日记(第8卷)1942—1944》第314页也记述了对这次会议董必武发言内容的回忆。收在《董必武文集(第一卷)》(征求意见本),第213页。这次选编时参照《董必武文集(第一卷)》(征求意见本)作了校订。《董必武文集(第一卷)》(征求意见本)编者原注:"一九四四年九月二十日下午,重庆各界人士冯玉祥、邵力子、王昆仑、邓初民、沈钧儒等五百余人,为呼号中国实现民主在迁川大厦举行集会。一位衣着简单的青年在会上发言,他感情激荡,一再反复说明民主的重要,指出:非民主不能救危亡,非民主不能团结,不团结就不能统一。最后他向主席呈递了要求民主的意见书。董必武为这位青年坦直精诚的真情所感动,立即噙泪发表即席讲话。这是延安《解放日报》发表他的讲话的要点。"

② 本辑录编者注:《董必武文集(第一卷)》(征求意见本)此处作"三千万石",《新华日报》1944年9月26日第二版本报《重要更正》中说"三千万担"是"每年七八千万担"之误。

好人不来的人事。要解决,一定要彻底改革。我们向参政会提出的是召开国事会议和联合政权。只有这样,才能全面动员起来,团结全国人民,把日寇打出去!(掌声大起)

关于国民参政会三届三次会议情况的报告①
一九四四年九月二十四日

这次参政会开会,正当欧洲和太平洋上盟军不断胜利,希特勒德国快被打垮,英美盟军要更加强对日寇的攻势,希望得到我国协同一致动作的时候,国际形势对中国非常有利。但中国正面战场上却连遭豫湘两大败仗②,加以敌人又开始沿湘桂路进攻,国民党有很难招架之势。也恰在这时,罗斯福总统和丘吉尔首相在魁北克会议③上的主要议题之一,是要商讨在太平洋上摧毁野蛮暴徒的问题,罗斯福总统的私人代表纳尔逊、赫尔利④负有重大的使命到了重庆。这种形势,在全国人民面前提出了一个急迫万分的任务,这便是加紧总动员,阻止敌人进攻,积极准备配合盟邦反攻。参政会虽然恰在这时

---

① 本辑录编者注:该文选自《董必武文集(第一卷)》(征求意见本),第214页。《董必武文集(第一卷)》(征求意见本)编者原注:"这是董必武就第三届国民参政会第三次大会情况向中共中央的报告。报告分析了蒋介石集团的内外矛盾,提出进一步团结民主势力,广泛宣传关于建立民主联合政府主张的建议。"

② 《董必武文集(第一卷)》(征求意见本)编者原注:"豫湘两大败仗,一九四四年,日本侵略者为挽救其在太平洋战线上严重不利形势,举行了打通平汉、粤汉交通线的作战。三月发动河南战役,用兵五六万人,国民党军蒋鼎文、汤恩伯、胡宗南部四十万人,闻风而逃,郑州、洛阳等三十八座城市相继沦陷,汤恩伯部损失兵员二十万。五月,日寇又发动湘桂战役,首先进攻湖南,陈诚、薛岳驻湘北的国民党部队,一触即溃,六月十六日长沙失陷,不久衡阳守军投降。"

③ 《董必武文集(第一卷)》(征求意见本)编者原注:"魁北克会议,指一九四四年九月中旬,美国总统罗斯福和英国首相丘吉尔在加拿大魁北克举行的第二次会议。其中心议题之一是研究对日作战问题,但却没有邀请蒋介石参加。反映了美英对蒋介石政府无能的不信任和不满。"

④ 《董必武文集(第一卷)》(征求意见本)编者原注:"赫尔利,美国共和党政客。一九四四年八月十八日美国总统罗斯福任命他和纳尔逊为总统私人代表来中国。同年十一月三十日任美国驻中国大使,因支持蒋介石的反动政策而受到中国人民的坚决反对,一九四五年十月被迫宣布离职。"

开会,但却为其自身的性质所限,无力解决这个问题。参政会的参政员小部分是由政府聘请的,大部分是由各省、市政府与国民党省、市党部商同推出,由国民党中央党部圈定后,而由省、市参议员所选举出来的。这是与人民选举不相干的,虽然在某种程度上也能代表一部分民意,但究竟只能算是战时的准民意机关。它的集会,仅可以表示出举国团结抗战的要求。论到职权,政府只将它作为一个咨询机关,参政会的一切决议,都必须送交国防最高委员会议去决定,自身是不发生任何效力的。参政会所能运用的唯一武器是询问权,这在真正的民意机关中原算不得什么,但中国参政会却只能藉此起一点作用。不过就是询问权也受限制。参政员要提出书面询问,非得五人连署不能成立,其实个人口头发问是可以的。连署的规定就在限制参政员的发言,政府答复参政员询问,也分口头、书面两种。一般政府长官,非逼不得已,都避免口答,而设法在事后另提书面答复。参政会职权这样小,它当然不能解决当前局势所提出的急迫任务。

  国民党当局虽然明知参政会解决不了问题,但时机的急迫,却使他们不能不在此次参政会上更加逼真地玩一套民主戏法。参政会开会之先,国民党的党团(书记吴铁城,实际主持者为洪兰友)集议,就估计到眼前有几件事一定会引起参政员的不满和批评。第一,湘豫两省的败仗,五六十个师被打垮了,完全暴露了国民党军队不能作战的弱点。由于军事上的失败,经济上更增加了许多困难。政府官吏贪污腐化,无能溺职,报章时有披露。其次,政府对外谎称中国已真正实现了民主,孔祥熙①在美国国会上讲演,甚至说参政会就是国会。因此必须在此次参政会中造成几分民意机关的气象。第三,政府对此次败仗中失职军官处分不公。汤恩伯②统率四个集团军,约有三十万人,连新编的游击队则不下六十万人之众,力量不为不大。但敌人一来,他竟不战而退,个把月时间,失地三十县以上,人民涂炭,像这样的罪恶,政府却只予以撤职留任的处分。所谓撤职留任,不过是名义上

---

  ①《董必武文集(第一卷)》(征求意见本)编者原注:"孔祥熙,山西太谷人。曾任国民党政府财政部部长、行政院院长、中央银行总裁、中国银行总裁,长期控制国民党政府的财权。"

  ②《董必武文集(第一卷)》(征求意见本)编者原注:"汤恩伯,浙江武义人。当时任第一战区副司令长官,国民党军豫鲁苏皖边区总司令,驻守河南。"

的小惩罚,对汤实权并无影响。第四军军长张德能,不守长沙,便处以极刑。这两处分显明地暴露出当局在赏罚上对亲疏之间,厚薄是如何的悬殊啊!这自然要引起两广方面极大不满。而河南人民对当局优容汤恩伯更是激愤万分。汤在河南一向被目为水、旱、蝗、汤四灾之一。在河南两年大饥馑以后,汤军却藉政府叫他代购军粮为名,横征暴敛,汤部下军官与奸商勾结,大做生意,资本有多至几万万元者,保护走私,掠夺当地人民的工厂矿山,据为己有。因为执行政府反共命令,到处捕捉无辜青年,不加审讯,随便枪毙。河南战争起来之后,汤不图抵抗,却急急调用军车,护送家眷搬运财货。这种情形,使士兵非常痛愤,根本不愿作战,人民不甘坐视乡土的沦亡,只好自己起来,拿下汤军的武器抗日。汤的罪恶行为,河南人民早已恨入骨髓,政府不给予汤应有的处分,自不能平河南人民的公愤。此外,兵役的腐败,官兵生活的恶劣,国民党当局料到参政员一定会询问,因此,它先走了一着,惩办了程泽润,其实兵役工作的腐恶并不自今日始。记得民国二十七年,张表方①先生就曾将南充附近某兵役机关,鞭打士兵,并把士兵尸体丢弃荒郊,不加掩埋等惨象,拍出照片送蒋。冯玉洋②先生也曾这样作过。但蒋都不相信。参政员问起来,政府便捧出大卷优待壮丁的法令来搪塞。这次蒋惩办程泽润,是听了他儿子的报告,自己又亲自去看了壮丁受虐待的情形,一时火起,把程撤职。同时又把一些财政经济机关的贪污案办了几起,目的就在堵塞参政员的嘴,佯示政府已决意革新。国民党当局已估计到目前局势的险恶,政治的腐败,必不可免要引起参政员的批评,与其让党外人士讲话,莫如自家先说,便于控制。所以党团会中有人主张此次参政会应民主些,吴铁城就马上答道:"此次参政会一定要做得像煞有介事。"

　　在这种局势下,在国民党当局的这种决策下,这次参政会表现了一个特点:说话的人多,且说得比较露骨。如河南参政员国民党员徐炳昶老先生说:

---

①《董必武文集(第一卷)》(征求意见本)编者原注:"张表方,名张澜,四川南充人。辛亥革命前为四川保路同志会领导人之一。一九一三年曾当选国会众议院议员,后曾任四川省省长、成都大学校长等职。抗日战争期间任国民参政会参政员。一九四一年参加组织中国民主政团同盟,被推为主席。一九四四年中国民主政团同盟改组为中国民主同盟,长期担任主席。中华人民共和国建立后,任中央人民政府副主席、人大常委会副委员长。"

②本辑录编者注:原文此处"冯玉洋"应为"冯玉祥"之误排。

"对汤恩伯如此处置我死也不甘心,如果当局肯枪毙汤,我情愿陪他同死。"郭仲隗老先生特意由河南赶来开会,说:"汤恩伯无恶不作,见敌即逃,如不枪毙是无天理。"又如黄宇人痛切指出:"我国士兵生活不如富家猪狗。""财政部一个小职员、花纱布管理局一个伙夫月入在一万数千元,但我们军队中上将的薪俸不过二千三百元。"傅斯年把孔祥熙兼营商业银行,违法贪污等劣迹一字字讲出,并说:"这些绝对是事实,有证据可查,我在本会上愿负言论责任,在会外愿负法律责任,也可以找我打官司。"云南参政员赵澍,在其改善士兵生活的提案中有以下惨痛的揭露:"军粮规定每人每日二十六两,本可够食。因自军需局到特务长层层克扣,量已不足,犹复故意掺杂,要缩短吃饭时间,限制吃饭碗数,使其成有饥而不能果腹,食而不能下咽之苦。甚有先盛一次或多吃一碗,竟被长官调至公共场所,任意打骂,侮辱不堪。""士兵衣服多半破烂露体,污垢满衣,甚有冬着夏衣,夏穿棉服。""其住宿也多在湿地,不但无床,而且无毯,每至夜深气冷,辄相互抱睡,藉以御寒。""士兵生病,只有活活等死,决无诊治之机会,甚有尚未绝气,即剥去其军服,投弃于荒郊,而任其日晒夜露,鸟啄狗食,血肉淋漓,肢体离异。"这次参政会对政府的贪污腐败无能种种丑态,可说是做了尽情的暴露。国民党党团觉得党员责骂政府过火,有点控制不住了,这也暴露了国民党内部的矛盾。

这次参政会也提出了并通过了些好的议案。如加强中苏合作、改善公教人员待遇、改善官兵生活、加强总动员、刷新政治等案提出来,也都通过了。关于询问,对军事报告特别多,有四十五起。此外关于财政、交通、教育也都提出了四十多个询问案。今年对粮食部的询问较少,仅有几案,这是因为粮食收藏较好,眼前有更重大的问题吸引大家的注意,而且徐堪去年尝到询问的苦头,这次会前到处打躬作揖,与大家打招呼,且自己承认粮食部弊端颇多,找不到好人做事,去年他就办了贪污案一千多件。此次参政会表现得比较活跃,且通过这些好的议案,可说是尽了它的最大努力。

在这次参政会上还提出了一个大问题——国共关系问题。国民党这回为什么肯把两党问题公开提到参政会上来谈呢?有人认为国民党这样做是逼于参政会的要求。如说国民党被逼出此,那倒不仅是参政员的力量,主要的还是国际间,特别是美国和中国全国人民以及我们的力量。本来国民党是希图把两党谈判情形对外隐瞒起来做欺骗宣传的,但八月十三日恩来同志的谈话戳穿了梁寒操欺骗友邦的把戏①。为准备魁北克会议,纳、赫来渝后,美国想将中国局面澄清一下,并希望中国内部团结,再加全国人民热烈要求明了两党的关系。国民党当局估计到中共的力量和抗战建设的成绩,已然瞒不住,就是不允许中共在参政会上说话,中共也是要在会外宣传的,客观的形势逼着国民党必须公开提出这个问题。同时在主观上,国民党当局也认为,公开对它也不无有利之处。胡霖、王云五两参政员提出公开两党谈判的要求,据说事前并没有得到当局的暗示,但当局接受这个提议却经过了审慎的考虑。胡、王的提议递到秘书处,王世杰当然先看到,他必定马上把它送蒋请示,而后主席团才敢表示接受二人请求。如果国民党不认为此事对它有利,他们当然不肯这样轻易接受。过去二十人连署提出要求实施民主案,在法律手续上无一点不合,主席团尚且敢把它无理扣留,何况胡、王提议,不过是两人联名写的信呢?国民党认为公开对他们有利,是根据以下的看法:一、美国最担心中国打内战。把两党谈判提到参政会上讨论,至少可以向美国表示中国不会打内战,国共问题可循政治途径解决。蒋在事前十分审慎,再三叮嘱,王世杰更是焦虑不安,惟恐下面党员闹出乱子,破坏了他们苦心布置的统一团结的戏法。二、美国已提出要装备龙云两个师,又有装备两广部队②之意,

---

①《董必武文集(第一卷)》(征求意见本)编者原注:"梁寒操,时任国民党中央宣传部部长。一九四四年七月二十六日,为欺骗国内外舆论向外国记者发表英文讲话稿,宣称'国共关系已有改进,并将继续改进','政府的观点和共产党的观点事实上并无严重分歧','根本解决问题的障碍,是在于中共党人一方面并称他们有意合作,但事实不然,他们所作的事情和他们的说法相反'。八月十二日周恩来在延安就关于国共谈判问题向新华社记者发表书面谈话,详细说明了国共两党谈判经过。指出:谈判中'任何一个具体的即使是最微小的问题,都没有得到解决';现时双方谈判的观点相距甚远。解决问题的障碍所在是'国民党统治人士及其政府始终固执其一党统治和拖延实行三民主义的方针,而不愿立即实行真正的民主,以加强抗战力量,以保证战后和平。'这就把国共谈判问题公开了,揭穿了国民党的骗局。"

②《董必武文集(第一卷)》(征求意见本)编者原注:"龙云,为云南的地方实力派首领。两广部队指李宗仁、白崇禧为首的桂系和余汉谋、薛岳、张发奎等的粤系部队。这些地方实力派的首领有的是国民党中央执行委员(如龙云、李宗仁、白崇禧等),有的是战区司令长官(如余汉谋、薛岳、张发奎等),因蒋介石要搞垮他们,所以他们都和蒋介石有很大矛盾。"

中国当局更怕美国直接帮助我军,所以在参政会上它要表示中国国共关系在接近,已经统一起来了。美方要帮助中国,就帮助统一的政府好了。三、蒋想利用公开国共关系问题,在群众间造成中共不断扩大要求、不顾大局、"随时涨价"的错误印象。同时更进一步,用公布我们谈判条件做圈套,束缚中共再不能提高要求,那么我们就是编了十六个师,他却把国民党部队编到二百三十五师之多。将来美国援华物资大批到来后,他表面上可以按师来平均分配,中共所得也就微乎其微了。此外,还有点副作用,他想用公开讨论暗示日本,如再加紧进逼,国民党当局就要真的联苏联共了。根据以上三点,蒋认为公开在参政会上讨论国共谈判,对他是有利的。

我们并不怕公开讨论,而且公开讨论对我们有很大益处。我们的力量和成绩,国民党一向不准我们在大后方发表并且故意抹杀,特别在国际间更是这样。如宋子文曾在华盛顿说:"中共只有三个师,比之国军不及百分之一。"七月二十六日梁寒操的谈话更是把两党没有改进的关系说成改进了,把没有解决任何问题说成部分地解决了,把不能解决的责任推到我们头上。对我们在抗战中所起的作用,抵死不肯承认。我们要乘此时机,利用法定机关的讲坛、国民党的法定通讯社和机关报——中央社与《中央日报》,把我们的力量和抗战建设的成绩,传播给全国人民知道。林①的报告虽被中央社篡改删节多处,但我们领导的正规部队有四十七万七千五百人,民兵有二百二十万,我们解放了八千八百万人口,建立了十五个敌后根据地,这些事实却是他们抹杀不了的。在我们领导地区内政治的清明和国民党统治下的地区恰成一个鲜明的对照。当林老报告到边区并无贪污现象,极少数个别人的贪污,也只是很小的一点点,这话不但给听众一个极强烈的印象,政府长官也都面面相觑。因为参政会连日都在吵贪污,林老的话不啻乌烟瘴气中的一服澄清剂。

国民党认定排演公开讨论这出民主戏给魁北克会议和纳尔逊、赫尔利两氏看,对它是有利的。但如何使这报告依它的理想进行,却使当局大费踌躇。

---

①《董必武文集(第一卷)》(征求意见本)编者原注:"林,指林伯渠,人称林老。一九四四年五月以后,他做为中共中央代表与国民党政府代表王世杰、张治中先后在西安和重庆谈判,九月十五日他在国民参政会上代表中共中央作了《关于国共谈判的报告》。"

倘若国民党先报告,说得太重,中共的答复自然会更重,那么可能发生乱子,破坏了他们苦心裱糊的统一团结场面。倘他们的报告说得轻,中共却答复得重,他们又吃了亏。因此他们把这个难题推到中共身上,坚持我们应先报告。

我们很明白国民党的企图。因此在这次报告中,必须着重两点:一、说明真正的事实;二、提出当前的政治主张,打破国民党的圈套(国民党是企图把我们党提出的十二条①作圈套来束缚我们的)。我们如想将召集国是会议改组政府的主张,用提案方式提出是不可能的,因为没有人敢联署。如在会议外提出,国民党又会诬蔑说我们阴谋要夺取它的政权。因此我们对时局的方针,在会上用报告的方式提出最恰当。政府要根本全盘改组,十二条的提案

---

① 《董必武文集(第一卷)》(征求意见本)编者原注:"十二条,指一九四四年六月五日中共中央代表林祖涵面交国民政府代表王世杰、张治中的《中共中央向国民党政府提出之意见书》中的十二条。内容如下:

(甲)关于全国政治者:

一、请政府实行民主政治与言论、出版、集会、结社及人身之自由。

二、请政府开放党禁,承认中共及各抗日党派的合法地位,释放爱国政治犯。

三、请政府允许实行名副其实的人民地方自治。

(乙)关于两党悬案者:

一、根据抗战需要、抗战成绩及现有军队实数,应请政府将中共军队编为十六个军,四十七个师,每师一万人,为委曲求全计,目前至少给予五个军十六个师的番号。

二、请求政府承认陕甘宁边区及华北、华中、华南及敌后各抗日根据地民选抗日政府为合法的地方政府,并承认其为抗日所需要的各项措施。

三、中共军队防地,抗战期间维持现状,抗战结束后,另行商定。

四、请政府在物质上充分接济十八集团军及新四军。自一九四〇年以来即无颗弹、片药、文钱、粒米之接济,此种状况请予改变。

五、同盟国援助中国之武器、弹药、药品、金钱,应请政府公平分配于中国各军,十八集团军及新四军应获得其应得之一份。

六、请政府饬令党政机关撤消对于陕甘宁边区及各抗日根据地的军事封锁与经济封锁。

七、请政府饬令军事机关停止对于华中新四军及广东游击队的军事攻击。

八、请政府饬令党政机关释放各地被捕人员,例如皖南事变时被俘的新四军官兵叶挺等,广东的廖承志、张文彬等,新疆的徐杰、徐梦秋、毛泽民、杨之华、潘同等,四川的罗世文、车耀先、李桩、张少明等,湖北的何彬等,浙江的刘英等,西安的宣侠父、石作祥、李玉海、陈元英、赵祥等,此等人员,均属爱国志士,请予恢复自由,以利抗日。

九、请政府允许中共在全国各地办党办报,中共亦允许国民党在陕甘宁边区及敌后各抗日民主根据地办党办报。

我党代表林伯渠(祖涵)五月二十二日在重庆曾提出二十条。后来为了委曲求全,在国民党代表的要求下,将二十条改为书面十二条,口头八条。并商定各自呈报中央,然后继续商谈。"

自然成了过时的东西，再不能束缚我们了。

为了揭露事实，我们要求国民党公布交涉时期双方往返的文件。国民党允许了。经过他们仔细审查之后，公布了七个文件，其中西安会议①纪录被国民党涂掉了两句最要紧的活②，即"各报告其中央，由两党中央作最后决定"。他们涂掉以后硬咬定说这便是林老签字承认了的东西。林老和张、王六月十一日及六月十五日往来两信，也被他们隐匿不公布。这两信里面正揭破了他们的阴谋和他们承认过林老在西安提出五军十六师的事实。此外，他们又添造了一个林彪与他们谈判的文件。事隔经年已记不清林彪提的条件如何，现在我们手边也无自己的记录，无法对证。他们强说这文件是林彪谈时他们记录的。国民党这样篡改、增减的用意，是想证明我党中央提的条件节节扩大。林彪提四军十二师，他们已允四军十二师，本已接近了，但中共中央又"涨价"提五军十六师，因此问题不能解决。实际上林老在西安时，说明谈判要以周恩来同志三月十二日的演讲③为基础，也就是说，国民党应"承认八路军、新四军及一切敌后武装为所管辖所接济的部队"。但张、王认为周的演讲，刺激性太大，需林老另提编军数目。当时林老提出要编六个军十八个师，张、王认为太多，林老为避免破裂计，同意将张、王所提的四军十二师暂记录下来，提请两党中央决定。后来中央正式提出五军十六个师，我们委曲求全，把要求缩小了些，但他们却歪曲事实，诬蔑我们扩大要求。抗战初期，八路军有八万红军，国民党中央只允改编三个师，当时我们作了极大让步。但是目前正是需要全面反攻的时期，敌后武装愈多愈好，应该把全部已成立的抗战部队，按数编制，否则就是妨碍抗战，帮助敌人。

我们尽管语气委婉，但事实却绝不让步。这次林老在参政会上的报告，

---

①《董必武文集（第一卷）》（征求意见本）编者原注："西安会议，指一九四三年五月二日至中旬，中共中央代表林伯渠和国民党方面代表王世杰、张治中就实行民主政治与整编军队问题在西安所举行的会谈。"

②本辑录编者注：此处"活"字应为"话"字之误排。

③《董必武文集（第一卷）》（征求意见本）编者原注："周恩来同志三月十二日的演讲，指周恩来同志一九四四年三月十二日在延安各界纪念孙中山先生逝世十九周年大会上关于宪政与团结问题的演讲。"

博得了很大的成功；连蒋也不能不说："我觉得林参政员昨天在会场上报告，其观点与主张如何姑不具论，但其态度很好，我至为佩慰。"国民党亦只有极少数的人才说"张治中的理由驳倒了林祖涵"。大部分的人对张的报告并不满意，如国民党员周炳琳在会上便说："为什么在参政会上有人要用审判的口吻说话？"左舜生也说："张治中说的是什么呀！我只听见他的喊操：一、二、三、四。"不过我们的政治主张，即林老报告中最后的一段，当时还未引起全部听众的深刻注意，惟小党派和国民党是注意到了。张治中在报告中说，参政会与实施宪政协进会是我们的民意机关，有什么意见在这两个会里谈好了，若主张另外召集什么会，我是军人，不懂政治，不知是什么用意。便是针对林老这段话而发的。

在主席团通知要报告中共问题谈判经过以后，我们估计到国民党是想要在参政会上通过一个拥护统一的决议案，来束缚我们。我们不上这个当，即告诉李璜、莫德惠等说，国民党在会上主张辩论，我们决不回避，如果在参政会上通过什么拥护军令政令统一的决议案，在表决时我们便马上声明退席，那便弄得这戏法不好看。主席团怕把问题弄糟了，蒋自己告诫国民党参政员听报告后不要发言，并找胡霖、王云五去谈。胡、王也怕把局面搞坏，赞成不讨论。但国民党又觉得不讨论就这样空过去也不好，王世杰又串通胡、王两参政员各讲不刺激双方的话，并提出冷遹、胡霖、王云五、傅斯年、陶孟和五参政员组织参观团去延安视察。这决议我和林老也没有举手。我们不举手倒不是不赞成这五位人选，而是不赞成主席团这一套手法，没有在大会上讨论马上提出人名来表决，这是极武断的办法。视察团人数太少，没有把各党各派的代表包括进去。我们赞成参政会组织一个视察团。这个视察团应包括各党各派，连国共两党的代表在内。这五位参政员各有特点。冷为职业教育社员，老军官，精细，熟悉大后方经济情况。胡为《大公报》总经理，政学系，事理比较明白，拥护军令统一，也赞成民主，坚主拥护现存统治中心。王的政治主张与胡同，为商务印书馆总经理，更多注意生意经。傅、陶皆任职中央研究院，傅研究历史，陶研究社会学，都有学者名，曾入国民党，现已脱离，为自由主义者。陶甚沉默，傅喜讲话，为参政会中反孔最力分子，对我党国际主义，如选日本人为边区参议会参议员之例有批评，亦不赞成我们加强党性。五人都对大后方政治生活有不满，都要维持现存统治，但都承认客观事实，都主张讲理，在参政员中都属公正派。张治中的报告歪曲事实及所发文件的故意改削和漏列，本应予以驳斥，林老以我们的政治主张既已提出，那些都变成无关重要的问题，声明保留，未予细驳。林老退席后，许孝炎特来嘱托，关于联合政府的问题千万不要见报。

参政会没有作出一个拥护军令、政令统一的决议，国民党当局始终不甘心。此外又为了安定河南、两广的参政员，对军队赏罚有所解释，为了参政员不满意孔祥熙，特为之辩护并稍稍满足小党派的愿望以求得参政会的援助等等，因此蒋于开会训词外有第二次的秘密讲话。十六日上午议程进行过半时，蒋突然到场，故作和平姿态，解释了军事、外交、政治、经济诸问题。他讲军事问题时，一反开幕词中军事危机已然过去的说法，劈头便提出自五月以来国内军事形势一天比一天严重，挽救目前颓势，只有赏罚公平，才能振作士气。接着便说他对赏罚是十分公平的。河南战事失败由于敌人使用战车作战，统帅部事先不知道，要负责；其次是第一战区司令长官蒋鼎文要负责，他已经撤职；汤恩伯是副司令长官，失败责任不应完全由他担负。统帅部命令要守许昌，守城的吕师长抵不住就以身殉，统帅部发现了敌人用战车时，当即下令撤退，但步兵行动不及战车迅速，所以损失颇大。虽说汤在执行命令的方法上有某些不当，但他确是执行了命令。至于汤军破坏纪律、枪毙无辜、骚扰人民、包庇私商、强占工矿等，那都是平时的事，战时他并无不遵命令之处。平时和战时的纪律要严格分别。张德能不然，他命令张守长沙若干日，张没有守到那时候就退却了，自然是不遵守作战命令。所以照战时的军律办理。第四军在广东随他北伐时是最能作战的部队，统帅部也深为倚重。他主张用法自张始，是至公至平的（据说在党团会上，为河南败仗，处分汤恩伯的问题，曾吵得一塌糊涂。徐炳昶将他的党证交还吴铁城，说他不愿再在这种党内了。后来还是蒋出来镇压，蒋说："如果没有蒋鼎文、汤恩伯、胡宗南坐镇，华北、中原早不知闹到什么地步了，亏你们居然要处罚他们！"党员虽然不服，也都不敢再说了）。外交问题，他说，外交者，内政也，内政不统一，外交绝办不好,国际地位也提不高。他说中、苏、美的关系一定要加强,是既定的国策。现对苏关系障碍已去,今后可以顺利进行。他在讲到政治问题时,很称赞这次参政会开得好,使他对实行民主更有信心。他说让参政会好好发展,可能成为民意机关,参政员名额可以增加,职权可以扩大,将来参政会可以有对预算的初步审议权。但他却不允许参政会有监察权。他认为那是总理遗教,监察权与立法权要分开。他又说这次大会的团结精神,"可以保证我们中国不致有分裂或纷乱的危险,也不会再演成民国十三年以前人民所鄙弃的国会的覆辙。""我只觉得我们对国家应该负责,不能徒务虚名,促成政治的纷乱,造成像法国大革命以后的暴乱政治。"这些话都是针对着我们的政治主张的答复。他又说中共问题,一定用政治的方法解决。政治解决的意义,就是用法令解决,法令是最公平的,政府对十八集团军可以照林彪师长的提议,增编为十二个师,待遇完全平等,军饷、军械一律照国军发给,惟一的要求是服从命令。这点他反复申说,再三强凋①。关于财政问题,他说中国法币准备金比任何国家都多,保证在百分之六十以上,孔兼部长做了许多事,有成绩,别人不知,他知道。美国援华物资十月份可望达到千五百吨,以后还可增多,可能达到五千吨。赫尔利来华目的在商讨中美联军的组织和对日作战的任务,纳尔逊的任务是协助组织中国战时生产,并筹划增多援华物资。最后他居然说出了政府的信誉大不如前,原因有三:一、军令政令不统一;二、军队官兵待遇太低;三、知识分子没有从军。他希望参政员帮助政府做这三件事:(1)促成军令政令统一;(2)动员大户献粮,改善士兵生活,过去因士兵待遇太低,故不能作战;(3)动员知识分子从军,因为英美对中国知识分子不从军颇多批评。他认为士兵无知识是很危险的。蒋报告完就下讲台坐在一旁,看样子是在静候拥护统一议案的提出通过。这时我们的处境很难,因为我们既不愿参与这个议案的通过,为自己加上一道紧箍咒。而蒋的报告涉及问题颇多,不止国共

---

① 本辑录编者注:此处"凋"字应为"调"字之误排。

关系,我们也不便就此退席。主席张伯苓①讲了几句糊涂话以后,褚辅成、胡庶华等相继作拥护蒋报告的发言,时间快到了午后一时,周炳琳提议散会,以后再议。散会后,我们看出了这种鬼把戏,遂决定下次大会请假不出席,次日大会我们就请假没有出席。

这次参政会,国民党确在一般人中造成了若干幻想。参政员的询问和提案,揭发了政府的许多弱点和毛病,也允许报纸上披露一些,林老报告全文未被删改,在《新华日报》上刊出了,这都是为要做给国际国内人士看,以显示现在中国言论和出版的自由都实现了。我们必须打破这种幻想,但不可过分地批评参政会,这样会引起许多参政员不满,因为他们已尽了很大的努力,空前地揭发了政府的一些毛病。我们应说明目前最迫切的需要是加速全国的动员,阻止敌人进攻,准备配合盟邦反攻。参政员虽然提出许多好意见,但却无实际力量有效地来解决这些问题。因为国民党一党专政,对敌招架,坐待胜利,对内反共反民主,这些政策,根本是错误的,是不合抗战需要的;政府机构重重叠叠,互相牵掣,互相推诿(如征粮事便分作三个机关办理,财政部管征收,粮食部管收藏,军政部管运送);人事上也是贪污腐化,不负责任,没有能力,所以非根本全盘加以改造不可。这次参政会已揭发了这些黑暗面,我们针对这种情形,提出改造政府的主张,有人说这好比参政会画龙,中共点睛。我们这个改造政府的主张,并不是临时凑出来,专门对付国民党的,早在民国二十六年毛泽东同志就提出了这个主张。林老在八月三十日复张、王信中指出,我们与国民党的分歧点,是国民党不愿放弃它的一党专政,我们既然反对一党专政,自然便要建立多党联合政府,这是逻辑发展的必然的结论。又有人说我们这个主张提迟了。我们可以回答他们,我们早已提出了,今天更非强调这种主张不可。国民党十二中全会前,国际国内都对它抱着殷切的期待,希望国民党能改弦易辙,实行民主,但会议的结果,却仅只在它的党内人

---

① 《董必武文集(第一卷)》(征求意见本)编者原注:"张伯苓,天津人,教育家。一九〇四年在天津创办敬业中学堂(一九〇七年改名南开学校)。一九一九年任南开大学校长。抗日战争时期任国民参政会参政员。一九四五年后曾任国民党中央监察委员、国民党政府考试院院长等职。中华人民共和国成立时,致电周恩来总理表示祝贺。"

事上作了微小的变动。朱家骅①去职,CC②登台,弄得国民党内部更加离心离德,对国家民族毫无贡献。后来和林老谈判时,国外国内人士也极盼望从此国内团结能够好转,所以我那时对全国政治只提了实行民主,即(1)保障人民言论、集会、出版、结社的自由;(2)给各党各派以公开合法的地位,释放爱国政治犯;(3)实行真正的地方自治三个条件。但在目前的新形势下,这些要求就是国民党答应,它也实现不了。总而言之,一切枝枝节节,敷敷衍衍的办法,都不足以挽救今日的危局。因此必须根据客观要求提出新的政策——把国民党错误的政策、腐朽的机构和人事,加以全盘的改造。这次参政会表现得比前活跃,也有其成就,但终究无力挽救中国今日的危机,无力阻止敌人的进攻,更无法完成配合盟邦反攻日的任务。所以我们不应对参政会寄托任何幻想,而必须努力争取新政策的实现。

(根据法律出版社出版的《董必武统一战线文集》刊印)

---

①《董必武文集(第一卷)》(征求意见本)编者原注:"朱家骅,浙江吴兴人。一九二六年任中山大学校长。从一九三二年先后任国民党政府教育部部长、浙江省政府主席、国民党中央党部组织部长等职,曾是国民党特务组织CC集团的头目之一。"

②《董必武文集(第一卷)》(征求意见本)编者原注:"CC,是中央俱乐部的简称。一九二八年十月,陈果夫当选为南京国民党政府监察院副院长,实际掌管监察院权力。为培植个人势力,与其弟陈立夫先后成立了中央俱乐部和国民党中央执行委员会调查统计局(简称中统),并逐渐形成了庞大的特务系统。以陈氏兄弟为首的一派势力,控制了国民党党权,成为国民党中一个重要派系,因此,人们又称这派势力为CC系或CC派。"

大后方的一般概况①

一九四四年十二月八日

我回到延安一个多月,看见我们各方面的建设,都有很大的进步,很大的成绩。过去,我听到的也很多,到延安后眼见的就更多,把眼见的和耳闻的比较一下,眼见的比耳闻的多得多。一个外国新闻记者对我说:他在来延安前,觉得我们的宣传,有些夸大;来延安后,他觉得我们的宣传太不够了。这几句话给我们在大后方工作的人以很大的鼓励。到延安后就应向大家作一报告,我一回来就感冒,把这个报告一直拖到今天。因回来的仓猝,来不及搜集材料,不能作什么有系统的报告;但看到边区受着封锁,同志们连大后方的报纸也看不到,我讲的只算是一些片断的新闻,各位把它当作几段不完全的报纸看吧!我讲的零零碎碎,拉拉杂杂,不能有很好的系统,这是要请大家原谅的。

今天我讲的总题目是:大后方的一般概况。

大后方的一般概况是怎样呢?如果从政治、军事各方面作一概括的说明,我们党有句很好的话,就是:"法西斯主义的政令,失败主义的军令"。另外更简略一点讲,也可以用我们党的一句话:"大后方是国民党的一党专政";

---

① 本辑录编者注:该文选自北京师范大学政治系编的《中共党史教学参考资料(第三册)》,第273页。收在《董必武文集(第一卷)》(征求意见本),第231—271页。这次选编时参照《董必武文集(第一卷)》(征求意见本)作了校订。《董必武文集(第一卷)》(征求意见本)编者原注:"这是董必武在陕甘宁边区参议会第五次会议上作关于大后方情况的报告。后来解放社及一些革命根据地曾印成单行本在内部传阅。"

更露骨地来说是："蒋介石的个人独裁"。

首先来说一下蒋介石的个人独裁。这个个人独裁的形态，是慢慢地搞完备的。前年八月以前，林森作国民政府主席，蒋介石那时只是党的总裁、军事委员会的委员长，还没有真正地完成独裁统治形态。林森死后，他做了主席，独裁统治形态更完备了。国民政府原有一个"国民政府组织法"，组织法上规定主席的权力只是国家元首和接待外宾，实际上只是国民政府的监印，有任命和命令时盖盖印而已。等蒋要做主席，他就把组织法修改了，主席可以做中国海、陆、空军大元帅；可以兼任任何职务——行政院长及其他一切职务都可以兼。过去国民政府五院①院长是经国民党中央提出和通过的，现在便由主席提经国民党中央通过；以前五院院长向国民党中央负责，现在是对主席负责。从这里可以看到，别人做主席时，什么权力也没有，他做主席时，便有一切权力，别人不能兼任何职务，他却可以兼一切职务。现在蒋介石的兼职，有国民党总裁，中国革命军事委员会的委员长，这是党与军的。政府方面，他兼行政院院长，不久以前才换了他舅子宋子文，还是代理的；财政方面呢？四行联合办事处②主任是他；教育方面，抗战前兼过教育部长，不久以前兼过中央大学校长，现在，陆军大学、中央军校、中央政治学校、警察学校……的校长还都是他，（笑声）一切都是他。有一个时期还兼任过四川省主席。有这样的一个笑话：有人说，如果重庆市长出了缺，他还会兼市长，甚至与他邻近的那一保的保长出了缺，他也会兼的。（大笑）但可惜他还没有做到这一点。

一切机关的存在都是表面的，实质上一切权力都在他个人身上。我曾经和一个外国朋友研究：国民政府最高权力机关究竟在什么地方？他说是国民党，因为国民党是一党专政。这样说有点像，但国民党的最高权力机关，是全

---

①《董必武文集（第一卷）》（征求意见本）编者原注："国民政府五院，指行政院、立法院、司法院、考试院和监察院。行政院分设内政、外交、军政、财政、经济、交通、粮食、教育、农林、兵役、司法行政十二个部。"

②《董必武文集（第一卷）》（征求意见本）编者原注："四行联合办事处，即中央银行、中国银行、交通银行和中国农民银行联合办事处。以蒋介石、宋子文、孔祥熙、陈立夫为首的四大家族，凭借政治权力，控制着这四家最大的银行，垄断了全国的金融。"

国代表大会,闭会期间,就是中央执行委员会,平时则是常务委员会。那么国民党中央常务委员会应该是最有权力的了,实则常委会什么事也管不了。一次一个国民党的常务委员问我:"我们陕西省党部书记长是那一位?"我说:"你们省党部的书记长是谁,怎么问我呢?"像这一类的事,不仅他一人不知道,别的中央常务委员也一样,党内有好多事他们都不知道。又如世界注目的国共问题,多少国民党常委时常问我们谈判的情况如何,这样大的问题他们都不知道,可见最高权力机关不是常委会了。行政院呢? 行政院是国民政府最高行政机关,但什么事也都得去问蒋,可见也不是什么最高权力机关。军事委员会也不是最高权力机关,蒋介石用他个人名义打一个电报,可以撤消它的任何命令。此外有一个国防最高委员会,看去该是最高的了,其实也不是。有一个国防最高委员会的秘书,问我:"最近有些什么事,知道不知道"? 我反问他道:"在国防最高委员会什么事不知道,怎么还来问我呢?"他说:"我们国防最高委员会什么都管,只有一件事不管,那就是国防。"(笑声)总之,只有蒋介石个人是最高的。他有一个"侍从室"是最高的机关,什么命令,蒋的名字后附一个"侍"字就行,就高于一切。但"侍从室"的组织,在国民政府组织法中是无规定的。

  从这几点看来,在世界上,蒋介石可以说是最独裁的独裁,恐怕世界上,再也没有人像他那样子的吧?

  再讲一讲国民党一党专政的几个问题。国民党曾于政府机关、学校、军营、工厂等处进行集体入党的办法,虽没有完全达到它预期的目的,确吸收了一大批党员。考试制度、铨叙方法与各机关设立人事科等都是为着便于一党专政的。去年五月,国民党开了十二中全会,那个会未做一种有意义的事情,只解决了一个党内问题:就是CC重新掌握国民党的组织权,陈果夫代朱家骅做了组织部长。故国民党里有一部分人说:"花了六百万元宰了一个猪"(即朱家骅之"朱"),"结了一个果"(陈果夫之"果")。又因国民党重庆市党部主任委员杨公达也挤落了,故有人说十二中全会是杀猪("朱")宰羊("杨")。现在国民党内部意见有很大的分歧,蒋介石感觉到和过去不同;另外党外各种势力,特别是我们党势力的增长,使他考虑到他自己党的实力,于是他想把党加以纯化,以便加强他的统治,便使CC上台。陈立夫对人讲:北伐时共产党在国内横行,他做了组织部长,把党内纯化了,把共产党打击了,在他们区域彻底把共产党清除了,捉了共产党员两万多,干部四千多,中央委员有三十七八个。这种说法有无夸大?把我们牺牲的人计算起来,说两万多没有夸大,干部也无夸大,中央一级的都有名字。他说将来要做的事,就是加强内部统治,使党内纯化,以便对外。对外是会更加毒辣的,我们看到希特勒德国快要崩溃,他要挽救自己,便用希姆莱为内政部长,而国民党现在重用CC管组织,这正和德国用希姆莱是一样,这是一。

第二,要证明国民党想加强其统治的,就是"知识青年从军运动"。去年十月间,蒋召集他的党团干部会议,要成立党军,因为日本进攻大大削弱了他的力量,又看到国内的人许多不满,我党力量日增,所以蒋介石就想出这样的一个计划。蒋介石曾有一个讲演,说到这么几点:目前日本还在内侵,"奸党"到处横行,党国已到了危急存亡的时候。挽救的关键,就是要恢复黄埔建军的精神,必须发动十万党团员从军。蒋的军队是集体入党的,号称五百万,已经是党军了,为什么还要成立党军呢?他知道军队中的党员是个虚数,不可靠,故另打主意。蒋以为国民党有两百万党员外,三青团还有六十几万团员,编成十万党团员的军队是容易做到的。蒋在讲演中说:"本总裁愿任该军军长。"而且还不止一次,说了三次。总裁是国民党内领袖的职衔,总裁任军长,这也说明他要组织的是他理想的党军,如像德国希特勒的SA和SS[①]一样。

为什么以后变了形态,号召青年知识分子从军而不限定于党团员呢?第一个便是内部的原因。在蒋介石宣布成立党军后,党部讨论了一下,认为从军是青年的事,大部分人应该是团员。团方面则说:那不是成了团军吗?而

---

① 《董必武文集(第一卷)》(征求意见本)编者原注:"希特勒的SA和SS,SA是德国纳粹党冲锋队的德文缩写,其队员都穿褐色制服,故又称为褐衫队。一九二一年十月正式成立,当时的主要任务是维纳粹党集会的秩序,捣乱其他政党的集会和恫吓反对希特勒的人。希特勒上台后,冲锋发展为拥有数十万队员的武装集团,成为希特勒实行法西斯恐怖统治的重要工具。SS是纳粹党的党卫军的德文缩写,其成员都穿黑色制服,故又称为黑衫队。它最早是希特勒的卫队,一九二九年后,迅速发展成数万人的庞大集团,并在其内部成立了情报安全局。希特勒上台以后,它成为整个德国和德军占领区残酷镇压与屠杀人民的法西斯组织,也是德国情报安全局外围组织。"

现在成立的是党军呢！争执的结果，决定党团两方面各分一半。但这决定，在中央党部，就引起党员的辞职，眼看着行不通，于是又决定党团员只按五万再折半各分二万五千名。其余五万则号召知识青年从军。因为只有一半是党团员，所以就不叫"党军"，而改为现在的名字。第二是外部原因。蒋对这个军队不仅是想在生活、训练上搞好，武器上也想搞得特别好。这就得向美国要，但美国最恼火的是中国法西斯化，它固然愿意扶持蒋介石，但不愿中国法西斯化，因而对蒋介石成立党军是不愿意帮助的。美国对共产主义，固然不赞成，对法西斯更不赞成。前美国国务卿赫尔有一个著名演说，他说这次大战是反法西斯，哪一个角落里存在着法西斯，便要消灭它，不只美国人，中国人也感觉到这一点。孙科就说：美国跟苏联搞的很好，美国害怕的是法西斯主义，现在它并不怕共产主义，我国想用反共来争取美国的同情是大错而特错的，目前应把反法西斯放在前面。美国不赞成就不行。再就中国内部说，国民党内部聪明人也不赞成成立党军。我们看出他这种阴谋，自然设法揭露它，我们就把德国的SA、SS是怎样形成的，它的作用是什么，一一在报上公布；《新华日报》作了两篇社论，我们说青年应该参军，但为什么不愿从军呢？就因为政府不民主。第一篇说得含浑一点通过了，国民党自然不满意；第二篇社论说得更露骨，就被扣掉了。因为这些内部和外部的原因，使党军的名目不能公然成立，而用了青年知识分子从军的名称，而且冠有远征二字，欺骗作用更大。名称虽不叫党军，而仍保留着党军的形态，如办理这件事的总机关就是国民党中央党部和三青团中央团部，各地方也由地方党部和团部负责；青年知识分子从军的指导委员会有六十余人，其中有社会上一二知名人士，但是挂名的，而且他们也都有国民党的党籍。就指导委员会中十三个常务委员来说，那完全是国民党或三青团的要人，如何应钦、吴铁城、陈果夫、张治中、康泽等，康泽作了主任秘书，他是在三青团中央负责组织工作的人，康泽是一个特务头子。这种党军组织形态，我们不能在报纸上公开批评，但我们能用口头到处讲。重庆及其他地方读我们报纸的青年，看见《新华日报》不登各地青年从军的消息，想着国民党号召的这桩事，中共机关报没有表示拥护，那桩事大概是不好的。我曾问一个学生，为什么你们不去从军呢？他说：我们读《新华日报》，看你们报上，关于青年从军的事一字不提，你们报上不登，那一定有问题，所以我们对此事也就很冷淡。中央政治学校是国民党训练科长以上的干部，各地党团员还经严格的考试，每年入校数百人，现共四千多人。为着响应国民党的青年知识分子从军的号召，中政学校有二百余人报名。该校党部觉得这个学校是国民党最高学校，应该全体响应才好，党部开了三天会，决定政校全体自愿从军。十月十九日开全校党员大会，特区党部负责人作报告后，宣布了那个预定的决议，并说大家考虑一下，要么赞成，要么反对，不准讨论。有一人举起手来要求讲话。主持人说有人举手赞成，好，就算通过了，马上宣布散会。但散会后，许多人不服，留在里的还有一千多人，大家另组主席团，自己讨论，认为决议不民主。推定代表去找教育长程天放，说明大会主席团宣布通过决议的不合法。程天放是国民党中央监察委员，他说我去查一下，你们散去。代表回来报告，大家仍不散，程派萨孟武去解释，萨在会上把国民党这次组织党军来对抗共产党的意思畅发一番。反对的人不听，把萨哄走了。这时赞成决议的二百余人就闯进会场乱打一顿，大家就被闹散了。第二天停了课，说有"奸党"造谣，捉了四个人，才把风潮压下去。但全校全体从军的消息也消沉了。蒋原来不打算公布什么文件的，因中政校这样一闹，才决定发表告青年知识分子书，这封书是十月二十四日公布的。青年从军问题，在中央大学也闹了一桩故事，蒋曾兼过中大校长，蒋的号召应该得到很好的回响的，可是蒋告青年书发表后，中大全没声响。校长顾毓琇急了，自己打冲锋先报名，学生说："好，校长从军，我们欢送"。顾曾编《荆轲》一剧，剧中用了荆轲的两句歌词："风萧萧兮易水寒，壮士一去兮不复还"。中大学生就把这两句歌词改为："风萧萧兮易水寒，校长一去兮不复还"。直到后来，敌人侵入贵州独山，顾放出风声说敌陷贵阳中大就要解散，学生想不出别的出路，于是才有两千多人报名从军。

那么，是否国民党号召十万青年知识分子从军就完成不了任务呢？不，不是的。最近《参考消息》上讲：国民党自称已有十二万余青年报名从军，这是有可能的。因为日本打进中国，还在一天一天深入，抗日对人民仍是一个很大的激动，青年的抗日热情还是存在着，这就可以吸收一部分青年知识分子去。另外他号召组织远征军,这样也容易引诱一些人从军,因为大家不愿意打内战,而愿意打日寇,远征自然是对日寇的。而且远征军是去印度,一切由美国供给,吃得好,穿得好,武器又好,一些青年知识分子派去从军,还可以从大后方沉闷的空气中跑出去,呼吸些新鲜的空气。从军后,蒋介石还发给五千元安家费,入伍后,一切膳宿,待遇都特别优待,比一般部队生活都加倍的好,并且还找了几个地方,做做样子,这样也很可能诱动一些青年去报名从军。此外,沦陷区的流亡学生、知识分子,每年都有成千上万的人跑到大后方,学校不能容纳,又无法找到职业,甚至东北每年流亡到大后方的青年也不少,他们都是亲身领略过日寇奴役的滋味的,他们都愿意打回家乡去,收复失地,这是第三个来源。第四个来源是公务人员可以从军。公务人员从军,除原薪不动外,外加五千元安家费。大后方公务人员,生活很苦,一个科长,月入一万元,看来似乎不少,但物价高涨,青菜和柴薪每斤五六元,食盐每斤四十元,油每斤二百来元,米六七千元一市石。平均每人每月需洋三四千元,才能维持生活。这样万余元的收入维持一家数口人的生活是困难的。如去从军,自己的一份薪水可以多养活家里的一口人,并有五千元安家费,这就首先可以暂时解决一下生活问题。第五,大后方大批的失业人员,也是一个来源(以下讲到)。有这些后备军,十二万人报名从军,是可能做到的。但报名的人未必个个都能合格。即令有那么多人合格,是否就算达到他党军的目的了呢?这就不见得。因为:一,大多数还不是党团员;二,还未加以训练,在训练过程中可能有变化;三,武器还要从美国拿来,美国对这种表面作国防军召集而实际是党军的办法是否完全无知呢?这还是个问题;四,欺骗遮眼法总会被人民揭穿的。另有值得注意的一方面,国民党军队的生活是很苦的,士兵吃不饱,穿不暖,沙眼、疟疾都很厉害。曾经在重庆有一个团,看到从军的知识青年一个连吃得好,穿得好,就骂起来,后来更打起来了。这说明,把知识青年从军的生活提高,就使原有军队对自身生活更加不满。照他的目的做去,一方面,加了十万战斗力,另一方面却减了二百万的战斗力。这不能不说是摆在蒋面前一个很严重的问题。

第三,要说明加强法西斯统治的是最近内政部、军政部、教育部的改组。

教育部是由这一CC(陈立夫)换成另一CC(朱家骅)负责。内政部,在外国是最主要的一部,但在国民政府,过去则不然,它是拿来安插一种不关重要的人的地方。但现在蒋介石看重了内政部,用CC大将张厉生去作内政部长。因为蒋介石看见赤裸裸的一套法西斯办法行不通,又要玩"宪政"的把戏。于是地方自治啦,选举啦,又喊起来了。蒋要CC控制地方自治与操纵选举,所以和国民党内组织部配合起来,内政部用张厉生。国民政府有考试院,权力很大,照它的章程一切公职人员都要经过考试。考"三民主义",现在还考《中国之命运》,考试获取及格后才能任职,地方自治人员,选举人,都是一样。考试已经是只便利国民党员,再由CC主持的内政部来监督地方自治与选举,那还哪里有非国民党人任公职的权利呢?所以蒋用张厉生任内政部长只能看作是蒋想强化他的法西斯统治的一个步骤。用陈诚作军政部长,有人说陈诚比何应钦好,这不是没有道理。如以陈和何个人来作比,陈是比何在品质上有些不同,在抗日这点说来,陈诚比何应钦要好些,因何是失败主义者,亲日派头子,何对建军工作也消极怠工,贪污是最厉害的一个。陈诚在国民党那边说来还没有听见人说他有什么贪污,并且因为他年纪较轻,有事业心,比较积极一些。但是有一点要特别注意,蒋介石用陈诚,主要是来加强反共,陈反共的方法比较要巧妙些,何的反共则较笨,用公开投降敌人的方法是反不了共的。因此陈诚任军政部长,应看到其有更坏的意义的一方面。

下面说一些国民党的几个欺骗人民的办法。蒋介石的独裁,不要把它看成是个简单的问题。

(一)首先是关于民主问题。蒋介石在抗战初不讲民主,在一九三九年时,因国内人民要求民主的迫切,他虽允许于一九四〇年十一月召开国民大会,议决宪法,讲了一下民主。但太平洋战争爆发后,国际形势一变,我国因抗日而国际地位提高,成为四大强国之一,蒋本人亦成为四大领袖之一,国民大会无限期延期,因此他又不让人民讲民主了,后来更任意把国民大会的召集推到抗战胜利后一年以内。说要实行"民权"(注意,蒋介石故意避开民主二字不谈,而用民权字样,是有他特殊用意的。民主在英美有极普遍的含义,而民权则系依照蒋自己规定的内容来表示的),说待战后又要召集国民大会,这是由于去年连吃败仗,想稳定人民对他的信仰。且因英美舆论严厉批评他的独裁。所以,蒋介石最近又讲要召集国民大会,实行宪政,他是借此来欺骗人民、欺骗英美,企图取得盟邦的援助。

（二）关于检查制度中放宽尺度问题。在国民党最反动时期,我们《新华日报》上,十八集团军和新四军抗日胜利的战绩是不许登载的,"边区"字样是不能提的,"三三制"、"新民主主义"更不能提,甚至连孙中山的话也不能登。有一次我们把孙中山先生提倡人民有权的话,在《新华日报》上登出来,检查人员硬把它删掉。我们报馆的人去质问新闻检查所,他们答复的真是妙不可言,他们说："这是我们说的话,你们不能讲。"（笑声）过去国民党对言论的控制,有些话我们只能讲一次,讲两次三次就不行。送检的原稿,检查员任意删改,有时删得文章前后不贯气,你也只能照登,他改掉原文意思,把他的意思添在稿上,有时不通,有时甚至与原意相反,你不照登,他就给你处罚。去年,国际国内舆论都指谪国民党检查制的不合理,经过宪政实施协进会的要求,国民党才允许放宽尺度。所谓放宽尺度实际是什么呢？照国民党规定,凡出版书籍杂志不涉及国防、军事、政治①、外交者,都可以不事先送检。过去,连自然科学、历史、哲学之类都是要送检的,现在是采取事后检查的办法,在图书杂志审查委员会随时任意检扣,印成书被扣,出版家和著作者损失更大。对于一般言论上也略有放宽之处,但对我们则仍严格地限制着。我们采取各种方法,突破它的限制,所以在《新华日报》上也披露了不少的东西。这就是国民党检查制度中的放宽尺度。

（三）关于保障人身自由问题。在国民党特务政策统治下面,在路上走的人有被抓去的,在家中坐的人有被抓去的,甚至坐在办公厅的公务员有被抓去的。抓去的方式,不依任何法律手续,不公开,被抓到什么地方去拷问和监禁,没有人知道,抓错了的经过要人保释,可能释放,但出来后不准谈被捕及被监禁的情形。去年蒋听见国内要求人身自由的呼声很普遍,国际也有批评国民党统治下这种特务横行的舆论,宪政实施协进会提案要求,国府被逼才

---

① 本辑录编者注：原文此处"冶"字应为"治"字之误排。

公布一道保障人身自由的命令,定于去年八月一日起实施。国人要求政府公布有权逮捕人的机关,弄了几个月在报上披露一次消息,说政府认为有权逮捕人的机关是二十几个。实际上不公开取消特务机关。所谓保障人身自由的命令,仅是欺骗国际国内人士的一种手法。举例来说,重庆北碚附近兴隆场有国民党特务机关设立的集中营一所,七月只剩一百四十余人,八月保障人身自由命令发生效力以后,陡增至二百余人。过去无辜被捕的思想犯和爱国政治犯,既不审判,又不释放,如张学良①、杨虎城②、新四军军长叶挺以及我党同志廖承志③等,至今尚不知道关在什么地方,我曾经对国民党要人说,不管政府公布多少次保障人身自由命令,如果张、杨、叶、廖等不得自由的话,那是一文不值的。

(四)关于扩大参政会职权问题。参政会,国民党对外宣传为战时民意机关,实则完全不是那么一回事。参政会无论就其组织或职权来说,都与所谓民意机关距离甚远。参政员二百四十名中大部分由各省参议会选出,但省参议员都是国民党指定的;另一部分则由国民党指派,所以就组织成份来看都与人民没关系。参政会的职权可以听政府各部长官的报告,可以询问、可以建议,但一切决议,都要送国防最高委员会审核后才发生效力。询问权一项在国民党看来已经了不起,实际那算什么一回事呢?去年张君劢、左舜生等在宪政实施协进会内提案,要求扩大参政会职权,至于能看一下预算,不是审查和议决,国民党拼命反对,后来为着敷衍张、左才答应了。看一下预算,仅

---

①《董必武文集(第一卷)》(征求意见本)编者原注:"张学良,辽宁海城人。著名爱国将领。一九三六年十二月他和杨虎城一起发动西安事变,要求蒋介石停止内战,一致抗日,后被蒋介石长期扣押。他为中国的抗日大业立了不朽功勋。"

②《董必武文集(第一卷)》(征求意见本)编者原注:"杨虎城,陕西蒲城人。西北军爱国将领。曾任国民党军第十七路军总指挥、西安绥靖公署主任等职。一九三六年十二月和张学良一起发动西安事变,要求蒋介石停止内战,一致抗日。一九三七年被蒋介石迫令去职出国,同年十一月回国后被蒋介石长期囚禁。重庆解放前夕,被国民党在集中营中杀害。与张学良一样为中国的抗日大业立了不朽功勋。"

③《董必武文集(第一卷)》(征求意见本)编者原注:"廖承志,广东惠阳人,民主革命先驱廖仲恺、何香凝之子。一九二八年在大革命失败后的白色恐怖年代加入中国共产党。抗战爆发后任八路军驻香港办事处主任,中共广东省委委员。一九四二年五月在粤北乐昌被国民党反动当局非法逮捕。"

仅是知道政府一年收支大概情形,而政府拿出来看的还是做好了的一篇皮面账,实际的收支,它是无论如何不会让人知道的。现在国民政府又公布了省参议会组织法,省参议员规定由县参议会选举,县参议员是经过考试后的候选人,选举时又要经过国民党指定,还不是与人民无关系。但蒋的这类假民意机关的把戏,不是人人都明白的。

蒋介石估计政治形势,有几个基本观点:

蒋介石的第一个基本观点,是关于英、美、苏联合抗击法西斯和它们相互关系问题。这次世界大战,英、美、苏要共同击败法西斯主义的基本观点是一致的,而在某些问题上的意见又是分歧的。对这些分歧点,斯大林、罗斯福都说过;丘吉尔没有说,实际上却做了很多分歧的事情,如:英国对意大利、比利时和希腊的政策,便是一个实际的例子。这些事实反映在蒋介石的身上,他认为英、美、苏目前虽合作,将来总会分裂,甚至会打起仗来。他知英、美是资本主义国家,苏联是社会主义的国家,这两种国家经济制度是矛盾的,而且这种矛盾是不可调和的。但他不知道法西斯主义的猖獗威胁着苏联,同时也威胁着英美,这使它们不能不协力抵抗。战后彼此都需要和平,必然都想要找出较长期合作的力法[①],而某些分歧的问题是不断地在发生、存在和解决中,这反映到蒋介石眼中觉得他们中间的分歧点比共同点还要多一些。这好像赌博的人押老宝一样,他把自己的宝总押在"双"上,想着总有一天会有"双"出现的。

蒋介石第二个基本观点,是从第一个基本观点来的。他认为英美是资本主义国家,是反对共产主义的。于是,他反对中国共产党也一定会得到英美的支持。抗战以前,英美是用了很大力量支持他反共的;抗战后英美虽没支持他反共,但用很大力量支持了他也是事实。而且英美国内的金融寡头反对他们国内的共产党,也反对国外的共产党,更会支持他的立场了。这便使得蒋介石觉得国内反共可获得资本主义国家支持,这一宝押得很稳当。要说资本主义国家会援助共产党,一般说那是不可想象的。但是,目前威胁资本主

[①] 本辑录编者注:原文此处的"力法"疑为"办法"之误排。

义民主国家生存的并不是共产主义,而是法西斯主义。英美的一些爱好民主的人士都看得很清楚,目前反对法西斯主义还是第一的。又因法西斯各国的共产主义者都最英勇,最坚决。一切爱好民主的人士都与以同情并愿意和他们共同对法西斯作战。这在蒋介石看起来自然是很奇怪的。

蒋介石的第三个基本观点,他认为从太平洋战争爆发以来,英美与日本妥协已经成为不可能。英美要消灭日本的武力,他们的海空军,是占优势的,但是要彻底消灭日本陆军,英美把大量的陆军运到远东来决战,是难以设想的。美国海军人员过去曾想从日本本土登陆,以为这样就搞垮了日本,这观点已逐渐幻灭了。要从海陆空三方面消灭日本,英美就不得不利用中国的陆军,蒋介石自信陆军数量还不少,只要他一天不公开和日寇妥协,英美便要利用他。所以,他认为英美今天将不管他的力量在国内的反动性如何,他依然抗日,英美舆论虽对他不满,但英美统治者都会支持他。蒋介石也知道英美资本主义国家目前无论如何,是不会单独支持中国共产党的力量的。

根据以上的基本观点,蒋介石决定的基本方针:一、反苏;二、反共;三、保全实力,骗取英美的军火,特别是美国的,以加强他反动的统治。但苏联在反法西斯战争中表现了强大的力量,国际地位增高了,因此,蒋虽实际反苏而口头上却不能不说要把苏联关系搞好。记得我国驻安哥拉公使曾有电报回来说,土耳其政府要人们在押宝,他们想英美早晚一定会反苏,土耳其与苏联的关系总搞不好,一定会博得英美的信任。土耳其政府要人们所押的宝和蒋介石所押的一样。天下事真是无独有偶了。至于蒋介石的反共更是经常进行,虽然事实上碰了几次钉子,但是直到现在他的观点还没有改变。因为目前英美,特别是美国不愿中国有内战,因为全国人民反对打内战,因为他自身武力的削弱和我们力量的加强,蒋介石才在表面决定国共关系用政治方法解决,而绝不表示有政治解决的诚意,实际上仍是"骗"与"拖"。

很显然的,他的观点是错误的。英美与苏联矛盾虽很多,但在目前反法西斯德国战争期间是合作的,即使战后的一定期间内也还要合作的。在英国,丘吉尔等虽保守,不赞成共产主义,但广大工人与爱好和平的人民是要求与苏联合作的。美国是更加要求与苏长期合作,因为它的基本要求是贸易市场问题。英美现在的当局都是实际主义者,他们首先所注重的是行动怎样,至于信仰什么,他们看作是次要的。而且只有像在法西斯主义国家才有所谓思想犯,在英美等国,信仰共产主义是不犯罪的。甚至在美国报纸上有人公开说他自己相信法西斯主义也不犯罪。美国正是与法西斯主义国家在作战呢。我们共产主义者只要自己在策略上不犯错误,在抗日战争中我们争取英美爱好民主人士的同情和合作,就一定可能。自然,我们不能说让他们也会相信共产主义,他们不相信共产主义能实现正如我们不相信资本主义会永久存在下去一样,这是属于思想问题。当然,我们若要在策略上犯了错误,那便另是一回事情了。

由于蒋错误的基本观点不变,他对国际国内爱好和平民主的人士便不得不采取一些欺骗的办法。其欺骗办法如不在政治生活中深刻体验,是不会知道的。如:最近他在元旦广播中提出要复员,可是自一九四二年以来他一贯是讲"复员"的。他为什么讲复员呢?蒋介石是把他的宝押在苏日战争上的,他希望由英美的海空军消灭日本的海空军,苏联的陆空军消灭日本的陆空军,然后他借同盟国的帮助把他的力量加强起来,收复失地,消灭国内一切异己分子,于是遂有"复员"计划。(笑声)国民党中央委员谷正鼎就当我们的面说过:"中国有什么力量打胜日本呢?只是把日本拖着,等到英、美、苏把它打垮,我们中国收复失地就是了。"前年十一中全会,蒋介石估计打垮日本只需半年或一年,当时我们想日本为什么半年就能垮台呢?除非是日本火山爆发,大地震,把日本岛沉到海内去才有可能。去年"九一八"蒋介石在参政会开会时说:"中国军事危机已经过去。"但过了几天,他又对参政员说,"自从五月以来,中国的军事危机是一天天的严重"。最近又说,"我相信日寇妄想消灭我们中国的时机,已经过去了。"这些话谁相信呢?甚至国民党的党员也说:"蒋老总的话都是瞎说的。"

蒋介石还另外有一个基本观点,从《中国之命运》中可以看出来。《中国之命运》的要点是既反对共产主义,又反对自由主义,这恰恰反映出他自己是法西斯主义的观点。关于《中国之命运》这本书出版和再版的经过在这里顺便讲一下也有必要。《中国之命运》是一九四三年三月十二日出版的,那时蒋介石估计,太平洋战争爆发以后,日本再没有力量打中国了,因为英美是世界两大强国,这两个强国与日本为敌,日本一定要用全力去准备决战;他又估计,日本在太平洋及南洋群岛和缅甸的侵占,一时消化不了,便会放过他所统治的中国。那时日寇在华北华中疯狂地"扫荡"八路军和新四军,想巩固其占领区,已累得喘不过气来,自然不会搞到他头上去,这时期他在国际上的地位确是提高了,原因是太平洋战争初期,日寇在太平洋、南洋、缅甸横行无阻,美国在珍珠港受到袭击,以致太平洋舰队不能活动。而英国经营多年的远东头等军港的新加坡守军八万余人,不到二十天被日本攻垮了,不到半年工夫日本把英美打得狼狈不堪,而中国是一个军备很弱的国却抗日抗了四年多,于是英美把蒋介石看成了一个了不起的人物。这时,蒋介石的雄心也很大,他跑到印度去,打算组织"中印联盟",想当这个联盟的领袖。可是英国虽然在南洋输给了日本,但谁搞印度还是等于挖它的祖坟。所以蒋介石到印度去,英国开始并不理他,后来才叫驻印总督林里斯哥招待他一下。蒋要见甘地、尼赫鲁,林里斯哥要他在总督衙门接见,他见了尼赫鲁,在回国的路上才见了一下甘地。实际上英国给他碰了一个大钉子。于是,蒋介石回来以后便大骂英国是帝国主义。在写《中国之命运》时,他反对共产主义也反对自由主义,因为他吃了英国自由主义的亏。自然,反共是更重要的。一九四二年底已写好,他试印了几百本,原来拟订的是五年计划,正式出版时又改成十年计划。这本书出版,不但在国内,而且在国民党内部也受到批评。在欧美影响极坏,尤其英国人不满,只有日本人才欢迎它。这本书为什么引起外国的反对呢?蒋想夸耀他取消不平等条约的功勋(其实取消不平等条约是英美送中国的一种也重要也不重要的人情),说明过去缔结不平等条约的经过,大骂帝国主义。这样一来不仅触犯到美国,更触犯到英国;他对英国不还九龙、香港和不让西藏回到中国怀抱,是很不满的。英国觉得他这本书反英气氛很浓,所以更不满。蒋曾准备把它译成外国文,以王宠惠为指导,组织了一个翻译委员会,其中有一个美国人蒲徕士参加翻译,这个人一向是捧蒋的。蒋征求他对该书的意见,蒲徕士说:"委员长这本书没有表现出委员长人格的伟大。"蒋问何故?蒲徕士说:"你已经是一个全中国的领袖,而这本书中表示你只要做一个党的领袖,这不相称。"又说:"你写的缔结不平等条约的经过都是过去的事情,对同盟国而且好像是算旧账,对盟友现在不应算旧账。"蒋听后说:"嗯,嗯。"同时宋美龄从美国打电报回来,请蒋将该书的英译本等她回来看过以后再出版,她已经知道美国不满意这本书了。陈伯达同志的《评中国之命运》影响很大,国民党内部有人说,除最后两章讲国共关系的以外,其他都很好。

蒋介石在《中国之命运》中说,整个中国是一个宗族,是同一血统等,实际上回族、蒙古族、满族、藏族,再如瑶族、彝族等有许多信仰、风俗、言语、文字、经济生活、居住地方,都是不相同的民族。说这些民族是同一血统,简直是伪造历史。这点连国民党内的人都不满意,已经有人写出批评的意见,但不敢公开发表罢了。蒋介石听说《评中国之命运》出版了,曾派飞机到西安来取,看了以后大发脾气,结果亦无如之何。

对于《中国之命运》的批评,外国虽然没有写出专书,但却经常引用该书里面的话句,于是蒋下手谕说凡是引用该书语句的人,必须得到他的同意。(笑声)

为着想回答《评中国之命运》,蒋拟把《中国之命运》修订再版,过了一些时又停下来,到一九四四年元旦,终于将《中国之命运》增订本出版了,有什么原故呢?说起来话很长,不说终不能明白,只好讲下去!

前年十一月开罗会议①时,蒋介石曾闹了一个大笑话。罗斯福、丘吉尔邀蒋开开罗会议,是为了要和斯大林开德黑兰会议②,先商量一下远东问题,然后好切实布置开辟欧洲的第二战场。开罗会议虽非决定马上和日寇决战,但对反攻的力量和计划要通盘筹划一番,这是应当的。所以罗斯福带了海陆空

---

①《董必武文集(第一卷)》(征求意见本)编者原注:"开罗会议,指一九四三年十一月十二日至二十六日,美国总统罗斯福、英国首相丘吉尔和中国政府蒋介石在埃及首都开罗举行的会议。会议商讨了联合对日作战的计划和战后如何处理日本问题的原则。会议签订了《中美英三国开罗宣言》,日后《宣言》被带到德黑兰会议,在征得斯大林同意后,十二月一日正式发表,因此,《开罗宣言》成为战后处理日本问题的重要依据。"

②《董必武文集(第一卷)》(征求意见本)编者原注:"德黑兰会议,指一九四三年十一月二十八日至十二月一日,苏、美、英三国首脑斯大林、罗斯福、丘吉尔在伊朗首都德黑兰举行的会议。会议主要商讨如何加速打败德、意法西斯和战后世界安排问题,就关于在欧洲开辟第二战场、未来的国际组织、战后处置德国等问题达成了协议。"

军负责者和参谋人员及其他要人一百七十余人。丘吉尔则以一支战舰带了海陆空军负责者、参谋人员、经济外交要人六百多人,预备把盟国方面的武力资源做一切实研究。在三巨头会议之外还要开许多专门的会研究讨论。可是蒋介石所带的人连宋美龄的老妈子在内一共是二十个人,在排定参加各种专门会议出席人时,人家问蒋的随员黄仁霖:"贵国参加海军会议的是谁?"黄答曰①:"委员长。"又问:"参加陆军会议的是准?"又答是"委员长"。又问:"参加空军会议的是谁?"还答是"委员长"。于是外国人问:"贵国怎么只有一个委员长?"黄答:"中国是以质胜量。"当时外国人大为不满说:"我们难道都是饭桶吗?"蒋介石出席这次会没有准备任何反攻日寇的材料,只想伸着手要东西。另外带了一些反苏反共的材料。开会以前蒋与罗斯福交谈。罗斯福说:"这个先放下以后再谈。"使蒋碰了一个大钉子。在会议中英美要蒋介石提出关于反攻计划来,因为蒋没有准备所以提不出。最后还是美国提出一个计划,蒋介石同意了。蒋要求英国把地中海的舰队移到东南亚海上,丘吉尔不答应,蒋想提九龙香港问题不敢提,想在西藏开公路,也没有谈到。这又是一个大钉子。第三个钉子是蒋介石想向罗斯福借一万万美金,罗斯福说:"美国宪法,总统无权签定借款,先要经国会同意,这事请你的财政部长与我的财政部长莫根索商量吧。"蒋写了十九条备忘录交给罗斯福,第二天王宠惠问贺浦金斯:"我们委员长的备忘录总统看了没有?"贺浦金斯答:"总统很忙,预备带到华盛顿去再看。"蒋介石在开罗会议中是碰了很多的钉子。所以,他回国以后闭口不谈开罗会议。

但是在开罗会议中,蒋知道英美对苏的态度有差别。到德黑兰会议,苏联的意见要把德国国防军搞垮,丘吉尔却只想把德国纳粹搞垮而放过国防军。因为英国本土只有四千万人,他怕搞垮国防军会过分地损失自己的力量,同时看将来苏联国力增长,也希望保持国防军成为将来欧洲抵抗苏联的堡垒。罗斯福同意把国防军搞垮,因为美国反法西斯比较彻底些。由于罗斯福和斯大林的同意,丘吉尔也就不得不同意,但内心是不舒服的。所以德黑

---

①本辑录编者注:原文此处的"日"字疑为"曰"字之误排。

兰会议以后，丘吉尔在回国途中患病，没有宣布他病在什么地方。实际上是与德国秘密议和。这个消息在安哥拉和开罗的报纸上都登过，但因报纸小，未引起注意。以后《真理报》就揭露这件事，当作谣言登出的，说安哥拉谣传英国在大西洋海岸与德国秘密谈判。人们都知道《真理报》是不登谣言的，所以看了之后，就知道里面有故事。这件事，直到去年五月间艾登才在下院正式承认英国曾有一度与德国议和，但时间、地点却都没有说明。这件事，蒋介石当然知道。德黑兰会议以后，英美两国内都有反苏的现象发生。在伦敦的波兰流亡政府，高放反苏的言论。后来英政府看波兰流亡政府闹得太不像样，曾把波兰报纸的机器收回。美国内反苏，表现在参议院有一个孤立派的议员质问罗斯福，在德黑兰会议上出卖了多少灵魂。直到去年一月中旬，英美反苏的空气才慢慢低落下去。德黑兰会议是英、美、苏三国进一步合作的会议，国际局势应当更好，但在会议以后的一个短时期内，确实很混沌的。蒋介石乘此机会配合着国际间反苏，他就更激烈地反对我们共产党。前年七月反共军事行动，被我们从政治上把他击退。蒋虽表明采取政治解决的态度，却暗地里在西北增加军火和粮食的准备，原来增加包围边区的队伍也未撤退。去年一月间又想试一下军事冒险。一月十四至十六日朱绍良在西安召开军事会议，十四日下令同时取消我们在西安、重庆的电台。但反共没成功。原因是苏联把英德秘密议和的阴谋揭破了；同时，孙夫人①写信给美国《新群众报》说国民党军队封锁游击区，使作战很英勇的游击队得不到医药及任何接济等情形。英国《雷诺德周刊》将这封信刊载出来。《泰晤士报》和《先驱论坛报》次日用大字标题特载此信，国际方面知道国民政府仍在反共，国内我们呼吁团结。蒋介石知道他所计划的秘密军事反共又反不成了，于是才提议

---

①《董必武文集(第一卷)》(征求意见本)编者原注："孙夫人，即孙中山夫人宋庆龄。广东文昌人。一九一三年在美国魏斯里安女子大学毕业后，任孙中山的秘书。一九一五年十月与孙中山结婚。大革命时期曾当选为国民党中央执行委员、中央政治委员会委员和国民政府委员。大革命失败后，她坚持孙中山先生的三大政策，曾赴苏联、欧洲等地考察。一九三二年十二月和鲁迅、蔡元培等发起组织'中国民权保障同盟'，为中国人民的解放事业作出了重大贡献。抗日战争时期，她发起组织保卫中国同盟，致力于战时医药救济和儿童福利工作，并对中国解放区给予了许多宝贵支持。中华人民共和国成立后，历任中央人民政府副主席、全国人大常委会副委员长、中华人民共和国副主席等职。一九八一年五月十五日被接受为中共正式党员，十六日被授予中华人民共和国名誉主席的荣誉称号。"

朱总司令、周副主席、林主席①三人赴重庆谈判政治解决，暂将军事进攻边区的阴谋掩盖下去。《中国之命运》的增订版于去年元旦发行，便没有什么奇怪了。那时蒋正在对边区搞军事行动，《中国之命运》的再版发行，便是配合着他的军事行动的。

国民党内部问题。

蒋介石的统治完全是为着一群封建法西斯的私人利益。但国民党内部不满蒋独裁的情绪逐渐增长起来了。去年，国民党内有地位而无实权的人倾向民主渐露头角。公开的演讲，秘密的出书，蒋也控制不住了。现在重庆一地，国民党内部要求民主的座谈会有七十多个。

蒋对下级的赏罚很不公平，完全是颠倒是非，混淆功罪。真正打败仗的汤恩伯，他很相信他，因为汤积极反共。去年参政会上，国民党河南参政员徐炳昶痛哭流涕地说："政府若是枪毙汤恩伯我宁愿去陪斩！"后来，在国民党的党团会议上，他要把党证交出来，说："我这党员不当了，这还像个什么党！"去年军事上严重失败，以及政治经济危机的深刻化，《大公报》也提出了"借头"的要求，蒋把守长沙的四军军长张德能枪毙了。蒋命令张守长沙若干日，在这期间，蒋把他的部队抽去了两个团，城里只留一团人，守不住，后张撤退了，也还是奉到九战区司令长官的命令。蒋把他杀掉，借以伸张军纪。实则张被杀是很冤枉的，张是广东人，行伍出身，战功素著，这次由长沙撤退，又非他一人之罪，结果，激起广东人的不满，粤籍军人尤为愤懑。形成湘桂线作战时广东人的半独立的状态，薛岳、余汉谋对蒋命令不反抗也不执行。而另一方面，方先觉守衡阳，后来投降了敌人，有广播，有演说，大家都看得很清楚。最近从昆明飞回来，很明显是日本送回来的，蒋不但不处罚，相反的，却大大的嘉奖，且让全国慰劳总会慰劳他们一千万元。还有，新疆的盛世才，作恶多端，殃民祸国，死有余辜，他把国民党派去做省党部书记兼教育厅长的CC分子黄如金，建设厅长的林继庸等人抓起，用电刑拷打。蒋为了敷衍盛世才，竟把自

---

①《董必武文集（第一卷）》（征求意见本）编者原注："周副主席、林主席，周副主席即周恩来，他当时担任中共中央革命军事委员会副主席。林主席即林伯渠，文中又称林老，他当时担任陕甘宁边区政府主席。"

己派去做工作的心腹人物也牺牲不管了。从这里可以看到蒋介石的赏罚是怎样的颠倒啊！我们历史上有"郭公好善而不能用，恶恶而不能去"的传说。蒋介石正是郭公一类的人。他装出礼贤下士的样子，实际只是纵容下面作坏事。我国古语说"从善如登，从恶如崩"，把这两句来描写蒋介石也很恰当。他组织的政府没有作出一件好事情。他却把一切坏事情都推到别人身上。他在今年元旦演说，把战争动员不起来的责任推给"社会"，说："社会也有责任。"他前几年就号召复员，政府不动员，却把责任推到社会上去，这是何等的胡说八道！国民党人在南京时曾有人拟了一副对联挖苦蒋介石，上联是"下诏罪人，破格用己"，下联是"励精图乱，发奋为雌"，可见"下诏罪人"是他的惯技了。

总起来说，蒋介石的统治是半封建法西斯的统治，他的政策是一党专政反苏反共反民主。机构是叠床架屋，互相牵扯，互相推诿。蒋不相信一个人，如他把粮食工作分到好几部去管。征粮归财政部，保管归粮食部，运输一部分归军政部。有什么好处，大家都抢。有什么坏处，大家都推。毛病发现了，也找不出谁应该负责。又如指挥军队，蒋自己可以直接指挥到团上。管理生产的机关有二十七个。所以照蒋的现行办法，没有一个人能痛痛快快的做事，甚至陈立夫，谈起教育，也痛哭流涕地说钱少了，教育办不好。说到人事，粮食部长徐堪在参政会上说过："大家都责备粮食部发生贪污案很多，这是对的，但我想找些好人来办事，好人都不愿进来，我有什么办法呢？"好人不愿去做官，这种统治的恶劣可以想见！

国民党统治了十几年，个别好的政策总不能说没有，但由于坏的机构，坏的人事，都把它破坏了；个别好的机构也是有的，如过去第一届参政会，武汉时代的政治部，一九三九年的党政委员会（周副主席提议组织的，李济深为副主任委员，比较还没有做坏事。后来改派程潜负责，成为专门反共造谣的工具，成绩不佳就取消了。）但经蒋介石一盘就都盘死了。国民政府不能说没有一个有用的人，但在蒋钳制下，有用的人也变成无用了。我国夸奖某人有本事就说，"化腐朽为神奇"，而蒋介石的本事却是"化神奇为腐朽"。所以在蒋介石统治下，好的政策变坏，好的机构盘死，好的人也变成无用的人。

现在要讲一讲大后方军事财政经济和人民生活方面的几个问题。

关于军事方面,这几年来,特别去年以来,蒋的力量大大削弱。据我得到的材料估计,河南、湖南以至桂黔之战,损失不下六十万人,最近日本同盟社广播说蒋损失七十万,这个数字大概是差不多的。蒋在这几个战役中,依然采取加强嫡系,削弱杂牌军队的政策,如在河南战役后取消了刘茂恩、马法五(前庞炳勋部)、李家钰(川军)三个集团军。这个办法,使国民党军队中发生极大的不满。汤恩伯丧师失地,一个多月丢了四十余县。他指挥的正规军三十余万,加上游击队,垮得不能收拾①。但汤的集团军名义未取消,汤本人还在负责。刘茂恩部守洛阳,照蒋的命令还多守了几日。李家钰战死。马法五部抗击敌军也出了力。可是这些集团军的名义都被取消了。国民党军队战斗力的削弱,比起抗战开始,简直不能想象。士兵体力,过去三个人对付一个日兵,几年来,体力的削弱,六个人对一日兵都对付不了。就事实来看,为着打通滇缅路战略上系采取东西夹击的办法,西边我驻印远征军由美军官指挥,装备给养都很好,姑且不去论它,东边的滇西军由卫立煌、宋希濂指挥,虽已收复龙陵、松山、八莫,据一个西班牙医生告诉我松山之役,中日两军的损伤简直不能比,松山是一个小地方,但是一军事重地,地形好,守军与攻军因此不能平衡看,但日军守松山的只一百人,打了四十八天,日守军损失了百分之七十,跑了百分之三十,中国的一万二千人,剩下二千人,跑的不少,死了的也不少。龙陵日守军三百人,这地方较大,日军可以飞机增援,但经常保持三百人样子。中国用的是两个军,打下来后损失依然很大。为什么军队如此不经打?体力如此之坏?首先可以从兵的来源来看。国民政府虽公布了兵役法,中国没有户籍法,人口无确实登记,其数目大概由年销多少盐等推算出来的。这样征兵制度是如何行得通?国民党依靠保甲②来征兵。保甲是封建制度用来控制人民的,利用它来征兵是行不通的。但国民党为表示是一个现代

---

① 本辑录编者注:原文此处"收抬"疑为"收拾"之误排。

②《董必武文集(第一卷)》(征求意见本)编者原注:"保甲,是国民党统治时期管制和压迫人民群众的基层政治制度。一九三二年八月一日,国民党政府在河南、湖北、安徽三省颁布了《各县编查保甲户口条例》。一九三四年十一月七日起,在国民党统治的地区,一律推行这种制度。保甲的编组,以户为单位,十户为一甲,设甲长;十甲为一保,设保长;若干保为联保,设联保长。"

国家,硬要实行征兵制度。我们曾建议把征兵制和志愿兵役制并行,未被采纳。结果它的征兵变成掠夫和绑索,表面上虽做抽签的样式,实际上有钱有势的人家子弟,就是中了签也还是不去的。保甲长就把最穷苦的人或行路的人捆去塞责,在拉去的时候,没有衣服没有被单,曾有从云南到湖南前线去的新兵,一路上一丝不挂,只弄些草遮一遮,见到老百姓的东西,就拿到嘴里吃。捆来的兵在送补训处之前都是关在小屋子里。既无草,又无铺,热天闷得要死,冬天冻得要死,吃喝大小便都在那里,生病的很多,新兵能到达前线的,达到百分之五十就算是最好的,经常只能保持百分之三十。这个问题能否解决?据说成立了兵役部是要改善的。依我们看,如政策不变,部分的也许能改好一点,想整个改善是办不到的。甚至在下面有这样的情形:有的县为应付兵役,由老百姓凑些钱,经常养些人在那里。新兵一到,将一千元、五百元,存在连长那里,连长认为很好,新兵既存有钱是不会跑的,就是逃了,连长将存款吞掉也不报上,缺了额,还可以吃空饷,跑掉的兵又回到原处去应差事,这就是所谓兵役贩子。大家知道的过去有位联络参谋郭仲容,是黄埔学生,觉得这样不是办法,自己下去作保长,结果还是说一点办法没有,他说保长是本地人,抽签当兵你把那家的人送去当兵,家属找保长闹,弄得没法,只能绑些过路人去,即使有较好的人当兵,在那种吃不饱,穿不暖的生活下,也无法搞好。在我们重庆住的地方附近,也有驻军,吃饭时,连长拿一个小瓢,走一个舀一瓢。每人只有两瓢。有许多后备兵入营后愿去作苦工,因为总能吃饱饭,官也愿意,因为可以省下一笔伙食,更赚到兵的工钱。重庆红岩嘴一带房子就是新兵造的。这事国民参政会曾提出抗议,国民党说已经改了,实际上还不是那样做!自抗战开始,兵饷一直是每月四元,到四二年改成二十元,现又说改善士兵生活,增加百分之一百五十,听起来加得不少,实数只是五十元,增加的,买双草鞋也多不了多少,上等兵每月才一百元。士兵给养,规定每人一天二十五两米。向老百姓征来的粮食本是好的,但经过保管要掺假,再经过运送又要搀,本部军需再一克扣,米就更少了,也吃不得了。军队领到吃不得的米,在有老百姓的地方,他们就给老百姓换米吃。副食费每人每月一百八十元,规定每人一个月吃三升豆,一斤油,十四两盐,三十斤菜,烧三十斤柴,真正照这样办也不坏。可是大后方柴、菜每斤都需六元,光柴或菜就要一百八十元。副食费总共才一百八十元,士兵生活是极端恶劣的。国民参政会有一个提案。是一个国民党参政员提的,说士兵生活不如重庆大户人家的狗。第九军从陕西到贵州经过四川綦江县,重庆有人去慰劳;他们说,你们到重庆去找,哪一家人家的狗食不拌些油盐?我们就没有油吃,只把一点盐掺在水里。蒋要办青年知识分子志愿从军,兵源枯竭,亦是原因之一,新兵在路上死的很多,也有病尚未死而难得招扶就被活埋了的,埋的不深病人在土里叫唤,老百姓把他们挖起来的也有。这样就使人民从军情绪大大减低。云南参政员在参政会上提议说,他亲眼看见有十几个兵士,病死在路旁,没有人埋,穿的破衣被剥了。这些问题,都是无法解决的。改善士兵生活,要六百万万元,这笔款子来源是富户献金献粮,富户是否愿意拿出来呢?如果特种富户不把参政会议决要动用的外国存款强制挪用,那末,国内一般富户就存观望态度,献金献粮都会成为问题。把改善士兵生活放在这种未知数的来源上,怎能彻底解决问题呢?

军队训练问题。日本侵略以来,中国人民民族意识很强。蒋未加以启发。军队训练内容是反共,有时不敢公开讲,有时不敢普遍讲,有时也公开普遍讲。汤恩伯、胡宗南的军队,反共宣传很多,他们总说共产党向他们挑衅要打他们,他们不能不防备,但他们的部队没有受到共产党军队的进攻,碰到的都是日本人。因此,兵无战意,见敌即逃。至于训练重形式而轻精神,多打骂而少说服,更是国民党练兵的特色。

军队指挥不统一。衡阳之战,日本以五千人围住了方先觉军。国民党调四个军去打,如果协同动作,加上美空军的援助,是可能解衡阳之围的。但负责指挥的,有九战区长官薛岳,四战区长官张发奎,副参谋总长白崇禧,还有老蒋自己。一个军一个军开上去打,结果都垮下来了。这是一个美国空军军官向林老说的。他说,中国军队指挥不统一,以致丧失许多可以作战的军队。能不能统一呢?照蒋的老办法,是不可能的。

以上兵役、给养、训练、指挥四个问题,如不解决,军队就不能打仗。军队打仗,还要与老百姓关系搞好,才能得到老百姓的帮助。蒋的军队是防制老百姓,损害老百姓,压迫老百姓的。汤恩伯部驻扎河南六年,河南人民受汤部的扰害,恨得不得了,把汤部比水灾、旱灾和蝗虫灾,因为这几年河南老百姓受河泛、天旱、蝗虫的灾害很大,加上汤部的扰害,所以河南老百姓说河南的灾荒有四种,水、旱、蝗、汤。第九军从陕到黔几千里行军,所到之处老百姓皆关门闭户,还有逃跑的,要找一个宿营地方也找不着,那时是九、十月,天已很冷,到璧山才发一件棉上衣,每人只一条薄布毯子,裹在身上,赤着脚,下雨也是如此。宿营时就大家坐在街上,背靠背或抱着取暖。国民党曾搞"军民合作站",实际只有块牌子,没有人办事。军队到四川綦江县时曾问县长,县长也不知道"军民合作站"究竟是干甚么的。九军军长说:这次行军中他深深体验到军政不和,军民不和,官兵不和。陈诚在视察河南战役以后也说河南战役失败原因有五不和,现在说有六不和了。除以上九军军长所说的三不和外,还有军党不和,将帅不和,与友军不和。如果政治基本问题不能解决,这六不和就只能不和下去,那就军心不固,士气不振,要想打胜仗是很不容易的。

关于大后方的财政经济情况,先从财政方面说。去年财政预算,据财政当局自己讲,收入只占支出百分之五十,支出的数字说是八百万万,支用结果,据国民党内部人说,大概要一千二百万万,据我们想,支出应不止这些。而实际收入,也不到四百万万。今年预算各部分,支出总数有四千三百万万,蒋为了好看,减到二千六百万万。如以折半收入,应为一千三百万万。但去年收入四百万万。今年要收到一千三百万万,是很少可能的。他的收入大宗是田赋,以前是征实和征购,现在把征购改称征借,这样政府不出一文钱,总共要农民缴八千四百万市担粮食。今年粮食征收也不能和往年一律看待,河南原征四百万市担,湖南六百万市担,广西大约是三百万市担,共一千三百万市担。自豫、湘、桂被敌侵占以后,这些地方都失掉了,纵使不是全部收不到,也大部分收不到。豫湘以东的邻省如安徽、江西、闽、广及浙江,也要受影响。粮食征收不易足额,国民党自己也知道。所以表面虽则八千四百万市担、而实际则作六千四百万市担打算。盐税增加已到极限,在重庆,去年一月初,盐每斤十元余,后增至三十几元,加的三十元说是副食费。再加的可能是很少的。河南、湖南、广西失掉了。销盐地区缩小了，这也不能不影响到盐税额，直接税本来征得很重，很苛细，因人民反对，弄简单了些，现在地区缩小了，征税面积缩小了。由湘桂、黔桂撤退的机器有六万多吨，占大后方工厂机器的三分之一，现在都损失了；加上许多工厂的停工减产，税源也减少了。如果说去年预算收入相当于支出的一半的话，今年无论如何是完成不了一千三百万万的。

国民政府到底靠什么维持它的财政呢？第一是美国的借款，美国借给我国的黄金，政府拿来出卖，收回一部分纸币是可能的，至其利害所在，那就当别论。第二是印发钞票，现除了在美国印之外，大后方又建设了一个制纸厂，三个印刷厂，还赶不及印。以前印一百元的现在则印五百元。听说又在印一千元的钞票。通货膨胀，就是它的财政政策。

大后方的经济更不景气。国民政府的财政与经济不相协调，自己不能不承认。财政部为了增税，搞专卖，行统制，每一种商品被专卖了，价格就随之增高，市场上公开买不到，黑市到处流行。结果只便利了一群贪官污吏，与贪官勾结囤积居奇的奸商，而国家和人民两方都困乏得不得了。政府没有力量掌握物资，妄图统治，它统制原料，统制运输，统制制成品。一切都讲统制，而经济界呈现了极端的不景气。如以统制棉花纱布为例，政府统制棉花，把花价定得很底①，农民不够成本，卖了花亏了本之后即不再生产。陕西战前年产花一百四十万担，统制以后，减至二十万担。政府只知限价收棉，棉价不让涨，别的物价三个月就要涨一倍。老百姓就不再生产棉花了。棉花原料减少了，其他如桐油、茶叶、丝以及其他农村副产品，因政府统制，无一不减产。官僚资本家们在统制收购机关以外，又暗地收买，较公开收购价高一点，他们买去做黑市。至于公家收购能否足额，老百姓能不能再生产，他们是不管的了。

政府统制运输，把一切运输工具都控制着。商人要自运，说是破坏了统制。政府管理运输工具的机关很多，商人请运，手续顶麻烦，结果原料运不到工厂里去，工厂只好停工减产。官僚资本家却把政府统制的运输工具，运他

---

① 本辑录编者注：原文此处"底"字疑为"低"字之误排。

们自己囤积着的私货。现在大后方轻重工业都陷于危机中。大后方的钢产量,每月约二万吨,这数量比起我们的盟国原是小得可怜的。因为统制,别的工业不能发展,钢铁也没有市场,钢铁工厂停工的很多,由三十几家减至五六家。嘉陵江的煤矿,加入工会的计有一百八十六家,去年秋季已减至六七十家。战时生产局成立后,连准备复业的一并计算,也不过一百一十四家,仍停了三分之一。轻工业:纱厂纱锭,中国连英日纱厂在内,原有五百万锭,移至后方的为二十五万锭,最好时候开工的是十五万锭。现在不过五万锭在活动而已。手工业:豫西、湘鄂西出产土布,原是很有名的。统制以后,那些地区的土布减产了。农产品的粮食也减少了。这因为兵役制的办理不善,采取拉夫绑票的办法,拉一个绑一个就要跑好几个。每年为公家服役的人数和时间都占很大的数目字,农村劳动力大大减少。《新华日报》曾派人到重庆三百里以外的涪陵乡村去看过,一向从不下田的女人,少奶奶和大小姐都下田了,但不是为了扩大农村生产,只搞一些自己吃的。市场情形亦大不如前,商品流通大大减少。这是因物价太高,一般人民的购买力减低之故。我初到重庆时,夜市很热闹,百货商店里推出涌进的人,川流不息。现在无论哪行哪业,打锣打鼓都无人过问。重庆市面商店关门停业的很多。市场不景气可见一斑了。

战时生产局成立,因美国帮助,经济状况可能好些。美国希望把中国军器生产的能力,尽量发挥。大后方在经济不景气状况下,曾有这样事情,一个一万六千人的兵工厂,为了要减产减至一万四千人。战时兵工减产,除了受轰炸不能继续以外,像中国这样是没有的。因蒋怕预算过大,不论什么,不按需要,一律缩减,所以兵工也只好减产。抗战八年,兵工仅只为了财政的原因,实行减产,这是中国的特殊现象。我们的敌人已经搜集破铜烂铁,扩充兵工生产还怕来不及。我们一点点钢铁还闹生产过剩,很少的兵工生产还要减低。这也证明蒋的等待政策了。生产局成立后,经美国整理军需有关的生产部门可能活跃些,但基本上国民经济还是无法解决的。因为购买力的提高,要从农村与各种工业生产的发展着手。国民党没有这力量,也没有这计划;也许个别比较聪明的人有这想头,但亦无法实行。

国民党只希望美国帮助,不自己动手。去年孔祥熙到美国要求物资援助,要的是美国出产的棉布。美国人对我们讲,中国要美国帮助飞机、大炮、坦克用来打日寇,是天公地道的。现在美国卷入世界大战以后,美国人穿衣,也在一分一寸的节省,中国人民穿衣的材料不是没有办法想的,这也要美国帮助,是没有道理的。但美国政府还是答应了帮助国民政府二千万匹布。国民党向大后方大吹了一顿,说美国棉布要来,但至今未来,大概是要来些的。去年十二月二十二日《参考消息》载美国麦克鲁少将说,美国不仅将以军火供给中国,必要时将以适当之食物分配中国作战士兵,这就是说,不仅穿衣,甚至嘴里吃的,也要盟国供给一部分。

说到大后方的人民生活,一般的讲是极端困苦的。试看工人生活吧!产业工人为着战时生产,很卖气力。但工资较固定,赶不上物价的飞涨。一家人都要从事劳动,才能勉强过活,发生疾病就成为严重的问题。因为经济不景气,减产停产的工厂很多,又因战事损失,不能生产,于是有大批的工人失业。失业工人的困苦,是大家可以想见的。有些技术工人在大后方无法谋生,就转到沦陷区去;另一部分改业,但百业萧条,改业也无业可改。总而言之,大后方失业的人,确数没有统计,但很多的事实是存在的。手工业工人因政府统制原料、运输和制成品,而感到无法继续生产。苦力工人则因物价昂腾,也常常不能维持其生活。

农民因负担太重,生活困苦亦不待言。国民政府每年庞大的预算收入,大部分落在勤苦的农民身上。地主要缴的粮,直接间接地都转嫁到农民身上去了。苛捐杂税名目也说不清楚,农民只有照付,除出钱外,还要服劳役,服役中的伙食自备。如就四川一省为例,全川人口五千万,今年政府征实,征借粮食二千二百万市担,大户献粮三百五十万市担,总共二千五百万市担,这都是四川农民生产出来的。此外每人储蓄捐,去年定额四十万万元,今年一定还要增加。役税又是几十万万元。这些大部分的税款,都要向农民身上榨取,农民还负担百分之七十以上的地租,他们的生活如何好过呢?保甲要钱,民兵训练要钱,慰劳要钱,过路军队要柴、要草、要菜,这些负担无一不出在农民身上。农民负担不了,甚至发生暴动,暴动的结果,或者被骗或者被压了事。一九三九年以来,四川一省就有十余县发生过民变,其中不少是因反抗拉夫绑票式的兵役而起,但也有反抗苛捐杂税的,泸县自流井等处的罢市和打税卡,更是明显的例子。

又其次,大后方俸给生活者的生活也是困苦的,这个范畴包括有官厅公务员、银行、公司商店的职员、学徒、大中小学的教职员等等,连其家庭人口在内也以千万计。他们依靠俸给为生,但俸给有定额,增加有定时,而物价的高涨是随时在扶摇直上。国民政府一位次长对人诉苦说,他每月薪俸和公费补助费总共一万余元,连请一席客也不够,除自缢寻死外便不能不贪污。大学教授有卖参考书为生活的,就是说连吃饭的本钱也卖掉了。

学生自沦陷区去的有补助费可领,这首先要受思想检查后,学校当局认为没有问题的才领得到,领到的数目也有限。学生精神上痛感学术思想的不自由,物质生活则营养不足,患肺病、沙眼的很多。教育部报告,亦认学生的健康,是颇严重的问题。

至于受战争影响而向大后方逃难的难民,其困苦是难以言语形容的。试举敌攻湖南后难民情形为例:湘桂、黔桂两路有铁路交通,麇集向这两路逃亡的四五十万人,政府对难民完全不管,不接待、不疏散、不安插,听难民纷纷扰扰的乱窜。抢到铁路车厢上去的,原只有一层坐人的,变成五层人,车厢顶篷上一层,车厢内上层放东西的一层,坐人的一层,座位下至车厢底间一层,车厢底至铁轨间也夹一层。上下两层出事情很多,死人不少。在车厢内的人不敢离开占有的地点,大小便就在车内方便,甚至闷死了的人,一时拖不出。车行平常两三日可到达的地点,经月不能到。还有抢不到车上去的,日晒夜露,风吹雨打,白天买不到饮食,夜晚找不到住宿,疾病更无医药,听说有一位在桂林是千万富翁,逃到贵阳便一无所有。更有传说,一家两夫妇带着两个小孩逃难,丈夫不见了,不知是死是活,两个小孩都病了,女的急得没法,拿出一千元摆在路上,要求过路的人把她的两个小孩抛到河内淹死,就把那一千元取出作酬,她自己好寻死。这类惨事是很多的,听说逃到重庆的难民有上十万人,每日在街头流浪找吃的住的,政府还没有想出办法,难民叫骂百端,政府也只好听之。

大后方的民族资本家也不是好过的,因政府统制过严,苛捐杂税太重,又不给他们通融资金,且和他们争利。真正有企业心的资本家也弄得焦头烂额,一筹莫展。受战事影响的,因得不到政府的帮助全部财产都损失完了,如零陵的新中公司的支秉渊氏便是极好的例证。

从大后方军事、财政经济、人民生活等方面来看,国民党目前政策不变,是没有出路的。照这样蒋介石的政权老早应该垮台了,为什么还能存在呢?我想决定蒋政权前途的有三个基本因素:其一是中国的人民,包括政治觉悟较高的一部分人即政党在内。我们必须了解,大部领土被日寇蹂躏了,虽然八路军新四军收复了广大的地区,但城市和水陆交通线是控制在日本人手里。广大人民仇恨日寇的心理和情绪是空前未有的。要赶走日寇出中国,要收回失地,是国人的普遍的要求。中国是抗战的环境,谁掌握抗战的旗帜,即使做了些坏事,人民还是支持他。蒋打着抗日的旗帜已经八年,他所领导的政府是被国际承认的政府,全国人民还在他的这种影响之下生活。他的政策是抗而不抗。如果真抗,他怕日本就要打垮他。如果不抗,中国人民就要唾弃他。他的这种两面政策是很巧妙的,他实际不抗,表面总不说不抗。蒋曾对青年党负责人说,共产党想逼我投降,我决不上这种当。他又暗地与日本勾结。吴开先、方先觉,先后回来了,此外还有千头万绪的联系。但却又没有公开投降。他的这种两面政策只有我们共产党懂得,也不一定每个共产党员都懂得。他抗战是公开的,和日寇勾结是暗中进行的。人民只知道他抗战,还不了解他和日寇暗中勾结。这说明了为什么他还能存在的理由。人民支持他抗战,也包括政党政派,即如我们党,也没有采取推翻他所领导的国民政府的政策。我们虽知道他暗中勾结日寇,但说给人家,人家不信。王若飞同志曾对傅斯年讲,蒋和日寇勾结,傅说如说何应钦和日寇勾结还可信,说蒋就不可信。小党派如青年党,在二十二周年宣言上也还拥护蒋抗战。抗战的旗帜是很重要的东西,要揭穿蒋的抗而不抗这个把戏,我们共产党人有很大的责任。政党不满意他,人民不满意他,但都还没有要推翻他。抗战以来,大后方民变有几十起,这些民变的口号,大都是反对贪污、反对他的粮政与役政等办理不善,没有提出要打倒蒋的口号。这些民变,有政治觉悟的人没有参加进去。后来有些人参加进去,也是使老百姓少吃些亏,保有一些元气,不是去为推翻蒋而扩大民变。因为人民最爱护抗战的旗帜,有政治觉悟的人更不能不顾及这一点。我常把抗战中一些人民的暴动,比作一个人被勒得很紧,手脚乱动起来一样。蒋的反动政策逼勒得人民手足无所措,人民就发生变故,全是自保的性质。人若被勒而手足动弹起来,若将勒索松一下,手足便瘫软了。蒋介石懂得这个道理,有很多地方的民变,他就用松一口气的办法来缓和它,如四川广汉地方,人民为反对兵役暴动起来,蒋即宣布那个地方缓役,那地方就平息下来了。成都万余学生示威游行,反对警察打人,要求撤换成都警察局长,也是提得与我们一样的口号,如要求实现联合政府,蒋就把警察局长换了,也平息下去了。这如人被勒乱动的时候,把勒索一放松,再动就鼓不起劲来了。

抗战的旗帜,不仅得到人民的支持,还得到国际的支持。英、美、苏三国是我们现在最大的盟邦,我国抗战初期,苏联是积极支持的,大批军火供给,什么都给了国民党,大家知道,我们从苏联援华军火中分得了一百挺轻机枪,也还是经过了蒋介石的。以后国民党自己反苏,苏才不积极援助国民党。苏德战争爆发后,苏联要集中力量打垮法西斯头子希特勒,远东问题不能像从前一样关心,但苏联也无不理蒋的表示。如莫斯科四强会议宣言,中国大使还被邀签字。英美政府虽然态度有些不同,在太平洋战争前,一般是不积极支持中国抗战的,太平洋战争后,美国用很大的力量支持着中国。军火援助,虽只占租借法案的百分之一强,但价值一万万多美金,拿到中国来还是一个大数目,这是帮助了蒋的。美国在华有两个空军部队,十四航空队与二十轰炸机队,是在蒋所属的地方。这两个空军部队虽由美直接指挥,蒋是中国战区总司令,形式上或实质上都于他有利。此外还有中美混合机队,还有在大后方许多军事人员,这都说明美国在军事上支持蒋的。财政上,美国第一次借了一万万美金,后来又一次借了五万万美金,按现在美钞黑市,是一个很大的数目的法币,英国借了五千万镑,合二万万美元,借约去年春已签字。两者合计八万万美金。蒋财政上如要崩溃,向美求援,美虽不高兴,还得帮助他,甚至经济上帮助他以物资,士兵的粮食也还得帮助,英美不得不扶蒋,因蒋打了抗战的旗帜,也还有力量。他领导的政府是久经他们承认过了的。我们也有力量,但我们是在国民政府之下的。英美政府直到现在没有帮助我们任何东西。英美社会上对我们的援助不少,钱药都有,如国民党不控制着还可能多些,钱和药,还是小事。最可感的是舆论上有很大的同情。假令只有中国人民支持他,没有英美的帮助,没有空军帮他轰炸,没有军火和借款,蒋在精神上老早也就垮了,他的力量的削弱,也将更不得了,所以英美支持他的作用是很大的。但英美也不是完全赞成蒋,可以从舆论,特别美国的舆论看到。太平洋战争后的初期,美国认为蒋了不起,后来人来得多了,到处看,也看出来了。从四三年五月赛珍珠①表②了文章以后,现在左的中间的都不赞成蒋了。两个中国的说法,不是我们讲的,是人民看出来的,是美国人看出来的。美国人很多是同情我们这个中国的。我们毫无外援,解决了军事、经济各方面的问题,美国人认为是奇迹。但这是舆论。英美政府方面,在去年第二次魁北克会议③以前,从来未表示对蒋政权的不满,第二次魁北克会议以后罗斯福才说中国军事未可乐观,跟着又说只限于军事范围。这是对蒋的轻微的批评。丘吉尔说得露骨一些,也只说美国对中国有过分的援助,而中国战场仗打得不好。英美政府至今还是支持蒋的。这是蒋政权所以不垮的第二基本因素。

蒋擎着抗战的旗帜,使全国人民无法不支持他,盟邦不得不支持他。英美的支持他,也还为了怕他投降,但是这也说明了蒋一天不公开投降,他们就要支持他一天。蒋政权存在的另一因素是日本军阀也不要它垮。日本军阀知道靠自己赤裸裸的统治中国成为不可能,日军侵占到的地区,一定要扶植

---

① 《董必武文集(第一卷)》(征求意见本)编者原注:"赛珍珠,美国进步作家。自幼随父母长期侨居中国,后在中国大学教英语。一九二二年开始发表作品,先后出版五十多部书稿,主要有《东风·西风》、《大地》、《儿子》、《分家》、《龙子》、《市民》、《帝国的妇女》等。作品内容多数都取材于中国。"

② 本辑录编者注:原文此处"表"字前疑漏排一"发"字。

③ 《董必武文集(第一卷)》(征求意见本)编者原注:"魁北克会议,指一九四三年八月中旬,美英首脑罗斯福、丘吉尔在加拿大魁北克举行的会议。会议主要讨论美英联合作战的方针。"

一些傀儡政府。这些傀儡政府，北平、太原、南京、广州、武汉都有。这些傀儡政府可能代日本搜刮一些东西，也首先要日本用武装与垫款去支持他们。另外日寇有这么一个经验，他一到那里，民众就起来了，共产党和民众搞到一起建立起强固的抗日根据地。日寇对这点最感到头痛，毫无办法。日寇若是搞垮了蒋政权，那么，民众起来了，进步力量团结了，民主分子抬头了，共产党员活跃了，真正抗日政权一定会出现，日寇就麻烦得多。它不搞垮蒋，让蒋的力量压迫着民众，在蒋统治的区域内进步和民主分子不能活动，共产党员也不能积极作抗日工作，让蒋介石统治着大后方，实际比日寇自己直接来统治还要省事些。而且敲一下蒋，还可以从蒋那里得到一些英美援助的东西，如在进攻长沙、衡阳时所缴获的大炮就是一个例子。蒋的存在，在某种意义上说来，正好成为日寇控制中国的一个工具。日寇为什么也要打他呢？其目的是在逼蒋公开投降，且亦怕蒋的力量长大。敌不利于蒋之垮，而利于其削弱。假若不然，敌人增加十个或二十个师团，进攻重庆，蒋是无法抵抗的。敌人为什么不这样干呢？有人说敌人要维持其兵力打英美，所以没有进行这一着。但敌人对英美的决战主要靠海空军，消耗十几师的陆军并不发生影响。有人说敌人要准备对苏联决战，所以蓄积力量。这理由也不充分。首先最近将来日苏是否打仗还是问题，而且消耗十几个师，说敌人就不能与苏联打也不对。日本陆军仅次于德国，德在对苏作战上消耗了一百多个师团，决战还有力量。日本即损失其在华的二十余师团，决战力依然存在。况且，打到重庆，十几二十个师也不会完全损失。在日寇看起来，问题是如果打垮了蒋，要另外扶植傀儡，要多占据点，多牵制自己的兵力，而且共产党与人民起来，搞民主、搞进步、搞团结、搞真正的抗日，这不是日寇自找苦吃吗？所以截至现在止，日寇还没有下搞垮蒋介石的决心。

有人问蒋现在是否会垮？上面的分析如果觉得有理由，那他一时是不会垮的。我们所布置的工作是在沦陷区，在国民党区域还是统一战线。蒋虽被国际人士骂、被各政党骂、被人民骂，四川人甚至叫他"蒋该死"。但英美政府支持他，中国人民还没有提出不要他，日本还没有要打垮他，有这三个因素，他不会立即垮台的。但以上三个基本因素，不是不变的，这三个因素本身在变化着而且互相影响着,这是我们看这个问题时所当注意的。

如果蒋的政策不变,老百姓受不住他的欺骗和压迫剥削,民变就会更多,有些可能被欺骗或被压迫而平息下去,有些就消灭不了。湘西有一个彭春荣,现在有一二万人,也没有说不要蒋,蒋也消灭不了他。这些民变的力量从零星的到扩大的,从散在的到联合的,都有可能。在野各政党对民变也不会长久不参与。其次,英美政府对蒋的帮助也会变化的。蒋吹牛说,不管共产党如何,我退到加尔各答,还是一个中国政府。(笑声)大家不要笑,蒋如退到加尔各答,英美政府还是会承认他的。英美政府对合法这一点是看得很重要的。比如波兰流亡政府,英美现在还是承认的。但到那样情况,英美政府就不会只帮助他,或像现在一样看重他了。英美并不是一定非长久支持蒋不可,英美在中国是要找一个同盟,或率直些说是要找一个工具,要工具也何至于一定非蒋不可呢?英美帮助了蒋,日本打来,蒋抵不住,敌后又有许多抗日力量在生长,愿意与英美合作,那时英美为什么一定只有蒋可以支持呢?日本是不是一定不搞垮蒋呢?这也不一定。武汉退出以后,四五年间,日寇未真正打蒋。去年才打得不同一点,那是因为蒋得到美国很多的帮助。在英国美国对蒋帮助多的时候,或老蒋被迫对人民放松一些。人民起来了的时候,日本也可能下决心要打垮他。人民受束缚的厉害,不能动员起来,抗日就没有真实的力量,英美要行动时就不会赞成这样的办法。对这样反动政策就会有所批评。英美帮助越多,他们对中国越有发言权。日寇的进攻将越厉害。对日战争愈失败,英美不满和国内人民不满一定增加,这些都是可以想象得到的。蒋为人很机警,总不下死棋。他个人还有适应环境的能力。他虽号称以不变应万变,实则他也有变的可能。我们要观察蒋的前途,应该看蒋现在依存的三个基本因素和他本身的变化如何而定。

我们党已把民主的联合政府和联合统帅部的要求提在蒋的面前,这是与他一党专政、个人独栽①的政策针锋相对的。我党这个要求在国际国内方面都博得广大人民的赞成,甚至在国民党内部也有一部分明白人认为极合理。

---

①本辑录编者注:原文此处"栽"应为"裁"字之误排。

但蒋拒绝了,他必然要想些新的骗人的办法。我们要尽量揭穿他的阴谋和假面具,同时,毛主席提出的"一九四五年的任务"中要求国民党当局改变现行政策,以便建立民主的联合政府为全国人民的总任务,我们更要想出许多办法来和全国人民一道去完成这一总任务。

大后方各党派情况①

一九四五年三月

今天讲的是关于大后方各党派问题：即国民党、国社党、中国青年党、第三党、救国会、职教社，以及最近成立的民主同盟的问题。要对这些党派作一个历史的研究，今天是谈不了，时间要很长，现在只从下面几点来谈，即：（一）各党派组织形态；（二）党员及其成分；（三）政纲；（四）领袖和干部；（五）宣传机关。

一 国民党

国民党是中国最大的政党，是当权的党。它的历史有五十年，去年举行了该党成立的五十周年纪念。

（一）组织形态

它的组织形态，是大后方各党中组织最完备的，最高党部是中央执行委

---

①本辑录编者注：该文选自北京师范大学政治系编的《中共党史教学参考资料（第三册）》，原题目为《关于大后方各党派问题》。收在《董必武文集（第一卷）》（征求意见本），第272—303页，这次选编时参照《董必武文集（第一卷）》（征求意见本）作了校订。

员会,以下有省党部、县党部、区党部、区分部(等于我们的支部)、小组。

(二)党员数量及其成分

党员数量据他们自己说有二百万,还不包括军队党员在内。他们的军队是强制全部入党的,军队有五百万,这样算来,军队党员就有五百万了。但国民党经常把这部分党员和普通党员分开来算,国民党党员的极大多数是公务员、保甲长、大学教授、中学生、小学教员;公务员包括高级官吏在内。民国二十九年强迫入党,最多的是初中学生和小学教员。党员成分包括买办、地主、资本家、中小资产阶级以及少数工人——是一部分出卖阶级利益的工人。除军队中的党包含有农民成分外,没有农民党员。去年春国民党曾经开会,决定要发展乡村中的党员。结果如何,不清楚。但在农民中影响不会大的,因它的现行政策,不能为农民所拥护。

(三)政　纲

三民主义是国民党的最高政纲。关于三民主义的解释,孙中山先生自己有讲演,胡汉民有解释,汉奸汪精卫、周佛海等各有解释,蒋介石也有解释。那些解释是分歧的。正确的解释应当以"国民党第一次全国代表大会宣言"为根据。因为(一)那是孙中山先生亲自主持的大会通过的;(二)那是代表大会上的决定,不同于私人意见的;(三)那时是国民党和共产党合作,共产党也赞成那种解释的。

民族主义——民族主义照"国民党第一次全国代表大会宣言"的解释有两方面的意义:"一则中国民族自求解放,一则中国境内各民族一律平等"。但现在国民党当局的解释是对外则要求民族独立,对内则以大汉族为中心。这自然是与该党"第一次全国代表大会宣言"的解释相抵触的。至于说国内民族一律平等的解释,应包含有国内各少数民族有民族自决权,将来组织统一的(各民族自由联合)的国家,那就是现在国民党内最开明的各派都难承认的。

民权主义——"国民党第一次全国代表大会宣言"所解释的民权是"一

般平民所共有,非少数者所得而私"的民权,是革命的民权,而不是"天赋人权"。是"为国民者,不但有选举权,且兼有创制、复决、罢官诸权"。

民生主义——主要的原则是平均地权,节制资本。孙中山先生在时关于节制资本讲的不多,关于平均地权讲了几次。"国民党第一次全国代表大会宣言"的解释亦很简略,只说由国家规定土地法,土地使用法,土地征收法及地价税法,使土地权不为少数人所操纵,为平均地权之要旨。只说,凡企业有独占的性质,或规模过大为私人之力所不能办者由国家经营管理之,使私有资本制度,不能操纵国民之生计,为节制资本之要旨。但国民党在南京执政之后,把民生主义完全摔到脑后去了。中山先生的基本观点还没有要消灭私有财产,平均地权是允许土地私有权的存在;节制资本也是承认资本主义制度的存在,这是很明显的。他说民生主义就是社会主义,他所了解的社会主义是很抽象的。不消灭私有财产制就不是社会主义,这是另外的问题。"国民党第一次全国代表大会宣言"的解释,也不包含有消灭私有财产的意思,照其所主张的办法做去是比较进步的。我党现行政策还没有超过这个纲领。

其次是"抗战建国纲领",国民党决定这个纲领为抗战期间施政的准绳,自然还不是三民主义的全部实施。但按照这个纲领切实做去,对抗战是有帮助的。所以我们也拥护这个纲领。

蒋介石在一九四三年公布了他自己的纲领,那就是《中国之命运》,这本书著者自称是依据三民主义写的。他讲民族主义,把中国境内各民族讲成是同一血统的种族。这是伪造历史,是法西斯的讲法。全书的精神,是反共产主义反自由主义的。关于民权主义说得最少,只说要建立一个三民主义国家。经济建设讲得最多。他说的建国计划是很可笑的。试版中只说五年计划,后来觉得少了,在正式出版时就添五年,改为十年计划,各项经济建设的数字也增加了。在增订版中又补上农林建设的计划,可见那些计划是很随便写的,例如:说十年以后要有十二万个医生,可是现在政府登记的只有几百个医生。而医科学校在国内的不过几百个学生。一个医科学生要经过大学毕业,至少要五年才可成为医生。那末,从他的计划实行之日起,要第六年才有大批新医生出而问世。这应当要设多少医科学校呢?医科学校应有怎样的设备才算数呢？这些都没有谈，只说要在十年内造成十二万个医生，这实在是瞎说，是向壁虚构的。这样的《中国之命运》还要在考试公务人员和学生时，用来考试的哩。

拿上面三个纲领来说："国民党第一次全国代表大会宣言"所解释的三民主义是最进步的，"抗战建国纲领"我们可以支持，《中国之命运》是法西斯的精神，最反动的。

（四）领袖与干部

甲、国民党的总裁是蒋介石。他是流氓出身，曾作过上海交易所的拍板人。他为人很机警，阴贼险狠，野心很大。住过保定军官学校，也是日本士官学生，入国民党后颇为孙中山先生所信任。但在国民党内直到一九二六年地位尚不高，后来因练兵打胜仗（这方面得我党与苏联的帮助很大），渐被该党尊重。他又拼命扩充他私人权力，逐渐成为国民党的最高领袖和中国的大独裁者，他代表大地主、大资本家的利益，保守、顽固，复古倾向很重，鞭笞人民，奴役部下，善善而不能用，恶恶而不能去，重私感、好面子，说好听的话，做顶坏的事，色厉内荏，外强中干，欺善怕恶，欺软怕硬。装模作样，恃势骄人。有时又作出卑躬折节，礼贤下士的姿态，假仁假义，使诈使贪。拉老人捧场，用青年垫脚。他惯用的手段是"哄"、"吓"、"压"，他凭借的资本是"官"、"势"、"钱"。感情极易冲动而学忍耐，自信很坚而顾虑颇多，如下棋不下死着子，这点却值得我们学习。他个人生活有秩序亦是其优点。

乙、国民党的干部为数很多，不能一一叙述。但就政府和党机关中著名的干部，写一部分。

1. 五院院长：

行政院——院长蒋中正，现是宋子文代，副院长孔祥熙。

立法院——院长孙科，副院长叶楚伧。

司法院——院长居正，副院长覃振。

考试院——院长戴传贤，副院长周钟岳。

监察院——院长于右任，副院长刘尚清。

2. 行政院分十二部,部长如下:

内政部——张厉生。

外交部——宋子文。

军政部——陈诚(原何应钦)。

财政部——俞鸿钧(原孔祥熙)。

经济部——翁文灏。

交通部——曾养甫(现已改任俞飞鹏)。

粮食部——徐堪。

教育部——朱家骅(原陈立夫)

社会部——谷正纲。

农林部——盛世才。

兵役部——鹿锤[①]麟。

司法行政部——谢冠生。

3. 军事委员会分四部,部长如下:

军政部——陈诚(该部在行政上属行政院,在军事上属军委会)。

军令部——徐永昌。

军训部——白崇禧。

政治部——张治中。

参谋总长何应钦,副总长程潜、白崇禧。

军委会办公厅主任贺国光。

4. 国民党中央党部各部部长如下:

组织部——陈立夫。

宣传部——王世杰。

海外部——陈庆云。

5. 特务系统:

中统局——副局长徐恩曾现改为叶秀峰(局长为陈立夫不管事,由副局

---

①本辑录编者注:原文此处"锤"字应为"钟"字之误排。

长负责,但现在管事最多的是郭紫峻)。

军统局——副局长戴笠(局长有时为军委会办公厅主任,有时为侍从室主任,实际不管事)。

宪兵司令——张镇。

6. 三民主义青年团——团长蒋中正、书记长张治中。康泽是三青团管组织的,他领导着团的工作特务化。

贺衷寒过去主持政治训练处,他也领导了政工系统中的特务。蒋介石侍从室的秘书主任是陈布雷。蒋经常接近的有以下一些人:(美国的一个杂志,曾画过一张漫画——蒋介石坐在中间,周围是一群亲信)戴传贤、陈果夫、陈立夫、陈布雷、何应钦、孔祥熙、张群、吴铁城(中央党部秘书长)、王世杰、张治中,这就是蒋介石的一圈子。

丙、蒋和他的干部有三种关系:

1. 亲戚关系——主要是孔、宋两家。蒋对孔祥熙很相信,因为孔很听话,蒋用钱是没有预算的,宋要预算,孔就不要;并且孔夫人宋霭龄与蒋夫人宋美龄是姐妹,宋美龄从小时候就是宋霭龄照顾长大的。孔是他夫人管钱的,孔夫人和蒋夫人又是姊妹,他们里面的事情就难得搞清楚的。

2. 同乡关系——戴传贤是浙江人,陈诚、汤恩伯、胡宗南也是浙江人,陈果夫、陈立夫、陈布雷都是浙江人,蒋相信黄埔尤其是相信黄埔中的同乡。

3. 同学或部属关系——何应钦、张治中,他们代表复兴派;贺衷寒、康泽也是。和蒋经常来往的还有张群、熊式辉等政学系著名人物。与蒋关系密切的不是五院,而是以上所说的一些人。

(五)国民党中的派系问题

甲、元老:这一批元老,实际上还不成为一个政派,著名的有:孙科、于右任、冯玉祥、居正、覃振、邹鲁、丁维汾、邵力子,还有戴传贤和张继。这班元老在党国的地位都很高,但没有什么权,绝大多数主张抗战和民主,都赞成联苏和联共。可是在程度和方式上又各有差别:戴传贤是最反动的一个,蒋的保守顽固的政策,戴都给以理论的支持。张继反苏反共最坚决。居正据说对抗战有些动摇,其余的人对上述四个问题的态度都较好。这因为有很长久的革命历史,又他们信仰三民主义,对抗战和民主是愿意的,要抗战获得真正的胜利所以也同意联苏和联共。但是他们每人都拖着一个大尾巴——家庭和亲戚故旧,所以不敢动,其中肯讲话而又能讲话的要算孙科和邵力子。

孙夫人宋庆龄,廖夫人何香凝,柳亚子(柳原是监察委员,因皖南事变同情新四军,被开除了监察委员职务)。他们是国民党元老中左派,更没有权,他们想恢复大革命时国共合作的状态。这一些元老彼此在政治上没有较亲密的关系,见面时大家都是很客气的,很少交换政见。

乙、CC派:头子原是二陈(陈果夫、陈立夫),现在陈布雷因地位关系也变成要角了。他们下面的大将有:潘公展、洪兰友、张道藩、徐恩曾、张厉生、方治、余井唐、曾养甫等。张厉生曾一度依附陈诚,颇受CC打击,以后才渐渐好起来。还有一员大将是朱家骅。但朱家骅自己成一个系统,他做过浙江省主席,做过内政部长,做过三青团书记长,做过五年组织部长,所以他自立门户。他由CC出来,逐渐变成CC的反对派。陈立夫与朱家骅对立是很厉害的,蒋也感觉到了,但毫无办法。潘公展管图书审查委员会。张道藩搞戏剧协会。潘就搞一个著作人协会,和张对抗;张潘都是CC中搞文化工作的,两人矛盾很厉害,各想领导文化界。余井唐是组织部副部长。方治是重庆市党部主任委员。徐恩曾原是CC的特务主持人。CC的地盘是党部,是政府机关,是学校,抗战后已逐渐伸入财政经济界。CC是国民党中最反动的一派。它反苏反共反民主,也反对抗战。这因"七七"抗战以后,它挨骂最多,损失地盘和权力最大,所以不愿抗战;CC中有许多汉奸,著名的是周佛海、吴开先、李敬斋等。

丙、复兴派——复兴派大别之有两股:

一股是何应钦、陈诚、张治中、蒋鼎文、刘峙等。这些人都是黄埔的教官;他们都当过大权都有地位,是帮助蒋打天下的功臣,绝大多数都已发了财。

另一股才是真正的复兴派,是黄埔学生出身的,以贺衷寒、胡宗南、康泽、滕杰、袁守谦、刘咏尧等为首脑。复兴社的地盘是军队及军事机关,是军中的政治部,是三青团。这派反苏、反共、反民主和CC一样,有时还要露骨些;与

CC不同的,它还支持蒋的抗战。

复兴中做特务工作的是戴笠、郑介民,还有曾扩情现在不大行时。

黄埔生中只有贺衷寒、胡宗南、曾扩情是国民党中央执行委员,复兴派的理论家有刘健群、刘炳藜、陈锺浩等。刘健群是第一个主张在中国实行法西斯的理论家,抗战后为了和老婆闹离婚的关系并且政治上不很得意,曾做过一次和尚。刘炳藜和陈锺浩现在不谈法西斯又来讲民主了。他们都不是黄埔出身的。

丁、政学系:著名的有张群、熊式辉、陈仪,都是中委。吴铁城、王世杰,国民党都说他们是新政学系,也都是中委。不是中委的有吴鼎昌、张嘉璈、翁文灏等。这班人都有点本事,继承了中国官僚的传统,现在都有地位,也有权。他们以蒋的政策为政策,代他出主意做得更圆滑些。他们不像CC那样党化,也不像复兴那样蛮横。

戊、英美派:王世杰(留英)、翁文灏、蒋廷黻、王宠惠(老国民党员)、杭立武(教部次长),孔、宋也属这一类。他们比较接近英美,了解政治较多,也赞成相当的民主。这一派像政学系没有什么,组织和政纲。其中,孔与宋却是水火不相容的。

己、另有大革命时代的左派,现在没有势力,没有地位和权力,不得志,人数可不少。他们坚决主张抗战,要求民主迫切些,外交主张联苏,对中共愿意联合,这些人中有谭平山、李世璋等,他们原来相互没有联系,但现在是在接近中。

庚、旧改组派及其他:郭春涛、邓飞黄、范予遂、罗贡华、于振瀛等。他们要抗战,对其他的问题内部意见颇分歧,但要求党内民主则是一致的。

要求党内党外都实行民主的一派,当以孙科为首,但他还没有取得党内主张民主各派的领导地位。这因为他过去政治态度摇摆不定,又因为国民党内要求民主的各部分都没有联系起来。现时国民党内部在重庆共有七十多个讨论民主问题的座谈会。其中以孙科一派为最大。这派以立法院一部分人为主,如王昆仑、许宝驹、钟天心、周一志、马超俊(马与CC有过接近,但碰了钉子又回到立法院来了)等都属之,这些人中王、许在目前是比较进步的一派。

辛、地方实力派(有国民党籍的)

滇——龙云(中委)。

川康——邓锡侯、潘文华、刘文辉。

桂——李宗仁、白崇禧、黄旭初、夏威(李、白、黄是中委)。

粤——余汉谋(七战区司令长官)、薛岳(九战区司令长官)、张发奎(四战区司令长官)、李汉魂(广东省主席)。

晋绥——阎锡山(二战区司令长官)、傅作义(集团军总司令原属阎,后归蒋)。

西北——1. 冯玉祥系——孙连仲(六战区司令长官)、刘汝明、冯治安(都是集团军总司令)。2. 杨虎城系——孙蔚如、赵寿山(都是集团军总司令)。

东北——只剩下何柱国(集团军总司令)。

回回——四马:马鸿逵(宁夏省主席,集团军总司令)、马鸿宾(军长)、马步芳(青海省主席、集团军总司令)、马步青(军长)。

这些地方实力派都有国民党党籍,但大多数对蒋是离心的,因为蒋要搞垮他们。蒋与川滇实力派矛盾很大,冲突很多。这些地方实力派大都要保全自己的实力,其中抗战较坚决者为粤桂系及晋绥之傅,公开勾结日寇者为晋阎,为着对付蒋而赞成民主主张者为川滇实力派,他们也不反苏与反共。

壬、国民党内各派别的相互关系:CC与复兴关系最坏,甚至互相杀害,CC分子,李蔚唐在安徽是复兴主持杀掉了的,CC分子卢斌在山东也是复兴分子杀掉了的;CC主持的特务与复兴主持的特务也是水火不相容。CC、复兴又与政学系不相容,与孔宋也不合。孔与政学系又不和。中央与地方总搞不好,至于各派内部的磨擦,个人相互间不调,简直是矛盾重重,举例也不胜其举了。

(六)国民党的宣传机关

甲、报纸——《中央日报》属中宣部,总馆在重庆,各地设有分馆;《扫荡报》属政治部；各省或县还有不少的日报。

乙、杂志——有《中央周刊》，《三民主义半月刊》等共四十余种。

丙、通讯社——中央通讯社是垄断性质，和英国的路透社，美国的合众社，订有条约，交换电讯，但和塔斯社条约还没有订好。还有一个假充民办的通讯机关名"盟利社"是何应钦、潘公展等出名来办的，他们恐怕中央社宣传反共不大方便，所以假借人民的名义，来专门反共。

丁、中央文化服务社——各省各县皆有布置，但成绩不很好，花钱多，效果少。

还有大书店如正中书局、青年书店、拨提书店（拨提是 party 的音译）。正中书局想垄断全国教科书，后来搞不了，才与中华书局、商务印书馆、世界书局、开明书店等合伙。现在教科书都由他们出版。此外还有独立出版社、文信书局等（在重庆）。国民党曾企图统制全重庆的印刷机关，但没有达到目的。

二　中国国家社会党

中国国社党的前身，是一九三〇年春夏之交，上海一些银行家和大学教授，看见中共力量的增长，国民党统治的无能，他们想从中国旧传统和外来科学文明中找出办法来挽救中国，办了一种刊物名《自由评论》。人称为"自由评论"派。"九一八"以后以"抗日救亡"旗帜相标榜，才正式成立组织，公布政纲。

(一) 组织—形态

国社党组织形态未完备，仅有中央领导机关。

(二) 党员及其成分

党员数量不多，抗战初据说有二百余人，以后没有听说有什么发展。

党员成分：大资产阶级，大学教授，大学生。

(三) 政纲

国社党的政治主张有下列三要点：

(甲) 国家民族本位。他们"相信民族观念是人类中最强的，阶级观念不能与之相抗"。

(乙) 修正的民主政治。他们主张"在原则上完全合乎民主政治的精神，在实施上必须使党派的操纵作用，不能有所凭借"。关于"修正的民主政治"，国社党于一九三九年十二月公布了一个方案共十一条，其第一条主张以举国一致之精神组织统一的政府。第二条主张由全体公民选举代表，组织国民代表会议；并主张凡党纲公开，行动公开，不受他国指挥之政党，一律参与选举。这条后半截的用意何在，不难想见，明明是限制共产党不能参与选举。其余各族大体是摹仿英美民主制而写的。全文在附录中，可供参考。

(丙) 渐进的社会主义。他们主张"一、为个人谋生存之安全，并改进其知识与环境计，确认私有财产。二、为社会谋公共幸福，并发展民族经济与调剂私人经济计，确立公有财产。三、不论私有与公有，全国经济须在国家制定之计划下，由国家与私人分别担任而贯彻之。四、依国家计划，使私有财产趋于平衡与普遍，俾得人人有产而无贫富悬殊之象。五、国家为造产之效率增加及国防作用计，得以公道原则，平和方法，移转吸收私人生产及其余价，以为民族经济扩充之资本"。

国社党认为他们的"国社主义"与希特勒的"国社主义"不同，因为后者带"民族"的意味甚多，而他们的"国社主义"，才是真正的国家社会主义。

(四) 领袖与干部

国社党领袖为张君劢 (五十九岁，江苏人，德国留学生，研究倭铿哲学，在我国"科玄之争"他是主张玄学的主将。国外颇有学者名)

党中著名人物有：

罗隆基 (江西人，美国留学生，大学教授，过去反苏反共，抗战后态度有些

转变。一九四二年被国民党压迫登报脱离该党)

张东荪(在北平被日寇软禁,亦称脱离该党)

罗文干、胡石青(两人均已去世)

徐傅霖(原在香港办报,后赴新加坡,新加坡沦陷后不知所终)

章士钊、江庸(此二人不承认是国社党员,但他们和张君劢的私交很好)

梁实秋、蒋匀田、孙亚夫(都在重庆)

汤芗铭、陆鼎揆、诸青来(汤在天津,陆在上海,都与日寇有往来;诸在南京任伪职)

国社党的组织实际上已呈瓦解的形势,很少听到他们举行什么会议。对于国际国内政治问题,除张君劢个人偶尔发表一点意见外,久已不见国社党的什么主张。

国社党对抗战是主张的,虽有几个党员在日寇那里活动,张君劢在一九四二年被国民党逼迫已声明那些人与国社党无关系。张君劢一般是主张抗战的,在抗战不利时有些悲观的言论,当国际好转一点,他的胆子又壮了。

国社党主张的民主是英美式的民主,他们对于广大人民是忽视的。

国社党对苏联不研究,一向是盲目的接受英美反苏分子的宣传,所以他们反苏,他们不认为苏联是民主国家,不研究斯大林宪法。只有一位胡石青看了斯大林宪法后,才说中国制宪应采取苏联新宪法的精神。我国抗战,他们希望苏联帮助更大。苏联自斯大林格勒获胜后,他们才认识到苏联的力量。他们在外交上是主张联苏不赞成反苏的,当然他们还保留着若干对苏联的批评意见。

国社党过去反共,被国民党利用了一次,一九三八年十二月张君劢致毛泽东同志一封公开的信,主张我们把八路军之训练、任命与指挥完全交给蒋手。劝我们取消特区,暂时抛弃马克思主义的信仰等。毛主席没有理他。我们许多同志加以痛驳,同情的人也有驳斥他的。国民党利用他这篇文章到处翻印散发。给了一点钱让他办一个民族学院。太平洋战争发生后,国民党反动,因张加入民主政团同盟,将张扣留重庆,解散民族学院,张对国民党自难发生好感。我们自一九三九年来,慢慢和张接近,解释我党政策,他的态度已不敌视我们,他参加民主政团同盟,我们赞助同盟的组织,他受国民党打击,我们寄以同情。他现在不但不反对我们扩充军队,成立边区,他还怕军队的力量不够强大和边区遭受袭击呢!张已认我党为在中国实现民主中一支必要的友军。

(五)宜①传机关

他们有一种刊物名《再生》,近来脱期很久,张君劢也不大写文章登上去,张近来的文章多登"民宪"月刊。

三 中国青年党

中国青年党原名国家主义青年团。一九二三年十二月二日,中国留法的一些相信国家主义的学生和侨胞,因临城劫车事件,各帝国主义倡议瓜分中国的刺激,在巴黎成立的。后改名为中国青年党。

(一)组织形态

中国青年党的组织形态较完备,有中央领导机关,有地方组织,但地方组织只在四川较有基础。

(二)党员及其成分

党员确数不详,据一九四四年十二月三日成都《华西日报》载"自强社讯":十二月二日为中国青年党建党二十一周年纪念,并谓"该党为中国今日之一大政党","拥有大量党员"。

党员成分:大学教授、中小学教员、大学生、公务员、军人、地主及资本家。

---

① 本辑录编者注:原文此处"宜"字应为"宣"字之误排。

(三)政纲

中国青年党的基本理论是排斥异族,认为自己的种族优越;否认国家的阶级性和历史性,认为国家是超阶级、超历史的,是社会发展的最高阶段,是人类中的最高理想,是神圣不可侵犯的东西。

青年党的宗旨,是"本国家主义之精神,采全民革命的手段,以外抗强权,力争中华民国之独立与自由;内除国贼,建设全民福利的国家"。该党在"外抗强权""内除国贼"的标语下有很长时期的反苏反共,政治上与北洋军阀多往来。因不满国民党的一党专政,曾提出"争取民主自由权利"的口号。直至"七七"事变后,才倡言"政党休战",提出各爱国党派共同抗日的主张。

青年党的抗战主张:"(1)拥护政府抗战,以求最后胜利。(2)促进民主政治,完成各级民意机关。(3)厉行全民总动员,加强抗战力量。(4)在不妨害国家之独立与统一原则下,联合各党共同奋斗。(5)肃清贪污,解除人民痛苦。(6)策动友邦,实行制裁暴日"(见一九三八年九月一日青年党《第九次全国代表大会宣言》)。

一九四四年十二月二日为青年党建党二十一周年纪念,该党中央发表对时局宣言,提出四项主张:(1)武装全民,(2)结束党治,(3)培养富源,(4)敦睦盟邦。其次在教育文化上,主张"尊重学术"思想的自由,取消统制干涉的政策"。对在国内各族主张"尊重民族及宗教间的自由,保障其自治权利"(摘自《书报简讯》五十五期)。

(四)领袖及干部

青年党的领导人物:

曾 琦 四川人,留法学生,复古倾向很浓,喜欢旧文学,很自负,他开始以为蒋介石在战事失利时会改组政府,要拉他入阁,后来蒋不理他,他就跑到上海去住,没有就伪职。

左舜生 湖南人,去法国游历过,研究中国近代史,有些著述,当过大学教授,主张抗战,但对蒋所领导的抗战常抱悲观。近来他在青年党中是比较肯研究苏联的,对苏联比较了解。

李　璜　四川人,留法学生,研究历史,大学教授,对苏联和中共抱机会主义的见解,对他有利时他表示好。

陈启天、余家菊、常燕生、姜蕴刚、魏嗣銮(他们都是大学教授)

翁照垣　广东人,"一·二八"淞沪抗日战争时,他在十九路军任旅长,守吴淞炮台颇著名。

赵毓崧　也是青年党党员,现在南京伪政府任职。

曾、左、李三人是轮流值年主持该党。该党对抗战是拥护的,但党员中有在南京任伪职者,有暗中和日寇来往者,他们从未公开批评过。他们许多主张是同战国派一样的。曾对法国贝当的投降寄以同情及希望。

该党对民主,"主张民主政治,实行各党并立","因而,对于一党专政与一阶级专政皆未敢苟同。(见《国论》八号,《中国青年党十五周年纪念》一文)。在政治上虽主张"实现全民政治",主张实行宪政,但实际上是很狭隘的民主,顶多是像过去法国第三共和的民主那样。

该党对苏联,抗战前是持反对态度的,在抗战初期,苏联帮助中国很大,所以那时对苏联比较好,以后,在苏德签订"互不侵犯协定",苏芬战争爆发,苏日"中立条约"宣布时,他们都反对苏联。该党一贯指苏联为一极权主义国家,不承认苏联是民主制度。到斯大林格勒战役后,苏联在战争中逐渐取得优势时,他们对苏联态度也好转,现在是主张要和苏联搞好的。

该党过去反共,抗战后在理论上还是反共的,反对唯物辩证法与唯物史观,反对有阶级立场的观点。该党在川康有时也受国民党的压迫,但国民党在各小党派中拉拢他们是比较厉害的。不过,当国民党想利用他们做反共的工具时,他们没有做。该党去年二十一周①纪念所发表对时局宣言,比它在一九三八年所公布的对抗战主张还要进步些。在争取全国民主是愿意和我们合作的。我党在解放区的力量,也逐渐被他们所认识。对我们猜疑和恐惧的心理,比从前淡些,但未完全去掉。

---

①本辑录编者注:此处"二十一周"疑为"二十一周年"之误排。

(五)宣传机关

他们有日报名《新中国日报》,在成都出版,可以销售三四千份。有杂志叫《国论》,以前停了,去年又复刊。有一个书店叫"国魂书店"也在成都,但时开时闭。也办有学校,叫"川康建设学院",是国民党出钱由他们主持的。

四 第三党

第三党本名"中华民族解放行动委员会",是在大革命失败后,一部分原在国民党内工作、因反对当时党的政策而脱党的共产党员和当时国民党左派的一部分,共同组织的。

(一)组织形态

该党各级组织尚未建立起来,只有党员与其负责人联系着。

(二)党员及其成分

党员确数不详,散在中国东南区(如福建、江西、广东、广西等省)颇多,党员成分主要是小资产阶级及知识分子,也有当过大学教授,现在在学生中党员数量不大。

(三)政 纲

该党原定政纲的主要点,是根据孙中山"耕者有其田"的口号,反对中共用武装暴动,没收地主阶级土地分配给农民的办法。一九三四年福建人民政府的成立,主要是他们策动的。在"九一八""一二·九"后,他们发表组织反日阵线第一次宣言,响应我党"八一宣言"的号召。在宣言中,他们主张"中国反帝民族革命战争,应自对日战争始",他们认为"中国人民,除了以民族革命战争回答日本帝国主义吞并中国的暴行……解放中华民族外,其他一切的方法都是自杀的方法"。他们主张"召集人民非常代表大会,由一切真正民众组织和革命的政团及革命军人选派代表参加",成立最高抗战机关,主持对日作战事宜。他们号召"一切革命的党派……应该放弃其宗派的偏见,在反帝反日战争和土地革命两大原则下,形成巩固的联台①阵线,组织统一的行动指导机关"(详见《抗战行动》半月刊第一期该党宣言)。他们在抗战中主张"土地革命",是过左的政策。

(四)领袖及干部

该党的领导人物:

邓演达　是国民党左派,"九一八"后,已被国民党在南京枪杀。

章伯钧　原为共产党员,在叶贺南征潮梅失败后,自动脱党。安徽人,德国留学生。一九三九年后政治态度更确定。

丘映芙　广东人,现在香港。

张云川　江苏人,是梁漱溟的学生,曾到过华中根据地,写过文章,对我们很好。

杨伯恺、李伯球、王一帆、杜冰波、朱蕴山、王枕心、季方等。

谭平山、黄祺翔两人已脱离第三党加入国民党。

彭泽湘　脱离第三党投降国民党,在戴笠名下做特务。

第三党对抗战是坚决的。曾经呼吁全国人民拥护抗战到底,反对动摇犹豫的分子妨碍抗战的一切企图。该党对民主,认为抗战胜利与实现民主有不可分离的联系。他们认为要抗战胜利必须实行政治的改革,改革政治的内容决非对过去政治方针加以局部的修改,而是整个扫除官僚主义的毒害,切实实施民主政治。他们赞成各党各派的联合,反对一党独裁。

该党对苏联的态度与前述各党派不同,他们坚决主张联苏。主张把英美法对中国的同情援助和苏联对中国的同情援助要严格加以划分,说前者"断

---

①本辑录编者注:原文此处"台"字应为"合"之误排。

不是站在中华民族利益的前途下的举动,而是站在它们自己本身在华利益和暴日对立的行动。(见《抗战行动》,半月刊第一期)。只有后者,"才有革命的意义"(章伯钧语)。

他们认为共产党是抗战与民主的中间最可靠的朋友,对破坏团结的一切言论,他们都加以严厉的驳斥。如章伯钧说:"所谓反共问题,更无辩驳的价值了……在当前抗战阵线上,共产党是同样效忠国家,为民族服役,参加抗战,更无特殊标榜反共的理由"(见一九三九年九年[①]十二日《新华日报》)。

(五)宣传机关

在抗战初期,在武汉出版一个日报叫《进步日报》,随着武汉撤退而停闭。同时有一个《抗战行动》半月刊,也在武汉撤退时停刊了。在重庆开了一家"正谊书店",以后受国民党压迫关了门;该党拟办一《中华论坛》杂志,开始国民党不允许,去年被允许了,但他们自己又无力出版了,直到最近才出了创刊号。

五 救国会

救国会是在抗战前不久成立的。"九一八"后国民党政府持不抵抗政策,日寇侵略中国的事件不断发生,全国各地救亡运动迅速开展,组织了各种各样的救亡团体。为了指导各种救亡运动,需要全国性的统一组织,由上海各救国会联合召集全国各地救亡团体代表和热心救亡工作的个人,于一九三六年五月三十日在上海青年会开了全国救国联合会成立大会,发表了宣言及通过了抗日救亡初步政治纲领。

[①]本辑录编者注:原文此处"年"字应为"月"字之误排。

(一)组织形态

救国会还没有形成一种政党的组织,只有上层的机构。

(二)会员及其成分

会员数量无确实统计,成份是知识分子、公务人员、店员、自由职业者,多属于小资产阶级。

(三)政纲

他们的政纲主要是要成立救国阵线,而救国阵线现阶段的主要任务是促成全国各党各派的澈底团结与共同抗日,认为民主制度的确立是各党各派彻底合作的基本条件。结社集会言论出版的自由是联合阵线毫不能让步的要求。他们主张召开各党各派合作的抗日会议,主张以普选方式产生国民救亡会议及统一的救国政权。他们认为"国家力量的统一,是必需的;但应该为抗敌而统一;以抗敌求统一;而不能为统一而统一,更不能以统一消灭抗敌"。

(四)领袖及干部

救国会的著名人物有:

沈钧儒　满清进士,浙江人,今年七十二岁,日本留学生,学法律,是旧国会参议院议员,在上海办法政大学,当律师,在社会上声望很高,又是国民党党员,一九三六年因救亡运动为国民党政府逮捕,有名的"七君子"之一,"七七"事变后才被释放。抗战后任参政员,现为律师。

张申府　河北人,法国留学生,大学教授,很早时加入过共产党,以后脱离,在中国传播过罗素的数理哲学。

陶行知　安徽人,美国留学生,大学教授,专门研究教育,是生活教育学说的创造者。他的学生很多成为我党党员。

邹韬奋　江西人,在著作言论界有权威,编过《生活周刊》《大众周刊》、《全民抗战》等刊物,拥有读者三十余万。曾游历过英美与苏联,对苏联有深刻的同情。亦为"七君子"之一，抗战后任参政员，新四军事件后反抗蒋的反动，被迫离开重庆，去年因病去世。

沙千里、史良　都是名律师，都因救国被捕，为"七君子"中的名人，史曾任参政员。

李公朴　"七君子"之一。

王造时　也是"七君子"之一，曾任参政员，现在宪政实施协进会会员。

章乃器　浙江人，他想在国共两党之外另求出路，主张救国会不要共产党员参加，这要求被救国会其他人拒绝，所以他就不愿成为救国会会员了。近来对我们较好，也是"七君子"之一。

张志让　江苏人，名教授，主编《文摘》与《宪政》。

刘清扬、曹孟君、胡子婴、韩幽桐、杜君慧，都是中国妇女界有名的人物，她们本身都很能干。

张友渔、王炳南　他们二人是中共党员，在救国会内是公开的。

救国会对于抗战是最坚决的。

对民主。他们主张民主较为广泛，对我们的新民主主义是完全赞成的。对工人、农民、妇女、国内各少数民族都有较进步的主张。

对苏联。他们主张加强对苏外交，与建立强固的中苏轴心，但亦不要放松争取英美法同情援助的工作。只有在苏日中立协定公布时，他们不满苏联，曾给斯大林写了一封信。

对共产党。他们是我们党亲密的朋友，他们也靠近共产党，国民党说他们是共产党的外围，社会上也知道他们是同情共产党的。

（五）宣传机关

在抗战前，办了许多刊物，如：《救亡情报》等不下百数十种；抗战后办有：《抗战三日刊》、《全民周刊》（在武汉时合并为《全民抗战》）、《救亡日报》等。书店在重庆有生活书店、峨眉出版社，在昆明有白门书屋等。

六　中华职业教育社

该社是民国留念成立的一个教育团体,主要工作只宣传和推进职业教育,后来在政治生活中逐渐成为一个政治派别。

(一)组织形态
该社有总社,现在重庆,有些省分亦设有分社。

(二)社员及其成分
社员数量不下十万(因为他办长期或短期职业训练班次数很多),但社员与总社联系较差,抗战后曾发行一种秘密刊物名《国讯通讯》以联系所有社员,但不普遍;也想把国讯社变成政党组织,但因国民党不准立案,没有成功。社员成分有大资本家(如钱新之)、大流氓、社会上的名人,实际多数是小资产阶级,如公务人员、公司职员、店员等。

(三)政纲
没有什么明确政纲,其政治主张有下列几点:他们历来的基本主张是教育救国,职业教育更为重要,他们是"以救国为职志,以全民抗战为途径"。主张拥护统一,主张民族平等,主张拥护政府及最高领袖,主张各党各派无党无派一致合作,但要服从领袖的命令,主张逐步实行民主政治,主张大规模发动民众。他们有五个个人修养的基本信条:1. 高尚纯洁的人格;2. 博爱互助的精神;3. 忠勇义侠的气概;4. 刻苦耐劳的习惯;5. 正确前进的思想。

(四)领袖及干部
该社著名人物有:

黄炎培　江苏人,前清举人,谘议局议员,江苏教育总会主干之一,游历过美国,袁世凯时代任命他做教育总长他没有就职。抗战前很受国民党的压迫。现年六十七岁,著作很多,对中国旧文学有修养。

江恒源　江苏人,曾任江苏教育厅长,老教育家。

冷　遹　江苏人,军人,辛亥革命时曾任过师长,现办生产事业。

杨卫玉、孙起孟、贾观仁、王正廷、杜月笙、钱新之、穆藕初(已逝世)。

他们对抗战是坚决的。

对民主,他们主张在现行基础上逐步改良,但不主张立即实现普遍的民主政治。

对苏联,主张亲苏与联美并重,他们宣传苏联战前的建设与战后的战迹,对苏联是有热烈的同情。

他们对我党主张团结,并愿意为国共合作的联系人。抗战以来,要我们写文章给他们的杂志,关于我们解放区建设与抗战成绩的文字,只要投稿给他们而国民党不扣掉,在他们机关报《国讯》上都是登载的。几个主要负责人如黄、江、冷三人,年龄都在六十岁以上,他们所办的一些事业也没有很固定的基金,每年都是从一些资本家和现政府得到一些补助和津贴来维持。在抗战中实现民主,他们还是有作用的。他们也训练了一大批事务人才。

(五)宣传机关

他们在抗战前办过《新教育》,《生活周刊》在开始也是他们的刊物之一。"九一八"后,出版了《救国通讯》,宣传救国运动,后改为《国讯》,是他们的机关刊物。他们办有国讯书店和中华职业学校。

七　乡村建设派

该派的创始者是梁漱溟。他的主张萌芽于民国十一二年,到民国十七八年渐次成熟,以后在广东地方警卫队编练委员会开始讲演他的《乡治十讲》。他的理论在广东、广西、河南、山东都讲演过。后来在山东邹平开办乡村建设学院,并以邹平为他的理论实验县。他认为乡村建设运动是起于:1. 救济乡村运动;2. 乡村自救运动;3. 积极建设之要求;4. 重建一新社会构造之要求。他认为中国旧社会在崩溃中,崩溃中的中国社会之问题,是文化失调之问题;中国在政治上无办法,所以要从乡村建设入手。他认为:"中国问题之解决,其主动以至于完成,全在其社会中知识分子与乡村居民打拼一起,所构成之一力量"(见梁著《乡村建设理论》三二六页)。抗战以后,邹平乡村建设学院的学生分为三部分:一部分留在山东打游击和我们在一起作战;另一部分做了汉奸;还有一部分流亡到大后方去了。梁本人对抗战是坚决的,他原来只想做一种社会运动,不搞政权,他曾说:"我们要守定社会运动的立场,绝对不自操政权"(同上附录一三页)。但在抗战中他逐渐改变了这个态度,对民主运动他积极参加,他是民主同盟的首领之一。但他在政治上的主张是很有趣味的,他主张"一多相容"建设"透明政权"。所谓"一多相容""透明政权"者,即议会应包纳各党各派,但各党各派参加政府的党员都应该脱离党籍。自然他这种主张完全是一种空想,不能实现的。他曾经到过延安,和毛主席谈论,见解没有得到一致,以后又和我们谈得很多,除对一般民主没有争论之外,对于具体实现民主的见解是有参差的。后他又到过山东一次,回来时对我们有些不满,但他对国民党区域更加不满,所以对民主运动才积极起来。他对于苏联的建设是很称赞的,他对于苏联如何解决农村问题,有些研究,但实际并不十分了解。梁本人自信很坚,也肯思考,但是从唯心论的观点出发,对事实的分析尚是片面的。他的著作很多,在邹平开设一个乡村书店,发行他的书籍。抗战后他在重庆附近还办有一个勉仁中学。

八　星五聚餐会

这是重庆五个工商实业团体所组成的,其中包括:1. 中国工业协会;2.

西南实业协会;3.迁川工厂联合会;4.国货厂商联合会;5.中国生产促进会。这是中国民族资产阶级的一种组织,每星期五聚餐一次,并讨论他们本身的困难和需要问题,也有讨论到英美苏对我国的关系及国内政治问题。中外记者西北参观团自延回渝后,他们曾邀请《大公报》记者孔昭恺向他们报告陕甘宁边区的状况。他们所最注意的问题是:共产党的实力及对私有财产和对工厂生产、劳资关系等态度问题。该会现在是经济团体的性质,还没有明显的政治主张,目前只要求国民党把经济统制政策放松一点,让他们有发展的机会,他们就满足了。他们自身的出路,需要一种政治上的民主,对这一点他们还了解不够。在去年十二月他们才发表了一个希望实施宪政的宣言,他们对抗战是赞成的。在反法西斯战争中苏联伟大的胜利和中共力量的增长,对他们都有影响。《新华日报》上关于财政经济问题的主张,他们是重视并且赞成的。

九 恒 社

这是以杜月笙为首的青帮公开组织,里面有:陆京士、朱学范等,听说他们见国民党要实施宪政,也想改成政党的组织,他们在经济界有力量,在社会上有潜势力,他们对文化界特别是戏剧界有兴趣。

十 华侨组织

在重庆的华侨,设有银行(华侨银行),办有发表他们意见的日报(《侨声日报》)。他们对抗战是赞成的。国民党分化他们很厉害。他们另外在各方面还有投资,因国民党的财政经济政策,不能帮助他们发展,所以他们不满意,因而也要求民主。

十一　民主同盟

原称民主政团同盟,去年九月才改称民主同盟。这是由国共两党以外各在野党派领袖及社会上要求民主的人士组织而成的。

(一) 组织形态

组织形态逐渐具备,有中央机关及地方组织,成都已成立支部,昆明、西安及广西均有他们的组织存在。

(二) 党员及其成分

党员数量不大,但逐渐发展中。

(三) 政纲

中国民主同盟对抗战最后阶段的政治主张:

一、贯彻抗战国策,切实整理军队,以期加强反攻,争取最后胜利:

1. 改善官兵之生活待遇;

2. 实行精兵政策;改善装备,加强训练,并提高军官教育之水准;

3. 排除派系及地方观念,以军事能力与作战成绩为选任与升降军官之准则;

4. 淘汰抗战以来作战不力之将领;

5. 划清军政、军令、参谋以及前线作战指挥之权责;

6. 根据民主动员之原则,彻底改革现行兵役办法;

7. 加强沦陷区之行政组织,并发展人民之抗敌活动;

8. 全国一切派系不同之军队,应本平等待遇之原则,统筹装备、给养、训

练、补充之公平,以求得作战指挥之统一,并渐进于军队国家化之正轨;

9. 尽量发展本国军需工业,以求达到武器自给之目的。

二、立即结束一党专政,建立各党派之联合政权,实行民主政治:

1. 召集各党派会议,产生战时举国一致之政府;

2. 保障人民言论、出版、集会、结社、职业、身体之自由,废除现行一切有妨害上列自由权利之法令与条例;

3. 开放党禁,承认各党派公开合法地位,立即释放一切政治犯;

4. 迅速筹备实施宪政,立即召集全国宪法会议,制颁宪法;

5. 在宪法颁布前,付①予国民参政会以各民主国家议会具有之主要职权,并扩大省市参议会之职权;

6. 充实一切地方自治基层组织,普遍实行民选;

7. 废除特务及劳动营等类组织;

8. 简化政治机构,分明权责;

9. 本公平原则,按照生活指数,改善公务员待遇,并厉行裁汰冗员,严惩贪污;

10. 对于战时战后之受灾人民,统筹切实救济。

三、确立亲睦之外交政策,加强对英、美、苏及其他盟邦之联系,以期彻底合作,并把握当前之胜利,奠定世界永久之和平:

1. 促进中苏邦交,以期实现英、美、苏、中四国之团结;

2. 严整外交阵容,淘汰不称职之外交官吏,尤应注重驻各重要盟邦之外交人选;

3. 加强国民外交,并分别组织文化经济等民间立场之国际访问团,以期增进了解,加强亲善;

4. 此次战争结束之媾和条约,以及参加战后一切和平机构之提案与人选,政府必须交由民意机关予以正式通过;

5. 关于运用外资,以及一切经济或工业之协定,政府必须征求民意机关

---

① 本辑录编者注:原文此处"付"字疑为"赋"字之误排。

之同意。

四、确立战时经济、财政之合理机构与政策,以期对内对外树立政府与国家之信誉,并奠定和平建设之坚实基础:

1. 财政绝对公开;

2. 国家之预算、决算,须交民意机关审核通过;

3. 关于增加租税,募集公债,以及带有强迫性之储蓄等事项,必须征求民意机关之同意;

4. 根据公平原则,调整一切税法,要整饬税收机关与人员,简化收税手续,以免除苛扰,根绝贪污;

5. 成立币制委员会,力谋稳定币值,并整理流行全国之一切通货;

6. 成立调整物价委员会,以研究调查一切生产、分配、运输、专卖以及合作、工贷、农贷等实际情况,以为平抑物价之张本;

7. 制止少数人之奢侈,停止滥费,吸①一切与战争无关之兴作。

五、彻底革新目前之教育文化政策,保证思想、学术之自由发展,并迅速提高一般国民之文化水准:

1. 立即停止党化教育;

2. 保障讲学自由及从事教育职业自由;

3. 保障学生读书,阅报之自由,不得根据党见,加以取缔;

4. 保障教职员生活之安定,并注意改善学生之营养;

5. 立即停止学校内之特务活动。

中华民国三十三年十月十日公布

(四)领袖及干部

中央委员会主席是张澜,四川人,前清举人,为四川保路同志会坚决的领导人之一,民二国会议员,做过四川省长,前四川大学校长,现年七十四岁。他富有正义感,很耿直,社会声望很高。

---

①本辑录编者注:原文此处"吸"字疑为"息"字之误排。

中央委员有：左舜生、李璜、张君劢、章伯钧、沈钧儒、罗隆基、张申府、梁漱溟、黄炎培等（实际在重庆主持盟务的是左舜生）。

他们对抗战是坚决的，要求民主是他们的目的，对苏联主张中苏关系要进一步搞好，对于共产党，认为任何民主没有共产党参加是不能实现的。

同盟的组织还不够广泛，力量还没有充实，但前途是很广大的。

（五）宣传机关

有《民宪月刊》，由左舜生主编，其中多青年党人写文章，还不能完全代表同盟的意见。另有黄炎培、张志让来主编的《宪政》，是由钱新之等筹款所办，虽不是同盟的直接宣传机关，但与同盟有很密切的关系。

以上各党派的介绍，材料大部分仅凭记忆，难免有些错误，这是因为手边缺乏参考资料所致，希望阅读的同志予以指正！以后如有机会，当作比较具体详细的介绍。这里所述的不过是一个大概而已。

赴旧金山前夕在民盟①欢送会上的讲话②

一九四五年四月六日

民主同盟自一九四〇年成立迄今,已在广大人民中产生深刻印象。它在中国民主革命中起着很重要的作用,延安方面对于同盟的发展是欢迎的,因为中共与同盟今天奋斗的目的是相同的,这一共同目的即是争取中国能实现民主团结,以便达到抗战建国的成功。

中国实现民主改革的过程应有两个步骤,因为今天是一党专政的局面,各党派犹未合法,因此第一个目前时期的步骤,当为经过党派协议,成立临时的联合政府;第二个将来时期的步骤是经过自由的、无拘束的选举、成立正式的联合政府。总之都是联合政府,团结一切愿意参加的阶级与政党的代表在

---

① 《董必武文集(第一卷)》(征求意见本)编者原注:"民盟,全称中国民主同盟,又简称民主同盟。原为一九四一年成立之中国民主政团同盟,一九四四年改现名。一九四七年被国民党政府宣布为非法团体,一九四八年一月在香港重建组织。同年五月响应中国共产党提出召开新政治协商会议的号召,一九四九年参加了中国人民政治协商会议。中华人民共和国成立后,拥护中国共产党的领导,是参加社会主义革命和社会主义建设的民主党派之一。"

② 本辑录编者注:该文原载《新华日报》1945 年 4 月 12 日第二版"本报讯",原标题为《中共代表董必武将赴旧金山,民主同盟茶会欢送》。报道称:"中国民主同盟六日午举行茶话会,欢送出席旧金山会议的中共代表董必武同志。到会者有:沈钧儒、冷遹、黄炎培、左舜生、章伯钧、张申府、陶行知、史良、刘王立明、翦伯赞等四十余人。"收在《董必武文集(第一卷)》(征求意见本),第304—305页。这次选编时参照《董必武文集(第一卷)》(征求意见本)作了校订。《董必武文集(第一卷)》(征求意见本)编者原注:"一九四五年四月六日,董必武代表中国共产党和中国解放区人民,参加中国代表团,出席在旧金山举行的联合国制宪会议,由延安飞抵重庆,并于当天出席了民主同盟为他举行的欢送会。这是四月十二日重庆《新华日报》发表他的讲话摘要。"

一起，在一个民主的共同纲领之下，为现在的抗日与将来的建国而奋斗。有了民主的联合政府，人民的各种自由权利才能实现，中国人民才能在抗战中表现其本身的力量与作用。才能内合全民要求，外符国际期望，否则在抗战将胜利或未胜利的时候，即有内战的危险。本党中央派本人出席旧金山会议，代表敌后解放区一万万同胞，向国际表示吾人的意见。个人更愿与民主同盟方面的代表李璜先生、张君劢先生共同努力。深信民主为世界大势所趋，必须实现，否则中国永无和平，中国人民永无自由，在东亚亦永无和平，永无自由可言。

这次旧金山会议代表的决定，我党中央是极不满意的。因为按照中共及敌后解放区在今天中国政治上及抗日战争中所起的作用，我们有一百二十万的党员，领导着一万万人口的区域，有九十万的正规军与二百五十万的民兵，抗击侵华敌军百分之五十六与伪军百分之九十五，是不应该在十个代表名额中只占一个的。而我们之所以出席，则全为表现吾人之爱好和平，力求民主团结的委曲求全精神，并为国际和平而奋斗！

中国解放区实录[1]

一九四五年五月

目　次

一　导　言

二　军事上的成绩

三　民主政府

四　战斗的，人民的经济

五　教　育

六　工　会

七　中国人民迫切要求实现的政治纲领

---

[1] 本辑录编者注：该文选自《董必武文集（第一卷）》（征求意见本），第306页。《董必武文集（第一卷）》（征求意见本）编者原注："一九四五年五月至六月，董必武代表中国共产党和解放区人民，参加中国代表团，出席了在美国旧金山举行的联合国制定联合国宪章的会议，会后，继续留美进行工作，直至十一月底回国。在美期间，他散发了董必武著英文版《解放区实录》一书，全面系统地向国际友人及海外华侨介绍了中国共产党及其领导的解放区军民抗击日寇的战绩，以及中国共产党的抗日纲领和政治、经济、教育、外交等方面的政策。全书共三万余言。本文是当时由英文翻译成中文的。"

一 导　言

中国抗日战争到第七周年(一九四四),外间知道中国解放区的情况仍然是很少的。这部分中国土地是由中国共产党领导下的第八路军和新四军所收复的。

去年,一向封锁解放区的国民党政府曾准许一般通讯员访问陕甘宁边区政府的首府——延安。许多新闻记者做出认真地努力,把这一地区的真相披露出来,这才使人们对中国共产党在边区和敌后解放区的政策和措施,有了更多的知识和了解。第八路军和新四军的战绩亦因此大白于天下。

除此之外,中国共产党曾作了些什么呢? 一个清晰的,提纲挈领的报告,必然可以帮助那些不知道或很少知道中国目前的事件和发展的背景的人们。

一九三一年九月十八日沈阳事变(即日本夺取东三省的事件)发生。在那时中国仍在内战时代,国民党军队仍然从事于"剿共",一直继续到一九三七年。

中国共产党感觉到民族危机,不顾一切,在一九三三年曾向"围剿"苏区及红军的国民党军队提议:应即停止内战,与红军携手去抵抗日本侵略。但是,这种国共合作,只能在一九三七年抗日战争爆发之后才得实现。

在那时,以中共领导下的红军和游击队合并组织成为第八路军和新四军,正式编入国民革命军里。全部军队不到十万人,他们从华南和西北地区,被派遣到华北及华中各前线去。然而他们的总司令部已经在陕西省的延安建立起来了。

自此以后,这部军队就不断地扩张,到现在已经有正规军九十一万人(一九四四年底是八十六万五千人),民兵二百二十万人。

这种正规军的增长,民兵的组成和发展,证明中国共产党及其军队,和在其领导下的人民,并非如有些人所谓是不动作的。他们的牺牲和战绩,可以从被解放的区域和被解放的人口来作证。九千四百万人口已经从日本占领区域解放了,八十五万平方公里(约当百分之三十一被占区面积)的领土已经恢复了,为着这些成绩,我们的损失,到一九四四年末为止,已有四十四万六千三百三十六人。但是敌伪军的死亡人数是一百三十六万零八百七十七名,比率是三比一多些。

中共领导下的军队完成这些功绩是,由于:

他们知道,每一个军人都知道,是为着民族利益和人民利益而战;

他们有旺盛的士气,他们每一个人在任何困难环境下都是抗战到底;

他们的队伍是团结统一的,和后方人民是团结的,和友军是团结的;

他们有正确的策略,能制服敌伪军的士兵和官长;他们欢迎和优待归附的敌伪军队,从不会伤害他们的俘虏;

他们能够善于运用战略和策略,来发动人民战争,而且在最困难条件底下,亦能运用各种战略和策略;

他们执行良好组织的政治活动,其目的是在团结队伍,取得人民和友军的合作和拥护,以提高消灭敌军的士气;

他们利用在打仗及训练以后的仅仅剩下来的有暇时间,来做自给自足的工作,以克服一切经济的困难以改善他们的生活状况,并减少人民的负担;

在战场上,他们得到自卫队、民兵、游击队和人民所组成强有力的群众军事团体的援助。这些是志愿军的组织,实际上一切男女老幼都参加这些战斗单位,而同时也坚持着生产。

但是,一切之中最重要的,是在于陕甘宁边区政府和各解放区的政府,都是真正民主的。共产党一向是尽力去与各党派、各阶级、各抗日分子合作。每一个人享受充分的民主权利。每一个人都以民主的方式被组织在各种团体中,为抗战而贡献其能力。每一个人都做一种生产工作,以达到自给自足。

人民的生产工作的程度和热诚,是惊异的和伟大的。总而言之,陕甘宁边区和一切解放区的民选和民治的政府,正在施行一切来引导和扶助人民,使他们以自己的力量,在"一切为着前线!一切为着抗战胜利!"和"为着中国人民的解放!"总的口号底下,去打破各种困难和解决各种问题。

这就是中共和中共领导的军队在军事上、政治上、经济上成功的关键。

我们并不以为没有缺点和困难。缺点有许多,困难也很多。但我们有信心,以我们力求进步,并以人民的帮助来改进一切的缺点和阻碍。当然有许多很大的困难是从外面形成起来的。譬如,人民和物质都不能自由进入陕甘宁边区。与国外贸易在事实上是不可能。在近年来,中共领导的军队并没有得到一文钱和一颗子弹的接济。他们的接济药品都被截留。直至近来由美国友人的捐赠,通过自去年夏天以来驻延安的美国军事观察组办事处的便利运输,他们才得到十吨的药品和救护设备。所以我们相信,如果中国是真正团结在一个民主的联合政府底下,这缺点是可以补救的。

不管由怎样艰苦的经验得来,陕甘宁边区以及其他各解放区的成绩,证明中国共产党在毛泽东同志领导下,已经奠定和实践一个正确的政策,这个政策就是依照孙中山先生手订的三民主义和民国十三年第一次国民党代表大会宣言的精神,以民主政治和民族团结,来进行抗日战争。

只有这种三民主义,或新民主主义,即民族解放、民主政治、民生幸福,在中国国共两党,民主同盟,以及无党无派的民主联合政府底下实现,中国才可以在大战中尽其相当责任和大战后得到正确的地位。

中国现在和其他联合国家正举行对其公共敌人——日本帝国主义作神圣的战争。同盟国家中间有一个更好的互相了解,无疑地可增强我们的共同努力。中国共产党及其领导下的军队的政策和措施曾被少数人所曲解,被许多人所误会。这本小册子的目的是帮助同盟国家的朋友们来明白这些事实。

我们并不是陈述神话或谜语,只是讲一段成功和进步的实况而已。

同盟国家人民对于中国的物质上和道义上的援助,中国人民是永远感谢的。因此,他们恳切地希望他们的朋友和同盟者,对于中国解放区和中国共产党领导下的军队有一个正确的了解、一副民主的真相。对于打倒公共敌人,中共军队是接济最少而贡献最多的军队。

二　军事上的成绩

抗战八年当中,中共领导下的第八路军和新四军,是在中国敌人后方作战,敌人后方可分为三大战场:即华北,华中,华南。

第八路军是在华北作战,新四军在华中,在华南作战的是中共领导的游击队,在每个战场中又分为许多抗日根据地。

自从抗战以来,在敌后各战场的形势与在前线的国民党军队的形势是有密切关系的。要把两方面都加以考虑,才能估计共产党军队的成绩。

根据一九四五年三月的报告,在华日军除满洲区域以外,增至四十师,人数共五十八万。其中有百分之五十六,即二十二个半师团,或三十二万人是对中共领导的军队作战。同一报告,在整个伪军总数八十四万中,有八十万或百分之九十五的伪军是对中共领导的军队作战的。

在伪军中,百分之六十二的成分,是由国民党军队投降改编的,其余的成分是包括招募来的土匪或地痞无赖。除此之外,尚有所谓伪民团,伪警察队,总数约十五万人。这些数目字不过略举成数,使人知道中共军队在抗日战争中所负的任务罢了。

第八路军是由中国红军改编的。一九三五至一九三六年间,红军的主力军开入陕北的时候约不到八万人。一九三七年中国抗日战争爆发后,这队红军在中国以蒋介石为首最高指挥下,改编为第八路军成为国民革命军的一部分。不过,在这支红军中,只有四万五千人改编为三个师。这就是一百一十五师,一百二十师和一百二十九师,每师一万五千人。这三师不久就开赴华北加入抗战,在山西的东北地域的平型关一役,得到全面抗战中第一次胜利的纪录。

新四军是由内战时期红军游击队改编成军的。一九三七年由最高指挥命令,集中皖南和扬子江北岸改编为国民革命军的新四军。这一支军队共有四个分队,人数一万二千,不久又开赴华中抗敌。

在华南中共领导的军队,一部分是由海南岛的红军改编的,另一部分是由广州附近的人民自己在抗战开始时在中共领导下所组成的。一切在中共领导下的军队,都执行着中共提出的抗日民族统一战线的政策,孙中山先生的三民主义,和一九三七年所发出的共赴国难宣言。

在华北,华中,华南,三大战场的敌人后方,中国共产党团结各阶级的人民,建立民主化有组织的抗日根据地,在这里每一寸由敌人手中解放下来的国土,都置于民选的本地的抗日政府底下。他们实行"三三制",(就是中共党员在各政府领导机关中的人数限定占全体三分之一);他们实行减租减息;他们发展自卫团,人民保卫团,游击队;他们提高生产,和执行肃清汉奸政策。

这些政策的基本目的,是为着举行对敌伪的进攻和防御的猛勇战争。这些政策已经使得他们在无外援及最艰苦条件底下,能够击败数次大举进犯的敌伪军队。因此,这些力量能够八年以来在敌后继续战斗。

一般地说,由一九三七年七月至一九三八年十月,即在武汉未陷落之前,日寇集中对国民党多于对共产党,以最大力量向前线正面进攻,对于在他们后方作战的共产党只以次一等的军力应付。但至到武汉失陷以后,日寇改变了他们的战略,多集中兵力对付共产党,因为已感觉共产党的作战能力日益增强了。

敌人对于国民党的主要利器改变用政治手段,即用诱劝方法来取得国民党的降服,军事动作变为辅助手段。在一九四一年至一九四二年两年中,敌人进攻共产党军队达到最疯狂的阶段,当最强烈扫荡的时候,所谓"蚀化净尽","三倍毁坏",都实行过。结果,共产党军队和解放区的面积是被缩小了,他们的人口由一万万减少至五千万了。但是在敌人后方的共产党,及其军队和人民,经过这些猛烈攻击,却更加坚强,又因为由于共产党的政治和军事政策的正确性,终能把敌人的一切攻势击败了。

自从一九四三年开始,军事形势已经不断改善了。截至一九四五年三月止,共产党军队增至九十一万,民兵增至二百二十万。他们的根据地面积扩张了,他们的人口增至九千四百万。此外,他们的经验更加丰富,他们办事人员的质量更加改进了。

兹将一九四四年十二月份共产党军队的分配列举于下：

	区域	正规军	民兵	被解放的人口
（一）	华北	470 286	1 615 000	94 000 000
（二）	华中	293 982	580 000	
（三）	华南	20 730		
（四）	陕甘宁边区	80 549	5 000	1 500 000
	总共	865 547	2 200 000	95 500 000

这些军队，虽然经过许多伟大的艰苦斗争，仍然抵抗着四分之三敌伪侵略军队，几乎令外边人不敢相信。他们在过去八年当中，与敌人作战过十一万五千一百二十次，对于敌人的战斗均能出奇制胜。

第八路军和新四军八年来在敌后的抗日战争史实，不能在这本小册子尽录出来。兹将有些关于军队八年来作战的重要数目，引录如下：（截至一九四五年三月）

敌人损失	对八路军	对新四军	对华南广东　东江区	总数
日军死伤数目	384 960	124 356	2 129	511 434
伪军死亡数目	296 966	158 405	2 854	458 225
日军俘虏数目	2 886	942	52	3 880
伪军俘虏数目	235 754	44 978	1 764	282 496
日军投诚数目	166	38	18	222
伪军投诚数目	69 602	34 330	718	104 620
敌人损失总数				1 360 877

我军损失（官兵合计）

	八路军	新四军	民兵	小计
受伤人数	211 381	73 886	402	285 669
死亡人数	112 245	47 993	829	161 067
我军伤亡人数				446 736

敌军伪军和我军的损失比率为三点四比一。此外根据不完全的报告，尚有被击毙的敌军长官共五十五名，其中有中将一名，少将五名，上校十九名，中校二十名，少校七名。

说到军火问题，我们不大准确地知道中国曾接受过同盟国家的有多少，但中共军队曾由最高统帅部得到的总共只有一百二十挺轻机关枪，六具毁坦克车大炮。至于子弹及炸药的供应，自一九四○年起已被最高统帅部停止发给。

中共军队曾经由联合国家及海外华侨赠送过大批药物，但仍有一百零一箱药物，现被陕西三原国民党军队扣留不发。自抗战以来，有大批药品物料是由中国保卫同盟捐赠的，均已经收到。虽然这些药品物料离中共军队所需要的尚远，但我们对于在孙夫人领导下，国际友人和海外爱国侨胞的援助，是令人深感不忘的。

第八路军曾接受过由外国朋友及华侨所赠送的一辆自动汽车，四辆救护车，和四辆运货车。至于新四军曾接受过外国朋友所赠送的有什么物品，我们现在是不能说出来的，因为自从一九四一年一月中国最高统帅部下令国民党军队将新四军的总部包围和捣毁以后，它的总指挥叶挺将军被捕了，它的文件被搜拿去了。

中共军队曾得到由加拿大来的已故白求恩医生，由印度医院分站来的已故的高尼施医生，及其他医生五名，由美国来的马海德医生，由澳洲来的黄医生和罗医生，由苏联来的阿列夫医生，由英国来的林西教授、班威廉教授，由德国来的反法西斯的通讯记者薛伯先生，另一个反法西斯的穆勒博士，这些人给予大大帮助。日本共产党领袖冈野进及其一班同志，曾协同中共军队作了许多降低敌军士气的工作,他们曾呼吁日本人民起来反对日本军阀对中国的侵略战争。华北高丽独立联合党领袖吴鼎及其他同志,也用其勇敢的和牺牲的努力,作过同样的帮助。

在战争初期,一部分中共军队经过国民党最高统帅部的批准,留驻边区来保卫长数百里的黄河西岸,并稳固军队的后方。因此,第八路军的后方留守总部就设在延安。

后来,因为在敌后的根据地已经被切开成为许多部分,令到敌军难于集中强大军力来作一次的总攻击,中共军队因此用缩减政策来应付变动的战争形势,来减轻人民的负担。军队的大部分在敌后从事于生产工作,另一部分则被遣送回陕甘宁边区受训练或从事生产。有些则编入留守军队中。

第八路军和新四军如果不在敌后战线把自己建立在民主政府上面,断不能在敌人最猛烈的进攻底下能够生存和发展。中国共产党预见到在民族解放中,军队和人民的团结是绝对地需要,曾一贯地指示它的军队对已经收复的敌后的县镇,在军事行动作完了的时候,即把政权移交于当地居民。中共军队曾致力于一切可能的帮助,遵照着孙中山先生革命的三民主义的路线,来维护和发展本地及本区的民主政府,推广乡村自治,提高人民的经济和幸福,保障个人的政治的及社会的自由。

三 民主政府

普选的民主政府已经由陕甘宁边区推广到敌后的解放区来。

陕甘宁边区从未被日寇军队攻入,共有人口一百五十万,大如美国俄亥俄州的面积。但是从敌人手中解放出来的各区人口,截至一九四五年三月止,大约有九千四百万,即相当中国全部人口的(估计四五八,六六五,○○九人)百分之二十,相当敌后人口的总数(连东三省合计)为百分之三十六点六。

这些区域,是被敌人所占据的主要交通线隔离着,是常在敌人所建筑在县镇四围的强固据点中之小小腹地。

每一个区域的面积常因战争情形而变动着,每一个区域是通常地被游击地带所掩护或通过,这些游击地带就是驻在这些区域的解放军队与敌军或伪军的战场。

在过去两年中,这些解放区,或由于各部分的游击区的合并,或从敌人溃退后所收复的失地,已经有普遍的发展。有许多新的区域已经建立起来,有许多敌人在解放区域中所占领的县城和据点已经被消灭或收复了。大约全中国连东三省在内,有百分之九的海岸线(约五百三十五英里),是完全包括在这些区域中。截至一九四五年三月中旬,共有一十九个区域,连陕甘宁边区在内,系由人民依据选举权和召回权选出的代表所组成的区域或地方自治政府管理。

在游击区里,甚至在敌人盘踞的乡镇中的居民,也经常地参加这种选举。但在解放区域的领域中,敌人或伪组织的征收租税权力是不能达到的。

这十九个区域,建立在由满蒙边境透过华北,华中,华南,以至海南岛的各地方上。他们的总面积,除陕甘宁边区外,估计有八十五万八千平方公里(约三十三万一千平方英里),或当敌后面积(连东三省在内)总数百分之三十一。

这些区域的名称,因其相近的所在地点而定,列举如下:

一、陕西、甘肃、宁夏边区(简称陕甘宁边区)。

二、山西、察哈尔、河北边区(简称晋察冀边区)。

三、河北、热河、辽宁边区(简称冀热辽边区)。

四、山西、绥远边区(简称晋绥边区)。

五、山西、河北、河南边区(简称晋冀豫边区)。

六、河北、山东、河南边区(简称冀鲁豫边区)。

七、山东解放区(简称山东解放区)。

八、江苏北部解放区(简称苏北解放区)。

九、江苏中部解放区(简称苏中解放区)。

十、江苏、浙江、安徽解放区(简称苏浙皖解放区)。

十一、淮北流域解放区(简称淮北解放区)。

十二、淮南流域解放区(简称淮南解放区)。

十三、安徽中部解放区(简称皖中解放区)。

十四、浙江东部解放区(简称浙东解放区)。

十五、湖北、河南、安徽解放区(简称鄂豫皖解放区)。

十六、广东解放区(简称广东解放区)。

十七、琼崖(在海南岛)解放区(简称琼崖解放区)。

十八、河南解放区(简称河南解放区)。

十九、湖南、江西解放区(简称湘赣解放区)。

这些区域的政治机构,因为它们所在的环境不同,并不是一致的。但是政府的构成原则是一样的。地方及高级的参议会,是由各该地的年龄自十六或十八岁以上有选举权的全体居民选出来的,无性别、阶级,或宗教的差异。每一个代表议会选举一小的政府委员会,组织行政机关,并在参议会闭会期间行使小部分立法工作。平时有一个常驻委员会,由参议会选出来的检察行政机关,但它们将它们的政令否决,这个否决权只属于参议会的全体议会。

司法机关是附属于政府委员会的,是对参议会负责。政府委员会和参议会都是通行多数制,下级机关是服从上级机关的。譬如边区参议会可以取消县参议会的法案,在边区参议会闭会期间,区政府委员会也有这同样的否决权。

实际上,这些民主区域的法律所赋与的否决权力和其他类似的授予权,经常是保留的。经常用教育、广告及生动的宣传的说服方法,吸收大多数人民积极参加政治生活和努力赞助作战。华北的八路军(亦名十八集团军),华中的新四军,和华南的抗日纵队的迅速增加,并非由于强迫征募,而是由许多当地民团及爱国青年在政府、军队、共产党及其同盟的政治团体的号召下自愿地入伍。

对于破坏法律的分子,亦尽可能地给予较轻的刑罚。努力去教化在社会上被遗弃的人们,利用一切方法去保护改过自新的人们,免其受社会的歧视。

死刑在民主区域的刑律中是通常找不到的,除非是犯了卖国大罪才会有的。

联合各阶级的人民去反抗日本侵略者,去建设从帝国主义及对封建主义的桎梏中解放出来的现代化的中国,中国共产党因为它在从日寇占领区域中夺回广阔的领土,和作了空前的政治、经济及社会的改革工作,得到了广大民众拥护。

有名的"三三制",已经在各解放区施行着。在执行这项政策上有过许多方法。共产党员在选举期间和其他党派人员或无党派人员合组织成一集团,用比例分配候选名单,并利用它的严密的党的组织和在人民中的威信,举行为党外人员的选举运动。不管有许多共产党员自愿放弃被选资格,而共产党员被选到代表机关里面常居多数。在这个情形底下,共产党员是自动辞职,让给非共产党的次多数被选人员当选。

由于选举运动的光明磊落,在乡村中,许多代表知识阶级及富有财产的人们,渐渐在民主区域的政府机关中取得更为活跃的地位。现在各区参议会及地方参议会的大多数议员,三分之二或以上都是非共产党员。至今未有一个政府委员会或居民委员会中,共产党员是占三分之一以上的。

各解放区的政府委员会主席,其地位与省长有相等的权威,非共产党员与共产党员均有充当。譬如陕甘宁边区政府主席林祖涵先生是一个共产党员,晋绥和晋察冀两边区的主席许方定、宋劭文两先生就是山西省国民党党员。

非共产党员并不是在议事机关或行政部门充当挂名的首长而已。立法最高权和多数决定权,在共产党员领导下建立起来,在各民主区域内是严格地保持的。

共产党员永远是尊重多数人决议的。这种习惯已鼓励着非共产党依照他们自己的见解去勇敢地办事。这也说服他们知道共产党员对建立一个民主的中国的忠实性。共产党员和非共产党员彼此或有不同的意见,而且热烈的讨论,是现在各地方的和各高级的参议会、政府委员的经常有的事情。

每一个人都要准备着为他人的意见所说服,如果这是一个能够提高抗战情绪和人民利益的进步意见。

民主政治是正在中国解放区施行着，因为通过共产党的政纲，各阶级的人民是在共同利益下团结起来。对于抵抗日本侵略的不妥协战争，是充满着人民对民族解放的精神，一个公务员或军事职员，都要在田地或工厂劳动来给养自己，减轻了政府或军队的开销到最小的程度。土地的减租减息，提高了占中国人口百分之八十的农民的地位，同时地主在减租减息之后，被保证他们的收租收息。利润是在生产、贸易、交通各项企业中得到保证的，这些不只刺激着总的经济发展，而且给了地主们改变在土地上投资转向在社会上有用方面的机会。

最后，关于私有财产权利和民主自由，是对于每一个公民都要保证的。人民的权利与自由，是以法律规定，经各区参议会通过的。这些法律因为在执行期间得因各地特殊的情形，也有些不同的细节。

譬如，在从敌人手中夺回的区域，对于逃难它方的地主，特别制定保护他们的土地所有权；而在陕甘宁边区，对于在土地革命时代雇农所得到的土地，其所有权则加以承认。但是这些法律的基本观念是相同的。地主征收地租的权利是被保证的，但通常附带条件是这种权利只给予那些从高租率减至二五租率的地主。

民主自由包括言论、出版、集会、组织、宗教信仰、居住、来往等的自由。政府必须尽一切可能扶助公民行使这些权利，包含着供给开会场所及组织会所。

但是各团体必要在民主的基本条件上从事组织，才能享受这些权利。他们的职员必须是由普通投票选举出来的。

但是，各民主区域大部分是农村，除了陕甘①宁边区之外各区的边境是对着日寇作战的，而且经常在他们自己地面内作战，无一份报纸是以由自己的收入而能够存在。其实大多数农村区域从来没有见过报纸，一直到共产党及其第八路军或新四军开到后，才从敌人沦陷区中输入机器开始办报纸。

因此，在这些区域内，除了政府的、军队的、共产党的，一个或几个工会

---

①本辑录编者注：原文此处"廿"应为"甘"字之误排。

的、文化团体的发行的外,事实上尚少有其他定期刊物。印刷工具是缺乏的,印报机器是很难得到。

在陕甘宁边区各工厂中,由本土的树皮制纸已经成功了,但是出品数目是很有限。经常是几个农村或整个队伍得一张报纸。即使在这样困难条件底下,一九四四年八月中,在十九个民主区域内,总共有一百九十八种报纸及定期刊物。壁报,在民主区域中是很多的,在各办公地方,在工厂,在农村,在军队单位中都有。每处由大众选出一个编辑委员会来主持,或由公选出来的机关委派担任。

在民主区域里并无检查新闻制度,编辑委员会有完全选择和发表文章的自由权。因为这些为着大众利益的印刷物或壁报,是由政府或军队或各团体所发行的,编辑人员有保留最大限度的篇幅给与那些善意的投稿者的道义上责任。编辑人员没有拒绝投稿的独断权。这是一个出版自由的积极观念,虽然有些人是觉得奇异的,这在民主区域中对于大众是更可宝贵的,因为印刷器具和纸张的供给和补充都是不容易的。

在民主区域的政府对发行人并不加以限制,但在目前的环境底下,他们必要倚靠自己的印刷器具、印墨和纸张。

人民身份的自由,在权利与自由法案中规定有交保候审的权利以保障之。

只有法庭和公共治安机关的命令才能够拘捕人民,任意拘补[①]和未经审讯的不法拘留,对于负责的官员是应受惩戒的。还特别规定,无论何人,可以对那些违犯人身保护律者加以控告,而这种控告,必须在最短可能期间公开听审。

权利与自由法案中,亦包括对人民在若干年岁以上,普通十八岁,不分性别、职业、宗教、国籍和党籍,有选举权及被选举权的政治自由的保障条文。

在民主区域中的领袖,常以在其选举区内,以实际投票的百分率,来考核他们的成绩。在一次选举中,只有半数合格选民的投票,那是被认为非常的

---

①本辑录编者注:此处"补"字疑为"捕"字之误排。

低,百分之七十的投票亦认为不甚满意,百分之八十才可算为过得去,许多选举是有百分之九十的选民参加的,有时实际上投票人多至到及龄选举的居民百分之九十五。

因为在任何民主区域中,都不是强制投票的,它的成功只靠着政府或公共团体,包括共产党,在未选举以前举行选举运动,引起人民对大众事业的兴趣。现任者和候选者在集会中举行剧烈的辩论,每个轮次的发言人都是经常被听众尖锐地质问其政策及行为。

为着保证对于文盲的秘密投票,有许多公开的手续已经被当地的居民制定了。最为各地采用的手续是在每一个候选人的座后设一投票篮。投票人不必知道任何候选人,只在篮中投一粒豆子,以表示他或她愿意选举此人。

在民主区域中,除共产党以外,各有历史的党均存在着。在晋察冀边区的国民党,仍然与重庆的国民党本部有来往。江苏北部的救国会及第三党,在选举中亦提出候选人。一切党派在"三三制"下,与共产党及无党无派者在政府中享受同等权力。

在民主区域中,县是地方自治政府的枢纽。每县通常再分为乡,每乡包含许多村庄。县或乡是被统治于民选机关。村的最高统治机关是村民大会,由大会选一村长执行该村的事务。如果村庄太小,就要把许多小村合组一个管理村,由乡参议会委派一个指导员。这个指导员的作用,系乡参议会的代理者,和乡与各村或各村长的联络员。各乡通常联合成为一个联络分部名为区,这是县政府的代理者,是县政府与自治乡的联络员。各县再联合成为一序列的联络分部,在边区或游击区政府的统治下。

那些联络分部的地位和机构在各游击区中各有不同,有些是管理机关,由高级民选政府委派,有些是自治分部并有民选议会。这是由于战争形势经常改变,立刻会遇到各县与各上级联络分部及各游击区政府的交通阻隔的缘故。

譬如在一九四五年三月间,全中国一千九百四十八县中,几乎有半数的九百一十五县是在敌人后方的。解放区内共有六百七十八县的民选政府,此外尚有陕甘宁边区辖境内的三十一县的民选政府。这六百七十八县的民主政府分成为一百零四个管理分部,每一分部委派一个视察委员会管理之。在十九个民主区域中,这些管理分部之上设有四个边区政府,政府内有二十四名由人民选出的巡回或临时的高级官员。

民主政府的选举是无限制的。边区或游击区的农田税是由村或乡所选出来的特别委员会,在各家长会议中协商估定。商业税是由商会中的大小商人同等投票制定。乡团的团长是由县政府委任,但须经各团员的同意才能发生效力。

各边区和各游击区的政府施政原则,并不是强制的,而是一种由于大多数被说服而活动的广大人民团结的民主政治。在这样政府底下,贪污腐败是不能太存在的。

无疑地,大多数统治制在民主政府中是必要的。但是在大多数统治制之外,仍要使这些解放区从中国落后农村地域成为一个社会的,政治进步的,民族解放的堡垒。

四 战斗的、人民的经济

解放区得以存在,是由于抗敌有成就的军事战斗。这就容易了解人民的经济能推动战争的进行。

但是,这带有军事性质的经济,另外尚有一个特点,这就是一个战斗的经济,不只是由于它和战争的努力分不开,也由于经济的活动,事实上是要通过对敌作战而实现的。

譬如在犁田,播种,耕草,收获时期,农人是得到赤卫队的军事准备把企图劫掳人力或抢掠收割的敌伪军打退后,而在田间工作的。

手工业作坊,或小规模的工厂的组织,要能够从得到敌人迫近的消息,在最短期间可以收拾起来迁到新址为目的。农民、工人和商人有必要当着敌人拦路截劫货物的时候,学习个人的和集体的作战。敌人所占据的商业中心,有时被夺取过来保存一个短时间,以便那些被敌人占领,隔离着的乡村得到商人的必须应用的货物。正规军和当地的民兵,在保证商人在交易当中和前后期间,得到买卖成功和来往安全,时常按照原定计划与敌人发生大规模的战役。

经过血战,实现生产、运输和商业的活动,解放区就是这样的存在着,它的人民和军队就是经过这样的斗争,去生存并改善他们的生活和作战的能力。

作战的经济基础是建筑在广大的民众上面,这是反抗日本侵略的各阶级民众。阶级的矛盾,一方面用经过减租,保持公道的工资和合作式的工作状况,另方面用强制交租和工作效率的方法,来进行协调。政府的支出和军事维持费均已用建设经济节省了,在建设经济中,各公务员和各军事单位均从事农业及工业生产以给养自己。

利润是准许私人企业获得,以提高经济的发展。政府的企业,是规定不得与私人商业竞争,只是为着提高整个社会的经济利益,和增加军事的供给。在陕甘宁边区,土地革命时代开始的消费合作事业,已经扩充到运输、生产、粮食、人力或兽力、畜牧保险,以至纳税等范围中。简言之,在民主区域,任何经济方式,只要它是能够有助于抗战,能够改善人民生计,能够增加给养和对于服务者的贡献,是准许的。

为着奖励经济发展,无论在政府工业中,在合作事业中,在建设工业中,和在私人投资中,有相当经济发展的个人收益是被保证的。一个战斗的人民的经济,正在疮痍满目的解放区和陕甘宁边区(一个中国传统上最贫乏的区域)的全体抗日人民的统一的民主政府的基础上成长起来。

这战斗的人民的经济,基本性质是新民主主义的资本主义。它承认私人所有权和私人收益,但经济的努力是经过合作事业和公共正轨的指导,尽可能来增进效率和保证社会收入的公平分配,由此可以节省更多的人力来作更高度的社会经济的发展,由此中国可以名副其实地成为一个民主工业的国家。

从日本占领中解放下来的游击区,绝对的增加生产的希望是不能太奢的。遭遇战是在各方面经常进行着,敌人企图深入游击区的中心,集中攻击的威胁是经常出现的。只有在陕甘宁边区,不断地经济增长是可以特别看到的,因为那个区域是一直未遭受敌人的侵入。

但是,这战斗的人民的经济秩序,是把孤立的、保守的、个人主义的、农民和手工业者,除了家族亲戚合作之外,改变为一种习惯于互助心理,贡献经验,互相帮扶的人民,来增加彼此的生产和收入。

经过共同合作,被敌人蹂躏的农庄是迅速恢复的。由于真正代表人民利益的政府,在敌人后方的大规模的灌溉工程(包括穿渠和大量砌石工作)已经完全竣工了。在江北沿岸游击区,广大的制盐场不只是已经修理好,而且已经改进到增加出产和节省人力。当着河南及附近各省大饥荒的时候,救济工作的计划和组织办得最好,不独在解放区内可以自夸无一个受饥饿而死亡的人,即使由敌占区逃出来的人们,也曾贡献他们的适当部分来生产和服役,因为他们都被分派于纺纱、搬运米粮货物,或耕种荒地的工作。

战争和封锁,已经使每个边区或游击区,甚至主要的边区或游击区里,对于日常必需和战事的基本供给,必须实现自给自足。努力达到这些目的,曾加强民主的政府一直至到乡村,都去计划及平衡生产、运输和商业;因为这已成为各级政府主要工作之一。虽然在敌后的游击区还不能完全脱离贫困,但衣食的缺乏是已经减轻了。有些区域已经使军事稳定化,如面对陕甘宁边区的黄河北岸的陕绥边区,正在开始建立储粮仓库。当然最好的成绩还是在陕甘宁边区境内。

向来是汉人、蒙古人、回人杂居的一块边陲,持续不断的蹂躏使得陕甘宁边区成为中国最落后的和最贫瘠的一部分。此地的居民一直不曾得到足够给养。衣服基本材料的棉花生产,数量是很有限的。不论事实上,此地之南是全国最主要的棉花生产区域延安地带,即使经过民国廿六年以来多年的内战,本区的耕地面积的亩数,已经比一九三〇至一九三三年间的亩数超过两倍以上。棉花播种的亩数在一九三一年仅为七千亩,在一九四三年上升至二万三千亩,在一九四四年正计划增加至三万亩。谷类的生产,在一九三七年,小米和小麦尚不及七十万担,到一九三九年已升至一百万担,一九四三年更升至一百八十四万担,一九四四年,计算增至二百万担。

预计至一九四五年末,本区希望有一年的余粮,足以给养全境人口,并希望以后每三年必有一年的余粮。如果不是一九四四年天时不好,本区的棉花,已经做到每个军民都有棉衣穿了。

说到畜牧,特别是耕地的兽类,在近年增加甚多,能够使得农民耕垦的地亩,比较一九三〇年超过了一倍的产量。在一九三二年,十四个县份连靖边在内,共有耕牛九千六百四十六头;在一九三八年,靖边县只有耕牛三千三百九十六头,到了一九四四年已增至一万一千头,全区内耕牛的总数,在一九三九年有一十五万八百九十二头,到一九四三年增至二十一万四千六百八十四头。自一九三九年至一九四三年的驴子数目,由一十二万四千九百三十八头增至一十六万九千四百零四头。

人力兽力的数量是增加着,而且随着每次数量的增加而增加效率,在农场方面更是主要的。亲族的传统合作性,扩大至同一村庄,或至邻近各村庄间。乡公所县政府都采取积极行动,以鼓励和组织男女变工队互相耕垦农地,在田作闲暇时大家互借驴子去驮运食盐、商品和其他给养品。

这样的合作性质与土地所有权并无纠葛。私有财产权仍然是不动的,劳动要集体化,只是为着增加个人的产品和收入而已。任何人都有参加或不参加合作的自由,但农民一经参加合作,他就负有契约上的责任,要去贡献他自己的劳力或他的兽力的最公平的一部分。

这便立即把契约上责任的执行职权,放在政府的肩上。无论何处由于互相猜忌和个人贡献的不易厘定,阻碍这个传统组织的扩大,因此在人民自己选出来的政府干预之下,经过民主的程序,可以使这个系统不断地改进。事实上,在敌后的解放区和陕甘宁边区内的劳动合作经验,已经把这个问题提高至科学的水平了。对于人力的或兽力的合宜数量所组成的"扎工队",组织上适合的习惯,"扎工队"的分配,个人贡献的正确估计,在各种农业合作已成为标准化了。

劳动合作,提高生产力到一个意想不到的,甚至较先进的技术水平上,但是它仍然是处在一个较为原始的阶段。不过这样增加的生产力,已经为工业发展创造了条件。

劳动合作，只是在民主的区域中各种合作措施的一种方式。从前的消费合作运动正与劳动合作事业携手并进。消费合作运动，是当战争把落后的乡村地带和商业中心隔断的时候，寻出了膏腴土地，由共产党员及其军队撒播下种子，在上面生长起来的。军队通过敌人封锁线获取给养物品，存入合作商店，共产党员以诚实公平的态度来管理这些商店。虽然那些农民除了一些简单的工具、铁针、几盒洋火或食盐，时常没有什么可以出售，但是仍然可以看出他们把这些商店作为自己所有的一样的热情。不过，这些简单的货品以及一些别的东西，已能满足村民的基本需要了。

经过这些合作社，农人已熟悉了经济的组织和运用的方式，这些与他们的传统上农业耕作是不一样的。结果，各种企业合作社的领导者，根据他们对于总的经济活动，已经逐渐了解和增加兴趣，把原始的合作社的零售活动扩大了。

现有的各种合作社，如制造烹调油的，公路上旅馆业和饭业的，为推广耕具和拖耕牛马信用借出的，代理农人以实物纳税的，存放货币或商品的，为乡村学校而筹款的，卫生行医的，以及因为人民生活的改进而在经济上、社会上和文化上的更广大的要求而供给的。这就是在民主区域中合作社发展的基本状况。自然，没有两个恰恰相同发展的基本状况，理由是它完全因为这种建设是从本地人民的实际利益和需要生长出来的。但是这足以能够了解在这些民主区域中的合作社的根本性质了。这个运动将来仍然是中国农村经济的一个主要部分，它不作为国营实业和私人企业的竞争，而是作为促进民族进步的一个补充的因素。

因为中国仍然是以农业占优势，任何城市中心事实上不存在于民主区域中，经济的发展是集中于农业上面。但这不是对于工业有所放弃的意思，只是指明工业上人力、资源的生长，必要经过农业的发展，才能够把人力和物力累积起来，指明一个真正民主的工业，不是空中楼阁，而是在建立在一个坚固基础上面。因此，不论在敌后解放区中，或从未被敌人侵入过的陕甘宁边区中，从没有过一个夸大而空想的经济计划。而且无论任何细小的工业，一经介绍到边区来,不管战争的如何艰苦,在近年来已经维持着而且不断地长大。陕甘宁边区的工业合作,在战争的最初期,仅由本地的及外来的同情者,捐赠少许资本设立起来,现在已经稳定保持着,而且他们的出品已经是一年年地增加,并没有丝毫外面的补助。

新的工厂在同样原则之下,完全由本地的资本组织起来,并且随着需要而日益增长。

各民主区域的小规模兵工厂,在军队的管理底下已经成立了。它们多半是从事修理工作和制造小零件,例如手榴弹和子弹,但有些工厂如能得到适当的材料,亦能制造机关枪。

经过艰辛的试验,在陕甘宁边区中,有一种野生丛草正在被制成报纸之用。在一九四三年,有一副不完全的制造火柴机,是由敌占区域私运入来,现在已经能够制出质地较优美的火柴,产品除足以供给全边区外,尚有小部分剩余品运输出口。

小规模的熔铁炉在一九四四年建立,足以供给农用耕具工厂的必需铁金属。玻璃樽子、试验管子、瓦器、药品以及其他许多必需物品亦在生产之中。在这个中国传统上落后的区域,这些物品以前是很少出产的。

民主区域内,主要的工业活动,仍然是紧连着农业和畜牧。农妇、军官、省主席、士兵、公务员、学生和商人,在闲暇时间均从事纺棉纱或羊毛的劳动,以供给织者之用。大多数工业合作社,是制造纤维品,许多国营、私人经营,或合作社经营的布匹商店,已经开设了,让士兵及平民丰衣足食,仍然是民主区域经济复兴的第一个目的。

给予经济发展和生产效率的最大推动力,是在于可以称为团体经济的口号。军队、政府、学校和公共团体,如共产党、工会、抗日联合会等均从事于农工生产,给养自己,以减轻人民的负担。军队由于他们的纪律性,整齐的组织,壮年的成分,已经成为一个有效率生产的组织、节省的经营、集体享受、公平分配的试验室了。

因此,团体的经济,已经成为一个对于农民的合作劳动的模范方式了。

同时一向倚靠着公家供养的士兵和公务员,现在是自己生产着自己的衣食,这也是对人民的一个鼓舞。

在陕甘宁边区——第八路军的大本营所在地,约有八万精壮的防守军。事实上是自给自足的,他们的衣食在逐步改善。在其他区域,打仗是他们的日常工作,各军事小组是部分自给的。在各民主区域的公务员及公共团体的职员也是如此。这样便减轻了政府和军队的财政负担了。当各游击区域受着全国性的通货膨胀影响的时候,各区域政府改用以实物代征。商业上兑换和投资大都以本地的标准谷物计算,如陕甘宁边区是以小米计算。

在陕甘宁边区的工人农人的实际收入增加了,这不是他们的现金收入增加,而是由于他们的现金收入是以边区所产的小米或其他货物品计算的。

各游击区域主要是农村,金钱对于经济生活向来不是重要的因素。在战时曾用物品来作价值的标准,减少了通货膨胀的不良影响。在敌后有许多解放区的内地民族问题不甚复杂,本地货币的价值高过了伪政府银行所发的纸币的许多许多。

各民主区域的全部经济,是在与敌人作英勇斗争、和在政府及公共团体的组织民主化上面建立的,但不是社会主义的。它是鼓励在顾全总的利益之下来获得私人所有,但投机致富则无法生长起来。

即使在团体经济中,士兵和公务人员仍然保留超过他们每人所得的生产额,来作公款之用。

在战时,人民由于行使他们的民主权利和由于他们参加经济的努力,获得了经验和训练,可以保证着将来不再回复到阻碍国民经济进步的封建制度和帝国主义的剥削之中。

五 教 育

在这本小册子中,没有许多篇幅来说明陕甘宁边区及各个解放区的教育和文化的工作。这里所能叙述的,只是说明和简要介绍边区中的教育政策和实践。

当着人们享受民主权利和改进他们生活情况之时,他们是要求更多的教育和文化。共产党对于这种工作极为重视,认为这是最重要任务之一。主要目的是:扫除文盲,要在最近两三年间扫除净尽。救治疾病,以求减少死亡率。只有识字读书的人,对于抗日战争的努力和建设工作,更能作出有效率的贡献。只有健康的人民和人口增加,更能忍受长期的战争和建立繁荣的社会。

陕甘宁边区和其他有些解放区不同,因为它原是文化落后的区域。在共产党未进入这个区域以前,有百分之九十以上的人口是不识字的和在饥饿线上生活的。成人的死亡率是千分之三十,小孩的死亡率是千分之六十。近数年来已经有极大的改变而且是继续地改变着。

人民所受教育的方式是多方面的。基本的原则是:

(一)教育必须按照人民的需要和要求来执行。这是有意义的变革。在过去也如现在中国其他各地一样,利用固定的教科书,施教一成不易的各种学科,不管人们的需要和要求,教育的意义上是强制的。在边区只有对于日常生活有用的东西才拿来施教,譬如写字、簿记、耕作等等。因为这些是有用的,人们是自由到来受教和愿意学习。

(二)教育与生产是密切联系的。在往时也如现在中国其他各地一样,教育和生产是分离的。那些在农场和工厂做工的人,是无机会或无能力去受教育,而那些有幸运在学校或大学毕业的人们是不做工的。在边区,每一个人都有同等受教育的机会,而所受的是尊重劳动的教育,而且教育是向着增加生产和改进人民政治的和文化的生活那方面努力。

(三)是依照特殊地方情形和人民工作情况及工作时间而施行的。在往时也如现在中国其他各地一样,学校的课程和规则是一成不变的,与人民的生活和工作是漠不相关的。

(四)教育是一个大规模的群众运动。每一个人都研究一种学科,同时也帮助他人去研究。在延安有大学、高级中学和各级小学来训练下级军官、行政工作人员、专家、艺术家、医生等。但在有些区域,文盲率较高,群众教育是认为特别重要的,而且学校和教师也不能供应。因此,每一个人同时是先生也是学生,将他们新得的知识去教他们的家族、朋友和伙伴。这是人民所采用的解决办法而且成就是很好的。

在各正式学校中,延安大学内设有行政教育学院、自然科学及艺术学院,共有注册学生一千多人。此外尚有医药专门学校一所。

很明显的,中国共产党的教育政策,它的目的一方面是提高教育和文化水准,另方面是教育群众。在抗战胜利,建立一个民主、团结、强大、繁荣的中国的总的政治任务底下,两方面的教育是同时并进的。

拿边区的教育工作做一个例子。你们可以找出公私学校都是依着上述文所举的原则而进行的。你们在那里可以看见许多男女老少成群结队地去学习写读。儿女教父母,丈夫教妻子,他们或用笔墨写字,或仅在沙土上面学写字。男人们在田间工作休息时间,和他们的妻子学习方块字。当他们完全认识一千个字以后,他们就会读一种名为《群众》的杂志,这是每三日出版一次的,是用最普通的汉文写成的。

现在各解放区域中,有一百九十八种出版物,包括日报,星期报,月刊和季刊。在这些辽远边陲,甚至现在中国其他地方也是一样,报纸的出现,真是梦想不到的东西。报纸的销数只在边区一地已有二万一千五百份。这就是每七十人中有一个是订户,这是全中国中最高的比例。报纸之外,尚有黑板报,壁报。只在边区中已有六百六十七种黑板报,传达各种新闻给那些仅识少数文字的人们。至于壁报是最普通的,无论在工厂,学校,团体,军营中,至少自己要作一份。

这些壁报,不只是反映在教育工作上的进步有了成就,而且是人民享受民主生活的一种证据。因为这些壁报是反映着人民的意见、批评和建议,他们的投稿人和通讯员也是读者。譬如延安出板①的中共机关报《解放日报》有一千工人和农人的通讯员。在边区总共有一千九百五十二个通讯员为报纸写文章。这就是每七百七十七个人民中有一个通讯员。这些通讯员分组讨论时事,交换意见,和研究怎样改进写作的形式和内容。这是真正的言论

---

① 本辑录编者注:此处"板"字疑为"版"字之误排。

和思想自由。

此外有戏剧团、音乐剧团以及其他文化活动的方式,这些是极端重要的,因为它们得到大众欢迎而成为教育的媒介物。

现在说到健康和卫生问题。陕甘宁边区的人民,在中共及政府领导下,对于疾病和阻碍健全社会的发展的迷信,是在斗争着。他们现在已找到中医和西医合作的方法,中医虽然未受过现代科学上医学和心理学的知识,但因为人们经过草头方药的治疗,曾得到良好的效果,他们对于中医的敬重胜过有训练的西医。

每一个村庄都有一间医院和一些卫生员。人民是享受着公共卫生的指导,病人是受着帮助的。医生和看护士助产妇,他们扶助生育,救活不少生命。譬如某一村庄,过去六十年中有一个接生婆接生过六十个婴孩,只有九个得活。现在同一村庄,十二名婴孩中有十一个得活。

此外医学训练班曾经组织起来,有一个新的医药合作社已经成立而且发展着,社员仅纳少许社费,就得到医药治疗,无论如何不再收费。

六　工　会

在第八路军和新四军所建立的抗日根据地,工人有组织工会的完全自由。各种有组织的工人的分配如下:农业工人占百分之五十五,手工业工人占百分之二十五,产业工人占百分之十五,其他如渔业、盐业工人等占百分之五。

在陕甘宁边区,在战前有一个总工会已经组织起来。今年(一九四五年)二月,成立了四个区工会,三十个县工会,一千零五十七个乡工会和二十一个工厂支部,总共有工会会员六万名。

在晋察冀边区,一九三七年成立了抗日救国总工会。在这区中的北岳地区有二十二个县工会,一千零七十八个乡工会,和八个工厂支会。总共有组织的工人三十六万四千名。

晋南的总工会于一九四一年在晋冀鲁豫边区成立。到现在已有三十八个农业工会,每个工会在一县之内有许多支会。武乡县有一百五十八个支会,包括有六百六十七个工会小组。在武乡、襄垣、辽县、和顺、和济源各煤铁矿区域有一个矿工会,在每一个矿区有一支会。职工总会共有九十二个工厂支会。在晋南全区共有工会会员一十二万四千零八名。

晋绥边区总工会于一九四○年成立,共有六个区工会中心,辖有二十个县支会。此外尚有二十二个矿业和磁业工会,五个职工会。工会会员总数有一万六千八百零三名。

山东省内,鲁东方面的胶东区,有组织的工人共有五万五千七百七十六名,鲁中方面有六万三千一百五十一名,鲁南有四千三百零三名,在青岛区有二万一千零三十九名。总计有一十四万四千二百六十九名。

在华中新四军的根据地,于一九四二年成立了江北总工会。在八个解放区共有二十万工会会员。此外尚有渔业及盐业工人三十五万系在农业工会组织之内。

截至一九四五年二月止,在陕甘宁边区和敌后各个解放区有组织的工人九十二万五千六百四十名,其中六十六万五千六百四十名在华北,二十万在华中,六万在陕甘宁边区内。以上所举的数目字,因为战时统计的困难,仅能各取其近似数而已。

一九四五年三月,华北、华中、华南各个解放区和陕甘宁边区的职工会代表大会曾在延安举行,成立了一个各工会的统一领导形式——解放区职工会委员会。

一九四二年,在陕甘宁边区,曾举行过一个增加生产和提高劳动者社会地位的运动。这个运动名为"赵占魁运动",以纪念发起这个运动的工友。这个运动提高了工人的志气,他们更加觉悟他们是为着民族解放和大众福利而工作的。

工人把政府所有的工厂,看作他们自己的财产一样,努力从事于高度生产,改良品质和减低成本,节省材料和小心使用器械。

这个运动在各厂中都得到改进。譬如,农业耕具工厂的生产力,已经由一百成分增至一百五十。中国化学工厂的肥皂出品,比较以前的纪录增加至四倍,难民纺绩工厂布匹的生产,比较以前增加了一半。纸的出品增加了百分之八十七,印刷工业的效率增加百分之四十七。战前陕甘宁边区所采取的八小时工作制,现在许多工厂已改为每日十小时工作。此外有许多工人自愿在十小时工作以外,报效工作,不受报酬,作为他们对于战争努力的贡献。在各个解放区的工厂,其出品的增加已经由百分之五十至到一百五十。

农业工人的生产力也提高了。因为他们的利益是受着解放区民主的法律所保护的,现在享受着组织自由的权利,而且他们的生活水平比较以前提高了许多。在战前,每个农人平均耕二十亩田地,只有十八担小米的收成。现在每个农人平均可以耕三十亩,收获二十七担小米。工银是以实物支付,平均工资是每年四担四小米。那些在土地革命时代分得田地的农人的收入更好些,许多都变成富农了。

矿工的生活程度也变好了许多。在过去,矿工与矿主是均分出产的,矿工得百分之四十,矿主得百分之六十,矿工尚要负担开采费。譬如灯油是矿工出钱购买的,他们尚要替矿主作些额外工作,现在均分比率是矿工矿主各得一半,一切开销都由矿主负担,而且其他额外勒索均予废除。在边区,每一个矿工过去平均每月做十八天工作,现在平均是每月二十天,这就是增加了出品的百分之十。在晋南武乡县,每个工人每日出品平均增加了九十斤,约合一百二十磅。

在过去数年间,陕甘宁辽①区和各个解放区,曾鼓励手工业者和小工业家在食品和日用品上得到自给自足。家庭纺绩因为洋布输入已经退化了,铁具的制造和建筑工业也因战争而停顿了。但是现在这些和其他小工业都已经复活了,生产足以供给新的建设和增加人民的需要。

妇女的纺绩工作在边区各处已经变为一个广大的群众运动而且繁盛起来。譬如在绥德县和米脂县的家庭纺绩,在洋布输入时期是衰落了,现在受

---

① 本辑录编者注:原文此处"辽"字应为"边"字之误排。

了政府的指导和鼓励,又再次繁盛起来。工资是:每纺出二斤纱线给予一斤生棉花,或给予十分之一担小米。这种比较高的收益刺激了手工业的生长,现在在边区内的五个分区,共有三万三千四百五十七名妇女从事纺绩。

一九四三年纺成的纱线共有八十三万五千三百零四斤。许多乡村妇女由于纺绩得到经济上的自立,而且她们的社会地位和家庭地位也实际上提高了。

陕甘宁边区工人的紧急任务是供给前方战士和后方人民的需要。他们也参加边区的保卫工作。

在华北抗日根据地,工人已经自己组织成为游击小组,参加实际作战。

泰南工厂的工人自己组织一个工人武装自卫团。正太路、平汉路、胶济路、津浦路的各铁路工人也各自组织自己的游击小组和铁路破坏团,长子县纺绩业工人有一个游击小组,山东的渔人有一队海陆两用的游击小组。在战时,所有这些小组都生长和成熟起来,有些并入正规军队伍中。好似太原工人武装自卫团一样,这个自卫团现正在成为一支坚强独立的正规军,在太原附近和晋西沿边积极作战。

大多数的农人、矿工、运输和交通工人在仍然从事生产工作中,加入游击队或民兵或工人独立队,与正规军队合作,做警备、侦察、通讯运输以及救伤工作。在华北人民中,这些工人都是英雄。在"百团大战"第八路军占领新津煤矿时,这些熟练矿工已毁坏了机器和炼铁炉,铁路工人则把铁轨和桥梁炸毁了。

生产和作战,是在敌人后方的工人们的两件任务。当作作战延近他们的工厂的时候,他们就放下工具,拿起枪杆,把工具、机器和材料搬入山中或别处地方。当着作战休息,他们又把工厂、作坊建立起来,拿起工具去做工。

有些工人拿起轻便工具到前线去,在离敌人火线不及的地点,替士兵们修理军械。当着敌人攻势临近,他们就拿起军械从事作战。晋南《新华日报》的印刷工人,当着敌人扫荡攻势发动之时,常常隐藏印刷机器纸张于山中,带着小型印刷机随着军队出发去印行报纸。遇到敌人距离最近的时候,他们又停止工作,拿起军械了。

在广大的中国解放区,新民主主义是实现了。人民有了基本的民主权利,这些权利是中国历史上第一次推及于工人农人的,他们是封建社会的小民。陕甘宁边区的参议会有二十二名工人代表,其中七名是直接由工厂选出来的。在边区二十一县内,二百零九名县政府委员中,有八名是农业工人。在各县人民参议会一千九百五十五名代表中,有六十五名农业工人,三十二名手工业工人。在一千三百二十八名乡政府委员中,有二百八十二名农业工人,一百零一名手工业工人。在五千三百七十名乡参议会代表中,有一千二百八十二名农业工人,三百七十四名手工业工人。在六百二十名乡长中,有三十二名农业工人,六名手工业工人。在其他游击区域,情形大体相同。

边区过去数年间,以余暇时间来种植蔬菜和手艺工作,是由工厂鼓励的。工厂只拿产物的十分之一至十分之五,其余都归私人所有。投资于合作事业也是鼓励的。

在中国解放区内没有失业工人,工人们的生活状况有很大的改进。工人与雇主的契约是重订过的,法律保证工人的工资。熟练的工人所得,是保证能够维持两个半人的生活。工资是以实物发给,因此能稳定工人的生活水准。

工人的实际收入比较战前的水平,增加了一半至一倍。公有的工厂为提高工人利益起见,它的开销等于工资总数的百分之三。工厂中有他们的俱乐部、育儿所、夜校、儿童学校、壁报和不收费的医药治疗。

由于建设纲领,各部门专业的发展,劳动力是缺乏的。最近有许多学生、农人都投入工厂作工,而其数目是不断地增加着。

七　中国人民迫切要求实现的政治纲领

(一)动员一切力量与盟邦合作去完全消灭日寇和建立国际和平。

人民必须用尽一切所能,由说服以至严厉措置,去克服消极态度、怠工或议和企图。必须利用全国人力资源和盟邦合作。各个解放区正在准备着与盟邦合作的行动,以期达到胜利。

(二)废除国民党一党专政,组织联合政府,和统一军事最高指挥机关。

在战时,要建立一个临时的中央政府,包括国民党、共产党、民主同盟以及无党派的民主分子。这个政府必须在民主纲领的基本原则上产生。这个民主纲领包括人民最迫切的要求,以达到国家的统一来战败日寇。

由上文举出各党派的代表会议,可以提出临时联合政府的产生方式。一个正式的联合政府,必须在敌占区解放后,经过自由无限制的普选才能建立起来。在战时,我们不承认任何方式的所谓国民大会的号召。

(三)人民的自由权利。言论和出版的自由,组织和集会的权利,思想和信仰的自由。人民必须被保证不得非法拘捕及监禁。

一切民主政党必须给予合法地位。一切爱国政治犯必须释放。解放区的一切抗日军队和由人民选出的政府必须承认。

(四)人民的统一。中国的统一必须经过人民的自由权利和民主的政府取得之。

(五)人民的军队。以人民为基础的军队,是消灭敌人和建设新中国的不可少的军队,至于经常战败的军队必须改编。

在沦陷区,我们必须帮助人民去组织地下军以准备起来推倒敌人。各地的人民必须准其武装自己,以保护他们的家乡和国家。联合国的军事上和财政上的援助,必须公平地分配给一切反抗敌人的军队。

(六)农村改革。农村改革和解放农工,对于消灭日寇和建设新中国是同样重要。

孙中山先生的"耕者有其田"的原则,在中国的发展现阶段中是必要的,但在抗日战争中为着联合一切人民,中共正确地代以减租减息政策。当着全国已经实行了减租减息,则依照孙中山先生的计划,用适当的措施,去次第实行"耕者有其田"的办法。

民族敌人和汉奸的土地,将来必定被没收,分给没有田地或仅有很少田地的农民。

(七)工业。中国必须发展自己的工业,一部分是为着战争的努力,一部分是为着战后的建设。但是,中国未经过独立、自由、民主和统一,是不能达到工业化。

中国的工业发展倚靠着:清除官僚资本;培植本地工业;改善工人的生活和工作状况;实行每日八小时至十小时工作制;设置必需的和适宜的失业救济和社会保险,以及给予工会的权利和权益。

同时,合理的利润对于正当经营的公私合作企业是被保证的。质言之,一切法律是为着民族工业的发展劳资合作而订立的。

在遵守中国法律下,鼓励外国资本在中国投资来发展民族经济。

(八)文化及教育。党化和统制教育必须废除。

文化及教育必须在民族的、科学的和大众的基础上发展。学校教职员的生活和学术上的自由权利必须被保障。

建设新中国的主要条件,是要消灭占全国人口百分之八十的文盲。中共站在解放中国人民斗争的总目标的战线上,不分阶层、政治和宗教,愿与一切知识份子结成友谊的关系。

(九)少数民族问题。我们要求改进国内少数民族的待遇。国内少数民族必须给予民族自决权和在其自愿的基础上,有权与汉族联合组成一个共和的中国。

(十)外交关系。我们同意大西洋宪章和莫斯科、开罗、德黑兰和雅尔塔各个会议的决议,因为这些都有助于战胜法西斯侵略和维持世界和平。

中国共产党对于雅尔塔会议的决议是特别诚心拥护的,它不只是可能而且是必须应用于远东和中国。

我们完全同意顿巴敦橡树园会议建立保障国际和平与安全的组织的建议、和雅尔塔会议中的相同的决议。我们提倡改进中苏关系,和增进我们与英美法及一切联合国家的关系。

这个纲领已经在解放区实行了。我们催促它在全中国立即采取和实现起来!

(根据董必武所存资料件刊印)

中国共产党的基本政策①

一九四五年六月五日

中国共产党的基本政策,可以用三句话来概括,就是:坚持抗战,坚持团结,坚持民主进步。

先讲坚持抗战。从九一八事变发生,中国共产党就提出对日抗战,当时曾经发表文件,提出鲜明主张。有人提出唯武器论,认为中国武器不好,不能抗战。中国共产党曾坚决反对,予以驳斥。因为中国共产党认为中国有四万万人民,有挽救中华民族危机的决心,是有力量进行抗战的。到了七七卢沟桥事变发生,中国共产党更主张抗战,坚持抗战。

抗战以来,中共将领没有一个投降敌人的,也没有一个知名的共产党员做了汉奸。这是中共和中共领导的军队坚决抗战的一个有力证明。日寇诱降也好,诱和也好,从来未以中共为对象,相反的,总是以反共灭共为口实。日寇和德意所结成的轴心,就叫反共轴心,就是以反共为中心的。所以,从八路军在一九三七年深入华北敌后,新四军在一九三八年深入华中敌后,坚持抗战以来,八路军和新四军成了日寇的死敌,因为他们天天在打敌人,给敌人打击最大。这些更是中国共产党和八路军、新四军坚决抗战的有力证明。

八年来,中国共产党领导的八路军、新四军,是在怎样的环境下和日寇作战的呢?我已说过,八路军和新四军是在敌后战场作战,是在敌人包围中作

---

①本辑录编者注:该文选自《董必武选集》,人民出版社1985年版,第105—119页。《董必武选集》编者原注:"这是董必武同志赴美出席联合国成立大会期间,在华侨举办的演讲大会上的讲演。"

战的。尤其是从一九三九年起,日寇集中了大部主力,在敌后进行扫荡。截至今年三月的材料,敌人把在华军力的百分之五十六(即二十二个半师团三十二万人)和伪军的百分之九十五(即八十万人),放在敌后的战场。我们的八路军和新四军一直要和这样庞大的敌军作战。

八路军、新四军在最近五年都没有得到国民党政府一文钱,一颗弹,一包药的接济。至于国外的援助,除了社会同情和私人捐助药品外,我们得不到任何援助,而且,陕甘宁边区及解放区和大后方的交通,人为地受到阻隔,弄得消息不通。八路军、新四军打了胜仗,大后方却有人硬说没有打仗;八路军、新四军胜利的战报,也不许我们登在大后方的报纸上,告诉国人。同时,国民党政府又不许新闻记者到这些地方去视察。这种情形,到去年夏天稍有改善,但是,从去年夏季记者团去视察后,又不准去了。

八年以来,八路军、新四军作战的成绩怎样呢?在上述的作战困难环境下,八路军、新四军作战的成绩是很好的。在过去八年中,他们打了十一万五千一百二十次仗。这是到今年三月止的统计。这就是说,平均每天要打四十次左右的仗。有人说,这不算什么,因为他们说这些都不是"大仗",不过是些"小仗"而已。我必须说明,八路军、新四军没有飞机,没有大炮,当然只能打规模不太大的仗。然而,小仗就不算打仗了吗?这只能是坐在房子里空想的人们说的话,就是敌人,也承认他和八路军、新四军打仗的次数最多。日本《朝日新闻》一九四四年一月十五日载北平十三日电说:"华北军发表昭和十八年(一九四三年)度综合战果,充分说明了过去以重庆军为对手的华北军,在今天他完全转变为以'扫共'战为中心的事实了。……敌大半为中共军,在交战回数一万五千次中,和中共党军的作战占七成五,即一万一千四百三十次;在交战的二百万敌兵力中,半数以上都是中共的党军。……"这就是说,每天平均交战四十次以上,这是敌人的自供,这是敌人承认和中共领导的军队作战次数最多。敌人是不管大仗小仗,而是有一次算一次的。那些诬蔑中共领导的军队不打仗的人的胡说,是不攻自破的。

在这些作战中,敌我伤亡的统计是怎样的呢?大致是这样:敌伪伤亡总数是一百三十六万零八百多人;我军的伤亡总数是四十四万六千七百多人。

比例是三点零四比一，就是我军伤亡一人，敌伪就要伤亡三个人。至于俘虏，我军俘虏了日寇三千八百多人，伪军二十八万二千四百多人。在过去八年中，我军缴获很多，计长短枪四十三万六千九百多支，轻重机关枪七千七百多挺，各种炮一千多门。前面我说到八路军、新四军没有枪械的接济，这里可说明一句，八路军、新四军的枪支，除了自己的小规模的制造厂制造一小部分外，大部分是从作战中缴获而来的。

现在八路军、新四军的数目有多少？收复了的国土和解放了的人口有多少呢？到今年四月，八路军、新四军等正规军数目，已经发展到九十一万人（抗战开始时，只有八万人），民兵则有二百二十万人。民兵就是人民的武装，不脱离生产，受了训练，临时可拿起枪来和敌人作战。

过去八年中，八路军、新四军在敌后收复的国土，到三月底为止，是八十五万平方公里；到四月底，已经是九十万六千平方公里了；解放了的人民，共有九千五百五十万人了。解放区除了陕甘宁边区外，从东北到西南，从西北到东南，还有十八个。侨胞大都是广东人，广东有两个解放区①，一个从东江到北江到西江，从广州城郊到九龙附近，那里，中国共产党领导的东江纵队已有三万人了。另一个解放区在海南岛——琼崖。

八路军、新四军和解放区人民，曾经救护了不少中外人士。珍珠港事变以来，他们曾经救护从北平、天津逃出来的美国人、英国人、法国人、荷兰人，使这些外籍人士到后方，转回本国。其中有教授、有外交人员、有银行家等等。从香港逃出来的美国人和中国同胞（其中有许多文化人），多是由东江纵队救护出来的。从上海逃出来的一位英国外交人员，也是由新四军救护出来的。此外，在解放区得到救护的还有许多美国空军人员。

以上一些事实，都说明中国共产党和八路军、新四军怎样坚持抗战和在

---

① 《董必武选集》编者原注："广东两个解放区，即抗日战争时期，在中国共产党领导下创建的广东东江和海南岛两个敌后抗日根据地。一九三八年十月广州失陷后，广东人民以香港、惠阳地区的工人、农民、学生为基础，组织了第一支游击队，开展游击战争。这支队伍至一九四三年发展成为广东人民抗日游击队东江纵队，创建了东江抗日根据地。长期战斗在海南岛的红军游击队在日寇占领广州后即整编为广东琼崖抗日自卫队独立队，一九四四年成立了广东省琼崖人民抗日游击队独立纵队（简称琼崖纵队），创建了琼崖抗日根据地。"

坚持抗战中的伟大成绩。今后还要坚持这个政策。目前我们完全赞成杜鲁门总统最近致国会咨文中的主张，一定动员一切力量，配合盟邦作战，直到日寇无条件投降为止。

这些成绩是怎样得来的呢？这里，我就要讲到中国共产党坚持团结和坚持民主进步的政策。

先讲坚持团结。抗日战争是人民的战争，非团结一切人民进行，抗日战争不能得到最后胜利。中国共产党怎样团结人民呢？

在政府、军队和人民的关系上，我们的口号和任务是："军民合作"，"拥政爱民"。从军民关系上说，一方面军队要打仗，要帮助人民，使人民觉得八路军、新四军是真正人民的军队，是保护人民，为民族流血的；另方面，人民要帮助军队，爱护军队。这样，军民不仅不仇视，不隔膜，而且相亲相爱，真像一家人一样。从军队和人民对解放区政府的关系上说，要拥护政府，服从政府。因为政府是民选的，拥护和服从政府，也就是拥护和服从人民的意志。这样一来，政府、军队和人民，没有矛盾和冲突，只有和谐和团结。

在地主和农民的关系上，我们的口号和任务是："减租减息"，"交租交息"。地主和农民，过去常常因为地主的租息太高，农民不堪负担，弄得生活无法维持，和地主是死对头。而地主呢，一味压迫农民，使农民过非人的生活，而且租息愈高，农民愈无力交纳。这样，双方关系自然不好。现在就要地主减租减息，使农民既有力交纳，又可维持和稍稍改善生活。在地主减租减息的前提下，又保证农民交租交息，使地主和农民的利益暂时协调，相互关系得到改善。

在资本家和劳工的关系上，我们的口号和任务是：改善工人生活，保护资方合理利润。目前劳资关系的关键，在于保障工人生活和资本家利润。能够做到这样，双方就能协调。所以，一方面要资本家使工人生活得到相当提高，另方面又使资本家能够获利，使双方关系能够得到调整，能够团结一致，协力从事战时生产。

在知识分子和工农劳动者的关系上，我们的口号和任务是：一方面使知识分子参加体力劳动，知道劳动之可贵，能和工农劳动者接近和团结，消弭知识分子轻视体力劳动和工农劳动者的现象；另方面又提高工农大众文化水准，这样来增进体力劳动者和智力劳动者的关系，也就是增进工农劳动者和知识分子的团结。

在各阶级、各党派的关系上，我们的口号和任务是：实行民主政治。在行政和议事机关中，包括各阶级、各党派和一切抗日人民的成分，大家都是经过民主选举产生，都在一起商讨和决定事情，并且一致实行这些决定。同时不分男女、阶级、信仰等等，人人都有言论、出版、集会、结社等等自由，都可以组织团体，团结各种职业、各个阶级的人民，参加抗日的工作。比如，各解放区工人都有工会的组织，在延安又有解放区总的职工委员会，现有会员九十九万人了。此外，青年、妇女，也都有各自的组织。

我们中国共产党根据这些原则去做，所以在解放区有了巩固的团结。有了这种团结，才有强大的力量战胜日寇。没有这种团结，就不可能打胜仗，收复国土，解放人民。我们在全国范围内一样地坚持团结，所以，我们坚决地反对内战！

总括这些原则，我们可以回答"怎样才能团结"的问题。用一句话说，就是我们坚持了民主进步。也就是说，只有在民主制度的基础上，才能把各阶级、各党派及一切抗日人民团结起来。

我们在民主方面做了些什么实际工作呢？

中国共产党在解放区保证人民有民主权利，有集会、结社、言论、出版、信仰等自由，这在上段已经讲过了。

中国共产党在解放区保障了人权与财权。人权受到了政府的保障，非依法律由合法机关依照合法手续不能任意逮捕，并且必须依照法律，以合法程序予以审判和处置。财权受到保障，人民的私有财产，完全受到法律的保护。

中国共产党在解放区保障人民有选举和被选举权。凡是及龄公民，不分阶级、性别、信仰和财产，都有这项权利。

中国共产党在解放区，不论在政府与参议会之中，都实行了"三三制"。什么叫"三三制"呢？就是：人民选举出来的各级参议会代表也好，各级参议会选举出来的各级政府委员也好，中国共产党自己规定，共产党名额都不超过总数的三分之一。如果选出来的代表或委员,共产党员超过了三分之一,就有一部分自请辞职,让给次多数的非共产党人士。这个制度的目的是什么呢?就是反对一党包办,反对一党专政,而和各党派、无党派的各阶级人士,更好地团结合作。中国共产党是主张民主政治,反对一党专政的。从共产党本身起,就不做一党包办或专政的事。

以上种种措施,保证人民有民主权利,保证政府是民主的政府。这是最好的民主制度。

民选的政府做了一些什么事呢?民选的政府减轻了人民的负担,实行了减租减息。国民党政府颁布的二五减租,别处没有真正实行,在解放区的民选政府是实行了。旧时的千百种苛捐杂税是完全废除了,现在征收的是统一累进税。这项税有个起税点,在这以下完全免税;在这以上,收入愈多,征税也比较多。这正是钱多多出,钱少少出的合理税则。其次,民选的政府实行了精兵简政,一部分军队转入了生产;政府的一部分不必要人员也减少了。这样,就减少了政府的开支,增加了生产的力量。减少政府开支,正是减轻了人民的负担。再其次,军队、机关、学校等人员,都参加了生产,增加收入,减少政府开支。现在,各个部队、机关、学校等的经费,都能部分自给,一般的是自给四分之一,有的甚至于可以全部自给了。

民选的政府采取一切办法,发展生产。首先就是普遍的生产运动,从上到下,从男女到老幼,每个人必须参加生产工作,或者种地,或者纺织。这样,使每个消费者都是生产者,用大家的力量,解决生活需要。同时,这是人人体验劳动,尊重劳动的一种训练。就是过去游手好闲之辈,也在生产运动中得到改造。现在,游手好闲的现象也消灭了。

更值得注意的,就是广大农民在毛泽东同志的号召下,组织起来,提高了生产能力。在中国农村中,原有劳动互助的办法,两三家人力或畜力,一道工作,依次耕作各家农事。这样,费力少,费时短,收效大。现在,经过中国共产党和解放区政府的提倡,劳动组织的日趋科学化,生产力已经大为改善和提高。生产的增加是很显著的。两个人做三个人的工作,是极普通的现象。大家看到"变工"、"扎工"等名词,就是劳动互助的组织。同时,政府还帮助每家农户根据各自的具体条件,定出各户各人的生产计划,并帮助他们逐步实现。所有这些办法,使生产不断地增加。此外,政府还有计划地开垦荒地、兴水利,教人民如何施肥,如何深耕。由于采取这些进步的措施,陕甘宁边区的农民,到今年已可以有一年的余粮,从此以后,就可以做到耕三余一,就是每三年有一年的余粮。军粮充足,民食富裕,再也不怕荒年。

民选的政府,在工业生产方面,也尽力发展。解放区都在工业一向不发展的农村,经过中国共产党、民选政府和全体人民的努力,情形已大不相同了。现在,以陕甘宁边区一地而论,纺织业已普遍发展,造纸厂建立起来了,印报纸、出书刊,完全用自造的纸张。而且,从前向无印刷业,现已有两个印刷厂了。火柴过去是没有的,现在不仅能自给,且有剩余可以输出。

过去每户农家每年需铁二三十斤制造农具,铁完全依靠外来,现在已能全部自给了。从前不懂制革,只得皮毛相连,勉强穿着;现在已能制革,皮鞋、皮衣都能自制。工业发展规模尚小,但工业合作社相当发达。同时,政府也鼓励地主投资工业,帮助工业的发展。

民选的政府,还广泛地发展了合作社,消费、生产、运输及信用合作社,几乎到处都有。此外,还有一种综合性的合作社,不仅包括消费、生产、运输及信用的合作,还根据人民的需要,代为纳粮,举办文化教育、医药卫生事业。所以这种合作社已经成为人民最欢迎的一种社会经济生活的中心。加入或退出合作社,是完全自愿的。社员享有民主权,可以选举职员,可以对业务的发展和改善提出批评和建议。

民选的政府更在大力发展教育,提高一般人民的文化水准。一方面在民办官助的原则下,普遍发展小学校。另方面,政府也举办了大学,如延安大学、医科大学等等。此外,还普遍发展黑板报、壁报,组织读报组,实行小先生制等等,使每个人都有学习的机会。解放区的教育原则,是照顾人民的自愿和需要,教材注重生产知识、卫生知识等等,务使所学的东西,都是切实有用的。而学习时间,也以不妨碍生产不误农时为原则。

现在解放区有一百九十八种日报及期刊,通讯员也有一千多人,就是不识字的,也可以担任,因为他可以找能写字的人,把自己要报导的事情、要发表的意见告诉对方,请对方代他写给报馆和杂志社。

对于卫生工作,民选的政府也非常重视。过去陕甘宁边区等地,都很落后,人民迷信,医生缺乏,医病常靠巫神,但巫神只能求神骗钱,不懂得医道,因此死人不少。现在,一方面破除迷信,揭露巫神骗术,另方面,大量训练医生,团结中西医生,下乡宣传卫生,设站医治病人。又如,过去没有科学接生,婴儿死亡率极高。最近,由于科学知识的灌输,产科医生的帮助,婴儿死亡率也大为减少了。

由于民选的政府采取了上述种种民主进步的措施,各解放区,特别是陕甘宁边区的人民,生活已改善了,已经做到有棉布、棉衣、羊毛衣着了;过去吃不饱,现在不仅吃饱,而且常能吃肉了。其他解放区,因为在战争环境下,时时要和敌人打仗,所以各方面比较陕甘宁边区要差些。但是,由于人民负担减轻,比起战前,生活也好得多了。

所有这些措施,都是提高生活、团结人民、增强抗战力量的措施。这些措施,不叫做进步措施还能叫什么呢?显然的,这些都是进步措施。

在战时,为了坚持抗战,争取胜利,我们要坚持这些政策。在战后,在把日寇打到无条件投降以后,我们现在在抗战中所执行的基本政策,还可以继续施行。我们要在战时,也在战后,坚持团结,坚持民主进步,这对于中国的发展前途,是必要的。

我到了旧金山以后,有许多朋友来问我党目前的政策。我写出了一个提纲,现已译成英文,其中有几点前面已经讲到了,还有几点也需要在这里简单地提一下。

关于中国共产党对所谓国民大会的态度问题。中国共产党认为:要使中国能够真正走上民主团结,动员全国力量,配合盟邦,对日反攻,取得胜利,只有召开党派会议,成立民主联合政府。在党派会议和民主联合政府中,有国民党、共产党、民主同盟和其他党派及无党派知名人士,这里并不排斥国民党。这个民主的联合政府,必须实行民主纲领。这是目前中国局势的唯一的、民主的解决途径。

至于所谓国民大会,那是解决不了问题的。而所谓国民大会的召集,只有使中国内部问题的解决更加困难,更加深内战的危机。为什么呢?因为国民党预定今年十一月十三日召集的所谓国民大会,所有"代表"实际上都是八年前(也就是反共内战时期)由国民党指派的。当时国民党外各政党都不能公开存在,人民也没有民主权利,没有选举权,而且,所指派的"代表",到现在有的已经死了,有的已经投敌,有的早已不做以前的职业,所以这批所谓代表,根本就不能代表人民。同时,他们规定国民党中央执监委员都是当然"代表"。这次国民党第六次全国代表大会,把中央执监委员的名额,增加到四百六十人之多。这样的所谓国民大会,无论如何,不能叫做国民大会,只能叫国民党大会。

也有人说,如果重新选举好不好呢?我说,这在现在是不可能的。因为现在,还有大块国土、大批国民沦陷在敌寇统治下,他们如何选举代表呢?解放区虽已实行民主,人民可以自由选举代表,国民党政府却从来不承认这些解放区。至于大后方,现在还是在国民党一党专政之下,特务制度未取消,人民没有丝毫民主权利,他们又怎样能选举呢?

今天唯一实际可行、容易做到的实现民主团结的办法,只有召开党派会议,成立民主联合政府。民主联合政府一天不成立,国民党一党专政一天不取消,内战危机是一天存在的。如果国民党不顾民意,不走民主团结的道路,一定要召开所谓国民大会,那无非是表现其反民主,而决心假借所谓国民大会的名义,使国民党一党专政得到合法地位。这是以继续独裁反对民主,以假民主反对真正的民主。内战危机就在这里。中国共产党反对一党专政,坚决主张民主团结,所以坚决反对所谓国民大会,而坚决主张立即召开党派会议,成立民主联合政府。为了挽救民族危机,为了消弭内战,为了动员全国力量进行反攻,争取最后胜利,中国共产党坚持这项主张。

关于中国战后经济的发展问题,中国共产党主张民主主义的经济。对大企业,如铁路、水电站等等私人资本无力举办的,应由国家经营;对于私人资本的经营,应该予以奖励和保护。同时,对小的生产合作,更应尽力提倡和帮助,使能普遍发展。至于土地问题的解决,我们认为前人所说"耕者有其田"的主张,是现阶段所必需的,但是,目前还是采取减租减息的政策,等到这个政策实现而条件成熟,再采取一定法案步骤,促其实现。此外,战后工业的发展,需要大量资本,除前面所说奖励国人投资及海外侨胞的积极投资外,对于外资,在遵守中国政府法令的前提下,也一样地欢迎。

关于外交关系问题,我们认为中国必须改善并加强和苏联的友好关系,同时和美英法三国及其他盟国的关系,也需改善和增进。

关于少数民族问题,中国共产党向来就主张国内各民族必须平等,而各少数民族都应该有民族自决权。

中国共产党所有一切这些政策,都是为了一个总的目标,就是:建立一个独立、民主、自由、团结、强大、繁荣的新中国。中国共产党将继续根据这些政策,坚持抗战,坚持团结,坚持民主进步,加倍努力,使我们能在抗战最后胜利中建立起这样的一个新中国。

关于改组政府的主张[①]

一九四六年一月十四日

我本想将改组政府问题与共同纲领的意见,合并报告一下,但现在时间不够,所以这里只先把关于改组政府的意见说一说。

改组政府问题,是抗战中远在一九四一年时,我与周恩来同志曾和王雪艇、张岳军[②]两先生及其他参政员谈过一次,那时只想把政府机构改简单一些,至一九四四年秋,我党代表林祖涵在国民参政会上正式提出联合政府。当时敌人进攻,中原湘桂相继沦陷,形势危急,群情激动,都认为军事如此失

[①] 本辑录编者注:该文原载《新华日报》1946年1月15日第二版"本报特讯",原标题为《政治协商会议第四次会议讨论扩大改组政府问题,并涉及人民自由权利及地方政权问题》。"本报特讯"报道董必武发言时称:"政治协商会议第四次会议,于昨日下午三时,假国府礼堂举行。出席会员三十五人,由孙科任主席。议程为扩大政府组织问题。在讨论中间,董必武同志代表中共代表团,曾就改组政府问题提出八项意见,讨论继续举行。发言者有王世杰、曾琦、张东荪、梁漱溟、邵力子、陈布雷、罗隆基、周恩来、张厉生、沈钧儒、董必武、邵从恩、郭沫若等人。"《新华日报》1946年1月16日第二版"重要更正"对文中的错误作了更正。收在《董必武文集(第一卷)》(征求意见本),第343—346页。这次选编时参照《董必武文集(第一卷)》(征求意见本)作了校订。《董必武文集(第一卷)》(征求意见本)编者原注:"根据《国共会谈纪要》中关于召开政治协商会议的规定,国民党政府于一九四五年十二月宣布同意召开政治协商会议。中共中央为了尽一切可能争取和平民主,于十二月十六日派周恩来、董必武、王若飞、叶剑英、吴玉章、陆定一、邓颖超等七人组成中共代表团,出席政治协商会议。一九四六年一月十日政治协商会议在重庆开幕,十四日举行第四次会议,讨论改组政府问题。这是董必武针对国民党方面提出的《关于扩大政府组织之意见》,代表中共代表团提出的关于改组政府的主张,原刊载于一九四六年一月十五日《新华日报》。"

[②] 《董必武文集(第一卷)》(征求意见本)编者原注:"张岳军,即张群,四川华阳人。当时任国民党政府行政院院长,代表国民党出席政治协商会议。"

利,主要由于政治不良。国民党一党专政的政策,实有改变之必要,政府机构又叠床架屋,互相推诿,互相牵制,行政效率总提不高,加以人事官吏贪污,极受社会指责,所以我党有联合政府之提出,但未能实现。那时政府方面是不愿要联合政府这个名称的。去年一月周恩来同志与王雪艇先生商谈,王提行政院内设政务委员会容纳各方人才,我们不同意,我们仍然主张联合政府。现在政府方面虽然还是不喜欢联合政府这个名称,但政府方面所提改组政府的意见,①关于改组政府,我首先要说明我们的观点是在现政府的基础上来改组的。如第一,我们承认蒋主席的领导,这个意见不自今日始,我党毛泽东、周恩来同志已下过这样的声明。第二,承认国民党是第一大党。第三,对国民政府的各院部会组织机构也不想变动它,只是在这基础上进行改组。这是我们的基本态度。

其次关于改组政府我们也曾想了一些意见,但未形成文字提案,大致有下列几点:

第一,改组政府应有一个共同纲领,在纲领的基础上来改组政府。当然这个纲领中也包括着人民自由权利等问题,黄任之②先生曾说过纲领有如剧本,政府人员有如演员,空有演员无剧本,只有各唱各的,这话说得很对。

第二,结束训政,国民政府委员会既成为最高决策机关,如果委员会无权用人,那末政策决定了,仍交一党专政下的官僚去执行,结果还不是和从前一样,什么都推不动。所以既然是最高决策机关,最好有权决定人选,至少是政府中的重要职员应由委员会选定。

第三,王雪艇先生说国民党要在政府中占多数,我们既承认国民党是第一大党,当然也同意可以多一些,至于多到什么程度,根据我们做地方政权工作的经验,最好是政府主要职员大党所占的地位不要超过三分之一。

---

①本辑录编者注:《新华日报》1946年1月16日第二版《重要更正》中说:"所提改组政府的意见"下应有"是进了一大步"一句。

②《董必武文集(第一卷)》(征求意见本)编者原注:"黄任之,即黄炎培,上海川沙人。抗日战争时期任国民参政员。一九四〇年底参与发起组织中国民主政团同盟。一九四五年七月赴延安访问。同年发起建立中国民主建国会。当时代表中国民主同盟出席政治协商会议。"

第四，王先生又说国府委员人选由主席提交国民党中执会①或中常会②通过。如此则还是国民党一党专政的形式，国民党中央直接干与国家最高决策机关的人选，不知由结束训政到实行宪政这一过渡时间与训政时国民党对国家的地位，究竟有何区别？不过我曾听孙先生③讲过：他说主席提出国民政府委员人选，也还要和政治协商会议协商，国民党中央委员会的通过，是党内的手续，这似与王先生所说的不同，我们希望这点能照孙先生的解释。

第五，方才国民党方面所提"遇紧急情形时国民政府主席得为权宜之处置……"我们觉得不甚好，老实说，我们中国除叠床架屋的政权机构防碍行政效率外，还有手令制，如果确定主席有紧急处分权，不但不能防止手令制，而且更促进手令制的发展，紧急处分权并非国家元首必不可少之权，这在罗努生④先生讲话中已提到了，我们以为蒋主席的命令还是要经会议通过，而且要有人副署。

第六，国府委员如有四十八人，开会不易运用，难免不灵。可由委员会选定少数人，组织小的会议，如外国所谓小内阁一样，至于叫什么名字都可以，就叫他为国府委员会常委会也好。

第七，行政院政务委员⑤得兼各部会长官，这规定好像政府改组只限于国民政府的行政院。我们认为政府改组，应包括国民政府下各院部会的改组，使各党各派与无党派的民主人士有广泛的机会参加政府工作。

第八，政府改组后，党的费用不应再由国库开支，这点应当明白规定出来。

---

①《董必武文集（第一卷）》（征求意见本）编者原注："国民党中执会，即国民党中央执行委员会，是国民党全国代表大会闭会期间的最高权力机构。"

②《董必武文集（第一卷）》（征求意见本）编者原注："国民党中常会，即国民党中央执行委员会常务委员会，对党务、政治、军事行使最终议决权。"

③《董必武文集（第一卷）》（征求意见本）编者原注："孙先生，即孙科，广东香山人。历任国民党政府建设部长、财政部长、行政院院长、立法院院长，代表国民党出席政治协商会议。"

④《董必武文集（第一卷）》（征求意见本）编者原注："罗努生，即罗隆基，江西安福人。当时任民盟中央常委，代表民盟参加政治协商会议。"

⑤本辑录编者注：《新华日报》1946年1月16日第二版《重要更正》中说，"第七，行政院政务委员……"误作"行政院委员政务……"。这里按更正后的内容录入。

关于共同施政纲领的主张①

一九四六年一月十五日

关于施政纲领,共产党方面预备拟一草案,但尚未脱稿,现在只能略述概要以供参考。

---

① 本辑录编者注:该文原载《新华日报》1946年1月16日第二版"本报特讯",原标题为《政治协商会议第五次会议讨论共同施政纲领问题,各代表参加分组人员名单发表》。报道称:"政治协商会议第五次会议,于昨日上午九时举行,出席会员卅一人,王世杰、邓颖超二代表因病请假。昨日讨论议程为共同纲领问题,由孙科任主席,发言者有梁漱溟、黄炎培、张申府、吴铁城、董必武、章伯钧、常燕生、罗隆基、陈布雷、李烛尘、邵从恩及王云五等人。政治协商会议代表参加分组人员名单,及召集人,已经决定:①改组政府组:参加人为王世杰、陈立夫、王若飞、陆定一、曾琦、余家菊、罗隆基、沈钧儒、王云五、傅斯年等十人,召集人为王世杰和罗隆基。②施政纲领组:参加人为陈布雷、张厉生、董必武、王若飞、常乃惠、杨永浚、张申府、黄炎培、李烛尘、郭沫若、傅斯年等十一人,召集人为张厉生和董必武。③军事组:参加人为张群、邵力子、周恩来、陆定一、陈启天、杨永浚、张东荪、梁漱溟、缪嘉铭、胡霖等十人,召集人为胡霖和张东荪。④国民大会组:参加人为吴铁城、张厉生、董必武、邓颖超、曾琦、余家菊、章伯钧、梁漱溟、邵从恩、钱永铭等十人,召集人为曾琦和邓颖超。⑤宪法草案组:参加人为孙科、邵力子、吴玉章、周恩来、陈启天、常乃惠、罗隆基、章伯钧、傅斯年、郭沫若等十人,召集人为傅斯年和陈启天。"收在《董必武文集(第一卷)》(征求意见本),第347—351页。这次选编时参照《董必武文集(第一卷)》(征求意见本)作了校订。《董必武文集(第一卷)》(征求意见本)编者原注:"一九四六年一月十五日在重庆举行政治协商会议召开第五次全体会议,讨论施政纲领问题。这是董必武代表中国共产党提出的关于施政纲领的主张。原刊载于一九四六年一月十六日《新华日报》。"

第一,和平建国的基本方针。国共会谈纪要①上本有一个基本方针,这一方针,在今天的共同纲领上仍然适用,拟稍加补充,内容包括下列数点:(一)各党派长期合作;(二)坚决避免内战,国内任何政治的民族的纠纷,均应以政治方法寻求解决;(三)以和平民主团结统一为基础,在蒋主席领导下,迅速结束训政,实施宪政,彻底实行三民主义,建设独立自由和富强的新中国。

第二,人民自由权利问题。(一)我们认为人民应有身体、思想、信仰、言论、出版、集会、结社、通讯、居住、迁徙、营业、罢工、游行示威、免于贫困、免于恐怖之自由。凡与此原则抵触之法令,应予修正或废除;(二)严禁司法和警察以外之机关拘捕审讯和处罚人民。这点在国共会谈纪要和蒋主席在本会的演说中都提到过,但至今并未实行;(三)所有侵害人民之一切特殊机构应立即解散;(四)立即释放除汉奸以外之政治犯,我们这点与政府所说"除汉奸与危害民国之政治犯可释放"不同。因为《危害民国紧急治罪法》②中有一条是对付"叛徒"的,什么是"叛徒"呢?含义不明确。政府当局所不喜欢的人,都可以"叛徒"或勾结"叛徒"罪之,人民怎么受得了呢?所以我们不同意那样说法。

第三,结束训政,扩大政府的民主基础。(一)必须使现在的国民政府不是一党专政的政府,而是全国各抗日党派及无党派公平而有效参加的政府;(二)举国一致脱离党的直接统治,昨天国民党所提的方案仍然不脱党治,政

---

①《董必武文集(第一卷)》(征求意见本)编者原注:"国共会谈纪要,即《国共双方代表会谈纪要》。抗日战争胜利后,蒋介石一面加紧准备内战,一面伪装和平,三次电邀毛泽东到重庆举行和平谈判。中国共产党为了争取和平,派毛泽东、周恩来、王若飞三人于八月二十八日从延安到重庆,同国民党代表王世杰、张群、张治中、邵力子谈判,于十月十日签订了《国共双方代表会谈纪要》。在这个纪要中,蒋介石表面上承认中国共产党提出的'和平建国的基本方针'和召开政治协商会议,承认各党派的平等合法地位,保证人民的某些民主权利,但在解放区的政权和军队等根本问题上,拒绝中国共产党的合理主张,以致双方在这些问题上没有达成协议。"

②《董必武文集(第一卷)》(征求意见本)编者原注:"危害民国紧急治罪法,'九一八'事变和'一·二八'事变之后,国民党蒋介石集团继续采取各种措施,大力推行法西斯主义,强化国民党的反动国家机器,加强对人民的统治和镇压,于一九三一年颁布了《危害民国紧急治罪法》,规定:凡从事反对国民党政权的革命活动者处死刑;凡与革命运动发生联系或以文字图画演说进行革命宣传者处死刑或无期徒刑;凡组织进步文化团体或集会或宣传反法西斯主义的民主思想者也要处五年以上十五年以下有期徒刑等等。这是一个极其野蛮的绞杀革命、扼杀人民民主自由权利的法西斯恐怖法。"

府委员还是要由国民党决定,我们不同意这样办,我们以为任何党对政府的关系只能是间接的而非直接的;(三)党费不由国库开支;多数党在政府中主要职员的名额不能超过三分之一。

第四,筹备国大,制定宪法。改组后的国民政府,应会同政治协商会议商定宪法草案及国民大会组织法选举法,并根据新的选举法,进行选举。定于本年内召开国民大会,制定宪法,成立正式的民主联合国民政府。

第五,实行地方自治,除废保甲制度。(一)政府现行的地方自治是以保甲制度为基础,甲以户为单位,不是以人为单位,一户只有一人可享有选举权,现代民主要求人人享有民主权利,我想我们也应以人为主,废除保甲制度,使民主普及到全体人民不仅普及到户;(二)成立省以下各级自治政府,凡已实行民选的地方政府,应承认其合法;(三)未能立刻完成地方民选的省区,省政府应由各党各派及无党无派人士协商,先成立地方性临时的民主联合省政府;(四)少数民族区,应承认其民族地位及其自治权,这是符合于中山先生的主张的;(五)解放区问题应提到本会解决,梁漱溟先生这点意见很值得尊重。我们对此问题并不是收回,不讨论,而是愿意放到地方自治问题中讨论解决。

第六,改组军事委员会成为各党共同领导之机构,承认抗日军队为国军,分期整编军队,不是整编哪一部分,而是全国整编,划定军区,实行平等待遇,以民主精神教育军队,并以军民关系为军队奖惩的第一目标,纠正军队私有现象,大量裁兵,使军费预算不超过国家总预算百分之二十五,一切伪军,不论已否加委,应一律解散,敌械限期缴清。

第七,制定善后复员计划,保证退伍军官职业,照顾军人遗族生活,救济难民,扑灭疫疠,稳定物价币价,合理处理敌产逆产,严厉制裁接收人员的贪污侵占,检举审判汉奸,分配援华物资,资助难民还乡。交通事业脱离军事管理,停止兵役,严禁变相征兵,豁免田赋。

第八,改革财政经济,取消苛杂,收缩通货,稳定币值,整理伪钞,确定预算决算制度,促进农业,改革工商业。政府应召集包括各方面的全国经济会议,照顾中小企业,实行经济民主与企业自由,确定国营与民营范围,废止经济统制政策，制裁官僚资本，扶助民间工业，防止国营事业官僚化，私人企业独占化，改善劳工生活，救济失业工人，推行二五减租，同时保证交租，发放低利农贷，发展农业合作，增加农业生产，引导土地资本投入生产事业。

第九，改革文化教育，废除党化教育，保障教育自由，采取教授治校制度，不受校外干涉。普及小学教育，推广社会教育，消灭文盲，改造中等教育，加强职业训练，扩充师范教育，根据民主科学精神改革各级教学内容。增加文化教育经费，补助文化教育团体，奖励科学研究，出版事业，保障教职员及科学工作者生活，救济贫苦学生，失学青年，改组国家宣传机构，不为少数人所操纵而为全国人民服务。

第十，维持国际和平，彻底肃清法西斯军国主义，遵守大西洋宪章①、莫斯科宣言、开罗宣言②、联合国宣言③及波茨坦四国宣言④，努力国际合作，遵守条约信义，使中国不成为产生国际冲突之因素。其次在不妨害民族独立的原则下，保护外人合法利益。最后，应保护华侨利益，如目前汇款回国之困难，应设法解决。

以上各项有的已包括在双十会谈纪要之中，有的是另外补充的。本草案

---

①《董必武文集（第一卷）》（征求意见本）编者原注："大西洋宪章，即《罗斯福丘吉尔联合宣言》。美国总统罗斯福和英国首相丘吉尔，于一九四一年八月十四日在大西洋的纽芬兰海面举行会谈后，发表的关于'两国国策中某些共同原则'的宣言。'宣言'宣称：两国不追求领土或其他方面的扩张；尊重各民族自由选择其政府形式的权利，赞同摧毁德国纳粹暴政和解除侵略国家武装等。"

②《董必武文集（第一卷）》（征求意见本）编者原注："开罗宣言，中、美、英三国首脑于一九四三年十一月二十二日至二十六日在开罗举行会议，商讨联合对日作战计划和击败日本后如何处置日本等问题，于十二月一日发表了《开罗宣言》。主要内容有：剥夺日本自第一次世界大战以来，在太平洋上夺得或占领的一切岛屿，把日本侵占的中国领土如东北、台湾、澎湖列岛等归还中国；坚持日本无条件投降等。"

③《董必武文集（第一卷）》（征求意见本）编者原注："联合国宣言，即《联合国家宣言》，也叫二十六国公约。"

④《董必武文集（第一卷）》（征求意见本）编者原注："波茨坦四国宣言，即中美英三国促日本投降之《波茨坦公告》。中、美、英三国于一九四五年七月二十六日在波茨坦会议过程中发表。苏联于同年八月八日加入。主要内容有：盟国对日作战，直到它停止抵抗为止；日本政府应立即宣布无条件投降；日本军队要完全解除武装，日本军国主义必须永久铲除；日本战犯交付审判，阻止日本人民民主的所有障碍必须消除；不准日本保有可供重新武装的工业等。"

的精神是兴利除弊,但在除弊一方面说得较多,也还只能说是弊去其太甚;在兴利方面没有详细列举许多,只就目前事实上最迫切需要的提供一些意见,单就表面形式上看,好像偏于消极。大家试想:弊不除,利如何兴?这样说草案精神实在仍是积极的。

请制止国民党政府破坏运往解放区的救济①

一九四六年二月十五日

"联总"中国办事处主任艾格顿先生：

国民党政府正尽全力恐吓"联总"②、"行总"③人员以阻止救济物资运往共区。政府此项政策，所引起之效果，即为"联总"人员自烟台及石臼二地之撤退。"解总"④方面及奉命撤退之"联总"人员自身曾提出抗议，确言此项撤退实非必要，然撤退一事终成事实。按"联总"驻青⑤代表齐契夫之所以下撤退令，乃因曾自青岛国民党军事当局处获得报告，谓国军将向鲁南共党控制区进攻，齐契夫氏于二月五日致电"解总"在石臼所之主任，建议立即将"联总"人员自共区撤退。"解总"马主任立即覆电齐契夫，谓共区"联总"人员除特里伏一人愿回上海外，其他人员皆愿留任，若有危险，可将彼等移至安全地带。齐契夫氏未注意此建议，并坚持彼等应立即全部撤退。现"解总"请求

---

①本辑录编者注：该文选自《董必武文集（第一卷）》（征求意见本），第352页。《董必武文集（第一卷）》（征求意见本）编者原注："这是董必武以中共解放区善后救济委员会主任的名义给联合国善后救济总署中国办事处主任艾格顿的电函。"

②本辑录编者注：《董必武文集（第一卷）》（征求意见本）编者原注："'联总'，联合国善后救济总署的简称。'联总'于一九四三年十一月在美国成立，先后有四十多个国家参加。其任务是对第二次世界大战中遭受破坏的国家提供援助，以救济难民和帮助恢复生产。一九四七年宣布撤销。"

③本辑录编者注：行总，国民政府行政院善后救济总署的简称。

④本辑录编者注：解总，中国解放区救济委员会（中国解放区救济总会）的简称。

⑤《董必武文集（第一卷）》（征求意见本）编者原注："青，指青岛。"

"联总"立即采取行动,阻止轰炸扫射运往共区之救济物资,开放该二共方口岸,并允准"联总"人员立即回原地区工作。

(根据一九四六年二月十六日《文汇报》刊印)

关于不出席本届参政会的声明①
一九四六年三月二十一日

新华社记者特走访中共参政员董必武同志,询以中共参政员对本届参政会是否出席问题,蒙答复如次:

"我们预料,本届参政会对政治协商会议一切决议,因会中某集团占有极大数量,一定会在各种掩饰下加以动摇,一如其在国民党二中全会中所为。本届参政会有极大可能重复国民党二中全会之各幕话剧,以谋不利于团结。大家均深知参政会之组成与职权如何,尤其是各方面成分之比例如何,在上述情形下,我们认为出席本届参政会会议定将无补于事。至意料中之各种造谣污蔑,我们准备在会外加以答复。"

---

①本辑录编者注:该文原载《新华日报》1946年3月21日第二版新华社"本市消息",原标题为《董必武同志谈本届参政会,中共参政员决不参加》。收在《董必武文集(第一卷)》(征求意见本),第354页。这次选编时参照《董必武文集(第一卷)》(征求意见本)作了校订。《董必武文集(第一卷)》(征求意见本)编者原注:"中国国民党六届二中全会通过了'宪法草案修改原则'的决议,破坏了政治协商会议关于修改宪法的民主原则,从根本上推翻了政治协商会议决议。稍后,它又提出于一九四六年三月二十日至四月二日召开第四届第二次国民参政会,企图通过国民参政会使其六届二中全会的决议'公开化','合法化'。为此,董必武代表中共参政员声明不出席本届参政会。声明原刊载于一九四六年三月二十一日《新华日报》。"

关于中原解放区粮食补给等问题致中共中央的请示电①

一九四六年四月一日

中央并渝周、平叶②：

（一）中原区最困难是财政。粮食有钱还可以买到，除粮食外，每日油盐菜要钱，柴自给，华北送来三亿七千万元，中粮部借来三亿，渝办六千万，勉强可以供至五月底的伙食。

（二）夏衣费完全无着落。我提议请周、叶在三人会议③上提出，要政府发军服五万五千全套，或给代金十六亿五千万元，由中原局批自办。如政府拒绝不给，则说政府不给军服，军队非换衣服不可，我们就在地方发纸币购买，将来仍归政府用法币予收回。中原区原有银行发过纸币，后来收回未发。这样方针看是否有效。

（三）伤病员一千余名，平执行部④已决定送走，此间已有准备。请速催三人执行小组详定计划，以便处理。

---

①本辑录编者注：该文选自《董必武文集（第一卷）》（征求意见本），第355页。

②《董必武文集（第一卷）》（征求意见本）编者原注："渝周，指在重庆的周恩来。平叶，指在北平的军调处执行部委员叶剑英。"

③《董必武文集（第一卷）》（征求意见本）编者原注："三人会议，即三人委员会，简称三人会议。是抗日战争胜利后为处理国共双方有关停战、恢复交通和受降等事宜于一九四六年一月七日成立的，由国民党政府代表张群（后由张治中、陈诚、徐永昌相继接替）、中共代表周恩来、美国总统特使马歇尔组成，马歇尔担任主席。同年二月十四日起，与军事三人小组会议合并举行，马歇尔任军事三人小组顾问。由于蒋介石坚持内战独裁政策，同年六月以后该组织停止活动。"

④《董必武文集（第一卷）》（征求意见本）编者原注："平执行部，即北平军事调处执行部。"

（四）家属、妇女、小孩，约五百名，亦请在部队转移前商议准予送走。

（五）部队转移以分几次出发为最好，在协商时请注意。

董

卯东

（根据中央档案馆馆存档案刊印）

痛悼为奔走和平民主团结统一而遇难者①

一九四六年四月十八日

王、秦、邓、叶诸同志及黄老先生之死②,是中国人民的一大损失。他们为

---

① 本辑录编者注:该文原载《新华日报》1946年4月19日第二版。《新华日报》刊载该文时,文末有"董必武四月十八日",应为作者撰写该文的时间。收在《董必武文集(第一卷)》(征求意见本),第357—359页。这次选编时参照《董必武文集(第一卷)》(征求意见本)作了校订。《董必武文集(第一卷)》(征求意见本)编者原注:"这是在重庆各界举行追悼'四八'烈士大会的前一天,为《新华日报》写的署名文章。"

② 《董必武文集(第一卷)》(征求意见本)编者原注:"王(若飞)、秦(邦宪)因国民党推翻政协协议,冒恶劣气候从重庆乘飞机赶回延安向中共中央报告请示工作,飞机在山西省兴县境内的黑茶山不幸失事。王若飞、秦邦宪和同机前往延安的邓发、叶挺和黄齐生老先生等全部罹难。王若飞(一八九六——一九四六),原名王运生,字继仁。贵州安顺人。一九一九年赴法勤工俭学,一九二一年发起组织少年共产党,一九二二年参加中国共产党。一九二五年以后,历任中共豫陕区党委书记、中共中央秘书长、中共江苏省委常委等职。一九三一年回国,在绥远被国民党政府逮捕,狱中坚持革命斗争。一九三七年夏出狱后,历任中共陕甘宁边区党委宣传部长、十八集团军副参谋长、中共华北华中工作委员会秘书长、中共中央秘书长和中央党务研究室主任等职。一九四四年五月任中共代表参加国共谈判。在党的第五、七次全国代表大会上当选中央委员。一九四六年任中共出席政治协商会议的代表。秦邦宪(一九〇七——一九四六),又名博古。江苏无锡人。一九二五年参加中国共产党。一九三一年四月任共产主义青年团中央书记,同年九月至一九三五年一月为中共临时中央总负责人。遵义会议后任中国工农红军野战政治部主任。一九三六年同周恩来、叶剑英等作为中共中央代表参加和平解决西安事变。一九三七年任党中央组织部长。抗日战争爆发后任中共驻南京代表。一九三八年起先后任中共长江局、南方局委员兼组织部长。一九四六年先后在延安主持《解放日报》和新华通讯社。一九四五年在党的第七次全国代表大会上当选为中央委员。一九四六年任中共出席政治协商会议宪草审议委员会的代表。邓发(一九〇六——一九四六),原名元钊,广东云浮人。一九二五年参加中国共产党。同年参加省港罢工和东征战役。一九二七年参加广州起义。一九二八年任中共香港市委书记,广州市委书记,广东省委组织部长、中华苏维埃共和国临时中央政府保卫局局长等职。长征时任军委二纵队副司令员。一九三八年起历任中国共产党驻新疆办事处主任、中共中央党校校长、中共中央职工委员会书记、民运委员会书记等职。在党的六届三中全会和第七次全国代表大会上当选中央委员,在党的六届五中全会上当选为政治局候补委员。一九四五年九月代表解放区职工出席在巴黎召开的世界工会代表大会。叶挺(一八九六——一九四六),字希夷,广东惠阳人。一九二四年参加中国共产党。一九二五年任国民革命军第四军参谋处长和独立团长。北伐战争中率部在湖北汀泗桥和贺胜桥两次战斗中获胜,为第四军赢得'铁军'的称号。一九二六年十月任第十一军二十四师师长兼武汉警备司令。一九二七年参加领导'八一'南昌起义,任前敌总指挥兼第十一军军长。同年十二月又参加领导广州起义,任起义军总司令。广州起义失败后出国。抗日战争爆发后回国。一九三七年底到延安,后任新四军军长。一九四一年一月皖南事变中负伤被俘。一九四六年三月四日出狱,七日由中共中央批准重新入党。黄齐生(一八七九——一九四六),清末在贵阳创办达德学校,曾参加辛亥革命。一九二一年赴法勤工俭学。回国后主办遵义中学。一九二九年后在晓庄学校任教。一九三一年'九一八'事变后,积极为抗日奔走。一九四五年赴延安。一九四六年校场口事件发生后,代表延安各界赴渝慰问被殴打的民主人士。

了中国的和平、民主、团结、统一尽了他们的一切力量。他们因为维持政治协商会议的决议而飞延安,为奔走和平、民主、团结、统一而遇险死难,希望和平、民主、团结、统一很快实现的人民,没有一个不为他们痛悼的!我们共产党人不仅痛悼他们的死,并要把他们未竟的志愿一肩担负起来,争取政治协商会议决议的实行!争取在全中国和平、民主、团结、统一的胜利!希望和平、民主、团结、统一的人民一定会支持我们的!

中国解放区应得到该得的联合国善后救济物资①

一九四六年六月三十日

国民政府行政院善后救济总署蒋署长②办：

中国人民在这次世界反法西斯战争中，参加的时间最久，蒙受的苦难最深，在中国范围说来，解放区人民所遭受的灾难与损失，则又远较中国其他地区为深为巨。

中国解放区军民在得不到饷械接济的艰苦情况下坚持了八年长时期的敌后抗战，抗击了在华日军的大部和几乎伪军的全部。由于解放区人民这种对敌斗争的无比坚决，所以敌人对我解放区的破坏与蹂躏，也就异常惨酷，在八年当中，敌伪对于解放区曾进行过无数次的"扫荡"与"清剿"，自一九四〇年以后，更施行所谓杀光、抢光、烧光的"三光"政策，制造所谓"无住地带"或"无住禁作地带"的"无人区"，使解放区人民受到了亘古未有的灾难与损失。

根据晋察冀，山东，冀热辽，晋绥，晋冀鲁豫，苏皖，中原等七个解放区不全面的材料的初步统计，在抗战八年中，计：被敌伪杀死或被虐待伤病致死者三百二十万人；被敌俘捕者二百七十六万人；现有鳏寡孤独残二百九十六万人；被敌伪抢走或屠宰牛、驴、骡、马六百三十万头；损失猪羊四千八百万；被

---

① 本辑录编者注：该文选自《董必武文集（第一卷）》（征求意见本），第360页。《董必武文集（第一卷）》（征求意见本）编者原注："标题是编者所拟。"

② 《董必武文集（第一卷）》（征求意见本）编者原注："蒋署长，即国民党政府行政院善后救济总署署长蒋廷黻。"

烧毁房屋一千九百五十万间；损失粮食，一十一万万五千万石；损失被服，二万万二千三百万件；损失农具，家具，二万万二千二百万件……由于以上损失，遂使解放区有二千六百万人之多，成为无衣无食或无住的难民，他们饥寒交迫，疾病相连，急待救济。其他如农、工、商、矿、交通、水利、医药卫生、社会福利等等事业，无不遭受严重破坏，亟须恢复。数月以来，各解放区地方政府虽曾以最大努力进行紧急救济，并组织生产复业，但终因战争创伤深巨，仍亟须外力援助，民困才易复苏。

根据贵署计划中之"善后救济区域及其人口表"，所列之沦陷部分，人口共有二万万六千六百万人，其中像热河，察哈尔，绥远，河北，山东，山西，江苏，安徽，湖北，河南等地区或全部属解放区（如察哈尔），或几乎全部属解放区（如山东、河北、热河），或大部属解放区（如山西），或一部属解放区（如江苏、安徽、绥远、河南、湖北），此等解放区人口，共约一万万两千万，如连同东北区计算，则沦陷部分人口属于解放区范围者共有一万万五千万人。

又根据贵署一九四六年七大工作计划所载，全国难民约有四千二百万人，而解放区急待救济的难民，则占二千六百万人，占难民全数五分之三，若按难民人口比例公平分配救济物资，解放区应获得五分之三。

贵署与联总[①]曾对中国解放区的灾情表示了关怀。自去年十二月二十日起，曾蒙派遣医官安波德上校与驻华办事处社会福利专员赖恒立先生，首次进入胶东解放区视察；接着于本年一月初，贵署署长与周恩来将军成立了关于救济解放区的协定；自本年二月份以来又先后有联总联络官郑恩慈先生与美海军陆战第六师团民事处联络官蒲来思上尉，飞抵山东解放区；甄生博士到临苏皖解放区；联总视察专员费景天与美军代表苏啟文少尉等抵达晋察冀解放区，联总专员恒安石与美海军陆战队上尉冯辉堂抵达冀热辽解放区；沙克劳顾问等抵达中原解放区；安定远检查官及米甘、万德华等抵达晋冀鲁豫解放区；艾乐思、海赛尔专员抵达陕甘宁解放区……。各位先生每到一地，都郑重地声明其使命是实地考察灾情，并欣然接受各解放区所提供的调查材料

[①]《董必武文集（第一卷）》（征求意见本）编者原注："联总，联合国善后救济总署的简称。"

及救济要求。一致认为解放区是中国国内受战争祸害及天灾损失最严重地带，亟应得到救济。这些都给解放区人民留下了良好的印象。从此以后，的确也运到一些救济物资，这是我们很感谢的。但因灾区太大，灾难、灾民太多，所得救济物资有限，终未免有车薪杯水之感。据截至六月十日为止之各地报告，解放区所得之救济物资，计：晋察冀区三百七十九吨，山东区一千四百吨，苏皖区四百六十二吨，晋冀鲁豫区二百六十四吨，中原区八百一十六吨，晋绥区六十二吨，共计三千三百余吨，其中物资大部分为面粉、西装，小部为乳粉、罐头、旧鞋，医药器材约四顿[①]为红十字会所捐助者。

据前任联总中国分署主任凯沙先生于五月十日向上海美新闻处宣布之消息：当时联总运抵中国救济物资已达五十四万一千三百九十五吨，另有十一万九千六百七十一吨物资在来华途中，自此消息发表以来，已一月有半，目前抵华救济物资，当已在六十六万吨以上，如与运抵解放区之三千三百吨比较，则为二百与一之比，以占五分之三的难民得二百分之一的救济，这就是救济物资在中国分配的实际情形。

贵署对善后救济物资的分配，一向以"大公无私"之原则相昭示，吾人甚为敬佩，兹为使贵署救济灾难的光荣事业更能获得完满的成就起见，特此敬谨提出，声请贵署迅即采取适当的措施，使受灾深重的中国解放区人民得到应得的善后救济物资，俾能及早医治战争创伤，恢复和平时期应有的安居乐业的生活，则解放区人民将感激无涯矣，专此敬颂

勋安

中国解放区救济委员会主任　董必武　谨启
六月卅日
（根据中央档案馆馆存档案刊印）

[①] 本辑录编者注：原文此处"顿"字疑为"吨"字之误排。

关于解放区灾民救济问题的谈话①

一九四六年七月十一日

解放区救济委员会主任董必武同志昨②在中共代表团记者招待会上,就解放区救济问题,发表谈话。称:

兹据"行总"③规定,中国灾民待救区域为热、察、绥、冀、鲁、豫、晋、苏、皖、鄂十省,其中有大部分系属解放区,如鲁、晋、冀、热,有全部属解放区,如察哈尔。其他部分属解放区的如苏、皖、鄂、豫等,此外尚有陕甘宁边区,及东北各省灾区。广大解放区灾民二千六百万,占"联总"④所调查的全国灾民四千二百万的五分之三。"联总"、"行总"均曾派员赴上述各地调查,认为灾情最重,急待救济,截止本年六月半,"联总"运华救济物资为六十六万吨,解放区收到者仅三千三百吨,占总数百分之零点五。且于运输途中,屡遭各地国

---

① 本辑录编者注:该文选自《新华日报》1946年7月13日第二版"本报南京十二日专电",原标题为《关于解放区灾民救济问题,董必武同志发表谈话》。《董必武文集(第一卷)》(征求意见本)第364—365页亦收有此文,题为《关于解放区灾民救济问题》,内容为本文中"兹据'行总'规定……"至"……这并不为奇",无答记者问部分。

② 本辑录编者注:指1946年7月11日。

③ 《董必武文集(第一卷)》(征求意见本)第365页编者原注:"行总,国民党行政院善后救济总署的简称,负责分配联总供给中国的救济物资。"

④ 《董必武文集(第一卷)》(征求意见本)第365页编者原注:"联总,联合国善后救济总署的简称,一九四三年十一月在华盛顿成立,任务是负责处理法西斯战争受害者的'善后救济'工作。其宗旨虽明文规定'救济物资的分配不得因种族、宗教或政治信仰而有所轻视',但在美帝国主义的操纵下,在中国却执行了偏袒蒋介石国民党、歧视中国解放区的政策,把绝大部分救济物资有计划地送给国民党政府,直接或间接地帮助蒋介石进行反共反人民的内战。"

方军队扣留、阻难,如急待救济的晋绥区,仅收到救济物资三十二吨,陕甘宁边区因轰炸致灾,虽经调查认为应行救济,但亦无物资运往,这完全违反了"联总"不分政治派别、宗教的救济宗旨。与解放区有关之各省分署,从无解放区代表参加工作,世界、远东或中国的历次救济会议,亦无解放区代表,使解放区人民意见无法反映,虽经数度交涉,最近始尤解放区派一人与"行总"联系,但仅系联系而并非参与工作。中国政府对救济工作之歧视,于此可见。很明显的,中国的救济,是受到政治影响,不能使救济物资,送到应该救济的灾民身上。"行总"因政治原因,使灾民得不到救济品,现已引起"联总"在华三百余工作人员联名抗议报告,并对此表示极大愤懑。这是稍有正义感的人,为了忠实于自己的职务的作为,按实际情形,这并不为奇。

继即答复若干记者提出的问题。

问:解放区灾民需什么救济品？答:粮食、衣服、种籽、农具、医药、小型机器。

问:解放区分配到的百分之零点五数字,是否可靠。据"行总"说是百分之二。

答:可靠。我们是按收到的说,至于说百分之二那也许是"行总"的计划。

问:解放区对灾民分配物资情形如何?

答:由"联总"、"行总"派人监督,分配情形很好。我们会见蒋廷黻,昨蒋氏称:据报告解放区分配进行满意。

问:目前救济局面如何挽救。

答:我们希望大大改进,过去没做好,现在要按好宗旨做好。

争民主的牺牲①

一九四六年七月二十八日

本月十一日李公朴②先生在昆明被特务暴徒暗杀殒命的消息传来,正使人悲愤万分的时候,接着又传来了闻一多③先生于十五日在昆明再遭毒手的恶耗!李、闻二先生之死并不是偶然的事,这和今年一月以来的沧白堂事

---

①本辑录编者注:该文选自《董必武选集》,人民出版社1985年版,第120—123页。《董必武选集》编者原注:"本文是董必武同志为悼念李公朴、闻一多先生而作。刊载于一九四六年七月二十八日重庆《新华日报》。"

②《董必武选集》编者原注:"李公朴(一九〇二——一九四六),江苏常州人。一九三一年九一八事变后,积极参加抗日救国运动和群众文化教育工作。一九三六年参加全国各界救国联合会,被推选为负责人之一,为此于同年十一月与沈钧儒、邹韬奋等七人被国民党政府逮捕,抗日战争开始后获释。一九四五年任中国民主同盟中央委员。一九四六年七月十一日在昆明被国民党特务暗杀。"

③《董必武选集》编者原注:"闻一多(一八九九——一九四六),湖北浠水人。爱国民主人士、诗人、学者。抗日战争期间,任昆明西南联合大学教授。一九四三年以后,由于痛恨蒋介石政府的反动和腐败,积极参加争取民主的斗争。一九四五年任中国民主同盟中央委员。抗日战争结束后,积极地反对国民党勾结美帝国主义发动反人民的内战。一九四六年七月十五日在昆明被国民党特务暗杀。"

件①、较场口事件②、东北李兆麟③将军被惨杀事件、西安王任先生被杀死事件④、南通大屠杀事件⑤等一连串的事件是同一性质的阴谋,是反动派有计划有组织的特务暴行,只不过采取的手段更加露骨残忍,更加无耻与卑劣罢了。

站在统治地位的反动派,尽可用它所拥有的一切绞杀人民的工具如宪兵、警察、保安队、监狱、法院、刑具、刑场等来对付手无寸铁的民主人士,但是反动派已不敢采用这些公开的工具了,甚至连希特勒式的"审判"的诡计也不敢采用了,而竟用美国秘密传授的无声手枪,偷偷摸摸地实行卑劣的暗算了。无论反动派再怎样疯狂与残暴,都不能挽回它垂死的命运,一个坏政府想靠特务的恐怖来维持黑暗的统治是可能的吗?请看它的先驱者德、意、日法西斯的最后归宿吧!

李、闻二先生是为争取和平民主,为维护政协决议而死的。反动派不但发动着大规模的内战,而且也已经在向一切民主人士和全国人民宣战了。我

---

①《董必武选集》编者原注:"沧白堂事件,一九四六年一月政治协商会议开会期间,重庆各界人民为促使会议成功,组成政治协商会议各界协进会,每天在沧白堂集会,邀请政协代表报告会议进展情况。国民党不断派遣特务捣乱沧白堂会场,殴打会议主持者及与会群众,跟踪、威胁到会讲演的政协代表。"

②《董必武选集》编者原注:"较场口事件,一九四六年二月十日,重庆各界群众在较场口举行庆祝政治协商会议成功大会。国民党政府派遣特务捣毁会场、打伤大会主席李公朴、郭沫若、章乃器、施复亮及新闻记者等六十多人。"

③《董必武选集》编者原注:"李兆麟(一九一〇——一九四六),辽宁辽阳人。一九三二年加入中国共产党。九一八事变后,参加领导东北抗日武装斗争。历任东北抗日联军第三、第六军政治部主任、东北抗日联军第三路军总指挥及中共北满省委常委等职,长期坚持艰苦的抗日游击战争。抗日战争胜利后,任中苏友好协会会长、滨江省(后并入黑龙江省)副省长、中共哈尔滨市委常委。一九四六年三月被国民党特务暗杀。"

④《董必武选集》编者原注:"西安王任先生被杀死事件,王任(一九〇一——一九四六),河南桐柏人。律师,中国民主同盟盟员。一九三四至一九四六年在西安投身民主运动。一九四六年三月,国民党反动派镇压西安的和平民主运动,捣毁西安进步报纸《秦风工商日报》营业部,打伤工作人员。王任挺身而出,自愿担任该报的法律顾问,向法庭提出起诉,控告反动派摧残舆论、镇压民主、侵犯人权的罪行。国民党于四月查抄了他的律师事务所,逮捕并杀害了王任律师,制造了一起血案。"

⑤《董必武选集》编者原注:"南通大屠杀事件,一九四六年初,驻南通的国民党军队破坏《停战协定》,向苏北解放区发动进攻。为此,军调部徐州执行小组淮阴组于三月十八日到达南通调处。南通进步青年在我党领导下,组织了欢迎队伍,提出'要和平'、'要民主'、'反对内战'等口号,并多次举行示威游行。国民党对参加游行的群众进行血腥的镇压,杀害了孙平天(当地进步记者)等八人,制造了骇人听闻的南通大屠杀。"

国人民如果不能有效地制止这种卑劣凶恶的特务暴行，则更黑暗的局面将不可免地要来的。暗杀的魔影威胁着所有爱好和平民主的人们！

国民党一党专政的国民政府建立着各式各样的特务机关，纵容这些特务机关蹂躏人民，无恶不作。李、闻二先生惨案发生后，行政院已命令缉凶了。也许政府将来找出"姜凯"之流①，另串一番供词，将特务罪行轻轻开脱，爱好和平民主的人们应预先警觉着！

反对和平民主的反动派记着，人民是绝不会再宽容你们的暴行了！不解散特务机关，不管你们玩弄任何手法，民主运动的领导者和战士李、闻二先生以及其他为民主事业牺牲了的先烈，虽然死在你们的魔手之下，但是更多的民主战士将不是低头畏缩，而是更团结、更勇敢地继续举起民主主义的光荣旗帜前进！

---

①《董必武选集》编者原注："'姜凯'之流，一九四五年十二月一日，国民党反动派在云南昆明残杀为反内战而举行罢课的师生，激起全国人民的义愤。国民党当局为平息众怒，掩盖真相，嫁祸于人，导演了一幕抓假凶手，行假公审的丑剧。由他们抛出的所谓凶手供称杀害爱国师生'系受共产党分子姜凯指使'。姜凯是捏造的人名，并无其人其事。"

民主党派表示要依靠我党①

一九四六年八月二十二日

周②：

（甲）巧③与张、左及章士钊④谈：他认为黄山会议，换汤不换药，蒋已到山穷水尽，毫无办法，他自己也失掉信仰。谈到民主运动时，左表示，中共责任重大。我说，民主同盟作用也很大。他说，对中共，在外面如无同盟配合，将处于孤立。同盟如无中共实力支持，则空洞无内容。但同盟困难多，人分散，没有系统的机关，不能集中意见，没有经费。我说，你们希望中共的，或正在做的还有哪些不够，或要我们哪些实际帮助，希望提出意见，我们愿意努力。估计他们要我们帮助经费，但没有明提。如他不提出时，我们想每月至少帮助十万元。如他提出时，须帮助多少，请转中央商复。

（乙）张表示，李璜⑤九月底将由蓉来渝⑥，同盟也会发表对时局意见。张

---

①本辑录编者注：该文选自《董必武文集（第一卷）》（征求意见本），第368页。
②《董必武文集（第一卷）》（征求意见本）编者原注："周，即周恩来。"
③《董必武文集（第一卷）》（征求意见本）编者原注："巧，即十八日。"
④《董必武文集（第一卷）》（征求意见本）编者原注："张，即张澜，时任中国民主同盟主席、国民参政会参议员。左，即左舜生，时为中国青年党中央常委兼宣传部长。一九四六年十一月参加国民党一手包办的国民大会，后曾任国民党政府农林部部长。一九四九年四月去香港，一九六九年在台湾病死。章士钊，时为国民参政员。"
⑤《董必武文集（第一卷）》（征求意见本）编者原注："李璜，曾任国民参政会参政员，参政会主席团成员等。"
⑥《董必武文集（第一卷）》（征求意见本）编者原注："蓉，成都市简称。渝，重庆市简称。"

云川已离渝,拟先到北平见张东荪①,后转平西、晋察冀,到延安,有可能去新四军地区。他这次目的,是将大后方情形,向平、津、山东等地负责人报告。在我区组党事现暂不谈,留待同盟商谈。他们这次去平曾对同盟说,但同盟无钱帮助,经费是自筹的,我们帮助了三万元,已给他。叶友文报告等文件,要他记下,由北方②转达。他已与张东荪派来之叶友文打通,拟一道出去。他希望我们先通知山东等地,他到时以友党人士予以看待。

董

八月二十二日

(根据中央档案馆馆存档案刊印)

---

①《董必武文集》(第一卷)(征求意见本)编者原注:"张东荪,时为中国民主同盟中央常务委员。"

②《董必武文集(第一卷)》(征求意见本)编者原注:"北方,即中共中央北方局。"

琼崖特委必须预备长期与黑暗斗争[1]

一九四六年九月二十四日

中央：

自庄田抵京[2]后，初步讨论如下，是否妥当盼示：

一、日占琼后，开采南琼铁矿，有轻便铁道，今日成美帝重要根据地。国顽[3]回琼后夺取所有县城，控制中心点，清乡搜找乡长。以上都证明琼崖必须预备长期与黑暗斗争，从长期斗争中打算。

二、我琼崖特委仍能艰苦坚持，保持四千六百人枪，指挥五个支队。冯白驹[4]显出有领导能力，并在紧急时反对动摇倾向，在群众干部中建立了威信。

三、但支队弹药缺乏，非战斗力占六成，一万多人脱离生产，给养困难，党组织广大干部暴露，群众工作薄弱，且时刻在流动中。

四、我们商定，琼崖党思想上应确定唯有艰苦留琼崖战斗，开展群众工

---

[1] 本辑录编者注：该文选自《董必武文集（第一卷）》（征求意见本），第372页。《董必武文集》（第一卷）（征求意见本）编者原注："这是关于琼崖特委所面临的形势与任务及工作部署，董必武致中共中央的请示电文。琼崖，海南岛简称，又称琼，三国时期始有海南一称，明朝设琼州府，清朝时分巡琼崖道。"

[2] 《董必武文集（第一卷）》（征求意见本）编者原注："京，即南京。"

[3] 《董必武文集（第一卷）》（征求意见本）编者原注："国顽，指国民党顽固派军队。"

[4] 《董必武文集（第一卷）》（征求意见本）编者原注："冯白驹，海南琼山人。一九二六年加入中国共产党，曾任中共琼崖区委书记、琼崖区人民政府主席、琼崖纵队司令员兼政委。新中国成立后，历任中共海南区委书记、海南军区司令员兼政委、中共广东省委书记、中共中央南方局委员、中共八大候补中委等职。"

作，隐蔽、缩小精简地方组织，并巩固武装，分区打游击，从打击敌人中解决弹药给养困难，训练干部，才能解决干部生存及一切问题。如打得好，将来反对独裁内战胜利时，对琼很有利。如长期内战，琼崖反正一样。所以，必须反对和平隐蔽、大批离琼等幻想，且事实上不可能，并纠正一般逃移倾向。

五、组织上认为必须立即离琼的干部，由特委组成疏散委员会，对内绝秘，建立琼越、琼澳间交通线，同时在沿海地方建立经济工作。

六、冯白驹同志是必须留琼支持，但李明与冯关系不好，因而在其自愿下，赞成他离琼学习。领导上提议照以往办法，由中央直辖，在电台未通前，琼崖同志要求暂由方方①及宁代表团②领导。

七、庄田要求五亿元接济，我们认为目前办不到。方方才拨了二千万元，拟再拨二千万元给他们。

八、中央批准庄田回港传达后，何俊回琼。庄本人表示，因面目暴露，不能回琼，愿传达完成后，回延学习。

董

申敬③

（根据中央档案馆馆存档案刊印）

---

①《董必武文集（第一卷）》（征求意见本）编者原注："方方（一九〇四——一九七一），广东普宁人，一九二五年加入共青团，次年转为中共党员。曾任中共汕头市委书记、福建省委代理书记。一九四六年夏任中共中央香港分局书记。新中国成立后，历任中共中央华南分局第三书记、广东省人民政府副主席、中共中央统战部副部长、中国侨联副主席等职。"

②《董必武文集（第一卷）》（征求意见本）编者原注："宁代表团，即中共驻南京代表团。"

③《董必武文集（第一卷）》（征求意见本）编者原注："申敬，即九月二十四日。"

就时局问题答记者问①

一九四六年九月二十七日

"董老",这是中共上下人员对董必武同志的一致称呼,他是湖北黄安人,是中共著名领袖之一。周恩来曾经有过十年谈判把人都谈老了的感慨,董必武是在七七事变后第二个月(一九三七年九月)就离开中共区到国民党区来了,从那时起到现在,他和国民党政府的接触也已有九个年头了,周恩来今年四十九岁,董老已六十一岁,他的鬓发花白,脸上有很多皱纹,他虽然没有周恩来那样潇洒,但很健康,身材魁梧,动作稳重,他是一位严肃而和蔼的长者。

自从作为"六月谈判"的尾声的国共五人商谈以后,董氏为了中共区的善后救济工作曾在梅园新邨举行过一次记者招待会,从此我们在报端便很少看到他的言论和活动。他在做些什么?他对于时局有些什么意见?

在梅园新邨中共代表团的会客室里,董老接见了记者。他用浓重的湖北口音回答着记者的问题。

"董老近来作些什么?"

"谈判"。他先用二个简单的字答复我,然后又补充道:"近来我协助着周先生进行谈判,几年来都是这样的。"

"你对这次昙花一现的非正式五人小组的看法如何?"

"非正式五人小组现在已成尾声。如果停战不能获得保证而谈改组政

---

① 本辑录编者注:该文选自《新华日报》1946年9月27日第二版;又见于《群众》周刊1946年第12卷第9期,第25—26页。原题《董必武同志纵谈时局》,署名作者天高。标题为本辑录编者所加。

府,那就是说即使谈得结果,还是在打仗,试问这种谈能有什么意义呢?"董老叙述拟开五人小组的经过说:"当司徒大使最初提议开非正式五人小组的时候,我们就提出必须得到停战及政府撤消其五项要求的保证,才能参加商谈。这因为我方主张立即停战,六月间商谈作了重大让步后,政府不愿停战致成僵局。司徒大使建议,先谈政府改组问题,我们以为只要能促成停战的实现,我们当然愿谈谈。但是令人失望的是国民党当局连在改组政府问题谈好以后的停战保证都不愿作,美方也不愿作此项保证,于是非正式五人小组的商谈除了作为以谈掩打的迷人烟幕之外,失去了任何意义。它的流产我们不负任何责任。"

"把停战问题交给改组后的国府委员会去讨论,你觉得怎样?"

"这是一种骗小孩的说法。"他笑了一笑,用手抹了一下胡须:"一面打仗,一面要打仗的双方代表都到国民政府来会议,这种代表代表什么人呢?谁支持他呢?假如共产党代表不管战争存在的事实,马马虎虎的参加到国府会议上,国民党在国府委员会中出席名额已过半数,那时国民党代表将蒋主席交司徒大使向中共提出的五项要求提到国府委员会上来,表决的结果,自然是多数通过,中共如不接受,跟着来的便是讨伐令,那是多么滑稽的事情!我们要求获得停战及撤消五项要求的保证,来谈改组政府问题,正是为了避免这类滑稽剧的演出"。

这个非正式五人小组的确曾使一般人堕入五里雾中,就是消息灵通的新闻记者也不能例外。一般的问题是:(一)共产党为什么一定要坚持保证停战?董老的回答一如上述。(二)政府为什么一定不肯保证停战?彭学沛和陈诚的答复是"政府自一月十三日后从来未下过攻击令",但是近来政府军每天在夸耀克复某城某地,所以这种说法不能释疑。(三)为什么正在马帅和司徒大使"努力"促成五人小组的时候,美国政府却以八亿余元剩余物资给国民党政府?据司徒大使对周恩来的答复是"反正联合政府不久就要成立了,那些物资还不是属于联合政府的吗?"不幸的是联合政府并未"不久成立",甚至连希望都没有,如果司徒大使能因此而"努力"去促成其政府取消这笔剩余物资的买卖,那么就会令人信服,而他和马帅的调处也会有成功的希望。

中国人民真是世界上最善良而苦难的人民。谈判！谈判！总是谈不成功，谈好了的又不作数，然而美国的援助和战争从未停止，而且规模越来越大，是什么原因呢？董老说：

"这是因为中国的反动派顽固的坚持着法西斯独裁统治，他们只想装作要民主的样子，但是始终不肯真正实行民主。美国对中国正在作战的双方本来是有力量做好调人的，但是他们在调处中变成一面倒，从帮助法西斯统治、拆散民主，一直到帮助打仗。美国在中国内战扩大之时出售大批剩余物资给国民党就是一个明证。无论怎样辩解说'没有军火'，然而军用民用并无绝对界限，这些物资即使完全不能直接用于战争，但可以变卖成钱，钱就是进行战争的必需品之一。所以美国这种做法无论如何是违背杜鲁门总统去年十二月十五日声明的"。

"美国可能改变对华政策吗？"我问。

"应该改变，我们希望他改变，至于到底能否改变，那就看美国人民是否赞成他们政府的对华政策，要看美国人民的力量大到什么程度。"

"你看联合国会不会讨论中国问题？"

"中国的局势，如果影响到远东和世界的安全，我想会引起各有关国家的注意的。"

从这里我们就谈到国际方面的局势了。董老承认"第三次世界大战的暗影是比以前浓厚些，这因为第二次世界大战结束后更强更富的人们想独霸世界所致。"但他相信一时还不会发生。他出席旧金山会议时曾在美国住了七个月，他对美国人民很信任。他说："尽管那些独占资本家和新的军阀们跃跃欲试，但是美国人民并不愿意，也不需要战争。""全世界人民都还没有忘记这次世界大战的创痛。"

我们又把话题转到了善后救济工作上去。董老略为沉思一下之后便用慨叹的语调说："现在的善后救济工作不仅是杯水车薪，战争的影响不但使救济物资不能到达灾民的手里，而且更在制造大批灾民。"这句话的确道出了一幅战争和救济同时进行的讽刺画。"行总的行政经费政府原来批准是四千多亿，但为了内战经费浩大，这笔钱就没有发给行总，以致变卖救济物资充作经费,所以外界乃以'救己总署'批评行总。至于中共和行总的关系,最近比较好些,七八月里在烟台和淮阴增设了二个办事处,但是政治上的歧视在整个一党专政的局面之下是不会没有的,行总拒绝了我们派员参加分配的要求,七月底周恩来同志和蒋廷黻署长商定的一五〇亿黄河故道居民救济费,原定分在八、九、十、十一四个月的付款,但直到现在行政院尚未批准,钱更不知什么时候才能发下来。中共区所得到的救济物资只占总数百分之八,这和人口的比例相差太远。运输虽然有困难,但无论如何不应当只分配此数。"

董老是历届参政会的参政员。我问他对参政会的印象,他笑了笑说:"那是国民党一党专政下装点'民主'门面的一个花瓶。"然后又以严肃的态度说:"我这话倒并不是轻视参政员先生,而是说政府只把参政会当做一种装饰品,甚至连装饰品都不是很重要的。我们只要看参政会最近通过的停战呼吁,政府连理都不理睬就可了然。"

我们的谈话就到这里结束。我握别了董老,踏上静悄悄的国府路,就看见那一座"国民大会"牌坊横跨在马路上面。今年春天,它虽被装饰得很漂亮,但是现已经败坏了,朱红的皮壳掉落下来,露出死灰色的木片。我推测着国民大会的前途,或者会比参政会"尊严"些,"重要"些,但是它能够逃出装饰品的命运吗?

邵力子对时局颇为忧愤①

一九四六年十月十三日

中央：

根据确息，此次国民党决定发布"国大"召集会，事前邵②并未参与，于该令发表后三小时邵始知悉。日来邵在家颇为忧愤，云："政府如此做法，其第二步究竟如何发展实难预料，对此其有感觉惋惜而已。"

董

元

（根据中央档案馆馆存档案刊印）

---

① 本辑录编者注：该文选自《董必武文集（第一卷）》（征求意见本），第 375 页。
② 《董必武文集（第一卷）》（征求意见本）编者原注："邵，即邵力子，浙江绍兴人。时任国民参政会秘书长，参加旧政协及国共谈判的国民党方面代表。'国大'，指国民党一手包办的国民大会。按照一九四六年一月政协议和会议协商的精神，'国大'应在政协决议实施之后，在改组的政府领导下，由各党派参加始能召开。但是国民党政府违反政协决议，在同年六月发动全面内战，十月占领晋察冀解放区首府张家口后，于十一月召开了一党包办的国民大会。"

韩练成①不愿内战到时可以争取举义②

一九四六年十一月八日

中央即转陈、张、黎③：

韩练成率桂系四六师(原军)二万四千人驻胶济线之胶县益都一线,韩司令部在胶县。韩不愿作内战辞职来准,韩对我表示：

(甲)只要我不直接进攻胶县、益都两地而在线中间活动,他便有办法使这两旅不加[入]战斗,他目前只能作到这一步。

(乙)要陈毅派一秘密有能力的代表,携带密码,用周在田名字去胶县找他,可以掩护此人,愿与我方交换情报。

(丙)他如受命万不得已必须占领我方某地时,希少抵抗以免无谓牺牲,到时机成熟他可以举义。他已见过李任潮④。我看他不愿和我们敌对是真

---

①《董必武文集(第一卷)》(征求意见本)编者原注："韩练成,时任国民党第四十六军军长,在1947年2月下旬的莱芜战役中,放弃指挥,使驻莱芜城内五万国民党军队大乱,华东野战军大获全胜。"

②本辑录编者注：该文选自《董必武文集(第一卷)》(征求意见本),第378页。《董必武文集(第一卷)》(征求意见本)编者原注："这是董必武在上海与韩练成谈话后,发给中共中央转华东野战军领导人的电报。"

③《董必武文集(第一卷)》(征求意见本)编者原注："陈、张、黎,即陈毅、张云逸、黎玉。陈毅时任新四军军长、山东军区司令员兼政治委员；张云逸时任华东军区副司令员、华东后方工作委员会书记；黎玉时任中共中央华东局第二副书记、新四军兼山东军区副政委等职。"

④《董必武文集(第一卷)》(征求意见本)编者原注："李任潮,即李济深。时任中国国民党民主促进会领导人之一、国民党军事参议院院长、军事委员会委员等职。"

的,是应当争取的。除乙、丙项要派〈人〉去和他自己怎样避免损伤外,其他都与我无不利之处。请中央速电陈、张研究执行,并复示为盼(韩不愿打内战由白①处亦得到实证)。

董

戌庚②

(根据中央档案馆馆存档案刊印)

---

①《董必武文集(第一卷)》(征求意见本)编者原注:"白,即白崇禧,时为国民党政府国防部长。"
②《董必武文集(第一卷)》(征求意见本)编者原注:"戌庚,即11月8日。"

致宋庆龄①

一九四六年十一月九日

亲爱的孙夫人②：

我们刚收到延安中国解放区救济总会的八个文本，是关于今年头六个月从中国福利基金会获得的捐赠物品的目录。他们要求我把这些文本通过你的组织分发给中国援助总会、英国援华物品委员会，位于110号的救灾联合会和其他救济机构，我希望你能尽快将这些文本寄送以上机构。

由于中国福利基金会的真诚努力，成千上万的解放区伤病员得到了充分的医务治疗而恢复了健康，大量儿童也同时受益，请接受和带去我们的负责人和各机构的深深谢意！

中国解放区救济总会主任　董必武
（根据中国福利会保存档案刊印）

---

① 本辑录编者注：该文选自《董必武文集（第一卷）》（征求意见本），第380页。

② 《董必武文集（第一卷）》（征求意见本）编者原注："孙夫人，即宋庆龄。她于抗日战争胜利后，组织'中国福利基金会'，致力于妇幼卫生、文化教育和社会救济事业，对解放区军民，特别是对伤病员、儿童给予了大量可贵的捐助。"

对"联总""行总"在华救济工作发表的声明①

一九四六年十一月二十六日

我代表中国解放区救济总会向全中国全世界郑重声明:联总②、行总③在中国所进行之救济善后工作,截至此时为止,仍然违反联总理事会不歧视政策之决议,仍然未遵守联总与国民党政府所签订之基本协定,其中特别指明应根据不歧视原则进行物资之分配。因始终未按合理原则分配善后救济物资,以致中国解放区在联总抵华物资一百三十万零三千三百四十九吨中,迄今只收到九千八百二十吨,其比率仅及千分之七点五,此种情形必须立即加以改善。

自一九四五年十一月联总、行总在中国开始工作,至本年六月十日止,送

---

① 本辑录编者注:该文原载《新华日报》1946年12月3日第二版"本报特讯",原标题为《关于联总行总在华救济工作,董必武同志声明原文》。"本报特讯"在报道董必武声明原文前加有如下说明:"中国解放区救济总会主任董必武同志,前于上月二十六日,曾就联总和行总在中国的救济工作,发表声明,其要点已志二十七日本报专电,兹将声明原文刊载如下。"该文又见于《群众》周刊1946年第13卷第7期,第14页。收在《董必武文集(第一卷)》(征求意见本),第381—383页。这次选编时参照《董必武文集(第一卷)》(征求意见本)作了校订。《董必武文集(第一卷)》(征求意见本)编者原注:"在联合国善后救济总署支持下,国民党当局公然违法'联总'理事会关于'不歧视政策'之决议,将大量救济物资硬性分配给国民党政府,以支持其进行内战,而广大解放区应分配到的救济物资却寥寥无几。为此,董必武以中国解放区救济总会主任的身份,多次发表声明,提出抗议。这是在几次声明、抗议之后,再次向全中国全世界发表的郑重声明。"

② 本辑录编者注:"联总"即联合国善后救济总署的简称。

③ 本辑录编者注:"行总"即国民党政府行政院善后救济总署的简称。负责分配联合国善后救济总署供给中国的救济物资。

达中国解放区之救济物资,仅为三千三百吨,仅占当时联总送达中国物资六十六万吨总额中的千分之五。此种分配办法,显系歧视中国解放区一万万四千万遭受战争灾难之人民。

六月十日以后,在解放区之分配情形极少变化。截至本年本月止,联总运华物资已达一百三十万零三千三百四十九吨,其中运抵中国解放区之紧急救济物资仅及九千八百二十吨,为总额千分之七点五,可见在这一时期中,联总、行总对中国解放区之救济工作并无显著改善。即令将这一时期内运抵解放区修建黄河与运河之工赈粮及小部工程材料一万二千七百三十二吨包括在内,解放区所得行总物资总额亦仅二万二千五百五十二吨,尚不及联总运华物资总额千分之十七点三。

若就此种送达解放区物资之内容而言,百分之九十以上为次等或三四等面粉,次为被旧衣鞋与罐头食品,药品仅五十吨左右,此外有供运输黄河工程工赈粮用之载重车十辆与汽油数千加仑,还有极少量种籽,从未见有任何工矿器材,交通运输器材曾破例运抵解放区。

在中国全部灾区人口二万万六千万中,解放区占一万万四千万;在中国四千二百万全体难民中,解放区占二千六百万。因此,解放区理应获得抵华善后救济物资总额之二分之一或五分之三。可是实际情形却是:抵华每一千吨救济物资中,其中予国民党区者为九百九十二吨半,而分予解放区者仅七吨半,这说明联总所规定不分种族、宗教信仰之不歧视分配物资原则,业已在中国为人所抛弃。

有许多事实可以说明:抵达中国之联总物资,只有小部分是真正到达了灾民手中,一部分是在仓库里腐烂了或被盗窃了,另一部分是被用来救济伪军,还有一部分被用来救济武装的反共的"政治难民"。也有事实说明,国民党当局曾直接或间接使用联总物资器材与交通工具,以装备军队与运输武器。还有事实足以证明,国民党特务机关曾对愿在我区进行善后救济工作,并忠于职守之行总人员施以种种压迫。所有这些,都说明国民党政府不仅已将联总之"不歧视政策"破坏无遗,而且操纵了救济物资之分配发放,同时利用该物资作为内战工具,藉以扩大今天中国之内战。

第六届联总理事会将于十二月七日在华盛顿举行，我希望该会能采取有效步骤，以停止国民党政府对联总理事会"不歧视政策"之继续破坏与怠工，并保证联总政策在中国切实执行。

同时，由于国民党政府继续控制联总救济善后物资之分配与发放，以致这项重大工作不能改善。我代表中国解放区千百万灾民，要求在华盛顿举行之本届联总理事会，以及在华盛顿与在中国之联总当局，及时考虑中国解放区在中国全部救济善后物资中应得之分配额，按照灾民人数，规定比例，同时考虑由联总在解放区直接进行此种善后救济物资之分配与发放，中国解放区善后救济总会愿意给予最有效的协助。这是中国解放区全体遭受战争灾难之人民的一致要求。

对"联总""行总"救济善后工作的郑重声明[①]

一九四六年十一月二十六日

"联总"、"行总"在中国所进行之救济善后工作,迄今仍违反"联总"理事会之"不歧视政策"决议,始终未按合理原则分配救济善后物资。解放区灾民占全国灾民百分之六十强,但所得救济物资,仅占千分之七点三。国民党政府不仅已将"联总"之"不歧视政策"破坏无遗,且操纵救济物资之分配和发放,作为内战工具,藉以扩大今日中国内战。我代表解放区全体灾民,要求十二月七日在华盛顿举行之第六届"联总"理事会及在华之"联总"当局,采有效步骤,保证"联总"政策在中国切实执行,并考虑中国解放区在中国全部救济善后物资中应得之分配额,以及由"联总"在解放区直接进行此种善后救济物资之分配与发放。

[①]本辑录编者注:该文原载《新华日报》1946年11月27日第二版"本报上海二十六日专电",原标题为《对联总行总救济善后工作,董必武同志郑重声明》。收在《董必武文集(第一卷)》(征求意见本),第384页。这次选编时参照《董必武文集(第一卷)》(征求意见本)作了校订。《董必武文集(第一卷)》(征求意见本)编者原注:"这是董必武以中国解放区救济总会主任名义发表的声明,刊于一九四六年十一月二十七日《新华日报》。"

为黄河堵口致水利委员会及"行总"函①

一九四七年一月三日

迳启者：据我方驻开封代表赵明甫报告，花园口确于十二月二十七日实行放水，下游数百万人民之生命财产即将尽付东流，国民党好战分子的巨大阴谋，历史未有之惨剧，即将实现。根据有关黄河堵口复堤问题之历次协议，均确认堵口复堤必须配合进行，下游复堤工程（包括筑堤整理险工与局部整理河漕）与河身居民迁移救济两大繁重工作，非数月不克完成。唯自去年七月上海协议②之后，由于国民党好战分子进行军事阴谋，向我解放区大肆进攻及多方阻扰，致使中下游复堤工程遭受重大破坏，河床居民迁移救济等工作，因政府违约不理，迄未进行，此有下述事实为证：

一、初步复堤工程，解放区已垫付四十九亿元之工款尚未拨给（实用一百零九亿元，由行总只拨六十亿元），第二期工程及整理险工之工程款则分文未给。

二、上海七月协议所规定从八月至十月拨付河床居民救济费，政府迄未

---

①本辑录编者注：该文原载《新华日报》1947年1月15日第二版"上海航讯"，原标题为《董必武氏函水委会与行总，为黄河堵口事严重抗议》；又见于《群众》周刊1947年第14卷第2期，第17页，原标题为《董必武同志为黄河堵口致水委会与行总函》。收在《董必武文集（第一卷）》（征求意见本），第385—387页。这次选编时参照《董必武文集（第一卷）》（征求意见本）作了校订。

②《董必武文集（第一卷）》（征求意见本）编者原注："去年七月上海协议，指一九四六年七月中旬周恩来在上海期间，参加'行总'、'联总'及水利委员会的联席会议，就解决黄河堵口复堤问题达成的协议。"

拨付,最近虽已决定拨付,而行总又以枝节问题,藉口拖延,至今洪水已到,而迁移救济费尚无分文到达应受救济人民之手。

三、半年来政府军破坏我方工程,逮捕惨杀我员工达二十四名。

四、八月初政府军进攻解放区,我方黄河物资遭受抢劫及损失,计达二十六亿元之多。

五、政府军队在堤上挖掘工事,破坏复堤工程。

六、政府军使用飞机扫射堤工人员,致八月以后,我方复堤工程无法进行。

根据以上情形,政府既未执行历次协议,复多方阻扰破坏,近复不通知我驻开封代表,不顾下游人民死活,向故道放水,似此情形,实属空前严重,特对此提出严重抗议,并提出下列意见:

一、迅令堵复局立刻停止堵口放水工作,并追究放水的责任。

二、由于政府破坏历次有关黄河复堤工程之协议,致使中下游复堤工程及河床居民救济不能进行者达五月之久,因此花园口堵口工程必须推迟至五个月之后,俾能在此期内,依据协议迅速进行中下游复堤工程及办理居民迁移救济工作。确定堵口日期仍须得我方代表之同意,否则今后所发生之任何后果,应由政府完全负责。

三、政府应付之工款,必须迅速付清,河床居民救济费之最低数目之一百五十亿元,应立即交付,不得以任何藉口拖延。

四、堵口工款六百六十亿元之分配,按照堤线长短,工程大小,公平合理分配,我区应占百分之六十,目前堵复局所规定之各项分配额数,显失公允,我们不能同意。

我方所提各点,即希迅予负责答复,至纫公谊!

此致

水利委员会　行总

董必武

一月三日

关于黄河居民迁移救济问题与"联总"协议要点①

一九四七年一月九日

周并转太行、山东：

黄河居民迁移救济问题与"行总"取得协议，七日正式签字，原文共十八条，其要点如下：

（一）黄河河床居民善后救济工作由"行总"、"联总"、水委会各派代表二人，"解总"派二人，组成八人委员会，分别对上海总署或总会负责，其任务为，制定善后救济计划，接收物款。但为执行便利起见，可借金镇方原有福利机构。

（二）"联总"人负有视察督导权，"行总"人员除负有上项权外，不得派员参加工作队工作。"行联"、"联总"指派人数共十五人。

（三）河床居民救济费皆为中共区迁移河床居民善后救济费之用，应合善后救济之目的，不做他用。

（四）如业务原则方面有不合于原定善后救济意旨时，"行、联总"及救济总会委员将表示不同意，并提出交"联署"或总会在沪解决。

（五）河床居民所需物资为先采用"联总"运华物资，照最低价折价，"联总"、"行总"所不能供应之物资，得由市场采购。

（六）救济现款运往中共区后，由五人委员会交当地银行，按照五人委员

---

① 本辑录编者注：该文选自《董必武文集（第一卷）》（征求意见本），第388页。《董必武文集（第一卷）》（征求意见本）编者原注："这是董必武给周恩来转晋冀鲁豫、山东解放区的电文。"

会意见,由该行发出执照,向指定机关或处所换取现款或实物。

（七）沪另设三人委员会,"行总"、"联总"、"解总"各派代表一人,负责采购、保管、运输,现款存沪部分按旧例办理。

（根据中央档案馆馆存档案刊印）

关于马歇尔离华声明的谈话①

一九四七年一月十二日

董必武同志在沪对马歇尔声明,发表个人观感,认为:

马氏声明有很多漏洞,美军在华究作何事,除遣送日侨外,对中国民主建设有何帮助,则一字未提。实则中国内战比赫尔利②来华时规模大得多,百分之九十的国民党军已动员,美制之飞机、坦克、大炮现正与人民作战,在中国人民身上起毁坏作用。如无美国之装备、运输,中国的内战决打不起来。除非美军退出中国,美帝国主义者应负中国内战之责任。至交通之所以破坏,系内战所造成。去年六月恢复交通谈判,本已协议,因政府拒不签字,致未成立。故交通不能恢复,应由政府负责。至谓中共宣传污蔑美人,也属颠倒黑白,如无美军在华之种种乱作非为事实,怎能言"宣传"?且"宣传休战"乃因

---

① 本辑录编者注:该文选自《新华日报》1947 年 1 月 13 日第二版"本报上海十二日专电",原标题为《对马歇尔离华前声明,董必武同志谈个人观感》,这个标题是编者拟的。收在《董必武文集(第一卷)》(征求意见本),第 390—391 页,标题为《斥马歇尔离华的声明》。《董必武文集(第一卷)》(征求意见本)编者原注:"一九四五年十一月二十七日,美国总统杜鲁门任命马歇尔为总统特使,赴中国'调处'国共两党冲突。十二月二十日马歇尔来到中国。他一方面声称是作为'中立者'在国共之间调停,一方面又极力推行美国政府的扶蒋反共政策,使得国民党反动派发动的内战越打越烈,中国全面内战不可收拾。一九四六年八月十日,马歇尔、司徒雷登发表联合声明,宣告'调处'失败,放手让国民党打内战。一九四七年一月离华回国。一月七日美国国务院发表了马歇尔离华声明。为此,董必武发表谈话予以驳斥。本文原刊载于一九四七年一月十三日《新华日报》。"

② 《董必武文集(第一卷)》(征求意见本)编者原注:"赫尔利,美国共和党人。一九四四年九月,以美国总统私人代表身份来中国,年底任驻华大使,因支持蒋介石的反共政策而受到中国人民的谴责。一九四五年十一月被迫离职。"

政府不同意未成,今马歇尔将宣传责任放在中共身上,也谓"公平"?

董氏末谓:"马歇尔既赞成政协,又誉违反政协之非法国大制出之伪宪法①为中国之出路,显系瞎说。"

---

①《董必武文集(第一卷)》(征求意见本)编者原注:"非法国大制出之伪宪,根据政治协商会议协议及其规定的程序,国民大会的召开应在政协各项协议付诸实施之后。由改组后的国民政府负责召集,各党派共同参加,开会日期亦由各方协商确定。国大通过的宪法,应当是政协审议完成的草案。但国民党反动派不顾上述一切,公然撕毁政协决议,于一九四六年十月十五日召开了非法的分裂的国民大会。十二月十五日通过了反共反人民的《中华民国宪法》,以根本大法的形式确认了蒋介石专制独裁统治的国家制度。"

在"民盟"招待会上的发言[①]

一九四七年二月一日

对于"民盟"的政治报告,已用极诚恳极郑重的心情读完,并且用极迅速的方法送到延安以作研究。中共对于"民盟"从来就很尊重。有人说"民盟"是中共的尾巴,这是恶意的诬蔑,因为"民盟"领袖中有很多人是在中共未成立前便致力于民主运动,从来没有听说过"尾巴"比"身体"还先生长。

"民盟"政治报告中极为重视政协这一点,非常正确。回忆去年的昨天——一月三十一日,刚好是政协开幕的日子,蒋先生(指蒋主席)亲自主持,一字一句地通过政协决议,但现在却一条一条被撕毁,幸有"民盟"还在坚持。但是,撕毁政协决议者还在说遵守政协决议,并且说"宪法"也是根据政协原则的。但我可以说,"宪法"中没有一点是合符政协的,单以"总统有紧急处置权"一点说,这一点在政协决议中经中共与"民盟"的坚决反对而取消了,但现在一党通过的"宪法",这一点又赫然在焉。

关于和谈,政府说和谈症结,在于中共关闭了和谈之门。诸位记得去年七月间,王世杰先生曾惋惜没有签订完成百分八十的协议。"民盟"政治报告,已首先提到这一点。最近上海又有人发动一个"和平运动",但和谈始终没恢复。这决不是如政府所说是遭中共的拒绝,大家总记得过去的停战令是国、共、美三方面签字承认的,后来也没有效,谁又能保证今后商谈有何效果?

[①] 本辑录编者注:该文选自《董必武文集(第一卷)》(征求意见本),第394页。

过去请愿和平的代表马叙伦先生等被打得头破血流,谁能相信今天的和平是有诚意的?中共需要和平,但要真正的和平,永久的和平,停下来不打的和平;中共所提的两个条件,就是为了要达到这目的。政府某位大员和我谈到和谈要上,这样不能算诚意,至少要先把拳头移开,才能算有诚意。这两个条件,是保证真正的和平的条件。

关于改组政府,有人说:"别的地方破坏了政协,改组政府却遵照了政协。"这是骗人的。正如"民盟"政治报告上所说,政协决议是整个的,不是弃其一而取其二的。除了五星上将[1]得到满足外,对于中国人民毫无好处。政府准备单独改组了要请一些客人去参加,请了青年党、民社党去改组政府。能解决财政经济的危机,提高行政效率消灭贪污吗?能给人民的自由吗?今天在这里开会,警察局还派人来监视。由此可见,所谓改组政府,是按照马歇尔声明中最后的希望而演出一幕。得到满足的是幕后的主持者。

美军调部的撤退,表示马歇尔的使命已结束,对于中国的和平民主有点帮助没有?有的,但中国的和平民主决不依靠外力,自己可以获得,内战打下去是不好的,内战是在中共区内打的。

谈到郝鹏举的叛变,郝是民主联军,是我们的友军,他愿意来为民主努力,我们不拒绝,他要走,也不挽留。过去作战,是新四军、八路军,不是民主联军,所以对于中共没有影响。

(根据一九四七年二月二日《文汇报》刊印)

---

[1]《董必武文集(第一卷)》(征求意见本)编者原注:"五星上将,指美国总统杜鲁门的特使马歇尔。"

关于沪上民主运动形势及
黄河堵口复堤救济故道居民事的报告①

一九四七年二月七日

恩来同志：

沪上民主运动在稳健开展中，各民主团体先求本身的健全与团体的初步联系，次准备成立公开的结合，即民主阵线。谈到民主阵线，我如公开参加，是否有妨碍，就成为一个问题。大多数人都欢迎我们参加，特别是有下层群众基础的团体，觉得没有中共参加便没有力量。马歇尔声明②除了个别分子认为立论公正外，绝大多数想望民主的人都知道马的声明是帮助蒋说话的。军调部的撤销，并不比马歇尔的回国还惹人注意。至于国民党方面发动的"和平运动"，上海各民主团体及个人都表示，要和平，但不要说空话。不当兵、不纳税，是争得和平的最好方法，和平的保障是民主。大家要求四项诺言③的兑现。报纸上发表了这些主张后，国方不得不另谋对策了。这几天报

---

①本辑录编者注：该文选自《董必武文集（第一卷）》（征求意见本），第397页。
②《董必武文集（第一卷）》（征求意见本）编者原注："马歇尔声明，指一九四七年一月七日，美国总统驻中国特使马歇尔以'调处'名义，参加国共谈判失败，离华回国前夕发表的关于一年来调解的总结性声明。声明认为，中国和平的最大障碍是国民党和共产党之间互相猜疑；国民党内部最有势力的反动集团和共产党内部的自由分子集团的反对，是造成国共谈判破裂的重要因素；国民党大会通过的宪法是民主宪法等。"
③《董必武文集（第一卷）》（征求意见本）编者原注："四项诺言，指蒋介石一九四六年一月十日在政治协商会议开幕词中宣布的：保障人民自由、保障各党派合法地位、实行普选和释放政治犯的四项诺言，也称四项自由。"

纸关于和平运动很少刊载,大概是想等鲁南战役结束再表示他们的意见。国民党这几天正在与民、青两党谈改组政府,"青年党"急于出马已不成问题,民社党扭扭捏捏,现已决定参加,包括张君励①等人在内。闻行政院长人选,民社党提曾琦或胡适,青年党提张君励②或胡适。两党走马换将的提法,都把胡适拿出来作陪衬,他们是各有用意的。在现时纸币滥发、物价狂涨,宋子文大受社会责难的时候,蒋有可能让胡博士一显身手——借以骗骗美国老百姓,便于美国政府公开合法地大量借钱,便于美政府在三月莫斯科会议上好交代。蒋这样干不正符合马歇尔的要求么!他这样干自然也会遇到CC和复兴③的阻力,但马歇尔开的药方,不好不遵照买点药。能骗到一笔公开的大借款到手,那时要胡博士滚蛋,还不是易如反掌么!事实快要展示在我们的面前,且看老蒋如何变戏法。

"联总"直接分配救济物资给解放区不经过"行总",在理事会未决定,到上海"联总"未争,实难办到。"联总"提出的办法,在解放区设立有限制行总、联总人数的办事处,这种危险性并不大。我们去年承认了联、行总人员到哪里,救济物资到哪里,他们的人员不能到达的地区就不给物资,这样,我们拒绝设立有限人数的机构理由就不充分。我们想原则上承认设立,具体的地点因战争情况变化,临时商定,这样较有伸缩性。前已电陈,恐说不清故再提及,请速电示!

堵口复堤救济故道居民事,自去年二十日以后,我方完全转入被动,那时关于停堵停放及堵口合龙期间,我所得的指示是毫不让步,特别是晋冀鲁豫巧电,要我们争停堵口延期到六月初,国方派薛笃弼④来沪商谈无结果,花园口缺口的木桥被冲垮了八排,一时不易修复,这时工程是延缓了,但对于我们所争停止堵口工程极不利。他们说停工下来,对原有工程损害更大。所以,

---

①本辑录编者注:原文此处之"励"字应为"劢"字之误排。
②本辑录编者注:原文此处之"励"字应为"劢"字之误排。
③《董必武文集(第一卷)》(征求意见本)编者原注:"CC和复兴,指国民党内右翼势力的两个反动派系。"
④《董必武文集(第一卷)》(征求意见本)编者原注:"薛笃弼(一八九二——一九七三),山西解县人(今运城)人。当时任国民政府水利委员会主任委员。"

他们索性不答复,复堤公款事也不提。救济款拨定了也送了五十亿到开封,但还未送到我区,一直仍在等候水委①回信,天天催总不解决,他们看清我方除了自行移民及复堤外,别无有效方法,所以故意拖。薛说我方于去年十一月已出布告要人民迁移防水,可见不是毫无准备。这理由我已驳复了。现在争还是要争,如把救济款先送五十亿,余一百亿即开始购买物资,复堤工款争到一笔垫款,能争多少即是多少,以便工程之进行,催塔德②去勘察。至于堵口日期即会商得有结果。国方与"联总"都急于完工,是要工程上能合龙,他们决不会遵守期限的,我们必须要从最坏的方面做打算。我们如无自救自卫的有效办法应对这种毒着,必须在下游注意复堤工程。我们可以宣布国方造成水灾的罪状,但无补于实际,这一点请您通知山东、太行要严重注意!我看堵口期是不能得到协议的,我们要求停止工程,他们决不答应。我们一面争,他们一面堵,我们无法阻止他们,到工程差不多时,还不是堵起来了。现时的延期是水冲了堤了,不是我们争得来的呀!

"工合"③在纽约交了三万一千七百三十二元美金给唐同志④。"工合"要详细用途的报告,并要解放区负"工合"责任者签名盖章的报告。前次马海德到南京时我和他谈过,以后有电与信,但均无回答。这事永瑛⑤知道的最清楚,请问他详情,并将办理报告内容谈好、办好,由他们带来寄最方便。我与伍⑥已给了一个总的收据,但"工合"仍要详细报告。

其他由永瑛面谈不具。此间及京诸同志都很好。祝

---

① 《董必武文集(第一卷)》(征求意见本)编者原注:"水委,即国民党政府水利委员会的简称。"

② 《董必武文集(第一卷)》(征求意见本)编者原注:"塔德,当时是联合国善后救济总署中国分署美国方面的工程顾问。"

③ 《董必武文集(第一卷)》(征求意见本)编者原注:"'工合',即世界职工联合会。"

④ 《董必武文集(第一卷)》(征求意见本)编者原注:"唐同志,即唐明照。早年加入中国共产党,时在美国工作。曾任纽约《华侨日报》社社长、总编辑。"

⑤ 《董必武文集(第一卷)》(征求意见本)编者原注:"永瑛,即徐永瑛。董必武赴美出席制定联合国宪章大会并在美国工作时,徐曾直接协助董必武工作。"

⑥ 《董必武文集(第一卷)》(征求意见本)编者原注:"伍,即伍云甫,当时任解放区救济总会秘书长兼解总上海办事处处长。"

您和小超同志健康！

中央诸同志都好！

必武

二月七日一时半

（根据中央档案馆馆存档案刊印）

反对国民党政府出卖救济品①

一九四七年二月十九日

艾格顿将军阁下：

请将下列电文转交"联总"署长鲁克斯将军及"联总"中央委员会。

据合众社电称："联总"中央委员会将于二月二十日星期四召开特别会议，考虑中国政府所提欲将价值二亿美元之"联总"物资在黑市上出售之请求。中国解放区救济总会坚决反对此提议。国民党此项计划实际意味着遭受战祸地区之人民及难民，尤其在中共管辖区之内者，将再不可能得到善后与救济。此项提议，并将助长目前对中共管辖区之进攻。我们坚持"联总"之义务，为帮助受难的中国人民——不是一党政府。"解总"当局对"联总"中央委员会竟欲召开会议，研究如此之提议一事深以为憾。我们希望你向鲁克斯将军及委员会转达我们根本不赞成这一计划。我们认为"联总"与其考虑将物资出售于黑市上，不如坚持将所有此项物资送至解放区。那里可以保证物资不会出卖，而完全用于对抗日战争期内真正受难人民之实际善后与救济。

董必武

（根据一九四七年二月出版的《群众》第十四卷第八期刊印）

---

① 本辑录编者注：该文选自《董必武文集（第一卷）》（征求意见本），第401页。《董必武文集（第一卷）》（征求意见本）编者原注："这是董必武给联合国善后救济总署中国办事处主任艾格顿的电函。"

致宣铁吾①、吴国桢②、俞叔平③抗议信④

一九四七年三月一日

铁吾司令

国桢市长

叔平局长勋鉴：

昨晚接获警备司令部公文一件，要中共在沪人员于本月五日以前撤退，当即有卢家湾警察分局派来警察多人，驻守门外，室内剪断电话，禁止人员出门，即外来客人亦只准入不准再行出去。如今晨在"行总"工作之伍云甫有事来此，与寄居与⑤此之伍处译员王知还女士，均因警察拥阻，不能赴"行总"办公，此实令人不解。政府既要我们撤退，我即须有所准备与外界结束，自不能使无行动自由，使来访客人亦无自由，涤觉警察局此举殊与警备司令部公文不合。请即饬卢家湾分局迅将所派警察撤回，使我们人员得以摒挡一切，准备撤退事宜。至纫公谊。专此，顺候

公绥！

董必武

三月一日

（根据中央档案馆馆存档案刊印）

---

①《董必武文集（第一卷）》（征求意见本）编者原注："宣铁吾，时任淞沪警备司令。"
②《董必武文集（第一卷）》（征求意见本）编者原注："吴国桢，时任国民党政府上海市市长。"
③《董必武文集（第一卷）》（征求意见本）编者原注："俞叔平，时任上海警察局局长。"
④本辑录编者注：该文选自《董必武文集（第一卷）》（征求意见本），第402页。
⑤本辑录编者注：原文此处的"与"字疑为"于"字之误排。

致宣铁吾抗议书[①]

一九四七年三月二日

径启者：

敝处于二月二十八日下午十时接奉贵部快邮代电一件，谓敝党在沪人员及家属限于三月五日以前全部撤退，并须于三月三日前开具名单送部等语。敝处负责人正拟于三月一日出赴有关机关洽商撤退事宜，讵于二月二十八日下午十时即由卢家湾警察分局派警察及便衣多人驻守门外；宅内严禁人员出门，甚至翌晨"解总"派在"行总"负责办理救济工作之伍云甫来此有事，亦被禁再出。昨晨，必武欲亲赴贵部、市府警察局面洽撤退事宜，竟不可得，当于三月一日分函，将此种不合理情形告知贵部、市政府警察总局，要求撤销门禁各在案。现为期十分紧迫，撤退时有诸多事宜须为部署，如交通工具如何处置，在沪财产如何处理，与外界事务如何结束等等，均□须有相当时间妥为办理。此间人员既不能外出，而政府方面又无负责人来此洽商，如有遗误之处应由政府负责。兹先将所应开具名单纸专函奉达外，请对下列数事予以注意并赐复为要。

一、来件中称敝党拒绝和平谈判，绝非事实。敝党京、沪、渝等地联络人员所以迄今未去，正表示为觅取和谈之方便，来件中又称"复在本市煽动风潮，组织暴动"，更属无稽，不得不表示严重抗议。

[①] 本辑录编者注：该文选自《董必武文集（第一卷）》（征求意见本），第404页。

二、请立即饬知卢家湾分局迅将驻守门外、宅内之警局人员全部撤回，以便此间进行撤退事宜，否则由敝处派人直赴贵部接洽。

三、"解总"派驻"行总"负责人伍云甫与其寄居于此之译员王知还女士，应立即让其返归行总办公，至"解总"人员是否亦须随同撤退，应由"解总"向"行总"、"联总"自行洽办。

此致
淞沪警备司令部宣司令员

董必武　谨启
三月二日
（根据中央档案馆馆存档案刊印）

致宣铁吾电①

一九四七年三月六日

即刻到上海淞沪警备司令部宣司令勋鉴：

此次敝方在京、沪、渝之联络机关及报馆，被迫撤退，因时很迫促，未及办理各种结束手续。现已奉延安令将敝方在上述各地一切财产，房屋，物资等，均委托民主同盟代管，特此电达。

董必武叩支印

（根据一九四七年三月六日《文汇报》刊印）

---

①本辑录编者注：该文选自《董必武文集（第一卷）》（征求意见本），第406页。

撤离南京时的书面讲话①

一九四七年三月七日

必武等今日被迫离此,感慨莫名。十年来从未断绝之国共联系,今已为国民党好战分子一手割断矣!彼等此一举动,显然企图配合政府之改组,俾求得美国政府公开的大量援助,借以鼓励前方颓落之士气,镇定后方动摇之人心,并残酷迫害日见猛烈之民主爱国运动。好战分子之中外友人,似亦认为不妨一试。内战显将继续,人民之灾祸必将更大更深。然而,此种以千百万人性命为赌注之极大冒险,因其违反全体爱好和平人民之愿望,终必失败无疑。好战分子行将自食恶果。彼等中外友人,亦将后悔莫及。目前虽战祸蔓延,我们中共党员仍将一本初衷,竭力为和平民主奋斗到底。当此握别之际,必武等愿以此与全国一切爱好和平民主人士共勉。

---

①本辑录编者注:该文选自《董必武选集》,人民出版社1985年版,第124页。原载《群众》周刊1947年第7期,第3页。《董必武选集》编者原注:"一九四六年十一月十五日,国民党悍然召开了伪国大,关死了国共和谈的大门。董必武同志和中共代表团驻南京、上海办事处的同志,继续坚持战斗在国民党的统治中心。一九四七年三月七日,中共代表团被迫撤离南京,飞返延安。这是董必武同志离开南京时在机场上的书面讲话。"

庆祝中国共产党诞生二十八周年①

一九四九年七月一日

二十八年前的今天,是我们党的第一次全国代表大会开幕的日子。参加这个代表大会的总共十三个人,在这个大会上,通过了党的纲领,选举了中央领导机构。当时我们的党还是一个很小的团体,但是为什么它一经成立,就能在中国闹个天翻地覆,就能迅速地发展,到今天已经成为拥有三百多万党员的大党呢?也就是说,中国共产党产生和发展的根据究竟何在呢?

一百年来,帝国主义对中国实行的凶狠的侵略,使我们的民族问题改变了性质,在中国人民面前提出了新的问题,使我们中国产生了新的民族运动,就是鸦片战争以后的反对帝国主义的民族革命运动。这是一方面。另一方面,帝国主义的侵入中国,同时却把资本主义带进了中国。这样就产生了中国的资产阶级和中国的无产阶级,跟着就产生了中国资产阶级的民主革命运动和中国的工人运动。资本主义的产生和发展,中国无产阶级的产生和发展,以及中国工人运动的产生和发展,这些就给了中国共产党的产生和发展以根据。我们中国共产党就是在这个基础上建立和成长起来的。在我们党成立以前,中国早就有工人运动了。如在一九一八年,全国发生了二十五次罢工,其中可以查考的为十二次,参加的工人有六千四百多人。一九一九年

---

① 本辑录编者注:该文选自《董必武选集》,人民出版社1985年版,第222—232页。《董必武选集》编者原注:"这是董必武同志在中共中央华北局及中共北平市委为庆祝中国共产党诞生二十八周年举行的纪念大会上的讲话。"

发生了罢工六十六次,其中有案可考的有二十二次,参加的人数有九万六千五百多人。一九二〇年发生了罢工六十四次,其中可以查考的十九次,参加者四万六千多人。一九二一年,即中国共产党成立的那一年,共发生了四十九次罢工,其中可以查考的有二十二次,参加的工人十万八千多人。由此可见,中国的工人运动,远在我们的党成立以前,就为工人阶级自己的政党即共产党的产生,打下了一定的基础了。

另一方面,在中国共产党成立以前,马克思主义已经传进了中国。特别是俄国伟大的十月社会主义革命的胜利,唤醒了中国工人阶级和先进知识分子。毛主席说:"十月革命一声炮响,给我们送来了马克思列宁主义。十月革命帮助了全世界的也帮助了中国的先进分子,用无产阶级的宇宙观作为观察国家命运的工具,重新考虑自己的问题。走俄国人的路——这就是结论。"[1]在这个影响下,就产生了一九一九年的五四运动,以后就有许多先进分子研究马克思主义,成立了许多马克思主义研究小组,到一九二一年,这些研究性质的小组才联合起来成立了中国共产党。我们这个共产党在共产国际和苏联共产党的帮助下,一开始就是照着列宁、斯大林的思想和风格建立和发展起来的。毛主席说:"既要革命,就要有一个革命党。没有一个革命的党,没有一个按照马克思列宁主义的革命理论和革命风格建立起来的革命党,就不可能领导工人阶级和广大人民群众战胜帝国主义及其走狗。"[2]中国共产党就是依照苏联共产党的榜样建立起来和发展起来的一个党。"自从有了中国共产党,中国革命的面目就焕然一新了。"[3]

中国共产党成立以后,党的工作重心放在城市,放在工人运动上。党的第二次全国代表大会更明确地规定了反对帝国主义与反对封建主义的民主

---

[1]《董必武选集》编者原注:"见毛泽东《论人民民主专政》(《毛泽东选集》四卷合订本,人民出版社1964年版,第1408页)。"

[2]《董必武选集》编者原注:"见毛泽东《全世界革命力量团结起来,反对帝国主义的侵略》(《毛泽东选集》四卷合订本,人民出版社1964年版,第1297页)。"

[3]《董必武选集》编者原注:"见毛泽东《全世界革命力量团结起来,反对帝国主义的侵略》(《毛泽东选集》四卷合订本,人民出版社1964年版,第1297页)。"

革命的基本纲领,决定着重发展工人运动。当时的劳动组合书记部①在上海、北平、汉口、长沙、广州等地做了很多工作,组织工会,领导罢工。一九二二年发生了九十几次的罢工,参加的工人达几十万,各次罢工都得到了胜利。一九二三年平汉路二七大罢工,北洋军阀实行血腥镇压,造成有名的二七大惨案。从此中国的工人阶级就走上了政治舞台,表现了自己的巨大的力量,一个接着一个地取得罢工运动的胜利,并且赢得国际工人阶级的声援和赞扬。

我们中国共产党,就在这样胜利的基础上,从一九二四年起,实行了与资产阶级的政党国民党合作的政策。我们中国共产党和孙中山先生共同制定了国民党第一次全国代表大会的宣言和反帝、反封建的纲领,帮助了国民党的改组,并建立了国民革命军,积极开展群众工作。这样,孙中山的旧三民主义就发展成为联俄、联共与扶助农工的新三民主义,全国规模的革命运动,经过五卅运动、省港罢工和北伐战争,蓬勃地和胜利地开展起来,北洋军阀的反动统治迅速崩溃。这就是第一次国内革命战争,也就是过去大家所说的一九二五年到一九二七年的大革命。

在这一时期,我们的党也得到了大的发展。我们的党员在第二次全国代表大会时不到二百人,到一九二七年的五次大会时已发展到五万多人。那时在共产党领导下的工会会员有二百九十万人,农会会员有一千多万人。中国共产党人在各种岗位上都表现了他们自己的英勇和顽强的战斗精神。

但是,就在那时,一九二七年四月,蒋介石反动集团叛变了革命,它向帝国主义和封建势力投降,建立它的买办的、封建的、官僚资本主义的反动统治,使第一次革命战争陷于失败。这个失败的主要原因之一,是我们党的内部,在一九二七年上半年存在着陈独秀右倾机会主义的统治,它实行向地主、资产阶级投降的机会主义路线。第一次国内革命战争失败以后,我们的党被打到地下,我们的同志大批地被捕、被杀。许多动摇分子纷纷脱党。我们跌

---

①《董必武选集》编者原注:"劳动组合书记部,是中国共产党早期公开领导工人运动的机关。中国共产党成立后,首先集中力量从事工人运动,一九二一年八月在上海成立了中国劳动组合书记部,随后又在北京、长沙、武汉、济南、广州设立劳动组合书记部分部,作为党公开领导工人运动的机关,在工人群众中进行了深入细致的宣传和组织工作。总部的机关刊物先后有《劳动周刊》、《工人周刊》。一九二五年五月中华全国总工会成立后撤销。"

倒了，但是并没有屈服。我们掩埋了同志们的尸体，抹干了身上的鲜血，重新爬起来，转入农村，坚持着我们的革命旗帜，坚持着我们的政治方向，与群众密切结合起来，度过这样的黑暗和困难时期。在中国共产党和毛泽东同志的正确领导下，我们发动了农民群众，实行土地革命，建立工农红军，建立人民的革命政权。

在这一时期内，帝国主义和国民党反动派对我们实行坚决消灭的政策，实行军事围剿与法西斯血腥恐怖的政策。由于我们党的坚强奋斗，我们在第二次国内革命战争时期，既保持了革命的旗帜，保存了革命的组织和大批革命的干部，又创建和保存了一支久经锻炼的革命的军队和一块革命根据地——陕甘宁苏区。特别重要的，中国共产党和中国人民还找到了毛泽东同志这样伟大的革命家作为自己的领袖。有了这些，我们共产党人就有了可能，在以后的历史时期，粉碎帝国主义和国内反动派的任何进攻，引导中国革命到达最后的胜利。

日本帝国主义的侵入，不仅威胁了中国人民大众的生命财产，而且威胁到蒋介石所代表的统治集团的利益。中国共产党早在一九三一年九一八事变后，就提出抗日统一战线的政策，号召停止内战，一致抗日。经过共产党和全国人民的斗争，经过反动统治集团内部的分裂，再加上七七事变后日本帝国主义向蒋介石的迎面一拳，就迫得蒋介石不能不和共产党来一个第二次国共合作，共同抗日。但在抗战时期，蒋介石仍无时无刻没忘掉消灭我们共产党，他把他的军队主力放在后方，消极抗日，积极反共，整天跟我们闹摩擦，实行"限共"、"溶共"，一九四一年搞了一个皖南事变，想消灭我们的新四军。

我们共产党呢，因为我们在第一次国共合作时上过当，吃过蒋介石的亏，因此有了经验，在思想上、组织上有了准备。我们一方面积极团结全国人民抵抗日本帝国主义的进攻，在敌后建立大块大块的抗日根据地，建立人民武装，建立抗日民主政权，实行减租减息，发动和组织农民群众和其他人民群众。另一方面在政治上及时地揭穿国民党反动派叛卖国家民族的勾当，在军事上击溃了蒋介石历次的反共摩擦，粉碎了他们存心消灭我们的阴谋。在整整八年的抗战时期，我们正确地执行了党的抗日民族统一战线的政策，对国民党采取了既团结又斗争,以斗争求团结的方针。这样,我们完成了思想上、政治上和组织上的准备工作,积蓄了力量,以便迎接任何突然事变,稳当地渡过危险,引导中国革命到新的高涨。

　　日本帝国主义投降后,美帝国主义就代替了日本的地位,蒋介石就代替了汪精卫的地位,向中国人民举行大规模的进攻。一九四六年七月,蒋介石反动集团在美帝国主义的直接援助下,背信弃义,撕毁了它亲自参与签订的停战协定和政治协商会议的决议,发动了空前规模的反革命内战。中国共产党则领导了中国人民和中国人民解放军,用革命战争回击了并最后打败了反动派。在整整三年中,英勇的中国人民解放军共消灭反动的国民党军五百五十九万人。二个多月前,在国民党反动派的和平阴谋被揭穿以后,人民解放军就胜利地渡过了长江,解放了南京、上海、武汉、杭州、南昌、西安,现在各路人民解放军正在向南方和西北各省,举行着胜利的进军,以便肃清国民党反动派的残余力量,解放全中国。由于我党在已解放的地区坚决地领导农民实行了土地改革,在大约一万万人口的区域彻底地解决了土地问题,地主阶级和旧式富农的土地大致平均地分配给农村人民,首先是贫农和雇农。而在新解放区首先实行合理负担和减租减息,以便有步骤地实现土地制度的改革。在一切已经解放了的城市,我们正严格地执行毛主席的"发展生产,繁荣经济,公私兼顾,劳资两利"的经济政策,以便迅速地恢复和发展生产。中国共产党的党员,已由一九四五年的二百二十万人增加到现在的三百多万人。三年以来,中国的先进青年已在共产党领导下,建立起自己的新民主主义青年团,并于今年四月成立了青年团的中央委员会。中国的职工和妇女都已成立了自己全国性的团体——中华全国总工会和中国民主妇女联合会;青年也成立了中华民主青年联合会。此外,民主的文化教育界人士也都在进行全国的大团结,成立各种全国性的团体。正是在这样胜利和团结的基础上,最近全国各民主党派、各人民团体、各界民主人士、国内各少数民族和海外华侨,都热烈地响应中国共产党的号召,适应着全国人民的希望,成立了新的政治协商会议的筹备会,以便迅速完成各项准备工作,于最短期内召开新的政治协商会议,成立民主联合政府,来领导全国人民,以最快的速度肃清国民党反动派的残余力量,统一全中国,有系统地和有步骤地在全国范围内进行政治的、经济的、文化的和国防的建设工作。

中国革命的全国胜利不久就将实现了。中国人民的这个伟大胜利,是全人类继十月革命和第二次世界大战的胜利以后的最伟大的胜利,全世界除了帝国主义者和各国反动派以外,都为之欢欣鼓舞。这个胜利将冲破帝国主义的东方战线,大大地改变世界民主与反民主阵营的力量的对比。

但是,我们千万不可由于胜利而冲昏头脑。我们必须经常保持高度的对国内外敌人的警惕。还在不久以前,毛主席就告诫我们:"帝国主义者及其走狗中国反动派对于他们在中国这块土地上的失败,是不会甘心的。他们还会要互相勾结在一起,用各种可能的方法,反对中国人民。""例如,唆使中国反动派,甚至加上他们自己的力量,封锁中国的海港。只要还有可能,他们就会这样做。再则,假如他们还想冒险的话,派出一部分兵力侵扰中国的边境,也不是不可能的。所有这些,我们都必须充分地估计到。我们决不可因为胜利,而放松对于帝国主义分子及其走狗们的疯狂的报复阴谋的警惕性,谁要是放松这一项警惕性,谁就将在政治上解除武装,而使自己处于被动的地位。"①因此我们必须牢牢记住毛主席提醒大家的话,绝对不要放松自己对敌人的警惕,经常保持自己头脑的清醒。

要夺取中国革命的全国胜利,现在是已经不要很久的时间和不要花费很大的气力了。但是正像毛主席教导我们的,"夺取全国胜利,这只是万里长征走完了第一步"。"中国的革命是伟大的,但革命以后的路程更长,工作更伟大,更艰苦"。② 因此,我们决不可因为革命胜利而骄傲,而以功臣自居;决不可以自满自足,停顿下来,不求进步;决不可以因为进了城市,就贪图享乐舒适,不愿再过艰苦的生活。如果有这样的情形,那是一种很危险的倾向,而这种倾向在我们的一部分同志中已经或多或少地存在着。我们必须警醒。毛

---

①《董必武选集》编者原注:"见毛泽东《在新政治协商会议筹备会议上的讲话》(《毛泽东选集》四卷合订本,人民出版社1964年版,第1402页)。"

②《董必武选集》编者原注:"见毛泽东《在中国共产党第七届中央委员会第二次全体会议上的报告》(《毛泽东选集》四卷合订本,人民出版社1964年版,第1376页)。"

主席早就警告了这一些人,他说:"可能有这样一些共产党人,他们是不曾被拿枪的敌人征服过的,他们在这些敌人面前不愧英雄的称号;但是经不起人们用糖衣裹着的炮弹的攻击,他们在糖弹面前要打败仗。"①毛主席称这种人叫做"我们队伍中的意志薄弱者"。② 同志们,我们每一个人必须好好检点检点自己,有没有在那些不拿枪的敌人的糖弹面前屈服过。我们必须继续保持和发扬谦虚谨慎,不骄不躁的作风,保持和发扬艰苦奋斗的作风。这种作风就是我们党的作风。我们的党员就是因为有了这种优良作风,才能够在漫长的二十八个年头中,克服党内党外的种种危险,壮大到今天这样的地步。如果我们的同志今天因为胜利,就显得意志薄弱,抛弃过去的优良作风,那才是危险万分呢!

我上面简单地讲明了我们党的建立和发展的历史。她在建立和成长的过程中,曾得到苏联共产党和共产国际的帮助。我们的党是列宁、斯大林式的革命党。毛主席说:"十月革命的光芒照耀着我们。"又说:"一向孤立的中国革命斗争,自从十月革命胜利以后,就不再感觉孤立了。我们有全世界的共产党和工人阶级的援助。"③我们一向强调无产阶级的国际主义。坚决反对反动的资产阶级的民族主义。我们必须"联合世界上以平等待我的民族和各国人民,共同奋斗。这就是联合苏联,联合各人民民主国家,联合其他各国的无产阶级和广大人民,结成国际的统一战线"。"我们在国际上是属于以苏联为首的反帝国主义战线一方面的,真正的友谊的援助只能向这一方面去找,而不能向帝国主义战线一方面去找。"④这一点我们必须紧紧把握住,并向人民群众广泛和深入地进行这种国际主义的教育。

毛主席最近总结了我们党二十八年来奋斗的经验。他说:"一个有纪律

---

① 《董必武选集》编者原注:"见毛泽东《在中国共产党第七届中央委员会第二次全体会议上的报告》(《毛泽东选集》四卷合订本,人民出版社1964年版,第1376页)。"

② 《董必武选集》编者原注:"见毛泽东《在中国共产党第七届中央委员会第二次全体会议上的报告》(《毛泽东选集》四卷合订本,人民出版社1964年版,第1376页)。"

③ 《董必武选集》编者原注:"见毛泽东《全世界革命力量团结起来,反对帝国主义的侵略》(《毛泽东选集》四卷合订本,人民出版社1964年版,第1299页)。"

④ 《董必武选集》编者原注:"见毛泽东《论人民民主专政》(《毛泽东选集》四卷合订本,人民出版社1964年版,第1409页)。"

的,有马克思列宁主义的理论武装的,采取自我批评方法的,联系人民群众的党。一个由这样的党领导的军队。一个由这样的党领导的各革命阶级各革命派别的统一战线。这三件是我们战胜敌人的主要武器。"而"集中到一点,就是工人阶级(经过共产党)领导的以工农联盟为基础的人民民主专政"。"这就是我们的公式,这就是我们的主要经验,这就是我们的主要纲领。"①我们最大的光荣就在于我们有了伟大的正确的中国共产党和毛主席这样英明的领袖,他经常地和及时地指出我们奋斗的方向和道路。毛主席把马列主义普遍真理和中国革命的具体实践相结合。他如今又总结了我党和中国人民二十八年的经验,明确地指出了上述的方向。我们大家要努力学习马列主义、毛泽东思想,学习科学技术,克服一切困难,谦虚谨慎,艰苦奋斗,使我们伟大的祖国,在中国工人阶级和我们党的领导下,稳步地、胜利地前进,由农业国进步到工业国,由新民主主义社会进步到社会主义社会与共产主义社会。

---

① 《董必武选集》编者原注:"见毛泽东《论人民民主专政》(《毛泽东选集》四卷合订本,人民出版社1964年版,第1417页)。"

纪念七七抗战十二周年[①]

一九四九年七月七日

今天是七七抗战十二周年的纪念日。今年的"七七"使人更加欢欣鼓舞。这就是因为全国人民在抗日战争中所没有能够在全国范围内实现的种种要求,在人民解放战争伟大胜利的今天,都已开始实现了。

十二年前的今天,卢沟桥的炮声响了,我们对日本侵略者进行了伟大的爱国战争。经过了八年多的苦战,终于取得了最后胜利。今天我们纪念这一个胜利,要着重了解这一胜利的由来。

谁都知道,抗日战争中有两条不同的指导路线:一条是,能够打败日本侵略者的胜利的路线,这就是中国共产党所倡导的,各民主党派和中国人民所拥护的人民战争的路线;另一条是,不但不能打败日本侵略者,而且实际上帮助日本侵略者,危害抗日战争的路线,这就是国民党政府所实行的积极反人民、消极抗战的路线。

抗日战争的胜利,就是基于前者对后者斗争的胜利。抗日战争开始之前,我们首先粉碎了国民党政府"攘外必先安内"的反动政策;经过西安事变,才奠定了抗日民族统一战线的基础。抗日战争初期,我们又粉碎了"三个月亡国论"、"唯武器论"等悲观妥协情绪,坚定了抗战的决心。在抗日战争最困难的时期,在国民党政府积极反人民,消极抗战,以摩擦准备妥协投降的时

[①] 本辑录编者注:该文选自《董必武选集》,人民出版社1985年版,第233—236页。《董必武选集》编者原注:"这是董必武同志在北平市各界人民纪念七七抗战十二周年大会上的讲演词。"

期,我们又提出"坚持抗战,反对投降;坚持团结,反对分裂;坚持进步,反对倒退"的正确口号,打退了三次反共高潮,将抗日战争坚持到最后胜利。这一胜利,主要是由于中国共产党和毛主席的英明领导,解放区军民的英勇善战,全国人民、全国各民主党派协力支持的结果,又加上盟友的帮助,苏联的直接出兵。这就是抗日战争胜利之所由来。

三年前,日本侵略者投降了,抗日战争胜利了,但是中国人民在抗日战争中的种种要求没有得到实现。这是因为美帝国主义者代替了日本侵略者,蒋介石取代了汪精卫,他们坚决地与中国人民为敌。

中国人民在抗日战争中要求民族独立,但是美帝国主义和国民党反动政府,硬要我们做美国殖民者的奴隶;中国人民在抗日战争中要求民主改革,但是美帝国主义和国民党反动政府,硬要我们接受蒋介石的法西斯恐怖;中国人民在抗日战争中要求在战后实现国内和平和国家建设,但是美帝国主义支持国民党反动政府发动了大规模的内战。美帝国主义者和国民党反动政府以为他们的力量远远地超过中国人民的力量,他们想把抗日战争的胜利果实攫为己有,他们想把中国人民像过去一样的永远作他们的奴隶。但是中国人民在中国共产党的领导之下,在抗日战争中锻炼了自己,他们能战胜日本侵略者,他们自信就能驱逐美帝国主义在中国的统治;他们能打垮汪精卫,他们自信一定能打垮蒋介石。他们高举着人民解放战争的旗帜,继承抗日战争的光荣传统,进行了伟大的人民解放战争。三年以来,这一个伟大的人民解放战争,由于中国共产党和毛主席的英明领导,由于中国人民解放军的英勇善战,由于全国人民的一致拥护,由于各民主党派的团结协力,仅仅三年的时间,就对主要由美帝国主义支持的国民党反动政府和反动军队,取得了基本的胜利。国民党反动派残余力量的最后肃清,已经为时很近了。中国人民在抗日战争中的种种要求,就完全可能实现,并且在今天已经在开始实现了。因此,今天的"七七"纪念,使得我们更加欢欣鼓舞,这是当然的。

抗日战争胜利了,人民解放战争也基本胜利了,对日和约问题就应当摆在我们的议事日程上。我们中国是抵抗日本侵略最早最久而又牺牲最大的国家,我们有权提出处理日本问题的意见。我们反对美帝国主义一意孤行,霸占日本,反对美帝国主义无限期拖延对日和约,培植日本军国主义,阻碍日本真正民主化,而这些是违反处理日本问题的波茨坦公告①的。我们的新政治协商会议②就要开会,就要产生民主联合政府。新的民主联合政府,就要派出它的全权代表,参与照波茨坦公告所规定处理日本问题的会议,那将是中国的唯一全权代表。

我们继续高举着新民主主义的旗帜前进,没有任何困难能阻止住中国人民团结起来前进。

---

①《董必武选集》编者原注:"波茨坦公告,一九四五年七月十七日至八月二日,苏、美、英三国在德国波茨坦举行会议。会议期间,中、美、英三国于七月二十六日发表促令日本无条件投降的公告,称为波茨坦公告。八月八日苏联宣布加入该公告。"

②《董必武选集》编者原注:"新政治协商会议,即中国人民政治协商会议。当时所以称为新政治协商会议,是为了区别于一九四六年一月国民党召开的政治协商会议。中国人民政治协商会议于一九四九年六月在北平召开筹备会议,同年九月举行全体会议,代行全国人民代表大会职权,制定了《中国人民政治协商会议共同纲领》、《中国人民政治协商会议组织法》、《中华人民共和国中央人民政府组织法》,选举了中央人民政府委员会,宣告了中华人民共和国的成立。一九五四年九月召开第一届全国人民代表大会第一次会议以后,中国人民政治协商会议不再行使全国人民代表大会的职权,但仍然是中国人民民主统一战线的组织,在我国的政治生活中继续发挥它的重要作用。"